아동과 청소년을 위한

수용과 마음챙김 치료

실무자 지침서

실무자
지침서

아동과 청소년을 위한
수용과 마음챙김 치료

Laurie A. Greco, Steven C. Hayes 엮음 | 손정락, 이금단, 이정화 옮김

임상가를 위한
필수 자료원

실무적인 행동, 인지 적용 및 임상기법

• 수용전념치료(ACT)
• 변증법적 행동치료(DBT)
• 마음챙김 기반 인지치료(MBCT)
• 마음챙김 기반 스트레스 감소(MBSR)

Σ 시그마프레스

아동과 청소년을 위한 수용과 마음챙김 치료
실무자 지침서

발행일 | 2012년 9월 20일 1쇄 발행

편저자 | Laurie A. Greco, Steven C. Hayes
역자 | 손정락, 이금단, 이정화
발행인 | 강학경
발행처 | (주)시그마프레스
편집 | 이미수
교정·교열 | 박미라

등록번호 | 제10-2642호
주소 | 서울특별시 영등포구 양평로 22길 21 선유도코오롱디지털타워 A401~403호
전자우편 | sigma@spress.co.kr
홈페이지 | http://www.sigmapress.co.kr
전화 | (02)323-4845, (02)2062-5184~8
팩스 | (02)323-4197

ISBN | 978-89-97927-39-5

Acceptance & Mindfulness Treatments for Children & Adolescents
A Practitioner's Guide

이 저서는 2012년도 전북대학교 저술장려 연구비 지원에 의하여 연구되었음.

젊은 세대에게 수용과 마음챙김을 가르치기 위한 최신 접근방법의 시기적절하고 인상적인 출판물이다.

- Zindel V. Segal, Ph.D., C.Psych., Morgan Firestone Chair in Psychotherapy and professor of psychiatry and psychology at the University of Toronto and author of *The Mindful Way Through Depression*

아동과 청소년의 신체적 및 정신적 건강 문제에 수용과 마음챙김 치료를 적용하는 것에 관한 정말 뛰어난 책이다. 이 책의 수준 높은 저자들과 그들의 활동 영역에 감동을 받았는데, 아동과 청소년을 위한 수용과 마음챙김 치료의 광범위하고 포괄적인 최신 연구를 제공하고 있다. 책의 소재는 명확하고 포괄적인 방식으로 제시되었으며, 뛰어난 참고문헌과 추적한 원자료를 제공하였다. 특별히 흥미가 있었던 것은 사회적 맥락을 넓혔을 뿐만 아니라(예 : 부모, 학교, 일차적 관리장면) 수용과 마음챙김 치료를 특정 전집(예 : 불안, 외재적 장애, 만성통증 등이 있는 아동들)에게 적용한 것이다. 전체적으로 이 특별한 책은 주요 사안에서 훌륭한 적용 범위를 제공하고 있으며, 오늘날 아동건강 전문가들에게 아주 중요하고 가치 있는 자료원이 될 것이다. 이 책은 임상 연구 및 실무에서 마음챙김 치료를 이해하고 활용하고자 하는 아동 건강 및 정신건강 전문가들을 위한 '필독서'이다.

- Annette M. La Greca, PhD, ABPP Cooper Fellow and professor of psychology and Pediatrics at the University of Miami and editor of the *Journal of Consulting and Clinical Psychology*

아동과 청소년을 위한 수용과 마음챙김에 관심 있는 독자들에게, 이 책은 현재 무슨 일이 일어나고 있으며, 조만간 무슨 일이 벌어질 것인지에 관한 결정적인 책이다.

- Bruce F. Chorpita, Ph.D., professor of clinical psychology in the Department of Psychology at the University of California, Los Angeles, and author of *Modular Cognitive-Behavioral Therapy for Childhood Anxiety Disorders*

아동과 청소년을 위한 수용과 마음챙김 치료에 관한 Greco와 Hayes의 혁신적인 책은 학생과 교수들에게 아주 소중한 새로운 자료원이다. 독자들은 특정 전집 (예 : 불안장애, 만성통증 등)과 특정 장면(예 : 1차 진료와 학교)에서의 수용과 마음챙김 치료의 광범위한 적용 범위와 창의적인 적용에 감사할 것이다. 이 책은 중요한 새로운 영역의 실무와 연구를 위한 토대를 제공한다.

– Dennis Drotar, Ph.D., professor of pediatrics and director of the Center for the Promotion of Adherence and Self-Management in the Division of Behavioral Medicine and Clinical Psychology at Cincinnati Children's Hospital Medical Center

이 선구적인 책은 아동과 청소년을 위한 수용과 마음챙김 치료를 개발하는 데 중요한 한 걸음을 내디뎠다. 이 책은 이 접근법을 성인에서 아동 및 가족으로 그 영역을 확대하는 데 개념적이고 실제적인 도전을 강조한다. 각 장들은 아동 문제 및 맥락에서 최신의 적용 범위를 망라하고 있으며, 어떻게 이러한 접근법이 개발되고 검증될 수 있을지에 관한 많은 풍성한 예들을 보여주고 있다. 이 책은 새롭고 창의적인 방법으로 연구를 확장시키고자 하는 광범위한 학문 분야의 실무자와 학생들에게 매우 흥미로울 것이다. 경험 과학에서 수용과 마음챙김 치료의 토대를 다지고 검증함으로써 현재 접근방법을 아동 및 가족치료로 향상시킬 수 있고, 보다 광범위하게 문화의 변화에 영향을 끼칠 수 있는 커다란 잠재력이 있다.

– Eric J. Mash, Ph.D., professor of psychology at the University of Calgary

역자 서문

> **"**
> 마음챙김은
> 나의 일상이라네!
> 물가의 백로
> – 손정락(Haiku 중에서)
> **"**

"제3물결의 행동치료로서, 수용전념치료(ACT)는 행동변화 과정에 마음챙김과 수용 훈련을 통합하고 있습니다." 오늘날 마음챙김과 수용 중재는 행동변화를 촉진시키는 데 널리 사용되고 있을 뿐만 아니라, 경험적으로 지지된 치료에 통합되고 있음을 잘 보여주고 있습니다. ACT의 목표는 심리적 유연성을 갖고 가치 있는 삶을 실천하게 하는 데 있습니다. 그런데 성인 전집에 해당되는 이러한 목표가 아동과 청소년들에게 적용되는 것은 어렵기도 하였지만, 적용을 원활하도록 하는 데는 시간이 다소 걸렸던 것이 사실입니다. 그러한 어려움을 해결하는 데 이 책의 많은 자료원들이 연구와 실무에 큰 기여를 하고 있습니다.

이 책은 개인, 가족, 학교 및 의료장면의 아동과 청소년 전집에 대한 수용과 마음챙김 적용에 초점을 두고 있습니다. **제1부**에서는 평가와 치료의 일반적 쟁점을 다루고 있는데, 수용과 마음챙김 기법들에 대한 세부적인 견해를 제공하고 있고, 아동 · 청소년 관련 치료과정에 대한 평가와 밀접한 관계가 있는 쟁점들이 고찰되고 있습니다. **제2부**는 다양한 특정 전집을 대상으로 한 수용과 마음챙김 적용을 검증하고 있습니다. 즉, 불안에 적용된 MBCT, 아동 통증에 적용된 ACT, 청소년의 경계선 성격 특성에 적용된 DBT, 4~6학년 아동들과 그 부모를 대상으로 한 MBSR, 아동기 외현화 장애에 적용된 ACT, 청소년을 대상으로 한 신체상과 건강에 적용된 수용 등이 검증되고 있습니다. **제3부**에서는 수용과 마음챙김을 더 큰 사회적 맥락에 통합시키는 내용을 담고 있습니다. 즉, 마음챙김 양육에 관한 부모훈련 프로그램, 청소년 1차 진료에 수용전념치료를 통합시키기, 학교에서의 수용과 마음챙김 작업 등 수용과 마음챙김을 어떻게 더 큰 맥락으로 확장할 것인지를 검토하고 있습니다. 전체적으로는, 이 책 전반을 통해서 수용과 마음챙김이 통합된 최신의 많은 연구결과들을 수록하고 있습니다. 그래서 수용과 마음챙김을 아동 · 청소년과 성인 모두의 욕구에 부합되기 위해서 어떻게 창조적인 채택을 할 것인지에 대한 원리와 기대를 제공하고 있습니다.

이 책의 서평(amazon.com)에서도 나와 있듯이, 아동과 청소년을 위한 수용과 마음챙김 기법을 활용하는 필수 지침서로서 특히 독자에게 다음과 같이 해 볼 것을 권장하고 있습니다 : 첫째, ACT, DBT, MBCT 및 MBSR이 아동과 그 가족에 어떻게 활용되는지를 배우십시오. 둘째, 최신의 제3물결 행동치료에 관한 연구들을 많이 찾아보십시오. 셋째, 수용과 마음챙김 기법을 아동과 청소년에게 활용할 때 일어나는 실무적인 여러 사항들을 탐색해 보십시오. 그리고 넷째, 이들 기법을 자신의 연구와 실무에 어떻게 적용시킬 것인지를 모색해 보십시오. 그리하여 수용과 마음챙김 치료가 더욱 세련된 증거 기반적이고 경험적으로 지지된 치료로 활용되기를 기대하여 봅니다.

이 책을 함께 읽었던 대학원생들 그리고 현재 교정작업을 기꺼이 도와준 분들과 대학원생들에게 고마움을 전합니다. (주)시그마프레스 편집부 관계자 여러분의 따뜻한 일처리에 감사드립니다. 끝으로 이 책 독자들의 수용과 마음챙김 웰빙을 기원드립니다.

2012년 8월
역자들을 대표하여

손정락

독자에게

New Harbinger 출판사에 오신 것을 환영합니다. New Harbinger는 수용전념치료 (ACT)에 관한 책을 출판하고, ACT를 특정 영역에 적용하는 데 헌신해 왔습니다. New Harbinger는 일반인과 전문가 독자들을 위한 수준 높고, 잘 연구된 책을 출판하는 곳으로 오랜 명성을 유지해 왔습니다.

현존하는 대부분의 수용전념치료 시리즈 책들은 성인을 위한 수용과 마음챙김 중재에 초점을 두고 있습니다. 오랫동안 기다려 왔던 이 책은 최초로 이러한 방법을 아동과 청소년에게 어떻게 적용하는지 가르쳐 주고 있습니다. 아동과 청소년 행동치료에서 수용과 변화의 균형을 유지하기 위한 효능성 있고 연령에 맞는 이상적인 방법에 관한 연구는 여전히 초기 단계에 있습니다. 하지만 이 흥미로운 책을 통해서 수용과 마음챙김 방법을 연령에 적합한 수준으로 맞추기 위한 도전에 부합하는 많은 예들이 있습니다.

이 책은 매우 접근하기 쉽고 읽기 쉬운데, 불필요한 전문 용어의 사용을 피했습니다. 그리고 개인, 가족, 학교 및 의료 장면에서 아동과 청소년 전집에게 수용과 마음챙김 중재를 적용하는 것에 초점을 두고 있습니다. 이와 동시에 소모적인 시도는 없었습니다. 대신 아동의 불안, 우울 및 만성통증과 같은 주요 문제 영역에 초점을 두고 있습니다. 이 책의 아주 가치 있는 공헌은 수용과 마음챙김의 방법을 부모훈련, 유관관리 및 기술훈련과 같은 아동과 청소년에 관하여 현존하는 경험적으로 지지된 치료에 어떻게 통합시키는지를 보여준다는 것입니다. 모든 장들은 수많은 임상적 예, 실무적인 제안, 충분한 내용 및 세부사항을 제공하고 있어서, 독자들은 아마도 이러한 방법들을 자신만의 실무와 연구 분야에 즉각적으로 적용할 수도 있을 것입니다.

가장 힘든 도전 중 하나는 어떻게 실제로 아동과 청소년들에게 수용과 마음챙김 기술을 설명하느냐 하는 것입니다. 이 책에서 읽을 흥미를 유발시키는 것은 "어떤 것 하나에 마음챙기는"과 "실행 가능성"과 같은 성인들이 사용하는 용어를 "집중을 유지하는"과 "실행 가능한 것을 한다"와 같은 보다 단순하고 접근이 쉬운 용어로 전환하였다는 점입니다. 사실상 이 책을 읽은 후에는 성인과 함께 작업하는 독자들은 아마 실질적으로 성인을 위한 수용과 마음챙김 접근방법에서 사용되는 다소 배타적인 용어와 개념들을 관련시키는 데 어려움이 있는 성인 내담자에게 "아동 용어"를 사용하고 있는 자신을 발견할 것입니다. 그리고 이 책이 무엇에 관한 책인가에 대해 완벽하게 기술하는 것은 "가치"의 번역을 "삶에 있어서 정말 중요한 의미 있고 근사한 것"이라고 하는 것입니다. 예를 들면, 아동과 청소년들의 비판적인 사고를 다른 방식으로 이야기하는 것, 삶에 있어서 정말 중요한 의미 있고 근사한 것에 집중하는 방법을 배우는 것을 어떻게 재미있는 방법으로 아동과 청소년들을 가르치는가 하는 것입니다.

New Harbinger가 건전하고, 과학적이고, 임상에 근거한 연구의 출판에 전념하는 것의 일부로서, Steven C. Hayes 박사, Goreg H. Eifert 박사 그리고 John P. Forsyth 박사가 수용전념치료 시리즈에 관한 모든 ACT 책의 조망을 두루 살펴보았다는 점을 들 수 있습니다. ACT 시리즈의 편집자로서 우리는 New Harbinger에서 출판된 모든 ACT 책, 제안에 관한 비평 및 필요한 안내서를 검토해 보았고, 각 책의 내용, 깊이 및 영역에 관하여 제안을 하는 데 유연한 태도를 취하였습니다. 우리는 분명히 ACT와 일치하지 않는 불확실한 주장은 그것이 우리의 준거(아래 참조)와 일치하고, 제시된 모든 자료가 ACT의 기본(다른 모형과 방법을 ACT로 여기지 않는다)과 일치하도록 하기 위하여 저자에게 주지하여 그 부분을 개정할 수 있게 하였습니다.

수용전념치료 시리즈의 책들은 :

- 적합한 데이터베이스를 가지고 있는데, 요청의 강도에 적절하다.
- 이론적으로 일관성이 있는가? 그것들이 글로 표현되는 순간에 ACT 모형 그리고 기저하고 있는 행동주의 원리에 맞아야 된다.
- 해결되지 않은 경험적인 쟁점에 대해 독자에게 방향을 제시한다.
- 기존의 책들과 불필요하게 중복되지 않는다.
- 전문 용어, 독점적인 방법과의 불필요한 얽힘을 피한다. 즉 ACT 작업을 개방하고 이용 가능하게 한다.
- 독자에게 최선인 것에 항상 초점을 유지한다.
- 이 분야의 보다 나은 발전을 지원한다.
- 실무에서 사용할 수 있는 방식으로 정보를 제공한다.

위의 가이드라인은 보다 광범위한 ACT 사회의 가치를 반영하고 있습니다. 여러분들은 이 모든 지침이 이 책에 집약되어 있는 것을 알 수 있을 것입니다. 이 가이드라인은 전문가들이 진정 도움이 될 수 있는 정보를 얻을 수 있도록 보장하고, 창의적인 실무자가 보다 더 적절한 접근방법을 개발하고, 적용하고, 세련되게 하는 과정으로 초대함으로써 인간의 고통을 경감하기 위한 우리의 능력을 더욱 고양시킬 수 있게 하였습니다. 이 책을 그러한 초대로 생각해 주시기 바랍니다.

진심을 담아서,

Goreg H. Eifert, Ph.D., John P. Forsyth, Ph.D.
그리고 Steven C. Hayes, Ph.D.

차례

제 2 부 특정 전집에의 적용

제1부

평가와 치료의 일반적 쟁점

제1장

청소년을 위한 수용과 마음챙김

Steven C. Hayes, Ph.D., University of Nevada, Reno;

Laurie A. Greco, Ph.D., University of Missouri, St. Louis

새로운 영역의 잉태는 손에 땀을 쥐게 하는 시간이다. 우리는 지난 15년 이상, 수용전념치료(ACT; Hayes, Strosahl, & Wilson, 1999), 변증법적 행동치료(DBT; Linehan, Armstrong, Suarez, Allmon, & Heard, 1991; Linehan, Heard, & Armstrong, 1993), 마음챙김 기반 인지치료(MBCT; Segal, Williams, & Teasdale, 2002), 마음챙김 기반 스트레스 감소(MBSR; Kabat-Zinn, 1994)와 같은 소위 제3의 행동 및 인지치료(Hayes, 2004)가 수용되고 받아들여지는 것을 지켜보았다. 이 접근들은 개인의 사적인 사건(예 : 사고, 느낌, 신체감각과 같은 내적 경험)을 치료하는 접근법이 전통적인 인지행동치료 모형과 다소 다르다. 이 책에서 기술된 바와 같이, 수용에 기반을 둔 치료접근들은 그 사고나 느낌의 내용, 빈도, 형태를 직접 변화시키려고 노력하기보다 오히려, 이들이 행동에 미치는 영향을 감소시키기 위해 개인 내부에서 작용하는 현상을 변화시키고자 한다.

이러한 추세 속에서 우리는 아동·청소년 및 가족에게도 이러한 접근을 적용하고자 또 한 걸음 앞으로 내딛고 있다. 성인을 위한 수용과 마음챙김 중재에 기초한 저서들이 수년 동안 출간되어 왔다(예 : Germer, Siegel, & Fulton, 2005; Hayes, Follette, & Linehan, 2004). 그러나 이 책은 아동들에게 이 접근들의 적용을 거시적인 견지에서 주목한 첫 번째 책이다. 아동들에게 수용과 마음챙김을 적용한 연구는 이제 시작단계에 있다. 이제까지 성인들을 대상으로 광범위한 임상 장애에 적용되어 제3물결의 효과가 경험적으로 증명되어 왔다(Baer, 2003; Grossman, Neimann, Schmidt, & Walach, 2004; Hayes, Luoma, Bond, Masuda, & Lillis, 2006; Hayes, Masuda, Bissett, Luoma, & Guerrero, 2004). 아동·청소년을 대상으로 한 행동치료가 수용과 변화를 동시에 만족시킬 수 있는 효과적이고 이상적인 방법론들이 최근 실험되기 시작하였고, 조사연구들 역시 이제 막 시작단계에 있다. 이 분야는 풀어야 할 많은 실험적, 과학적, 개념적, 전략적, 철학적 도전들을 다룰 준비를 하고 있는 분야이다.

함께할 도전과제

이 도전 중 일부는 성인을 대상으로 마음챙김과 수용에 집중해 왔던 임상가와 연구자들이 함께 분담하고 있다. 제3의 인지행동치료(CBT)의 출현과 급속한 발전에 따라, 심리학 역사상 실험적 임상과학자로서 과학적 사실에만 전념해 왔던 임상가와 과학자들은 이제 "덜 실험적인" 또는 과거에 금기시 여겨 왔던 영역으로 한 발을 내딛고 있는 중이다. 이들은 수용, 마음챙김, 가치, 영성, 자비, 용서에 대한 쟁점들을 주목하고 있다. 이 치료과정은 내용에 제한을 두지 않고, 내담자-치료자 관계를 치료의 핵심요소로 가정한다. 수년 동안 과학이전의 개념, 치료과정 및 치료적 관계를 포함한 폭넓은 초점은 이러한 도전을 극복하려는 노력들과 함께 실험과 임상에 변화를 일으키고 있다.

과학과 과학이전의 개념

수용과 마음챙김 작업은 영성 및 종교적 전통에서 출발했다. 신비적 힘은 대부분의 모든 종교에서 중요시되지만, 동양에서는 더욱 두드러지게 중시되었다. 이러한 전통의 한복판 속으로 서양 과학을 들여놓기란 쉽지 않다. 불교, 도교와 같은 종교는 과학 이전의 체계이며, 그들 나름대로의 용어들은 과학적 개념이 아니다. 과학적 검열을 통과할 수 있는 새로운 이론이나 새로운 방법을 만들어 내기 위해 합의점을 끌어내려는 작업은 불경스러운 것으로 여겨질 수 있지만, 앞으로 이뤄져야 할 작업이기도 하다. 어떤 사람들은 과학으로 불교의 본질을 밝히는 것은 금물이라고 생각한다. 그러나 이는 과학 자체가 재정의될 때 가능한 작업이며, 또한 많은 대가를 치러야 할 수 있다.

마음챙김에 대한 정의에서 분명하게 그 쟁점을 마주하게 될 것이다. 마음챙김 기반 스트레스 감소는 만성통증과 질병을 위한 치료로, 명상과 요가와 같은 동양의 연습을 통합한 첫 번째 프로그램 중의 하나다. 전 세계 임상장면에 제공된 MBSR은 스트레스와 정신 신체적 호소(Grossman et al., 2004)를 포함하여, 광범위한 문제영역에서 효과성을 입증하였다. MBSR의 창시자인 Jon Kabat-Zinn은 마음챙김을 "특별한 방식으로 주의를 두는 것 : 의도적으로, 현재 순간에, 비판단적으로"(Kabat-Zinn, 1994, p. 4)라고 정의하고 있다. 마음챙김에 대한 DBT 개념화는 "현재 순간에 비판단적으로, 효과적으로 존재하면서 관찰, 기술, 연습을 하는 의도적 과정"이라는 일련의 기술을 포함한다(Dimidjian & Linehan, 2003, p. 230). Alan Marlatt은 "순간순간 현재 경험에 완전히 자신에게 주의를 가져오는 것"으로서 그것을 정의한다(Marlatt & Kristeller, 1999, p. 68). Langer는 마음챙김은 "우리가 새로운 것에 주목하고 맥락에 민감하며, 현재에 존재하는 유연한 마음상태"라고 기술한다. 그녀는 우리가 "현재보다 과거에 만들어진 행동감각에 따라 행동하고, 대안적 방식을 염두에 두지 않고 한 가지 방식, 고정된 시각으로 전념"할 때, 마음챙김이 사라지게 된다고 기술하였다(Langer, 2000, p. 220). Bishop 등(2004, p. 232)은 두 가지로 마음챙김을 정의하고 있다 : (1) "지금 여기의 즉각적인 경험이 유지되도록 하기 위해 주의에 대한 자기조절, 따라서 현재 순간에 경험되는 내적 사건에 증가된 인식을 허용하는 것" 그리고 (2) "현재 순간 자신의 경험을 향한 특별한 지향, 그 지향은 호기심, 개방, 수용으로 특징된다."

마음챙김에 대한 다양한 개념화는 분석 수준에 따라 다르다. 그들은 심리과정, 결과, 기법, 총체적 방법에 다양하게 초점을 맞춘다(Hayes & Wilson, 2003). 이러한 정의들 속에 포함된 용어들은 종종 과학적 용어가 아니거나 과학적 용어라 하더라도 많은 논란을 일으키고, 그 의미에 대한 합의가 이루어지지 않고 있다. 그 목록에는 주의, 목적, 의도, 현재 순간, 경험, 마음상태, 내적 상태, 사고, 정서, 비판단, 개방과 같은 용어들이 포함된다. 이들 각각은 수년간 논쟁의 초점이 될 수 있다. 마음챙김에 대한 정의에서 사용되는 모든 용어는 검증 가능한 이론으로서의 충분한 근거를 가진, 분명하면서도 잘 연구된 과학적 정의가 요구된다(Hayes, 2002). 그중 일부는 이러한 요구들에 부응하고 있지만(Fletcher & Hayes, 2005), 이 책에서 알게 되듯이, 그 합일점은 아직 도달하지 못하고 있다.

과정에 초점

변화 과정에 대한 초점은 표면적으로는 실험적 임상과학을 따르는 듯하지만, 역시 미래로 가는 길은 쉽지 않을 것이다. 식품의약품 안정청은 지난 30년간 약물치료 적용을 위해 심리사회적 치료 장면에서 잘 정의된 프로그램을 무선 통제된 집단에 실험되는 것을 매우 중요시해 왔다. 이러한 접근은 사후의 변화 과정을 고려하지 않는다. 사후 변화들이 실험되기 시작했을 때, 대부분의 전통적 CBT 접근에서는 매개분석(Longmore & Worrell, 2007)과 구성성분 분석(Dimidjian et al., 2006)에서 크게 지지되지 못하였다. 다행히 제3의 CBT 사례에서는 그렇지 않았지만(Hayes et al., 2006 참조), 실험적 임상과학 장면에서는 과정지향적인 이들 특성이 아직 충분히 납득되지 않고 있다.

치료적 관계

치료적 관계는 위에서 기술된 바와 같은 쟁점이 지적된다. 치료 성과가 치료적 동맹과 관련이 있다고 알려져 있지만(Horvath, 2001 참조), 그것이 치료적 관계를 개선할 방법을 이해하는 것과는 다르다(Pierson & Hayes, 2007). 내담자-치료자 관계에 대한 경험적 작업은 치료적 관계에 대한 정의, 측정, 개념화, 명료화가 어렵다는 것 때문에 이에 대한 이해 작업이 어렵다. 이 문제는 치료적 관계가 중요하다고 선언한다고 해서 사라지는 것은 아니다.

독특한 변화

아동을 대상으로 수용과 마음챙김 적용을 시도하는 임상가와 연구자들이 직면하게 되는 많은 도전들은 그 목표 집단의 독특성에 따라 강조되는 것들이 있다는 사실이다. 한 가지 분명한 도전은 이러한 수용과 마음챙김을 어떻게 그 연령에 적절한 방식으로 측정할 것인가를 알아야 한다는 것이다. 이 책의 일부 장에서 그 쟁점을 직접적으로 다룰 것이나 이 장에서 더 많은 미묘한 도전들을 탐지할 수 있을 것이다. 충분하지는 않지만, 아동 및 청소년과 함께 작업할 때 연관될 수 있는 몇몇 개념과 실제적 도전 및 쟁점들에 중점을 두기로 하자.

당신이 정해놓은 틀에 지배되는 것을 멈추기

마음챙김과 수용은 어떤 종류의 언어 규칙이나 사고방식의 지배를 멈추게 한다. 정상적인 인간의 문제해결은 모순된 마음, 미래에 초점을 둔, 판단적인 마음상태에 근거를 두고 있다. 마음챙김 작업은 바로 그러한 사고 특성을 멈추라고 가르친다. 정상적인 사고 과정은 고통스러운 생각과 느낌들을 판단하고 회피하도록 이끌며, 바로 그러한 과정이 수용을 방해한다.

　아이들은 좀 더 언어적이기 때문에 사회-언어적 공동체(예 : 부모, 선생님, 동료, 형제자매) 내에서 얻은 경험으로부터 암시적이거나 명시적인 규칙들을 이끌어 내기 시작한다. 그들은 자신의 미래에 관한 생각이나 자신의 행동에 대한 가능성 있는 결과를 고려하고 분석적이고 판단적으로 사건의 특성을 비교 대조하는 것을 배울 필요가 있다. 학령기에 있는 아동과 청소년에게는 적절하게 따라야 할 여러 규칙 및 규칙의 형태들이 요구된다. 수용과 마음챙김 작업을 아동용으로 설계할 때 필연적으로 발생되는 압력들이 있다. 예를 들면, 언제, 어떻게 언어적 규칙에 유연하게 반응하도록 가르칠 것인지, 발달적으로 중요한 문제해결 기술이나 규칙 형성 및 규칙 통제가 주어질 때 여러 상황에서 어느 것이 아이의 성공적 적응을 위해 결정적인 역할을 할 것인지, 언어 또는 초기 발달 단계에서 '언어를 부드럽게 사용할 것'을 아동에게 가르친다는 것이 무엇을 암시하는지에 대한 물음이 그런 압력들이라 할 수 있다.

우리는 아직 이 질문들의 답을 알지 못하며, 우리가 수용과 마음챙김 기반 접근을 시행할 때 이 점들을 무시하는 것은 현명하지 못할 것이다. 이 질문들은 유용한 이론에 대한 과정 및 구조를 더 깊이 이해할 수 있도록 기회를 제공해 줄지도 모른다. 균형 있는 언어조절을 형성하고 제어하는 방법을 알기 위해, 우리는 사고 자체가 어떻게 작동하는지를 더 깊게 이해하는 것이 필요하다. Zen Koan은 "한 마리 개가 부처의 특성을 갖고 있지 않은가?"를 곰곰이 생각하도록 우리에게 요구한다. 어떤 면에서 이런 질문은 인간이 아닌 동물과 어린아이의 자각 특성을 공유하는 새로운 사고 형태를 알려주는 데 유용할 수 있다. 마음챙김의 목적은 인지적 통제를 제거하기 위한 것이 아니다(마치 말 못하는 유기체가 최상의 자각과 마음챙김의 표본이 될 수 있듯이).

더욱 분석적인 사고 형태로 균형 있게 자각 연습과 자각능력을 가져오는 것이 중요할 것이다. 이러한 균형을 만들어 내기 위해서는 더욱 맥락적 통제하에 있는 마음 상태(사고 형태)를 유지하고, 아동 친화적 방식을 개발하는 것이 필요하다. 수용과 마음챙김 훈련은 그들의 세계에서 서로 다른 언어적 상호작용 방식 간의 갈등 없이 아동들의 공연을 확장시켜야 한다. 균형을 찾기 위해서 마음챙김 자체에 대한 이해가 더욱 필요하다. 비록 앞선 세대의 임상가와 연구자들에 의해 처음 알려진 경로를 따르고 있지만, 아동과 함께하는 이 작업은 이론적으로 마음챙김 영역이 주역이 되기 쉽다.

나는 못하지만, 너는 해라

깊이 상처 받는 것이 괜찮지 않다고 암시하거나 그렇게 가르치는 사회에서 우리는 살고 있다. 서양 문화에서는, 정서 표출 시 종종 훈계가 뒤따른다. 실제로 성인은 종종 자신이 어찌해야 할지 모르는 것을 아이에게 하라고 요구하곤 한다. "울지 마라, 그렇지 않으면 혼내 줄 것이다."라고 말하는 부모는, 사실 "나는 네가 화내는 것이 화가 나 통제할 수 없으니, 내가 화나지 않도록 네가 너를 통제해라."라고 말하는 것과 같다. 그런 환경 속에서 자라는 아이들은 화를 조용히 억누르는 것을 배우며, 정서회피와 통제를 기대하는 주변의 메시지로부터 내면화하는 법을 배운다. 불행히도 아이들은 부모보다 더 어른스럽지 않아서, 부모들이 사용하는 정서적 회피 또는 무시를 아이들 역시 마찬가지로 사용하게 된다. 실제로 돌아보면, 우리가 아이였을 때 상처 입고 다치더라도 괜찮다는 것을 배웠으면 더 좋았을 것이다. 즉, 아무리 고통스럽고 참을 수 없는 경험을 하고 있다 해도 그것으로부터 숨을 필요가 없으며, 사실 고통만 있는 것은 아니라는 것을 배웠다면 좋았을 것이다.

수용과 마음챙김이 정서적 통제를 권하는 문화에 소개될 때, 자신의 상황조차 어떻게 다뤄야 할지 알지 못하는 어른들로부터 아이들은 건강하게 행동하는 방법을 가르침 받게 된다. 이것은 자칫 타인에게는 정서적 개방을 권하지만, 실제로는 자신의 삶 속에서 요구되는 정서적 억압 속에 사는 어른들처럼 아이들 역시 상반된 메시지를 수용하게 될지도 모른다. 이 점은 아동·청소년 대상 치료접근이 성인을 대상으로 한 접근과 분리될 수 없으며, 치료적 관계 역시 분리될 수 없는 한 가지 이유다. 아동·청소년과 함께 작업할 때, 가족, 학교, 이웃, 공동체와 같은 더 넓은 사회적 맥락에 대한 이상적인 개입 및 이에 대한 고려가 중요하다. 이를 위해 많은 것을 익혀야 한다. 우리는 이 과정이 치료적 관계 속에서 시작될 수 있다고 믿는다. 스스로 심리적 고통 속에서 수용과 마음챙김을 깊이 경험하며, 수행의 본보기가 되어야 한다는 것을 잘 인식하고 있는 치료자여야 한다. 자신은 행하지 않으면서 누군가에게 내가 행하지 못하는 것을 행하도록 지시하는 것은 또 다른 슬픈 사례를 제공할 수 있을 것이다.

내가 알지 못하는 것을 요구하기

수용과 마음챙김에 대한 평가부분은 계속 연구가 진행되고 있는 영역이며, 현재 다양한 성인용 측정도구(예 : Baer, Smith, & Allen, 2004; Hayes, Strosahl, et al., 2004)와 학령기 아동용(예 : Greco, Lambert, & Baer; 제3장 참조) 측정도구가 만들어져 있다. 자기보고를 이용한 마음챙김 평가(Baer, Smith, Hopkins, Krietemeyer,

& Toney, 2006)는 많은 도전들이 기다리며, 글을 읽지 못하는 아동들이나 또는 자신의 내적 경험을 정확히 보고하지 못하는 아동들을 다룰 때 더 많은 시간을 할애한다. 동시에, 자기보고가 아닌 방식으로 아동들의 수용과 마음챙김 과정을 측정할 방법들은 아직 명료하지 못한 상태다.

다른 도전들처럼, 이 문제는 전체 영역에 중요한 기회를 제공한다. 아동을 대상으로 한 마음챙김 작업 시, 그 치료과정에 대한 적절한 평가 문제들은 우리의 견해를 확장하도록 고무시킬 것이다. 또한 자기보고식 방식을 뛰어넘을 것을 요구할 것이다. 왜냐하면 어린아이에게 자신의 마음상태를 자기보고식으로 요구하는 것은 비효과적임이 명백하기 때문이다. 마음챙김을 행동적으로 평가할 방법을 알고 있지 못하지만, 알아야 할 필요가 있다. 또한 신경생물학적 방법이 아동을 대상으로 한 마음챙김 평가를 위해 신뢰성 있고 유용한지를 알아볼 필요가 있다.

아동을 대상으로 할 때, 평가에 대한 쟁점들은 우리를 상이한 분석 수준에 눈을 돌리게 할 것이다. 예를 들어, 우리는 부모-자녀관계, 교사-학생관계 맥락에서 마음챙김을 평가할 방법을 배울 필요가 있다. 우리는 마음을 챙기며 하는 양육과 마음을 챙기며 이뤄지는 교육이 실제 어떤 행동인지 알아야 할 필요가 있다. 만일 학교 또는 더 큰 공동체 속에 수용과 마음챙김을 통합하려 한다면 이 과정이 구체적으로 어떤 것인지 정의하고, 광범위한 사회적 맥락에서 그것을 어떻게 측정할 것인지에 대한 최선의 방법을 결정할 필요가 있다.

이 쟁점들은 아동·청소년을 대상으로 자기연민, 용서, 생명력, 가치 일관된 행동과 같은 구성요인들이 반복적으로 측정됨으로써 접근될 것이다.

더욱 마음챙기는 정신문화 창조하기

성인을 대상으로 한 수용과 마음챙김 접근은 임상적 문제들에 초점을 두며 시작되었지만, 이들 접근이 발현된 영적이고 종교적인 전통처럼, 그 외의 문제를 해결하는 목적으로도 퍼져 나갔다. 아동을 대상으로 한 수용과 마음챙김 작업 역시 같은 과정을 보여준다. 만일 수용과 마음챙김이 아동의 고통, 불안, 우울에 적용된다면, 같은 방법이 아동들의 문제를 예방하는 데 이용될 수 있다는 것은 놀랄 만한 일이 아니다. 이에 대한 연구가 시작되자 우리는 곧 학교(제9장, 제12장)와 가정(제10장)에서 이를 접목할 방법을 궁리하였고, 이것은 머지않아 대중매체의 초점 대상이 되었다. 처음에 어디서 시작되었는지 관계없이, 결론은 더 마음을 중요시하는 문화를 창조할 가장 좋은 방법이라는 것이다. 이러한 과정 때문에 수용과 마음챙김 방법 및 쟁점들이 임상에 제한되지 않는다. 문화적 쟁점들은 다소 아동들이 쉽게 이해할 수 없는 방식으로 성인의 입장에서 다뤄지는 경향이 있다.

그러나 이것은 아동을 대상으로 한 수용과 마음챙김의 한 가지 흥미 있는 측면이다. 정신문화의 변화는 심리치료 연습에 견줄 만한 영향력을 가지고 있다. 정신문화의 변화에 대한 쟁점은 새로운 것이 아니다. 오히려 정신문화의 변화에 영향을 줄 실험적 임상과학에 대한 엄청난 잠재성이 주목되고 있다. 학교에서의 명상은 불교 신자인 교사가 추천할 수 있는 일이다. 즉, 서양의 공립학교에서 그러한 요청이 아무런 불평 없이 응해질 가능성은 거의 기대할 수 없는 일이다. 학교에서 명상 추천은 비록 학교운영위원회의 관심을 끌지 못하지만, 변화 가능성과 실행 가능성은 훨씬 더 큰 접근일 것이다. 임상과학은 정신문화에 중요한 역할과 목소리를 가질 수 있다. 이러한 목소리가 겸해진 소통은 영성에 대한 쟁점부터 건강, 안녕, 교육에 이르기까지의 소통으로 확장시킬 것이다. 그러한 쟁점의 한복판에서 폭넓게 변화하는 정신문화의 지평선이 아직은 보이지 않지만 보이는 듯하다.

기술적 쟁점

치료 통합　수용과 마음챙김 방법을 사용하는 여러 성인용 치료들은 전통적 행동주의적 방법들과 연결되어 있음에도 불구하고(예 : Hayes et al., 1999) 표면적으로는 모두 독립적인 것처럼 보인다(예 : Kabat-Zinn, 1994). 아동을 대상으로 한 임상 작업에서, 우리는 기존의 아동용 치료접근과 수용 및 마음챙김 접근을 어떻게 통합할 것인지 배울 필요가 있다. 이미 우리는 수용, 마음챙김, 부모훈련, 또는 수용, 마음챙김, 위기관리, 또는 수용, 마음챙김, 기술훈련을 혼합한 아동 · 청소년 프로그램으로 방향을 잡는 움직임을 보이고 있다. 이것은 성인을 대상으로 한 수용과 마음챙김 작업에서도 마찬가지며, 둘 다 더 통합된 이론과 기법 개발이 요구되고 있다.

새로운 중재 양식　　아동과 함께하는 작업은 치료자들과 연구자들을 새로운 중재 양식으로 밀어 넣는다. 수용과 마음챙김 방식들은 이미 놀이나 이야기와 같은 아동 친화적 방법들을 사용하고 있다. 실험적 임상과학자들에게는 아동을 대상으로 한 치료에 이러한 임상적 혁명이 가해질 때, 아마도 비디오게임, 그림 그리기, 노래하기, 연극하기 작업을 상상하기 어려울 것이다. 그러나 과학적 가치들이 지나치게 이러한 활동을 감독하지 않는다면 이 분야는 더욱 확장될 수 있을 것이다.

모집단과 방법론　　수용과 마음챙김은 폭넓은 적용 범위와 영향력을 보여주고 있다. 연구자와 임상가들은 이 방법이 적절하거나 적절하지 않은 특정 모집단이 있는지에 대한 쟁점으로부터 방향을 전환하고 있다. 우리는 아동들을 대상으로 할 때, 이러한 질문을 임상 실험으로 조명하고 있다. 임상적으로 어떤 쟁점들은 아동과 작업 시 더욱 주의를 기울여야 한다. 예를 들어, 행동장애 아동은 심리적 고통과 싸우며 사회적 철수를 보이는 아동들과는 극적으로 다를 수 있다. 행동장애 아동은 권위에 도전하고 책임 회피를 보이며, 매번 중요한 사회적 약속을 어긴다. 사회적 철수를 보이는 아동은 반대로 그의 삶에서 중요한 어른들로부터의 인정과 적절한 행동방식을 중요한 개인적 가치로 수정한다. 마음챙김과 수용은 두 아동 모두에게 많은 부분이 같은 방식으로 적용됨에도 불구하고, 연구하는 동안 최적의 언어규정 확립과 같은 이차적 쟁점을 피하기 어려울 것이다. 이러한 도전들을 극복해 갈 때 마음챙김과 수용에 대한 이해가 더 풍성해질 것이다.

이 책의 목적과 구성

이 책은 개인, 가족, 학교, 의료장면에 걸쳐 아동 · 청소년 집단의 적용에 초점을 둘 것이다. 이 책 제1부에서의 초점은 일반적으로 제2장은 아동용으로 개발되거나 검증되고 있는 몇 가지 수용과 마음챙김 기법들에 대한 세부적인 견해를 제공하고 있고, 제3장에서는 아동 · 청소년 관련 치료과정에 대한 평가와 밀접한 관계가 있는 쟁점들이 고려되고 있다. 이 장들은 이 책의 나머지에서 기법 및 지적 맥락에서의 적용을 제공하고 있다.

　제2부에서는 다양한 집단을 대상으로 수용과 마음챙김 적용을 검증하고 있다. 즉, 불안에 적용한 MBCT, 소아 통증에 적용한 ACT, 청소년의 경계선 성격 특성에 적용한 DBT, 4~6학년 아동들과 그 부모를 대상으로 한 MBSR, 아동기 외현화 장애에 적용한 ACT, 청소년을 대상으로 한 신체상과 건강에 적용한 수용 등이 검증되고 있다. 수용과 마음챙김 접근을 이용하여 성공적으로 치료될 수 있는 문제들의 범위를 충분히 다 알 수는 없다. 이 책은 철저한 규명을 의도하지 않았다. 오히려 우리의 의도는 학생들, 임상가들, 연구자들이 현재까지 풀어 왔던 적용 범위와 가능성 있는 도전들을 자각하고 이 방법들을 시도할 용기를 갖도록 하기 위해 충분한 범위의 실례들을 제공하는 것이다.

　제3부에서는 새로운 장면, 새로운 맥락, 부모훈련 프로그램, 1차 진료와 학교에서 수용과 마음챙김 작업을 어떻게 확장할 것인지를 조사하고 있다. 제3부는 이 책의 제2부와 함께, 독자들이 연구와 실습에서 적절한 방법을 신속하게 채택할 수 있도록 하기 위해 충분한 내용과 실례들을 제공하는 것이 목적이다. 폭넓은 사회문화적 맥락에 초점을 두고, 더 큰 변화를 향해 이미 이 방법들을 적용하고 있는 연구자와 개업가들에게 용기 주기를 희망한다.

　끝으로, 이 책은 진행 중에 있는 연구결과들을 수집하고자 하였다. 우리는 이 장들이 대답보다 더 많은 질문들을 생성할 것으로 기대한다. 우리는 독자들이, 알게 된 만큼 고무되길 희망한다. 이것이 바로 새로운 영역이 잉태하는 흥분된 시간이 되는 이유일 것이다. 이 책은 수용과 마음챙김이 아동과 성인 모두의 욕구에 부합되기 위해 어떻게 창조적인 채택을 할 것인지에 대한 원리와 흥분감을 제공할 것이다.

 참고문헌

Baer, R. A. (2003). Mindfulness training as a clinical intervention: A conceptual and empirical review. *Clinical Psychology: Science and Practice, 10,* 125–143.

Baer, R. A., Smith, G. T., & Allen, K. B. (2004). Assessment of mindfulness by self-report: The Kentucky Inventory of Mindfulness Skills. *Assessment, 11,* 191–206.

Baer, R. A., Smith, G. T., Hopkins, J., Krietemeyer, J., & Toney, L. (2006). Using self-report assessment methods to explore facets of mindfulness. *Assessment, 13,* 27–45.

Bishop, S. R., Lau, M., Shapiro, S., Carlson, L., Anderson, N. D., Carmody, J., et al. (2004). Mindfulness: A proposed operational definition. *Clinical Psychology: Science and Practice, 11*(3), 230–241.

Dimidjian, S. D., Hollon, S. D., Dobson, K. S., Schmaling, K. B., Kohlenberg, R. J., Addis, M. E., et al. (2006). Randomized trial of behavioral activation, cognitive therapy, and antidepressant medication in the acute treatment of adults with major depression. *Journal of Consulting and Clinical Psychology, 74*(4), 658–670.

Dimidjian, S. D., & Linehan, M. M. (2003). Mindfulness practice. In W. O'Donohue, J. Fisher, & S. Hayes (Eds.), *Cognitive behavior therapy: Applying empirically supported techniques in your practice* (pp. 229–237). New York: Wiley.

Fletcher, L., & Hayes, S. C. (2005). Relational frame theory, acceptance and commitment therapy, and a functional analytic definition of mindfulness. *Journal of Rational Emotive and Cognitive Behavioral Therapy, 23,* 315–336.

Germer, C. K., Siegel, R. D., & Fulton, P. R. (Eds.). (2005). *Mindfulness and psychotherapy.* New York: Guilford.

Greco, L. A., Lambert, W., & Baer, R. A. (in press). Psychological inflexibility in childhood and adolescence: Development and evaluation of the Avoidance and Fusion Questionnaire for Youth. *Psychological Assessment.*

Grossman, P., Neimann, L., Schmidt, S., & Walach, H. (2004). Mindfulness-based stress reduction and health benefits: A meta-analysis. *Journal of Psychosomatic Research, 57,* 35–43.

Hayes, S. C. (2002). Buddhism and acceptance and commitment therapy. *Cognitive and Behavioral Practice, 9,* 58–66.

Hayes, S. C. (2004). Acceptance and commitment therapy, relational frame theory, and the third wave of behavioral and cognitive therapies. *Behavior Therapy, 35,* 639–665.

Hayes, S. C., Follette, V. M., & Linehan, M. M. (Eds.). (2004). *Mindfulness and acceptance: Expanding the cognitive behavioral tradition.* New York: Guilford.

Hayes, S. C., Luoma, J., Bond, F., Masuda, A., & Lillis, J. (2006). Acceptance and commitment therapy: Model, processes, and outcomes. *Behaviour Research and Therapy, 44,* 1–25.

Hayes, S. C., Masuda, A., Bissett, R., Luoma, J., & Guerrero, L. F. (2004). DBT, FAP, and ACT: How empirically oriented are the new behavior therapy technologies? *Behavior Therapy, 35,* 35–54.

Hayes, S. C., Strosahl, K. D., & Wilson, K. G. (1999). *Acceptance and commitment therapy: An experiential approach to behavior change.* New York: Guilford.

Hayes, S. C., Strosahl, K. D., Wilson, K. G., Bissett, R. T., Pistorello, J., Toarmino, D., et al. (2004). Measuring experiential avoidance: A preliminary test of a working model. *The Psychological Record, 54,* 553–578.

Hayes, S. C., & Wilson, K. G. (2003). Mindfulness: Method and process. *Clinical Psychology: Science and Practice, 10,* 161–165.

Horvath, A. O. (2001). The alliance. *Psychotherapy: Theory, Research, Practice, Training, 38,* 365–372.

Kabat-Zinn, J. (1994). *Wherever you go, there you are: Mindfulness meditation in everyday life.* New York: Hyperion.

Langer, E. J. (2000). Mindful learning. *Current Directions in Psychological Science, 9,* 220–223.

Linehan, M. M., Armstrong, H. E., Suarez, A., Allmon, D., & Heard, H. L. (1991). Cognitive-behavioral treatment of chronically parasuicidal borderline patients. *Archives of General Psychiatry, 48,* 1060–1064.

Linehan, M. M., Heard, H. L., & Armstrong, H. E. (1993). Naturalistic follow-up of a behavioral treatment for chronically parasuicidal borderline patients. *Archives of General Psychiatry, 50,* 971–974.

Longmore, R. J., & Worrell, M. (2007). Do we need to challenge thoughts in cognitive behavior therapy? *Clinical Psychology Review, 27,* 173–187.

Marlatt, G. A., & Kristeller, J. L. (1999). Mindfulness and meditation. In W. R. Miller (Ed.), *Integrating spirituality into treatment* (pp. 67–84). Washington, DC: American Psychological Association.

Pierson, H., & Hayes, S. C. (2007). Using acceptance and commitment therapy to empower the therapeutic relationship. In P. Gilbert & R. Leahy (Eds.), *The therapeutic relationship in cognitive behavior therapy* (pp. 205–228). London: Routledge.

Segal, Z. V., Williams, J. M. G., & Teasdale, J. D. (2002). *Mindfulness-based cognitive therapy for depression: A new approach to preventing relapse.* New York: Guilford.

제2장

아동 및 청소년을 위한 제3물결의 행동치료 : 과정, 도전 및 미래의 방향

Karen M. O'Brien, BA, Christina M. Larson, BA, and Amy R. Murrell, Ph.D.,
University of North Texas

Jon Kabat-Zinn에 따르면, 마음챙김 기반 스트레스 감소 프로그램은 서양 의학과 보건의료에 마음챙김 연습이 소개되면서 인정받게 되었으며, 마음챙김은 "특정 방식, 즉 의도적으로 현재 순간을 판단하지 않으면서 주의를 집중하는 것"이다 (Kabat-Zinn, 1994, p. 4). 따라서 마음챙김은 가장 불쾌하고 가장 고통스러운 순간조차 판단하지 않으면서 현재에 존재하는 것으로 정의된다. 최근 많은 심리치료적 접근들은 불쾌하고 고통스러운 상황에 대처하기 위해, 각종 유사한 방식으로 마음챙김 개념을 채택하고 있다. 최근 Ruth Baer(2006)의 마음챙김 기반 치료적 접근에 관한 저서에서는, Kabat-Zinn의 마음챙김 기반 스트레스 감소(MBSR; Kabat-Zinn, 1982, 1990)뿐 아니라, 수용전념치료(ACT; Hayes, Strosahl, & Wilson, 1999), 변증법적 행동치료(DBT; Linehan, 1993), 그리고 마음챙김 기반 인지치료 (MBCT; Segal, Williams, & Teasdale, 2002)를 논의에 포함시키고 있다. Hayes,

Follette, Linehan(2004)의 마음챙김과 수용에 대한 저서에서는 기능적 분석치료(FAP; Kohlenberg & Tsai, 1991)와 통합 행동적 부부치료(IBCT; Christensen, Jacobson, & Babcock, 1995)를 목록에 포함시키고 있다. Kabat-Zinn의 MBSR 외에, 이 치료들 모두 제3물결의 행동치료들로 분류되어 왔다(Hayes, 2004).

제1물결의 행동치료는 임상적 문제들에 대한 기초적 행동 원리의 적용이 강조되었다. 제2물결은 문제 사고를 제거 또는 대체를 통하여 행동변화를 추구하고 이해하려는 인식을 가졌다(Hayes, Follette, et al., 2004). 제3물결의 행동치료는 기능적 분석, 기술 향상, 직접적 조성을 포함한 행동 기법들을 재강조하며(Hayes, Masuda, Bissett, Luoma, & Guererro, 2004), 사고와 정서의 내용보다 맥락을 변화시킴으로써 행동변화를 초래하려는 데 초점을 두고 있다. 비록 모두 똑같다고 간주하기는 어렵지만, Hayes와 그의 동료들은 이 제3물결의 행동치료들이 마음챙김 기법뿐만 아니라 수용, 인지적 탈융합, 변증법적 및 가치를 포함한 기법들을 통합하고 있다는 점에 주목한다(Hayes, Masuda, et al., 2004). 이 치료들의 목표는 문제가 되는 사고나 정서를 변화시키는 것이 아니라, 오히려 개인적 경험을 있는 그대로 수용하는 것이다. 이러한 견해에서, 물론 수용은 변화에 의해 수반되지만, 변화는 전통적 인지행동치료 방식과 다르다. 즉, 내담자는 사고 내용을 변화시키기보다 오히려 사고와의 관계성을 변화시키는 것이다. DBT(Linehan, 1993)에서는 서로 대립적인 수용과 변화의 긴밀한 균형이 모든 제3물결의 행동치료에서는 변증법적 통합으로 간주한다. 내담자가 수용과 변화에 균형을 이룰 때, 그들의 사고를 단지 사고로서 수용하며 따라서 사고와의 관계를 변화시키게 되어, 가치 있는 방향으로 움직이는 유연성을 얻게 된다.

제3물결의 행동치료들은 가장 최근 치료적 접근들을 설명하기는 하나 마음챙김과 수용의 개념이 최근에 소개된 것은 아니다. Kabat-Zinn에 의해 서양 의학과 보건의료 지역사회에 소개되기 전, 마음챙김과 수용은 영적 수행영역이었다. 즉, 실제로 마음챙김 명상은 2500년 이상 불교도들에 의해 수행되어 왔다(Kabat-Zinn, 2003). 경험적 마음챙김 연구는 비교적 최근에 시작되었다. 제3물결의 행동치료들이 경험주의를 포기했다는 비난(Corrigan, 2001)에 대한 반응으로, Hayes와 그의 동료들은 과거 5년 동안 수행해 왔던 42개의 FAP, DBT, ACT의 연구결과들에 대한 경험적 문헌들을 개관하였다(Hayes, Masuda, et al., 2004). 그 이후로, 마음챙김에 기초한 성인용 중재들에 대한 신뢰할 만한 경험적 지지가 축적되어 왔다.

이 책에서 증명하듯이, 제3물결의 행동치료들을 아동·청소년에게 적용한 결과를 지지하는 연구들이 나오고 있다. 이 장에서 우리는 제3물결의 행동치료들을 기술할 것이며, 그 치료들이 어떻게 아동·청소년 집단에 맞춰 수정되고 있는지를 기술할 것이다. 우리는 간단하게 제3물결의 행동치료들이 아동을 대상으로 할 때 가질 수 있는 몇 가지 특정 방법들을 지지하는 증거들과 현재 도전해야 할 부분과 미래 방향성을 개관할 것이다.

아동·청소년을 대상으로 한 수용과 마음챙김 중재 : 개관

어떤 면에서는, 마음챙김과 아동·청소년이 긴밀하게 연결되는 점이 있는 듯하다. 불교에서, "초심"의 개념은 배움을 위한 개방, 수용, 준비를 포함한 마음챙김의 어떤 특성을 말한다(Goodman, 2005; Kabat-Zinn, 1990). 초보자들은 배우는 데 더 열정적이고 덜 비판적이다. 즉 그들은 성인들이 잃어버린 호기심을 소유하고 있으며, 새로운 아이디어와 경험들을 더 잘 받아들인다(Goodman, 2005). 성인에 비해, 아동·청소년들은 인생의 여행을 시작한 사람들이며, 초심을 유지하는 치료자들은 초보자인 아동의 마음속 창문을 통해, 아동의 세계에 더 잘 들어갈 수 있다(Goodman, 2005). 이것은 특히 아동·청소년을 대상으로 수용과 마음챙김 연습을 할 때 갖춰야 할 부분이다.

그들이 초심의 개념을 바로 알든 모르든, 다양한 마음챙김 기반 치료들을 지지하는 사람들은 아동·청소년들에게 이 방법들의 적용을 현실화시키기 시작하였다. 예를 들어, ACT의 경험적 연습과 은유 사용 그리고 다른 제3물결의 접근들은 아동에게 적절한 치료를 제공해 줄 것이다(Greco, Blackledge, Coyne, & Ehrenreich, 2005; Murrell, Coyne, & Wilson, 2004). 일반적으로 아동이 이해하기에 너무 추상적인 개념은 경험을 통해서 접근할 때 이해가 쉬우며, 아동의 사고능력은 유연성이 있어 은유적 언어 사용을 이해할 수 있다. 실제로 아동은 오래 살아 온 성인들 이상의 유리한 점을 가지고 있을 수 있다. 결과적으로 그들은 불필요한 행동 레퍼토리와 관련 정신병리들을 발달시킬 기회가 적다(Greco et al., 2005).

수용전념치료(ACT)

ACT(Hayes et al., 1999)는 기능적 맥락주의로서 알려진 과학 철학에 기초를 두고 있으며, 하나의 특정 맥락에서 그 기능과 관련하여 행동을 분석하는 숙련가를 요구한다. 사회적 언어 맥락은 ACT 숙련가의 특정 관심분야이다. ACT는 언어 및 인지이론에 기초를 두고 있기 때문에 관계구성이론이다(RFT; Hayes, Barnes-Holmes & Roche, 2001). ACT는 지각된 "비정상성"과 특정 증상에 초점을 두기보다 원래 심리과정에 초점을 둔다. 특히 여기에는 인간 언어가 포함된다. ACT는 심리적 고통이 심리적 유연성을 기르는 언어 과정으로부터 야기된다고 제안한다. 더 큰 심리적 유연성을 획득하고자 하는 ACT의 목표는 내담자가 자신의 행동이 가치 일관된 행동인지 아닌지를 결정할 수 있는 방식으로 현재 순간에 접촉할 수 있는 능력을 발달시켜야 하며, 이는 은유, 모순, 경험적 연습을 통해 습득된다(Hayes et al., 1999).

마음챙김, 수용, ACT

제3물결의 행동치료로서, ACT는 행동변화 과정에 마음챙김과 수용 훈련을 통합한다(Baer & Krietemeyer, 2006). 마음챙김과 수용 중재는 행동변화를 촉진하도록 사용된다. 이로 인해 내담자의 움직임은 가치 있는 삶으로 향하게 된다. ACT 견해로 문제행동을 조사할 때 주 구성요소 중 하나는 경험적 회피, 즉 수용과 상반되는 것을 조사한다. 경험적 회피는 "개인이 특정 경험(예 : 신체감각, 정서, 사고, 기억, 행동적 소인들)과 접촉하는 것을 꺼릴 때 일어나는 현상이며, 이 사건들의 발생과 빈도 그리고 그것이 일어나는 상황을 수정하기 위한 노력"이다(Hayes, Wilson, Gifford, Follette, & Strosahl, 1996, p. 1154). 그러한 경험회피는 억제되거나 조절되지 않은 채 발생하는 개인적 사건들을 수용하지 못한다는 것을 암시한다. 중요한 것은 경험회피가 성인(Hayes et al., 1996)과 아동(Greco, Lambert, & Baer) 모두의 적응 문제와 관련되어 있다.

따라서 ACT 치료 목표는 심리적 유연성으로, 원치 않는 개인적 경험들을 회피하려는 노력을 멈춰야 한다고 강조한다. 이것은 기꺼이 경험하고 현재 순간의 사고와 느낌을 있는 그대로 수용할 것을 요구한다. 그런 후에 마음챙김을 요구한다. 이것은 사고, 느낌, 감각을 변화시키거나 회피하려는 시도를 하지 않고 있는 그대로 주목하는 것과 관련 있다(Hayes, Follette, et al., 2004). 종종 ACT 중재에서, 마음챙김 기법은 내담자가 자신의 세계를 직접 경험하고 주목하도록 돕는 도구로써 사용된다. 크게 보면, 마음챙김은 ACT의 여섯 가지 과정 중 네 가지를 합해놓은 것, 즉 수용, 탈융합, 맥락으로서 자기, 현재 순간에 접촉하기로 생각해 볼 수 있다(Hayes, Masuda, et al., 2004). 수용과 마음챙김 둘 다는 심리적 유연성과 가치에 기반을 둔 삶을 향해 움직임을 촉진한다. 치료적으로, 수용과 마음챙김은 내담자의 특정 연습, 은유, 행동적 작업을 통해 증진된다.

성인부터 아동까지

여러 개념 및 경험적 연구들은 ACT가 아동에게 발달적으로 적절하고 효과적인 방식으로 적용될 수 있음을 시사하고 있다(예 : Greco et al., 2005; Murrell et al., 2004; Murrell & Scherbarth, 2006). 최근, 아동을 대상으로 한 ACT는 다양한 집단과 다양한 장면에서 적용되고 있다(이러한 적용에 대한 더 세부적인 설명을 위해 이 책의 제5장, 제8장, 제9장, 제11장, 제12장 참조). 성인을 대상으로 한 ACT와 마찬가지로 아동을 대상으로 한 ACT 역시 언어과정의 결과로써 발생하는 행동적 비유연성과 이 결과로 생기는 경직성이 어떻게 가치 있는 삶을 방해하는지에 초점을 두고 있다.

아동의 고통과 괴로움은 성인의 경험과 큰 차이가 없다. 특히 아동에게 고통과 괴로움을 유발하는 맥락을 고려할 필요가 있다. ACT는 기능적 맥락주의에 기초를 둔다. 성인과 아동 둘 다 첫 번째 치료 단계는 문제행동에 대한 기능적 분석이다. 그러나 아동의 경우 부차적으로 고려할 점은 부모가 부주의하게 부정적 행동을 강화시킬 수 있다는 점이다. 따라서 아동의 문제행동에 대한 맥락으로써 가족이 잠정적 역할을 할 수 있다는 점에 주의를 두어야 한다. 아동을 대상으로 한 기능적 분석은 독특하며, 아동과 가까이서 그 문제를 생각해 볼 수 있는 부모와의 불일치점을 조명할 수 있도록 도울 수 있어야 한다. 부가적으로, 부모는 긍정적 행동변화를 위해 어떤 부정적인 경험도 아이에게 필요할 수 있음을 자각하고 이해해야 한다.

ACT는 활동적인 참여가 요구되는 치료로서, 아동은 초기에 ACT를 너무 복잡하거나 인지적으로 이해하기에 너무 어려운 것으로 여길지도 모른다. 부분적으로 이러한 인상은 ACT가 성인에게는 반(反)직관적일 수 있기 때문에 일어날 수 있다. 그러나 실제로, ACT는 경험적 연습과 은유에 크게 의존하기 때문에 아동에게 사용되기에 적절할 수 있다. 이미 교육장면에서 사용되고 있는 교수법이 이러한 방식을 취하고 있다. 그러나 ACT 중재들은 학교장면과 같은 일상적인 기반에서 생활하고 기능하는 환경보다 덜 지시적일 수 있어, 치료자들은 아동이 치료 여부를 결정하는 데 능동적인 역할을 할 수 있도록 고무시킨다. 치료과정에서 관계 및 협력의 "주체자"라는 의식을 촉진시키기 위해 치료자들은 아동이 이해할 수 있도록 발달적으로 적절한 설명과 상호작용 연습이 필요하다는 점에 세심한 주의를 두어야 한다.

아동은 아홉 살이 되면 사물에서 나타나는 상징을 사용하는 데 능숙해지고 언어지식을 적용할 능력을 갖게 된다(Devany, Hayes, & Nelson, 1986; Lipkens, Hayes, & Hayes, 1993). 9세에서 15세 사이에 사고는 더 추상적이 되며, 16세에서 18세까지는 가설과 추론적 논거를 통합하여 사고한다. 이렇듯 초년기를 거치면서 복잡한 사고들을 이해하게 되는 아동·청소년의 능력은 마음챙김의 출현과 관련이 있다. 심지어 사고와 정서가 분리된 자아감과 같은 비교적 복잡한 개념들은 그 연령에 적절한 방법을 사용하여 다뤄질 수 있다. 특히 아동을 대상으로, 수용과 마음챙김에 목표를 두고 사용하는 두 가지 공통 기법에는 우물 은유의 고집쟁이 노새와 시냇물 위의 나뭇잎 연습이 포함된다(Hayes et al., 1999 참조).

ACT는 다양한 아동·청소년 집단에서 성공적으로 적용되고 있다(Murrell & Scherbarth, 2006). 아동·청소년에게 적용한 ACT 중재들을 경험적으로 지지하는 연구에는, 퇴학당할 위험이 있는 청소년들 대상(Moore et al., 2003), 수술 후 통증 환자들 대상(Greco, Blomquist, Acra, & Mouton, 2008; Wicksell, Dahl, Magnusson & Olsson, 2005), 식욕부진을 가진 여자 청소년 대상(Heffner, Sperry,

Eifert, & Detweiler, 2002)으로 적용한 성공적인 치료가 포함되어 있다. 퇴학위험에 놓인 청소년들을 대상으로 한 ACT 중재는 의뢰자들로부터 억제력이 증가되고 주의가 향상되는 결과를 얻었다(Moore et al., 2003). 수술 후 통증 환자들을 대상으로 한 ACT 중재에서는 그들의 삶의 질이 개선되고 학업 주의력에 증가를 가져왔다(Greco et al., 2008; Wicksell et al., 2005). 한 무선화된 실험에서는 여자 청소년들이 ACT 중재를 통해 안전한 성행동과 관련된 의사결정 기법들을 더 잘 배울 수 있었음을 발견하였다(Metzler et al., 2000). 마지막으로, Heffner와 그의 동료들(2002)의 연구에서는 불필요한 통제전략에 초점을 맞춰 진행된 ACT 중재가 신경성 식욕부진 치료에 특히 적절하다는 것을 증명하였다.

몇몇 연구들은 ACT의 치료 성과에 대한 직접적인 연구보다 ACT 방법에 포함될 수 있는 고려할 만한 쟁점들을 연구하여 왔다. 예를 들어, ACT 중재에서 흔히 아동을 대상으로 할 때, 은유방식과 문자 그대로의 지시적 교육방식 사용에 대한 몇몇 실험연구들이 있다(Heffner, Greco, & Eifert, 2003). ACT 치료의 구성요인들에 대한 효과성을 조사하는 미래 연구들은 다양한 연습과 기법들의 독특한 역할과 기여하는 바를 밝혀줄 것이다. 새로이 나타나는 아동·청소년 대상의 치료들은, 여전히 많은 절차들이 아동·청소년을 대상으로 한 ACT의 효과성을 경험적으로 평가하는 과정에서 만들어져야 한다. 그러나 연구결과들은 ACT의 가능성을 보고하며, ACT가 다양한 장애 집단에게 발달적으로 적합한 치료모델임을 제안한다.

변증법적 행동치료(DBT)

DBT(Linehan, 1993)의 치료적 목표는 수용과 변화에 대한 변증법적 균형으로, 변증법적 세계관에 기초를 두고 있다. 즉, 내담자는 변화를 향한 작업을 하는 동시에 자신을 수용한다. DBT는 경계선 성격장애(BPD)로 진단된 자살행동적인 성인 여성들을 치료하기 위해 개발되었으며, 이에 대한 명백한 경험적 지지들이 있다(예 : Robins & Chapman, 2004). DBT 훈련자에게 경계선 성격은 생물사회적 이론에 의해 설명될 수 있으며, 이 견해는 생물학 및 사회적 요인 모두가 성격을 형성한다는 것이다.

수용, 마음챙김, DBT

성인을 위한 표준화된 DBT에서의 핵심 변증법은 수용과 변화에 대한 철저한 균형이다(Linehan, 1993). 생물사회적 이론에 따르면, 경계선 성격장애는 정서조절의 어려움과 타당하지 않은 사회적 환경에 생물학적 소인이 결합되어 유발된다고 여기기 때문에, DBT 치료자들은 수용을 통해 타당성을 제공하려고 시도한다. 이러한 구조하에 수용은 사전에 수용할 수 없는 사고, 정서, 행동을 특정 맥락에서 타당하게 주어진 것으로 보는 능력과 관련이 있다.

마음챙김은 위에 기술된 것처럼 양극성장애와 싸우고 있는 환자들에게 가르쳤던 핵심 기법들 중 하나다. 청소년용 DBT에서 가르친 기술일 뿐만 아니라, 마음챙김 연습은 고통을 인내하는 기술, 정서를 조절하는 기술, 효과적인 상호작용 기술을 발달시키는 데 안정적인 기초를 제공한다(Wagner, Rathus, & Miller, 2006). 현재 순간에 대한 비판단적 자각을 훈련함으로써, BPD 환자들은 충동적 행동 없이 자신의 정서에 명칭을 붙이고 더 잘 관찰할 수 있게 된다. 즉, 고통스런 정서에 대한 인내가 증가되며 정서를 조절할 수 있는 능력이 개선되고, 더 효과적으로 다른 사람들과 관계를 맺을 수 있게 될 뿐 아니라, 자신의 정서를 비판단적으로 관찰하고 명칭을 붙일 수 있게 된다(Wagner et al., 2006).

마음챙김은 어떤 종교나 영적인 함축에서 나왔지만, DBT에서 마음챙김은 내담자가 현재 순간에 실재하는 것에 초점을 두도록 시도한다(Wagner et al., 2006). 마음챙김 모듈에서 세 가지 마음상태가 내담자에게 소개된다. 즉, 합리적인 마음, 감정적인 마음, 지혜로운 마음이다. 지혜로운 마음은 이성과 정서 둘 다를 통합하며, 이것은 현재 순간에 마음을 챙길 수 있는 마음이다. 마음챙김 기술은 'what' 기술과 'how' 기술을 훨씬 더 구체화시키고, 쉽게 정의 내려지며 개선을 위한 목표가 된다(이 기술에 대한 상세한 설명을 위해 제6장 참조).

'what' 기술은 관찰, 기술, 참여를 포함하는 마음챙김의 정의를 제공한다. 'how' 기술은 마음챙김 방법에 대한 지침을 제공하는데, '비판단적으로', '한 가지에 마음챙김', '효과적으로'가 포함된다. 'what' 기술에서, 관찰은 자신의 사고, 느낌, 행동을 변화시키려는 노력 없이 있는 그대로 보는 것을 수반한다. 기술은 판단하지 않고 사고, 느낌, 행동에 명칭을 붙이는 것과 관련된다. 그리고 참여는 자의식 없이, 현재 순간에 완전히 열중할 것을 요구한다.

성인부터 아동까지 : 청소년을 위한 변증법적 행동치료(DBT-A)

Rathus와 Miller(2000)가 정의한 청소년과 가족에게 핵심되는 변증법은 가족 내 관대함과 권의주의 간의 균형, 정상화되는 병리적 행동과 병리화되는 정상행동 간의 균형, 그리고 자동화 촉진과 의존성 촉진 간의 균형이 포함된다. 자살행동적인 청소년 가족 내의 이러한 변증법적 딜레마는 통합과 분석이 요구된다(Rathus & Miller, 2002). DBT-A에서는(Miller, Rathus, Linehan, Wetzler, & Leigh, 1997) 자살행동적인 청소년과 그들의 가족을 대상으로 검증하였다.

청소년과 그들의 가족을 위한 DBT 채택은 진단적, 발달적, 맥락적 쟁점들을 포함한다(제6장 참조). 간단히 말하면, 진단적 쟁점들은 청소년의 경계선 성격장애에 대한 진단의 적합성을 둘러싼 논쟁과 관련이 있다. 발달적 쟁점들은 축소된 치료 길이, 축소된 기술 교육, 기술훈련 시에 사용되는 언어의 명료화, 가족회기 포함, 몇몇 구조의 수정, 필요한 유인물을 비롯하여 한 집단에서 서로 경험을 공유했던 첫 번째 치료 단계를 끝낸 청소년에게 허락되는 옵션인 사후집단 추가를 포함하는 몇몇 구조적 수정을 가져왔다(Miller et al., 1997). 맥락적 쟁점은 임상가와 연구자들에게 청소년이 머무는 가정과 학교상황을 고려하도록 요구한다.

변증법적 수용, 마음챙김 교육은 내담자에게 이러한 개념이 소개될 때 청소년의 삶과 관련된 이야기나 은유 그리고 예시들을 사용하도록 요구한다. 청소년들은 더 쉽게 마음챙김 기술을 배울 수 있다. 예를 들어, 청소년들에게 사고와 정서를 관찰하는 추상적 과제가 다소 어려울 수 있지만, 자신의 생각과 느낌을 기술하는 일상적 경험은 더 익숙할 수 있다(제6장 참조). 'how' 기술들이 청소년용으로 개명된 것을 제외하고, 'what'과 'how' 기술 모두 성인용 기술 교육과 동일하다(Miller, Rathus, & Linehan). 'how' 기술에서 "판단하지 말라"는 성인용 DBT의 'how' 기술인 "비판단적으로"의 구성요소와 유사하다. 청소년들은 좋고 싫음으로 그것들을 평가하지 말고 경험할 것을 인지하도록 배운다. "집중하라"는 성인용 DBT의 'how' 기술인 "한 가지에 마음챙김"과 유사하다. 이 기술은 한 번에 한 가지 경험에 주의를 집중할 수 있도록 하는 것이다. "유용한 것을 하라"는 성인용 DBT의 'how' 기술인 "효과적으로"와 유사하다. 유용한 것을 하는 것은 현재 상황의 현실적 맥락에서 적절하게 실제 행하는 것을 포함한다.

DBT-A의 효과성에 대한 경험적 지지는 전도유망하다. 지금까지 입원 환자(Katz, Cox, Gunasekara, & Miller, 2004), 거주 보호자(Sunseri, 2004), 그리고 외래 환자(Miller, Wyman, Huppert, Glassman, & Rathus, 2000; Rathus & Miller, 2002; Woodberry & Popenoe)를 포함한 다양한 상황에 있는 자살행동적 청소년들을 대상으로 연구가 수행되어 왔다. DBT-A는 반항장애로 진단된 청소년들에게 성공적으로 적용되었다(Nelson-Gray et al., 2006). 즉, 부모와 아동 둘 다 긍정적 행동의 증가뿐만 아니라 외현화 및 내현화 증상이 감소되었음을 보고하였다. 요약하면, DBT-A는 외현화 행동 문제와 자살 사고로 분투하는 집단을 포함한 청소년 집단에게 유용한 접근으로 입증되었다. 치료를 구성하고 있는 요소들을 조사하는 연구는 변화를 야기하는 DBT-A의 기제를 발견하는 데 유용할 것이다. 또한 치료결과에서 수용과 마음챙김 교육의 효과를 더 정확하게 이해하게 될 것이다.

마음챙김 기반 스트레스 감소(MBSR)

이 장 서론에서 언급되었듯이, Jon Kabat-Zinn의 MBSR 프로그램은 마음챙김 연습이 서양 의학 및 보건의료에 소개되면서 인정받게 되었다. 1979년에 매사추세츠 의대에서 스트레스 감소 클리닉이 세워진 이래로, 17,000명 이상의 사람들이 8주 MBSR 프로그램을 종결하였다(의료 건강보호 지역사회 마음챙김 센터, www.umassmed.edu/cfm/mbsr/ 참조). 주요 연구결과들은 MBSR이 개인이 경험하는 스트레스와 불안뿐만 아니라 만성통증과 만성질병으로 고통 받는 사람들의 의학 및 심리학적 증상 둘 다의 감소에 효과적임을 보여주고 있다.

수용, 마음챙김, MBSR

ACT와 DBT와는 달리, 마음챙김은 단지 치료를 구성하는 여러 요소들 중 하나이다.

MBSR의 주요 치료 모드는 마음챙김 연습을 개념화한다. 수용의 역할은 특히 언급되지 않는다. MBSR 회기들은 대부분 마음챙김 명상 연습과 강화에 초점을 두며, 집에서도 지속적으로 연습할 것을 격려한다. MBSR 훈련자들은 유독 마음챙김 명상 자체에 헌신적으로 경험하기를 바란다. Kabat-Zinn(2003)은 치료자가 스스로를 연마하고 규칙적으로 이 기술들을 연습하지 않으면 자신의 내담자에게 마음챙김 기술을 효과적으로 가르칠 수 없다고 믿는다.

성인부터 아동까지

Saltzman과 Goldin은 학교장면에서 아동용 MBSR을 채택할 시, 나이에 맞는 적절한 언어 사용과 마음챙김 연습의 즐거움과 매력을 알려주는 것이 중요하다고 강조한다(제7장 참조). 또한 발달 단계에 적합한 방식으로 아동에게 안내된 연습을 제공함으로써 이루어져야 한다. 기타 연습으로, 마음챙김 먹기가 사용되는데 이것은 음식의 구체성을 이미 알고 있는 아동에게 유용한 연습이며, 보다 더 시각적인 이미지와 개인적 예시를 사용하는 것으로 성인 버전을 수정하였다. 해초 연습(seaweed practice)은 성인보다 더 참을성이 없는 아동에게 자신의 신체감각에 충분히 주의를 둠으로써 움직임을 통합할 기회를 제공한다. Saltzman과 Goldin의 MBSR 프로그램에 대한 더 세부적인 기술은 이 책의 7장을 참조하라.

성인용 MBSR은 이 장에서 논의되는 마음챙김 기반 중재들의 발전과 정교화를 먼저 이뤘지만, 현재 아동·청소년 대상으로는 초기 연구 단계에 있다. 현재 Saltzman과 Goldin은 4~6학년 아동과 그들의 부모에게 비교적 잘 적용된 두 개의 연구들을 수행하고 있다. 예비 결과들은 주의, 기분, 자비심 및 마음챙김에 개선을 보였다(제7장의 Saltzman & Goldin 참조). 또한 MBSR은 위식도 역류 장애를 보이는 9세 여자아동(Ott, 2002)과 불면증과 물질남용 문제를 가진 청소년들(Bootzin & Stevens, 2005)을 포함한 아동·청소년 집단의 난점을 치료하는 데도 효과적이었다. Wall (2005)이 tai chi와 MBSR을 통합한 치료를 보스턴 공립중학교에서 수행한 결과, 참여 학생들의 주관적 보고는 수면과 자기관리의 개선뿐 아니라 침착함과 이완의 증가를 보고하였다. 성인용 MBSR의 성공적 입증은(Kabat-Zinn, 2003) 아동·청소년 대상 MBSR 채택의 정당한 근거로 작용하고 있는 것 같다. 앞으로의 연구는 아동·청소년용을 위한 특정 치료규정이 그려져야 하며, 아동·청소년 집단을 대상으로 한 MBSR의 효과성을 밝혀야 한다.

마음챙김 기반 인지치료(MBCT)

성인의 우울재발 방지를 위해 개발된 MBCT는 우울증에 대한 인지행동치료(CBT)와 MBSR을 통합한 것에 기초를 둔다(Kabat-Zinn, 1990). MBSR은 더욱 일반적으로 적용되는 데 비해, 초기 MBCT는 성인 임상 집단 중 주요 우울증 재발 방지를 위해 개발되었다.

수용, 마음챙김, MBCT

다른 수용에 기초한 접근과 유사하게 MBCT는 사고 내용의 변화에 초점을 두지 않는다. 즉 MBCT는 사고와의 관계 및 자각을 촉진하는 CBT와 MBSR의 선택적 측면을 통합한다(Segal, Teasdale, & Williams, 2004). 그렇게 이름을 붙이지는 않았지만 ACT에서 정의하는 수용과 유사하다. 즉 사고의 변화보다 관찰과 수용을 요구한다. MBCT에서 마음챙김은 주요 우울증 삽화의 감소와 재발 방지를 위한 적절한 방법으로써 개념화된다(Segal et al., 2004). 우울증과 연관된 자동적, 반추적 과정은 부정적 사고, 느낌, 신체감각에 대한 충분한 자각에 의해 분쇄된다. 마음챙김 기법들은 우울 삽화를 재발시키는 결과를 가져오는 자동적이고 역기능적인 사고 과정을 깨도록 돕는 도구로써 기능한다.

성인부터 아동까지

마음챙김 기반 아동용 인지치료(MBCT-C)는 성인용 집단 프로그램에서 나왔다(제4장 참조). 우울과 불안장애 둘 다 공통적으로 반추적 요소를 공유하며, 이 책에 기술된 MBCT-C는 아동의 불안치료를 위해 MBCT의 마음챙김 구성요인들을 통합하는 데 초점을 두고 있다(Semple, 2006 참조). 아동은 단순히 "작은 성인"이 아니라는 것을 기억해야 하며, MBCT-C는 세 가지 방식에서 우울증 치료에 사용되는 성인용

MBCT와 다르다(Semple & Miller, 2006).

첫 번째 아동 치료에서 고려할 점은 아동이 기억과 주의력이 덜 발달되어 있다는 점이다. 잠정적 부주의를 고려하여 회기의 길이를 설정해야 한다. 이 책 제4장에서 기술된 MBCT-C 프로그램은 8주 MBCT 프로그램-매주 2시간씩의 회기로 구성하지 않고, 12주 이상의 과정에 매주 90분 회기로 구성하고 있다. 성인용 MBCT보다 20~40분 더 길지만, 아동용은 90분 회기 동안 오히려 3~5분까지 쉬고 자주 명상에 임하였다.

두 번째, 성인용 심리치료는 추상적이고 논리적인 사고와 같은 언어능력을 끌어낸다. 인지적으로 아동은 언어의 유창성과 추상적 추리력, 언어개념화가 제한되어 있다. 따라서 특정 신체감각들(예 : 보기, 듣기, 만지기, 맛보기, 냄새 맡기)과 지각들에 초점을 둠으로써 마음챙김을 가르치는 경험적 학습훈련을 통합하는 것이 필요하다(Semple & Miller, 2006). 아동의 활동수준과 주의의 길이를 기억하고, 감각활동, 장면명상, 보디스캔, 시각화 연습, 그리기 또는 쓰기를 포함한 몇몇 연습들이 회기 과정에서 이루어진다.

세 번째, 아동용 치료에서 아동은 그의 가족이 포함된 더 큰 시스템의 일부라는 사실에 주의를 두어야 한다. MBCT-C 치료과정의 주요 부분은 부모를 참여시키는 것이다. 집에서의 연습을 돕기 위해 부모는 프로그램 시작 전 오리엔테이션 회기뿐만 아니라, 프로그램 종결 후 개관 회기에 참여할 기회가 주어진다. 따라서 아동용 프로그램은 시작에서 종결까지 부모가 활발하게 참여하도록 설계된다.

초기 MBCT-C는 불안한 아동을 치료하는 데 효과적이었다. 임상적으로 주요 불안 증상을 가진 것으로 확인된 7~12세의 아동들이 학업적 기능 개선을 비롯하여 내현화와 외현화 문제에서 감소를 보여주었다(Semple, 2006; Semple, Lee, & Miller, 2004; Semple, Reid, & Miller, 2005). 전반적으로 연구결과들은 불안한 아동을 대상으로 한 마음챙김 훈련의 가능성을 지지한다. 더욱이 마음챙김과 불안한 아동 간의 관계성에 대한 연구의 초점을 정당화한다. 이후의 부차적인 연구들은 MBCT-C와 마음챙김 접근이 기타 아동기 장애 영역까지 더욱 일반적인 적용 가능성을 해명하는 데 도움을 줄 수 있을 것이다.

모형들 간의 유사점과 차이점

두 심리치료가 이론적 기원이 서로 다름에도 불구하고 중재 과정에서 유사함을 보이는 경우는 드물다. 이 장에서 개관하게 될 다양한 수용 및 마음챙김에 기초를 둔 중재들 간에도 회기 지속시간, 회기 길이, 치료 회기의 강도뿐 아니라 회기 형태에서 고려해야 할 면이 있다. 부모, 청소년, 아동을 위한 ACT, DBT-A, MBCT-C 및 MBSR은 수용과 마음챙김에 초점을 공유하지만 방향에서 중요한 차이를 보인다.

ACT와 DBT-A 둘 다 이론 중심적 접근들이지만, 서로 다른 이론적 근거를 가지고 있다. ACT는 관계구성이론(Hayes et al., 2001)과 언어와 인지이론에 근거를 가지고 있다. 예를 들어, ACT 기법들은 일반적으로 경험회피, 언어와 인지의 부산물에 대한 이론화된 구조에 목표를 둔다. 우리는 언어와 인지 없이, "나는 늘 불안하다." 또는 "나의 부모님은 무서웠다." 또는 "나는 결코 행복하지 못할 것이다."와 같은 말을 스스로 하기 어려울 것이다. 결코 과거의 기억이나 미래의 걱정을 할 수 없을 것이다. 이것이 수용과 마음챙김에 기반을 둔 중재의 사용을 지지하는 이론적 입장이 된다. 즉, 수용과 마음챙김은 현재에 초점을 두도록 하며 자신과 자신의 사고를 분리하기 위한 수단이다. 반대로 DBT는 성격이 생물학 및 사회학적 세계의 산물로 개념화한다는 점에서 생물사회학적 성격이론에 근거를 두고 있다. 이러한 구조에서 경계선적 성격은 생물학적인 정서조절의 어려움과 타당하지 못한 사회 환경의 산물로 보고 있다.

이러한 서로 다른 이론에도 불구하고, ACT와 DBT는 공통적으로 수용과 마음챙김을 공유한다. 예를 들어, Chapman, Gratz 및 Brown(2005)은 경험회피가 청소년 자해행동에 기저하는 주요 기제라고 제안하고 있다. 비록 경험회피는 이론적으로는 ACT와 연결되지만, Chapman과 그의 동료들(2005)은 치료적 접근 형태에서 ACT와 DBT 모두가 수용과 마음챙김에 초점을 두고 있음을 제안한다. 만일 ACT와 DBT 둘 다 청소년의 자해행동 치료에 효과적인 것으로 증명된다면, 연구자들은 수용과 마음챙김을 제외한 두 치료법들을 서로 비교해야 할 필요가 있다. 이 장에서 반복되겠지만, 구성요소들에 대한 연구들이 수용과 마음챙김이 치료적 변화에 어떤 역할을 하는지 밝혀낼 필요가 있다.

마음챙김 기법은 ACT와 DBT의 유일한 구성요인이 아니다. 이들의 폭넓은 이론들은 다른 기법들과 기술들을 사용하는 데 합리성을 제공해 준다. 반대로, 마음챙김은 MBSR과 MBCT의 주 구성요인이다. 이 중재들의 효과성 입증은 수용과 마음챙김이 치료에서 중추적인 역할을 한다는 것을 지지한다. 특히, MBSR과 MBCT 모두 훈련자들이 마음챙김에 헌신적으로 경험하는 실습을 요구한다. 반대로 ACT와 DBT 훈련자들은 마음챙김 명상 실습을 통해 항상 확장된 개인 경험을 갖도록 기대하지는 않는다.

마음챙김, 수용, 양육

아동·청소년을 대상으로 한 수용과 마음챙김 중재가 성공적이려면 부모들이 프로그램에 포함될 필요가 있다. 마음챙김 양육관련 문헌들에는 기술 및 이론적 단편들 (Coyne & Wilson, 2004; Dumas, 2005; Greco & Eifert, 2004; Kabat-Zinn & Kabat-Zinn, 1997)과 몇 편의 경험 연구들(Singh et al., 2006; Singh et al., 출판 중; Blackledge & Hayes, 2006)이 있다. 마음챙김 양육에 대한 초기 연구들은 Kabat-Zinn과 Kabat-Zinn(1997)에 의해 이루어졌다. 이들의 연구는 양육 장면에서의 마음챙김에 대한 정의 탐색과 마음챙김 연습에 대한 경험적 연구의 근간이 되었다. Kabat-Zinn과 Kabat-Zinn은 마음챙김 양육이 부모-아동 간의 갈등을 없애기 위한 것이 아니라, 아동 행동과 주관적 경험에 대한 "순간순간 자각"에 관한 연구를 했다. 이 저자들은 마음챙김 양육에 대한 세 가지 기초, 즉 주체성, 자비, 수용을 다루고 있다.

첫 번째, 부모는 아동의 주체성을 존중해 주어야 한다. 이것은 그들이 좋아하는 행동을 자유롭게 허락하는 것을 의미하지 않는다. 오히려 그것은 부모가 아동의 "진정한 자아"에 대한 존엄성을 존중한다는 것을 의미한다. Kabat-Zinn과 Kabat-Zinn (1997)은 불교신도들에 대한 부처의 특성에 비유하였는데, 이것이 자기에 대한 진정한 자아이다. 아동에게 변화를 시도하는 대신, 부모는 있는 그대로의 아동을 인식하고 그들의 주체적 존엄성을 존중하는 것을 인식하도록 한다. 이것은 아동의 진실한 자아에 마음을 유지함으로써 성취된다. 예를 들어, 부모는 자녀의 반항에 조용히 하라고 반응하는 대신 자녀가 스스로의 경험과 갈등하는 마음의 상태에서 그 갈등을 촉진하는 실체를 평가할 기회를 갖도록 해야 한다.

힘든 순간 주체성을 존중해 주기 위해 부모들은 공감을 시도한다. 즉, 그들은 아동이 지각한 세계를 보려고 노력해야 한다. 아동이 넘어져서 무릎이 깨지면 공감이 자연스럽게 나오는 듯하지만, 아동이 소리치고 비명을 지르거나 물건을 던질 때는 공감을 일으키기가 어려울 수 있다(Kabat-Zinn & Kabat-Zinn, 1997). 이와 유사하게 부모들은 아동의 바람이나 의견이 자신들의 생각과 충돌할 때 공감 반응이 어려울 수 있다. 공감은 현재 순간에 의도적인 주의를 요구한다. 즉 부모는 아이가 현재 경험하고 있는 것과 자신의 생각과 느낌을 분리할 수 있어야 한다(Kabat-Zinn & Kabat-Zinn, 1997).

수용은 주체성과 공감 둘 다 긴밀하게 관련되어야 한다. 부모가 아이의 주체성을 존중할 수 있고 공감을 제공할 수 있을 때, 자기 아이의 진실한 자아, 독특한 소망, 사고, 느낌, 견해를 수용하는 모습을 보여줄 수 있다. 주체성, 공감, 수용은 마음을 챙기는 양육의 기초이다.

기타 이론적 모형

Dumas(2005)는 마음챙김 기반 효과적인 부모훈련 모델을 제안하였다. 이는 전통적인 행동적 부모훈련 프로그램이 종종 저항행동을 변화시키는 데 부적절하다는 관찰과 Kabat-Zinn과 Kabat-Zinn(1997)이 마음챙김을 기초로 수행한 연구가 지지되면서 이루어졌다. Dumas의 모델은 변화에 저항하는 행동이 자동화된 행동이라는 개념에 근거를 두고 있다. 그는 이러한 자동화나 부주의를 가족 내에서 가장 파괴적인 문제행동 패턴의 근원으로 믿는다(Dumas, 2005). 이 모델의 효과성에 대한 경험적 연구가 아직 출간되지는 않았으나 Dumas는 그의 모델에 대한 개관과 치료자들이 가족상황에서 자동화 감소를 이행할 수 있는 세 가지 전략들, 즉 촉진적인 경청, 거리두기, 동기화된 행동계획을 소개하고 있다.

촉진적인 경청은 내담자뿐 아니라 내담자가 말하고 느끼는 것에 반응하는 치료자에게도 비판단적 자세를 요구한다(Dumas, 2005). 촉진적 경청의 두 가지 목표는

(1) 비난, 판단, 충고를 하지 않고 부모의 현재 관심을 경청하는 것, (2) 자기 비난과 판단을 삼가고 자신을 돕는 것이다. 치료자들은 또한 거리두기를 격려하는데, 치료자는 부모에게 스스로 규정하기를 선택한 행동으로부터 그 순간 자신의 사고, 느낌을 분리할 수 있도록 돕는다. 부모들은 공공연하게 자신의 행동을 통제하고자 하는 생각과 느낌을 허락하지 않고 자신의 아이들과 상호작용하도록 배운다.

동기화된 행동계획(MAPs)은 동기와 행동 사이의 격차를 좁히기 위해 계획된 행동전략이다(Dumas, 2005). 아이와의 관계성 개선을 원하는 부모의 동기가 항상 직접적인 목표와 일치되는 행동결과를 낳는 것은 아니다. 부모가 그 목표에 도달할 가능성을 증가시키기 위해 그들은 사전에 주어진 상황에서 사용할 만하고 명시화된 특정한 행동전략들이 필요하다(Dumas, 2005). 명시화된 방침이나 MAP가 준비될 때에야 부모가 어떻게 반응할 것인지 미리 계획할 수 있기 때문에 도전 상황에서 부모는 마음챙김으로 반응하도록 촉진된다(Dumas, 2005). 이것은 일반적으로 어떤 자동화된 또는 마음에 주의를 두지 않고 행동화하던 상황에서 마음에 주의를 두도록 하기 위한 의도적이고 계획된 시도이다. 예를 들어, 부모는 울화통이 터지는 동안 스스로 평정심을 잃기보다 잠잠히 자리를 뜨거나 소파에 앉을 수 있도록 하는 MAP를 만들 수 있다(Dumas, 2005).

Coyne와 Wilson(2004)은 부모역할 장애에 대한 마음챙김 적용에 상이한 이론적 근거를 제시하고 있다. 특히 인지적 융합이 어떻게 부적응적 양육 패턴을 유도할 수 있는지 그리고 마음챙김과 수용이 어떻게 그러한 패턴을 멈추게 하는 데 도움을 줄 수 있는지를 논의한다. 인지적 융합은 사고가 고정된 액면 그대로의 내용에 반응할 때 발생한다(Hayes et al., 1999). 만일 어떤 부모가 "나는 나쁜 부모야"라고 생각한다면, 마치 그것이 문자 그대로 사실인 것처럼 생각하고 그 사고를 지우려는 행동들로 반응하려는 경향을 보인다. Patterson(1982)에 의해 확인된 고압적인 가족대응과 유사한 이러한 행동들은 아이의 불복종을 묵인하거나 점점 자신의 행동을 점검하려는 강력한 노력을 확대하는 경향을 보인다(Coyne & Wilson, 2004). 그때 부모는 아이가 현재 순간에 경험하는 것에 마음을 집중하지 못하게 되고, 부모 스스로 실패했다는 생각에만 반응하게 된다.

부모가 아이의 경험에 마음을 집중하고 수용할 수 있을 때, 그리고 자신의 사고로부터 분리될 수 있을 때, 더 적절한 방식으로 아이의 고통에 반응할 수 있다. ACT는 이러한 인지적 탈융합을 이룰 수 있는 틀을 제공해 준다. 즉, 경험적 연습과 은유는 부모에게 자신의 사고가 단지 사고일 뿐 진실이 아니라는 것을 인식하도록 돕는다. 더불어, ACT는 부모에게 가치 있는 것을 결정하도록 고무시킴으로써 인지적 융합과 같은 어려운 작업을 할 동기를 갖도록 해준다(Coyne & Wilson, 2004). 만일 부모들이 마음에 주의를 두는 양육이 왜 중요한지를 알게 된다면, 그들은 마음에 주의를 두는 양육을 더 연습하려 할 것이다.

Greco와 Eifert(2004)는 행동적 중재들과 ACT를 혼합하여 부모-청소년 갈등 문제에 접근할 것을 제안하고 있다. 그들은 경험적 회피가 가족갈등에 중요한 역할을 한다고 제안한다. 부모와 청소년 둘 다 고통스런 경험을 회피하려는 시도로, 종종 가족 구성원들의 장기적 가치와 모순되며 일시적 위안을 제공하는 방식으로 행동한다. 규칙적인 마음챙김 연습과 탈융합은 그러한 고통스러운 사고와 느낌에 수용을 증가시키며, 큰 갈등이 있을 때에도 유용하게 작용할 수 있다. 부모와 청소년이 자신의 사고와 판단을 수용하는 법과 현재 순간에 마음을 집중하는 법을 배우게 될 때, 그들은 서로 더욱 적절하게 반응할 수 있으며, 자신의 가치에 더 부합된 행동들을 선택할 수 있다.

마지막으로 테네시 대학의 양육 클리닉 센터에서 Wahler와 그의 동료들은 행동적 부모훈련(BPT)과 이야기 재구성 치료(NRT)에 마음챙김을 통합하였다. 그들의 예비 연구결과들은 긍정적이다. 부모에게서는 마음챙김이 증가되는 현상이 나타났고, 아동들에게서는 문제행동의 감소가 나타났다(10장 참조). Wahler의 양육 클리닉 센터의 치료절차들은 Baer(2003), Bishop과 그의 동료들(2004), Kabat-Zinn(1994)에 의해 초안된 마음챙김 연습뿐 아니라 Dumas(2005)의 이론적 연구와 Singh와 동료들(2004)의 경험적 연구들로 이루어졌다.

심각하고 다양한 장애 아동을 돌보는 보육사들을 대상으로 한 마음챙김 훈련이 성공적인 데 이어, Singh와 그의 동료들은 자폐아동 부모를 대상으로 한두 가지 마음챙김에 대한 경험 연구를 수행하였다. 경험 연구와 추적 연구의 결과 모두에서 마음챙김 훈련에 참여했던 어머니들은 양육 기술과 부모-아동 상호작용에 만족감 증가를 보고하였고, 마음챙김 기술 사용의 증대와 지각된 스트레스가 감소하였음을 보고하였다. 그들의 아이들은 공격적 행동이 감소되었고 사회기술에서 증가를 경험하였다. 유사하게 만성적 병태와 장애를 가진 아동의 부모를 대상으로 한 ACT와 MBSR 둘 다에 대한 지지 또한 최근 두 개의 연구에서 찾아볼 수 있다(Blackledge & Hayes, 2006; Minor, Carlson, Mackenzie, Zernicke, & Jones, 2006).

요약하면, 이론, 경험, 실험적 결과들은 모두 부모들을 대상으로 한 마음챙김의 유용성과 효과성을 지지한다. 이러한 지지는 특히 아동 · 청소년들의 성공적 치료결과는 부모의 지원에 달려 있다는 가정과 함께 전망이 매우 밝다. 만일 마음챙김 기반 중재들이 아동 · 청소년과 그들의 부모 둘 다에 성공적임을 입증한다면, 우리는 아동과 청소년을 대상으로 한 심리치료적 중재의 도전들을 더 잘 맞이할 준비를 하게 될 것이다.

기타 도전

아동 · 청소년을 대상으로 한 수용과 마음챙김에 기초한 치료에 부모들을 성공적으로 통합하려는 도전들과 더불어 다른 도전들이 기다리고 있다. 특히 측정에 대한 쟁점들이 다뤄질 필요가 있으며, 수용과 마음챙김 기반 치료들과 기존 아동 · 청소년용 중재들 간의 관계를 어떻게 조정할 것인지에 대한 질의가 있어야 할 것이다.

치료결과에 대한 측정방법

치료효과에 대한 결과는 치료결과에 대한 측정방법이 중재들마다 다를 때 흐릿해진다. 아동용 수용과 마음챙김에 기초된 중재들 간의 이질성은 자연스럽게 치료결과에 대한 측정방법의 이질성을 야기할 것이다. 아동 · 청소년을 대상으로 작업하는 치료자에게 치료효과 측정에서 독특한 도전들에 직면하게 된다는 사실은 작업을 훨씬 더 어렵게 만들 수 있다. 예를 들어, 초기 아동기 아이에게 적용할 만한 자기보고 검사가 없어 실험 측정이 제한될 수 있다. 자기보고식 검사의 결핍은 기능과 증상들에 대한 신뢰할 만한 보고 또는 아동의 능력 변화를 추적하기에 부분적일 수밖에 없다. 자기보고에서의 이러한 명백한 불신과 더불어, 기타 부모나 교사가 더 좋은 정보제공자로서 기능할 수 있다고 믿는다. 부모들은 시간과 상황에 걸쳐 아동의 행동에 대한 정보를 갖고 있는 중요한 정보처로 보인다. 부모는 또한 우선 의뢰자일 가능성이 크다. 그러나 부모보고는 부모 정신병리, 부부불화, 스트레스와 집 밖의 사회적 지원 부족이 있는 경우 정확하지 않을 수 있다(Kazdin, 1994). 내담자인 아동, 부모, 교사, 또래 등의 많은 출처에서 얻은 정보는 자료를 유용하게 할 한 가지 방법이다.

측정과 관련한 문제는 수용, 마음챙김과 관련된 구성물을 평가하는 데 어려움을 시사한다. 예를 들어, ACT의 치료 목표는 증상제거가 아니라 심리적 유연성 증가와 가치 일관된 행동을 증가시키는 것이다. 따라서 ACT 치료 성과에 대한 평가는 우울과 불안 증상 감소와 같은 정신병리 측정이 포함되지 않는다. 대신 연구자들은 심리적 유연성 측정에 대한 도전에 직면하게 된다(제3장 참조).

기존의 치료에 수용과 마음챙김 통합

수용과 마음챙김 기반 치료들은 더 확고한 뿌리를 갖고 있다. 경험적으로 유효한 인지행동치료들은 기존 아동용 중재들과 유사하다. 그러나 수용과 마음챙김 기반 치료들은 사고 내용보다 맥락의 변화를 시도하고, 이러한 변화의 합리성이 이론과 경험에 의해 지지되고 있기 때문에, 우리는 기존 치료에 수용과 마음챙김 구성요소들을 첨가하는 것이 이러한 부분을 강화하도록 도울 수 있다고 믿는다. 이를 검증하기 위해 수용과 마음챙김 기법, 그리고 연습들의 상대적 기여를 조사하는 연구들이 필요하며, 그래서 우리는 구성요인에 대한 연구가 요구된다는 원점으로 돌아오게 된다.

결론 : 미래 방향성

이 장에서 언급되었고, 다음 몇몇 장에서 세부적으로 다루겠지만, 수용과 마음챙김 기법들은 많은 아동·청소년 관련 맥락에서 창의적으로 적용되어 왔다. 예를 들어, 최근 아동 치료들은 고통스러운 사고와 느낌을 변화시키기보다 오히려 수용하는 데 초점을 둔 은유와 이야기를 사용한다. 마음챙김 연습들은 또한 최근 교실장면에서 소개되고 있고, 10대와 친화적인 방식으로 제공된 CD들과 함께 과제로 부과되고 있다. 수용과 마음챙김이 오랫동안 영적 및 종교적 전통 속에서 수행되어 왔지만, 이러한 개념들은 교육과 치료와 같은 상황에서는 비교적 참신한 것이었다. 수용과 마음챙김을 이러한 장면으로 들여왔을 때, 미래 방향성에 대한 몇 가지 주목할 만한 쟁점과 의문들이 일어났다.

이후에 다뤄져야 할 또 다른 쟁점은 수용과 마음챙김 과정이 다른 것보다 더 효과적인 집단이 있는지의 여부이다. 이 질문에 대한 유일한 답은 중요한 임상적 과정과 결과 변인들을 확인할 수 있는, 주의 깊게 설계된 연구들을 통해서 얻어질 수 있다. 실례로 경험적 연구의 중요성은 다음과 같은 점이 고려되어야 한다. 즉 초기 청소년기의 수용의 유용성을 두 측면에서 살펴볼 수 있다. 예를 들어, 초기 청소년기에 있는 자기중심적인 한 여학생에게 첫 번째 임상가는 그녀의 외모에 대한 고민이 또래 대부분의 고민이기도 하다는 점을 충분히 인식시키고, 오랫동안 스스로 상상하는 잠재적 관객으로부터 거리를 두지 못하고 있음을 인식시킬 수 있다. 두 번째 임상가는 같은 내담자에게, 그녀가 타인을 크게 의식하고 있기 때문에 완전히 그 고통을 수용할 수 없다는 견해를 가질지도 모른다. 이론적으로, 임상가는 다른 사람보다 더 정확하다. 그 데이터는 이 여학생이 자신의 고통을 수용할 수 있는지 여부와 수용에 기초한 접근이 이 집단에 시간의 변화에 따라 유사한 상황에서도 작동할 것인지를 증명할 것이다.

비록 데이터에 의한 안내도 중요하지만, 수용과 마음챙김 기반 접근들이 특히 아동 · 청소년들에게 사용될 때 창의성이 요구된다는 점도 중요하다. 이 책 역시 임상가의 창의성과 참신한 사고의 결과다. 이 책의 여러 저자들은 그러한 작업들이 아동 · 청소년에게 적용될 수 없다고 알고 있었다. 다행히도 현재 우리는 충분히 경험하고 가치 있는 방향으로 움직여 나가는 시점에 있다. 독자들은 이 책을 통해 수용과 마음챙김을 접할 때 많은 창의적 진보를 희망한다.

 참고문헌

Baer, R. A. (2003). Mindfulness training as a clinical intervention: A conceptual and empirical review. *Clinical Psychology: Science and Practice, 10*(2), 125–143.

Baer, R. A. (Ed.). (2006). *Mindfulness-based treatment approaches: A clinician's guide.* San Diego, CA: Elsevier.

Baer, R. A., & Krietemeyer, J. (2006). Overview of mindfulness- and acceptance-based treatment approaches. In R. A. Baer (Ed.), *Mindfulness-based treatment approaches: A clinician's guide* (pp. 3–27). San Diego, CA: Elsevier.

Bishop, S. R., Lau, M., Shapiro, S., Carlson, L., Anderson, N. D., Carmody, J., et al. (2004). Mindfulness: A proposed operational definition. *Clinical Psychology: Science and Practice, 11*(3), 230–241.

Blackledge, J. T., & Hayes, S. C. (2006). Using acceptance and commitment training in the support of parents of children diagnosed with autism. *Child and Family Behavior Therapy, 28*, 1–18.

Bootzin, R. R., & Stevens, S. J. (2005). Adolescents, substance abuse, and the treatment of insomnia and daytime sleepiness. *Clinical Psychology Review, 25*, 629–644.

Center for Mindfulness in Medicine, Health Care, and Society. Retrieved June 26, 2007, from www.umassmed.edu/cfm/mbsr/.

Chapman, A. L., Gratz, K. L., & Brown, M. Z. (2005). Solving the puzzle of deliberate self-harm: The experiential avoidance model. *Behaviour Research and Therapy, 44*, 371–394.

Christensen, A., Jacobson, N. S., & Babcock, J. C. (1995). Integrative behavioral couple therapy. In N. S. Jacobson & A. S. Gurman (Eds.), *Clinical handbook of couples therapy* (pp. 31–64). New York: Guilford.

Corrigan, P. W. (2001). Getting ahead of the data: A threat to some behavior therapies. *Behavior Therapist, 24*, 189–193.

Coyne, L. W., & Wilson, K. G. (2004). The role of cognitive fusion in impaired parenting: An RFT analysis. *International Journal of Psychology and Psychological Therapy, 4*, 469–486.

Devany, J. M., Hayes, S. C., & Nelson, E. O. (1986). Equivalence class formation in language-able and language-disabled children. *Journal of the Experimental Analysis of Behavior, 56*, 243–257.

Dumas, J. E. (2005). Mindfulness-based parent training: Strategies to lessen the grip of automaticity in families with disruptive children. *Journal of Clinical Child and Adolescent Psychology, 34*, 779–791.

Goodman, T. A. (2005). Working with children: Beginner's mind. In C. K. Germer, R. D. Siegel, & P. R. Fulton (Eds.), *Mindfulness and psychotherapy* (pp. 197–219). New York: Guilford.

Greco, L. A., Blackledge, J. T., Coyne, L. W., & Ehrenreich, J. (2005). Integrating accep-
tance and mindfulness into treatments for child and adolescent anxiety disorders:
Acceptance and commitment therapy as an example. In S. M. Orsillo & L. Roemer
(Eds.), *Acceptance and mindfulness-based approaches to anxiety: Conceptualization and
treatment* (pp. 301–322). New York: Springer Science.

Greco, L. A., Blomquist, K. K., Acra, S., & Mouton, D. (2008). *Acceptance and commit-
ment therapy for adolescents with functional abdominal pain: Results of a pilot investiga-
tion*. Manuscript submitted for publication.

Greco, L. A., & Eifert, G. H. (2004). Treating parent-adolescent conflict: Is acceptance
the missing link for an integrative family therapy? *Cognitive and Behavioral Practice,
11*, 305–314.

Greco, L. A., Lambert, W., & Baer, R. A. (in press). Psychological inflexibility in child-
hood and adolescence: Development and evaluation of the Avoidance and Fusion
Questionnaire for Youth. *Psychological Assessment*.

Hayes, S. C. (2004). Acceptance and commitment therapy, relational frame theory, and
the third wave of behavior therapy. *Behavior Therapy, 35*, 639–665.

Hayes, S. C., Barnes-Holmes, D., & Roche, B. (2001). *Relational frame theory: A post-
Skinnerian account of human language and cognition*. New York: Kluwer/Plenum.

Hayes, S. C., Follette, V. M., & Linehan, M. M. (2004). *Mindfulness and acceptance:
Expanding the cognitive behavioral tradition*. New York: Guilford.

Hayes, S. C., Masuda, A., Bissett, R., Luoma, J., & Guerrero, L. F. (2004). DBT, FAP,
and ACT: How empirically oriented are the new behavior therapy technologies.
Behavior Therapy, 35, 35–54.

Hayes, S. C., Strosahl, K. D., & Wilson, K. G. (1999). *Acceptance and commitment
therapy: An experiential approach to behavior change*. New York: Guilford.

Hayes, S. C., Wilson, K. G., Gifford, E. V., Follette, V. M., & Strosahl, K. D. (1996).
Experiential avoidance and behavioral disorders: A functional dimensional approach
to diagnosis and treatment. *Journal of Consulting and Clinical Psychology, 64*,
1152–1168.

Heffner, M., Greco, L. A., & Eifert, G. H. (2003). Pretend you are a turtle: Children's
responses to metaphorical versus literal relaxation instructions. *Child and Family
Behavior Therapy, 25*, 19–33.

Heffner, M., Sperry, J., Eifert, G. H., & Detweiler, M. (2002). Acceptance and commit-
ment therapy in the treatment of an adolescent female with anorexia nervosa: A case
example. *Cognitive and Behavioral Practice, 9*, 232–236.

Kabat-Zinn, J. (1982). An outpatient program in behavioral medicine for chronic pain
patients based on the practice of mindfulness meditation: Theoretical considerations
and preliminary results. *General Hospital Psychiatry, 4*, 33–47.

Kabat-Zinn, J. (1990). *Full catastrophe living: Using the wisdom of your body and mind to* face stress, pain, and illness. New York: Delacorte.

Kabat-Zinn, J. (1994). *Wherever you go, there you are: Mindfulness meditation in everyday life*. New York: Hyperion.

Kabat-Zinn, J. (2003). Mindfulness-based interventions in context: Past, present, and future. *Clinical Psychology: Science and Practice, 10*, 144–156.

Kabat-Zinn, J., & Kabat-Zinn, M. (1997). *Everyday blessings: The inner work of mindful parenting*. New York: Hyperion.

Katz, L. Y., Cox, B. J., Gunasekara, S., & Miller, A. L. (2004). Feasibility of applying dialectical behavior therapy to suicidal adolescent inpatients. *Journal of the American Academy of Child and Adolescent Psychiatry, 43*, 276–282.

Kazdin, A. E. (1994). Informant variability in the assessment of childhood depression. In W. M. Reynolds & H. Johnston (Eds.), *Handbook of depression in children and adolescents* (pp. 249–271). New York: Plenum.

Kohlenberg, R. J., & Tsai, M. (1991). *Functional analytic psychotherapy: Creative intense and curative therapeutic relationships*. New York: Plenum.

Linehan, M. M. (1993). *Cognitive-behavioral treatment of borderline personality disorder*. New York: Guilford.

Lipkens, G., Hayes, S. C., & Hayes, L. J. (1993). Longitudinal study of derived stimulus relations in an infant. *Journal of Experimental Child Psychology, 56*, 201–239.

Metzler, C. W., Biglan, A., Noell, J., Ary, D. V., & Ochs, L. (2000). A randomized controlled trial of a behavioral intervention to reduce high-risk sexual behavior among adolescents in STD clinics. *Behavior Therapy, 31*, 27–54.

Miller, A. L., Rathus, J. H., Linehan, M. M., Wetzler, S., & Leigh, E. (1997). Dialectic behavior therapy adapted for suicidal adolescents. *Journal of Practical Psychiatry and Behavioral Health, 3*, 78–86.

Miller, A. L., Wyman, S. E., Huppert, J. D., Glassman, S. L., & Rathus, J. H. (2000). Analysis of behavioral skills utilized by suicidal adolescents receiving dialectical behavioral therapy. *Cognitive and Behavioral Practice, 7*, 183–187.

Minor, H. G., Carlson, L. E., Mackenzie, M. J., Zernicke, K., & Jones, L. (2006). Evaluation of a mindfulness-based stress reduction (MBSR) program for caregivers of children with chronic conditions. *Social Work in Health Care, 43*, 91–109.

Moore, D., Wilson, K. G., Wilson, D. M., Murrell, A. R., Roberts, M., Merwin, R., et al. (2003, May). *Treating at-risk youth with an in-school acceptance and commitment training program*. Paper presented at the meeting of the Association for Behavior Analysis, San Francisco, CA.

Murrell, A. R., Coyne, L. W., & Wilson, K. G. (2004). ACT with children, adolescents, and their parents. In S. C. Hayes & K. D. Strosahl (Eds.), *A practical guide to acceptance and commitment therapy* (pp. 249–273). New York: Springer.

Murrell, A. R., & Scherbarth, A. J. (2006). State of the research and literature address:

ACT with children, adolescents, and parents. *International Journal of Behavioral Consultation and Therapy, 2*, 531–543.

Nelson-Gray, R. O., Keane, S. P., Hurst, R. M., Mitchell, J. T., Warburton, J. B., Chok, J. T., et al. (2006). A modified DBT skills training program for oppositional defiant adolescents: Promising preliminary findings. *Behaviour Research and Therapy, 44*, 1811–1820.

Ott, M. J. (2002). Mindfulness meditation in pediatric clinical practice. *Pediatric Nursing, 28*, 487–490.

Patterson, G. R. (1982). *A social learning approach. Vol. 3: Coercive family process*. Eugene, OR: Castalia.

Rathus, J. H., & Miller, A. L. (2000). DBT for adolescents: Dialectical dilemmas and secondary treatment targets. *Cognitive and Behavioral Practice, 7*, 425–434.

Rathus, J. H., & Miller, A. L. (2002). Dialectical behavior therapy adapted for suicidal adolescents. *Suicidal and Life-Threatening Behavior, 32*, 146–157.

Robins, C. J., & Chapman, A. L. (2004). Dialectical behavior therapy: Current status, recent developments, and future directions. *Journal of Personality Disorders, 18*, 73–89.

Segal, Z. V., Teasdale, J. D., & Williams, M. G. (2004). Mindfulness-based cognitive therapy: Theoretical rationale and empirical status. In S. C. Hayes, V. M. Follette, & M. M. Linehan (Eds.), *Mindfulness and acceptance: Expanding the cognitive-behavioral tradition* (pp. 45–65). New York: Guilford.

Segal, Z. V., Williams, J. M. G., & Teasdale, J. D. (2002). *Mindfulness-based cognitive therapy for depression*. New York: Guilford.

Semple, R. J. (2006). Mindfulness-based cognitive therapy for children: A randomized group psychotherapy trial developed to enhance attention and reduce anxiety (Doctoral dissertation, Columbia University, 2005). *Dissertation Abstracts International, 66*, 5105.

Semple, R. J., Lee, J., & Miller, L. F. (2004). *Mindfulness-based cognitive therapy for children: A treatment model for childhood anxiety and depression*. Manuscript in preparation.

Semple, R. J., & Miller, L. F. (2006). Mindfulness-based cognitive therapy for children. In R. A. Baer (Ed.), *Mindfulness-based treatment approaches: Clinician's guide to evidence base and applications* (pp. 143–166). San Diego, CA: Elsevier.

Semple, R. J., Reid, E. F. G., & Miller, L. F. (2005). Treating anxiety with mindfulness: An open trial of mindfulness training for anxious children. *Journal of Cognitive Psychotherapy: An International Quarterly, 19*, 379–392.

Singh, N. N., Lancioni, G. E., Winton, A. S. W., Fisher, B. C., Wahler, R. G., McAleavey, K., et al. (2006). Mindful parenting decreases aggression, noncompliance, and self-injury in children with autism. *Journal of Emotional and Behavioral Disorders, 14*, 169–177.

Singh, N. N., Lancioni, G. E., Winton, A. S. W., Singh, J., Curtis, W. J., Wahler, R. G., et al. (in press). Mindful parenting decreases aggression and increases social behavior in children with developmental disabilities. *Behavior Modification.*

Singh, N. N., Lancioni, G. E., Winton, A. S. W., Wahler, R. G., Singh, J., & Sage, M. (2004). Mindful caregiving increases happiness among individuals with profound multiple disabilities. *Research in Developmental Disabilities, 25,* 207–218.

Sunseri, P. A. (2004). Preliminary outcomes on the use of dialectical behavior therapy to reduce hospitalization among adolescents in residential care. *Residential Treatment for Children and Youth, 21,* 59–76.

Wagner, E. E., Rathus, J. H., & Miller, A. L. (2006). Mindfulness in dialectical behavior therapy (DBT) for adolescents. In R. A. Baer (Ed.), *Mindfulness-based treatment approaches: Clinician's guide to evidence base and applications* (pp. 167–189). San Diego, CA: Elsevier.

Wall, R. B. (2005). Tai chi and mindfulness-based stress reduction in a Boston public middle school. *Journal of Pediatric Health Care, 19,* 230–237.

Wicksell, R. K., Dahl, J., Magnusson, B., & Olsson, G. L. (2005). Using acceptance and commitment therapy in the rehabilitation of an adolescent female with chronic pain: A case example. *Cognitive and Behavioral Practice, 12,* 415–423.

Woodberry, K. A., & Popenoe, E. J. (in press). Implementing dialectical behavior therapy with adolescents and their families in a community outpatient clinic. *Cognitive and Behavioral Practice.*

| 제3장 |

아동 · 청소년을 대상으로 한
수용과 마음챙김 과정에 대한 평가

Lisa W. Coyne, Ph.D., Psychology Department, Suffolk University;
Daniel Cheron, MA, Jill T. Ehrenreich, Ph.D.,
Center for Anxiety and Related Disorders, Boston University

경험회피, 마음챙김, 수용과 같은 구성요인들을 정확하게 기술하고 평가하는 방법은, 아동 · 청소년 발달 단계상의 정신병리 모형을 개발하고 효과적인 심리치료들을 개발하는 데 중요한 요소가 된다. 이들 구성요인들에 대한 공식적 평가는 기저선 기능, 치료과정, 치료 성과에 대한 기술을 제공하는 데 핵심이 된다. 따라서 이 장에서 우리는 수용과 마음챙김 접근의 치료결과뿐만 아니라 치료과정이 중요한 이유를 예를 들어 설명할 것이다. 또한 이들을 구성하는 요인들에 대한 기술을 제공하고, 흔히 성인과 아동을 평가하는 데 이용되는 측정도구들을 개관할 것이다. 이어 측정의 한계와 연구 및 임상 실습에 대한 새로운 기회들 역시 논의할 것이다.

왜 아동용 마음챙김과 수용을 연구하나?

인지행동적 접근들은 주로 성인을 대상으로 한 치료였다. 지난 20년간 아동 · 청소년을 대상으로 한 평가와 중재가 보고되어 왔다. 많은 경험적 연구들은 불안, 우울, 파괴적 행동 문제 등 많은 아동기 장애에 인지행동적 접근의 유용성을 조명하였다(Lonigan, Elbert, & Johnson, 1998). 그러나 지속된 연구가 여전히 필요하다. 최근 연구는 치료 성과를 보이는 대상과 치료 성과를 보인 이유를 종합적으로 평가할 필요성을 강조하고 있다(Kazdin & Nock, 2003). 이와 관련하여 아동용 치료 문헌은 성인에 비해 매우 적다. 이러한 이해의 격차는 이론적으로 일관되고 경험적으로 수용과 치료 접근들에 기반을 둔 더 효과적인 치료법 개발의 필요성을 조명한다.

최근 경험적 연구는 마음챙김과 수용으로 향하고 있다. 수용과 마음챙김에 기반을 둔 기법들에는 수용전념치료(ACT; Hayes, Strosahl, & Wilson, 1999), 마음챙김 기반 인지치료(MBCT; Segal, Williams, & Teasdale, 2002), 변증법적 행동치료(DBT; Linehan, 1987, 1993)가 포함된다. 실증적 문헌들은 최근 갑작스런 마음챙김과 수용에 기초한 접근들의 유입으로 정신병리의 인지과정 역할을 더 잘 이해하려는 노력을 반영하고 있다. 이는 효과적인 아동용 심리치료에 대한 우리의 이해를 한층 증대시킬 기회를 제공해 준다.

가지 않은 길 : 인지과정 대 인지내용

인지가 외현행동 생성에 중요한 역할을 한다는 것은 이미 알고 있다. 그러나 최근 "제3물결"의 행동접근들은 사고 내용보다 인지과정에 관심을 갖는다. 어떤 연구자들은 인지치료가 인지내용을 변화시키기보다 사고관계를 변화시킬 수 있다고 제안하였다(Segal, Teasdale, & Williams, 2004). 동시에 행동이론은 인지내용보다는 인지과정에 초점을 두고 이러한 쟁점들을 다루기 시작하였다(예 : Bouton, Mineka, & Barlow, 2001; Hayes, Wilson, Gifford, Follette, & Strosahl, 1996; Segal et al., 2004; Orsillo, Roemer, Block-Lerner, & Tull, 2004).

최근 연구는 경험회피, 변화시키려는 의도적인 노력, 억압, 회피, 원하지 않는 내부의 심리적 경험으로부터의 도피 등의 개념에 초점을 두고 있다(Hayes et al., 1999; Hayes et al., 1996). 비록 경험회피의 개념이 하나의 특정 이론적 패러다임과 유일하게 연결되어 있는 것은 아니지만, 이 장은 Hayes와 동료들이 정의한 ACT 기술에 근거하여 언급할 것이다(Hayes et al., 1999). 이러한 견해에서 경험회피는 기능적으로 정의되며, 사고억압, 정서회피, 불쾌하고 강렬한 심리적 단서들에 의한 정신적 혼란, 원치 않은 경험과 연관된 모든 맥락회피를 말한다. 일정기간 동안 지속적으로 유연하지 못하게 사용되는 회피전략은 비효과적일 뿐만 아니라 두려운 사건을 강화할 수 있다(예 : Wegner, 1994; Wenzlaff, Wegner, & Klein, 1991). 여러 문헌들은 경험회피를 유연하지 못하고 편협한 반응을 특징으로 하는 부적응적인 과정으로 정의하고 있으며, 정신건강을 해치고 삶의 질을 낮추는 것으로 여겨 왔다.

경험회피는 언제 문제가 되는가? 다음을 생각해 보자. Bethany는 7세의 분리불안 아동이다. 아이는 부모가 자리를 떠나자, 두려움과 슬픔을 느끼면서 부모들이 떠나지 않도록 하기 위해 필사적인 노력을 한다. 아이들은 언어적 존재이자 과거와 미래의 일에 대해 생각할 수 있는 존재이다. 부모가 이후에 Bethany와 함께 앞에서와 같은 상황을 논의할 때 아이에게는 실제 일어난 분리로 인한 심리적 특성들, 즉 두려움, 근육의 긴장, 부모가 결코 돌아오지 않을 수도 있다는 상상 등이 필연적으로 나타날 것이다. 이러한 분리불안은 부모가 Bethany와 식탁에 함께 앉아서 과제를 돕거나 동화책을 읽어주고, 거실 소파에서 아이를 껴안아 주는 일과는 상관없이 일어날 수 있다. 그 이유는 최초의 분리와 위에서 논의된 분리가 언어적으로 재현되면서 Bethany의 마음이 그 두 가지 분리 모두에 향하는 것과 관련되어 있기 때문이다. 분명 어떤 상황이 분리를 보다 잘 연상시킬 수 있지만 Bethany의 경우에는 실제로 또는 상상 속에서 부모와의 분리와 연관된 생각이나 느낌, 심리적 감각이 생겨나는 모든 상황을 피하려고 할 것이다. 분리는 Bethany에게 재앙과도 같다.

이 사례에 따르면, Bethany는 부모와 분리되는 것을 막기 위한 행동으로 학교에서 언짢았던 기분을 유지하거나 잠자는 것을 거부하고, 지속적인 안도감을 찾는다. 또한 부모에게 꼭 붙어 있거나 밖에서 노는 것과 생일파티 가는 것을 거부하는 행동을 함으로써 분리 상황을 신속하고 다양하게 "회피해야" 한다. 이런 관점에서, Bethany의 경험회피는 많은 영역으로 확산되고 상당한 손상을 이끌 수 있다. 불행히도, 분리가 상상이든 실제이든 아이의 회피 시도는 분리의 속박에서 벗어나지 못하게 된다. 따라서 '분리'를 막기 위한 억압이나 회피는 실패할 수밖에 없는 노력에 지나지 않는다.

마음챙김의 개념

마음챙김과 수용은 경험회피에 대한 눈에 보이는 변화를 구성하는 과정들이다. Hayes와 동료들(Hayes & Wilson, 2003; Hayes & Shenk, 2004)은 마음챙김이 전통적인 동양의 명상 과정으로 수 세기 전에 발전되었지만, 여전히 잘 정의되어 있지 않다는 점에 주목하였다. 비록 마음챙김에 대한 정의가 문헌들마다 다소 상이하지만, 일반적으로는 비판단적 · 비방어적으로 현재 순간 자신의 경험에 주의를 두는 의식적 상태와 관련이 있다(Baer, 2003; Hayes & Wilson, 2003; Hayes & Shenk, 2004; Shapiro, Carlson, Astin, & Freedman, 2006). 연구자들은 마음챙김에 대한 정확하면서도 실험실 연구에 근간을 둔 조작적 정의를 발전시키고 있으나 자각과 주의에 대한 이해가 매우 중요한 역할을 한다. 따라서 마음챙김은 자신의 경험과 거리두기를 허락하는 것으로 개념화될 수 있다(Hayes et al., 1999; Segal et al., 2004). 그것은 의도적인 것으로 특징되며, 마음을 챙기는 것은 자신의 내적 경험을 기꺼이 개방하고 수용할 수 있도록 만든다(Shapiro et al., 2006). 정서적 내용에 대한 수용은 매우 중요하며, 자기 자각이나 자기 연민의 개념과 같다. 어떤 접근법은 마음챙김이 그 자체의 목적으로서 중요하다고 보는 반면, 다른 접근법은 자신의 경험을 마음챙겨 자각하는 것은 가치 있는 활동과 목표를 추구하기 위한 작업이라고 단정한다.

마음챙김과 수용 과정에 대해 가장 이론적으로 정교하게 개념화된 것들 중 하나는 수용전념치료로부터 나왔다(ACT; Hayes et al., 1999; Hayes, Luoma, Bond, Masuda, & Lillis, 2006). Hayes와 그의 동료들(2006)은 ACT를 여덟 가지 핵심 요인들로 구성되어 있다고 기술한다. 크게는 두 가지 영역으로 나뉘는데, (1) 마음챙김 과 수용 과정, (2) 전념과 행동변화 과정(그림 3.1 참조)이다.

수용과 마음챙김 과정은 수용, 탈융합, 현재 순간의 접촉, 맥락으로서의 자기, 경 험회피가 포함된다. 예를 들어, 수용은 변화시키려는 노력 없이 개인적 사건들에 대한 능동적인 자각으로 기술된다. ACT 패러다임에서 수용은 그 자체가 끝이 아니며 가치-일관된 활동을 위한 수단이다. 탈융합이나 마음챙김은 내용의 변화보다는 기능 변화에 목표를 두고, 원치 않은 개인적 사건을 직접 체험하는 것을 말한다. 탈융합 기 법들의 예는 사고에 대한 비판단적 자기탐지, 진짜 사실로 받아들이기보다 단순히 사고로써 사고를 인식하는 것을 포함한다. 현재 순간과의 접촉은 뜻밖의 사건에 대한 비평가적인 접촉으로 설명된다. 맥락으로서의 자기는 자신의 경험 내용에 다른 뭔가 를 덧붙이거나 내용을 과장하기보다 클라이언트가 안정적인 견해나 맥락을 통해 자 기를 경험하도록 돕는 치료기법을 기술한다. 이러한 과정의 목표는 개인적 사건을 회피했던 맥락에서 심리적 유연성을 얻고자 하는 것이다. 따라서 심리적 유연성에

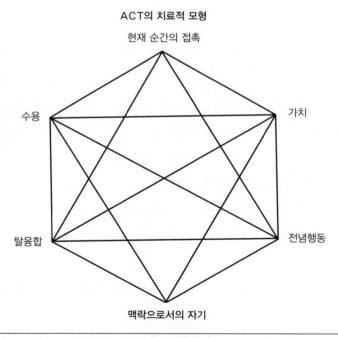

그림 3.1 마음챙김, 수용 및 수용전념치료(ACT)에서의 행동변화 과정

대한 측정 또한 중요하다.

모든 마음챙김과 수용에 기반을 둔 치료과정들은 가치 있는 활동을 증진시키는 것이 치료 목표다. 따라서 가치화는 행동변화 전략으로서 개념화되지만, 가치에 의해 평가된 결과라는 점을 고려하는 것 역시 중요하다. **가치화는** 삶에 의미를 주며 소망하는 결과들로 구성된 의도적 활동을 말한다. 가치는 결코 완전히 도달할 수 없다는 점에서, 목표의 끝을 의미하는 것이 아니다. 개인이 가치 있는 활동에 참여하는 것은 내재하는 타고난 힘이다(Wilson & Murrell, 2004). 따라서 다양한 영역에서 개인의 가치를 평가할 필요가 있다. 부가적으로 개인은 가감된 융합성과 효과성을 가지고 가치 있는 방향을 추구할 수 있다. 현재 맥락에서 가치 추구 정도를 평가하는 것뿐만 아니라, 개인적 사건들을 회피하기 위한 시도로 인해 가치화가 어떻게 빗나가는지에 대한 평가 또한 중요한다.

마음챙김과 수용 과정의 측정

마음챙김, 수용과 같은 개념들의 구조를 양적으로 평가한다는 것은 쉽지 않다. 아이들뿐 아니라 성인들의 평가 도구의 편집에서 Ciarrochi는 경험적 회피의 구조에 대한 측정을 세 개의 넓은 범주로 나누었다. 그 범주는 자기보고 측정도구, 행동 측정도구, 간접적인 자기보고 측정도구이다(Ciarrochi & Blackledge, 2006; Ciarrochi). 여기서 마지막 범주는 점수를 심리적 유연성에 반영시키기 위해 광범위하게 사용되고 있는 측정값의 응용을 시도하였다(예 : Fresco, Williams, & Nugent, 2006).

아동 및 청소년 수용과 마음챙김에 대한 평가 연구들은, 그 역사는 짧으나 발전적이다. 현재 여러 연구자들은 청년기의 마음챙김 단계들에 대한 접근방법을 연구하고 있다. 다음 장에서 우리는 수용, 마음챙김, 그리고 측정을 위해 제안되어 왔던 다양한 측정도구들에 대해 논의할 것이다. 이 논의는 자각, 회피, 융합, 그리고 행동지향성과 같은 개념들을 통해 성인기에서의 마음챙김과 수용을 측정하기 위한 실재적 도구들을 면밀하게 검토하는 것으로 시작할 것이다. 앞서 언급한 개념들은 마음챙김 이론들의 기초를 나타내며(Baer, 2003; Brown & Ryan, 2003), 심리적 측정 자료

표 3.1 마음챙김과 수용 측정도구들 요약

척도명	저자	집단	문항길이	시간적 안정성 ($r^=$)	내적 일관성 ($\alpha^=$)	타당성
수용과 행동 질문지	Hayes et al., 2004	A	9문항	.64	.70	좋음
정서조절 척도	Williams, Chambless, & Ahrens, 1997	A	42문항	.70	.93~.94	좋음
청소년용 회피 및 융합 질문지	Greco, Murrell, & Coyne, 2005	C, Ad	17문항	*	.90~.93	좋음
아동용 수용과 마음챙김 측정	Greco & Baer, 2006	C, Ad	25문항	*	.84	좋음
아동·청소년용 당노의 수용과 행동 척도	Greco & Hart, 2005	C, Ad	42문항	*	*	좋음
정서조절 어려움에 관한 척도	Gratz & Roemer, 2004	A	36문항	.88	.93	좋음
켄티기 마음챙김 기술목록	Baer, Smith, & Allen, 2004	A	39문항	.65~.86	.79~.91	좋음
마음챙김 주의인식 척도	Brown & Ryan, 2003	A	15문항	*	.82~.87	좋음
청소년용 마음챙김 사고 및 행동 척도	West, Sbraga, and Poole, 2007	Ad	32문항	*	.63~.85	*
부모 및 수용 및 행동 질문지	Ehrenreich & Cheron, 2005	C, Ad	15문항	.68 & .74	.64~.65	좋음
개인노력평가	Emmons, 1986	A	8범위 15문항	*	.73~.77	*
자아 가치관 질문지	Blackledge & Ciarrochi, 2006a	Ad, A	9범위 9문항	*	*	*
통증에 대한 심리적 경직성 척도	Wicksell, Renöfält, Olsson, Bond, & Melin, 2007	A	16문항	*	.75 & .90	좋음
사회적 가치관 질문지	Blackledge & Ciarrochi, 2006b	Ad, A	3범위 9문항	*	*	*
가치 있는 삶 질문지	Wilson & Groom, 2002	Ad, A	10범위 2문항	.75~.90	.75	*

주: A = 성인, C = 아동, Ad = 청소년, * = 유효하지 않은 데이터

를 뒷받침해 주고 있다. 다음으로는, 아동 및 청소년기의 마음챙김과 수용에 대한 평가에서 나타나는 최근의 상황에 대해 논의할 것이다. 또한 자녀양육 환경 전반에서 마음챙김을 더 잘 이해하기 위한 노력으로 우리는 연구자들이 양육 환경에서 마음챙김과 수용능력을 보다 잘 이해하기 위해 개발하여 왔던 도구들에 관하여 다룰 것이다. 마지막으로 당뇨나 만성적인 고통을 겪고 있는 청소년들, 그리고 소아과 관련 문제를 가진 집단에서 마음챙김을 평가한 최근 문헌을 소개할 것이다. 다음에서 논의되는 모든 측정들의 개요와 심리측정 상태는 표 3.1에 제시되어 있다.

성인 측정

성인용 측정도구의 발전은 마음챙김의 영역과 아동 및 청소년에 적용하는 데 도움을 주어 왔다. 그렇기 때문에 선택된 성인용 측정도구들의 면밀한 검토가 이 장에서 소개된다.

마음챙김 인식

마음챙김은 일반적으로, 경험을 바꾸려고 시도하거나 경험을 판단하지 않고 현재 순간의 자각하는 것에 관하여 다룬다. 마음챙김의 개념과 실행은 동양적 사고에 기초를 두고 서양 심리학과 건강조절을 위해 적용되어 왔다. 마음챙김 기술은 대체로 다음 설명된 바와 같이 자기보고 형식의 측정도구로 평가되어 왔다.

마음챙김 주의인식 척도(MAAS; Brown & Ryan, 2003) 마음챙김에 대한 조사보고의 엄밀한 검토와 마음챙김 경험자들의 경험을 통해 발전된 MAAS는 성인들이 6점 리커트 척도에서 다양한 경험의 자기보고 비율을 나타내는 15개의 측정 항목으로 이루어져 있다(예 : "나는 그들이 내 주의를 끌 때까지 신체적 긴장이나 불편한 느낌을 가지는 것에 주목하지 않는 편이다"). MAAS는 6점 척도에서 모든 반응들의 평균을 계산함으로써 점수가 매겨진다. 높은 점수의 응답자들이 더 뛰어난 마음챙김을 나타내고, "시간에 걸쳐 마음챙김 상태의 빈도에서 개인차"를 보인다(Brown & Ryan,

2003). 척도 항목들은 마음챙김 경험의 다양성과 참여자들이 각 응답에 사실 그대로를 반영하는 데 한계가 있다는 사실 또한 포함한다. MAAS의 심리측정 분석은 총 1,492개의 주제를 7개의 샘플로 분리하여 진행되었다. 각 주제의 연령대는 18~77세까지였으며, 참가자들은 주로 백인이었다. 결과는 효과적인 내적 분석을 나타내었고, MAAS는 심리측정법으로 뒷받침된 측정의 다양성에 대한 매우 집중적이고 산발적인 영향을 설명해 주었다.

켄터키 마음챙김 기술목록(KIMS; Baer et al., 2004) KIMS는 39개의 항목으로 된 자기보고식의 목록으로, 성인의 네 가지 마음챙김 구성요소(관찰하기, 묘사하기, 인식이 동반된 행동, 판단 없이 인식하기)를 평가하기 위해 계획되었다. KIMS에 대한 응답자들은 자신을 표현하는 항목의 범위를 보여주기 위해 5점 리커트 타입의 척도를 사용한다. 높은 점수는 응답자 스스로 자신에 대한 생각에 아주 솔직했다는 것(예 : "나는 내 감정이 생각과 행동에 어떻게 영향을 미치는지 주의를 기울인다", "나는 내 경험이 얼마나 가치 있는지 혹은 가치 없는지에 대해 판단한다")을 보여준다. KIMS에서 높은 점수는 마음챙김 기술의 더 높은 단계를 분명하게 보여준다. 심리측정 분석은 구성요소들 전반적으로 내적 신뢰도가 높았다는 사실을 보여준다. 검사-재검사 신뢰도는 65~86% 정도의 범위를 가진다. MAAS와 비교해 볼 때 KIMS는 MAAS와 높은 상관을 보였다. KIMS의 수렴적인 효과는 정서적 지능에 대한 측정과는 양적 상관관계를 나타내고(Trait Meta-Mood Scale; Salovey, Mayer, Goldman, Turvey, & Palfai, 1995), 경험회피와 심리적 증상의 측정에 대해서는 부적 상관관계를 나타냄으로써 잘 설명될 수 있었다.

경험회피

사람들은 원치 않던 심리적 경험에 대하여, 경험회피 또는 변화 시도, 통제 또는 최소화에 의존할 수 있다(Hayes et al., 1999). 수용은 경험회피의 반대 태도로 개념화될 수 있으며, 평가 없이 누군가의 생각이나 정서, 심리적 흥분을 기꺼이 수용하는 태도로 간주할 수 있다. 개인들이 자신의 심리적 경험을 있는 그대로 받아들이고, 비판단적인 입장을 유지할 때, 그들은 일반적으로 가치 있는 목표들을 훨씬 효과적으로 추구할 수 있게 된다(Hayes et al., 2006 참조). 마음챙김의 경우, 경험회피와 행동은 자기보고를 통해 평가되기도 한다.

수용과 행동 질문지(AAQ; Hayes et al., 2004)　　　AAQ와 AAQ-2는 다양한 수정안을 거치면서 경험회피, 수용행동을 측정하기 위해 구성되었다. AAQ의 모든 버전은 7점 리커트 척도로 채점된다. AAQ는 기본적으로 49개의 항목들로 이뤄져 있으며 정확한 심리측정 분석(Hayes et al., 2004)의 영향을 받는다. 높은 점수는 수용행동에 있어 더 높은 경험회피를 나타낸다.

AAQ의 타당도는 1,349명, 평균 20.2세의 참가자를 통해 설명된다. 9개 항목의 내적 신뢰도는 0.70으로 보고되었다. 9개 항목의 AAQ에 대한 검사-재검사 신뢰도는 4달 동안 약 0.64이다. AAQ의 수렴타당도를 평가하기 위해 비슷한 측정도구들과 비교되는데, 사고억제 질문지(WBSI; Wegner & Zanakos, 1994)처럼 AAQ 반응과 상관이 있을 법한 도구들뿐만 아니라, Beck 우울항목들(BDI; Beck, Rush, Shaw, & Emory, 1979)을 비롯하여 Beck 불안항목들(BAI; Beck, Epstein, Brown, & Steer, 1988), 그리고 삶의 질 척도(QoL; Frisch, 1992)와도 비교할 수 있다. AAQ는 사고억제 척도와 가장 높은 상관관계를 보임으로써(WBSI; γ = .44~.50; Hayes et al., 2004; Bond & Bunce, 2003), 신뢰할 만한 타당도를 제시하고 있다. AAQ는 또한 사고억제(예 : 사고조절 질문지, TCQ; Wells & Davies, 1994), 회피 대처(예 : 대처방법 질문지, WOC; Folkman & Lazarus, 1988), 우울과 불안(예 : BDI, BAI), 외상 후 스트레스(예 : 정신적 외상 증상 목록, TSI; Briere, 1995), 삶의 질(예 : QoL), 그리고 건강행동(일반적 건강 질문지-12, GHQ-112; Goldberg, 1978) 등과의 상관관계를 보였다. 이것은 경험회피의 공통적 핵심 과정이 폭넓은 구성범위를 초월한, 회피행동에 대한 독특한 견해를 제공하는 치료임을 시사한다(Hayes et al., 2004 참조).

행동지향성

행동지향성은 목표에 대한 인식과 목표를 향한 움직임과 관련된다. 엄밀하게는 마음챙김에 연관되어 있지 않을지라도 가치 있는 목적을 추구하는 개인을 평가하는 데 유용할 것이다.

개인노력평가(PSA; Emmons, 1986)　　PSA는 개인의 목표에 대한 동기(외적 대 내적)를 평가하고, 결과는 외적동기와 내적동기 사이의 관계에서 응답자 개인의 노력을 나타낸다(Sheldon & Kasser, 1995, 1998, 2001). 마음챙김 연구에서, 이 측정은 경험적으로 개인의 목표와 주관적인 건강요소들 간의 관계를 경험적으로 평가하기에 유용할 것이다(Ciarrochi & Bilich, 2006). 응답자들은 8점 리커트 척도에서 자신들이 얼마나 많이 이런 목표들을 추구하는지에 대한 응답을 하게 된다. 제한된 심리측정 자료는 PSA에 유용하며, .73에서 .77의 범위에서 충분한 내적 신뢰도로 설명된다(Sheldon & Kasser, 2001).

정서조절

정서조절은 감정인식에 대한 심리적 수용과 힘든 감정을 경험할 때 효과적으로 행동하는 능력과 관련 있다(Gratz & Roemer, 2004). 반대로, **정서 비조절**은 어려운 감정 상태를 조절하기 위해 사용하는 비효과적 시도와 정신병리의 핵심 구성요소로서 개념화된다(Linehan, 1993).

정서조절 어려움에 관한 척도(DERS; Gratz & Roemer, 2004)　　DERS는 임상적으로 성인의 정서조절 어려움에 대한 자기보고서로, 36개의 항목으로 구성되어 있다. DERS에서 항목들의 내용은 정서조절의 4개 범위를 평가하기 위해 구성되었다. (1) 정서인식과 이해(예 : "나는 내 느낌을 중요시한다", "나는 내 느낌을 감지하는 어려움이 있다"), (2) 정서수용(예 : "화가 날 때 나는 그런 방식으로 느낀다는 데 수치심을 느낀다"), (3) 목표지향적 행동능력과 부정적 정서를 경험할 때 충동행동에 대한 절제(예 : "화가 날 때 나는 좋은 기분을 만들기 위해 내가 할 수 있는 일이 아무것도 없다고 생각한다"), 그리고 (4) 효과적인 정서조절 접근법(예 : "화가 날 때 무엇을 해야 할지 생각하는 데 어려움이 있다", "화가 날 때 통제할 수가 없다")이다. 응답자들은 5점 리커트 척도로, 높은 점수는 정서조절에 더 큰 어려움을 겪는다는 사실을 반영한다.

요인분석에서 주제(Gratz & Roemer, 2004)와 자료는 DERS가 6개 하위척도를 산출하는 6요인 구조, 즉 정서반응의 비수용, 목표지향적 행동, 충동조절의 어려움, 정서인식 부족, 정서조절법에 대한 제한된 접근, 그리고 정서의 명료성 부족이라는 척도를 갖는다고 할 수 있다. DERS은 평균 나이 23.1세의 357명 심리학부생을 대상으로 검사를 하였고, 높은 내적 신뢰도($\alpha = .93$)를 나타냈다(Gratz & Roemer, 2004). 부가적으로, 21명의 참여자들 중 시간적 안정성은 4~8주간 지속되었다 ($\gamma_1 = .88$, $p < .01$). DERS는 다른 기분 조절 측정치와 비교해 이 검사의 충분한 타당도를 포함한 부가적인 치료구성과 행동 성과를 설명해 주었다.

정서조절 척도(ACS; Williams, Chambless, & Ahrens, 1997)   ACS는 42개 항목의 측정도구로, 정서에 대한 행위 반응뿐만 아니라 정서조절 상실에 대한 두려움을 평가하기 위해 고안되었다. 항목들은 7점 리커트 척도로 평가되며, 높은 점수는 정서적 반응에 있어 두려움이 크다는 것을 보여준다. 측정은 네 가지 척도로 구성된다 : (1) 분노에 대한 두려움(예 : "나는 내가 분노할 때 후회할 말을 할까 봐 걱정된다"), (2) 우울에 대한 두려움(예 : "우울은 내게 무서운 것이다. 내가 우울해지면, 결코 회복될 수 없을지도 몰라 두렵다"), (3) 걱정에 대한 두려움(예 : "나는 내가 신경이 예민할 때 수다를 떨거나 재미있는 얘기하는 게 힘들다"), 그리고 (4) 긍정적 감정에 대한 두려움(예 : "나는 내가 정말 행복할 때 사라질 수도 있다"). ACS는 전반적으로 높은 내적 신뢰도($\alpha = .93 \sim .94$; Williams et al., 1997)를 보이고 있으나, 하위척도 항목 전반에서는 다양성을 보였다($\alpha = .45 \sim .91$; Shapiro, 1995; Roemer, Salters, Raffa, & Orsillo, 2005). 검사-재검사 신뢰도는 .78이었다(Williams et al., 1997). ACS는 신경증 측정과 높은 상관관계 보이고 있고, 좋은 타당도를 보여주었다(Williams et al., 1997). 그뿐 아니라 3개의 비불안 하위척도가 불안 하위척도 하나로만 설명했던 것 외에 실험실에서 유도된 공황상태에 대한 지각을 예언한다는 것을 발견하였다 (Roemer et al., 2005; Williams et al., 1997).

심리적 유연성

심리적 경직성은 뜻밖의 사고 상황에서 적대감이나 무력함 등 많은 심리적 장애물들이 기저에 존재한다(Hayes et al., 2006). 반대로, **심리적 유연성**은 ACT에서 가장 우선적인 치료 목표로 개념화되며 큰 심리적 통증이 있는 상황에서조차도 일관된 가치 있는 행동을 보이는 관계되는 능력을 말한다.

통증에 대한 심리적 경직성 척도(PIPS; Wicksell, Renöfält, Olsson, Bond, & Melin, 2007) PIPS는 16개 항목으로 구성된 측정도구로, 만성통증을 겪는 성인들의 통증뿐만 아니라 통증회피에 관하여 평가하려는 확장 단계에 있다. 현재 PIPS 연구가 성인 전집에 국한되어 있으나 표면상으로는 청소년뿐 아니라 복잡성을 기반으로 하는 아동 응답자들조차도 제외시키지 않는다. 최근 3~600개월(평균 132개월) 사이의 기간 동안 고통을 겪고 있는 203명의 환자들을 통해 심리측정 분석이 이루어졌고, 연령대는 19~70세(평균 45.5세)였다. 요인분석의 결과는 회피요소(예 : "나는 내 통증 때문에 할 일을 미뤘다")와 융합요소(예 : "내 통증의 원인이 되는 것을 알기 위해 이해하는 것이 중요하다")를 포함해 2요인 해석을 보여주었다. 자료는 .75~.90 사이의 알파 단계로 수용 가능한 내적 신뢰도를 나타낸다. 더불어, 회귀분석은 PIPS가 신체와 정신의 건강과 삶의 질뿐만 아니라, 통증과 고통으로 인한 방해, 삶의 제한, 그리고 정서적 고통에 대한 예측에 의미 있게 기여하고 있음을 보여준다(Wicksell et al., 2007).

가치 있는 행동

마음챙김, 정서조절, 그리고 심리적 유연성이라는 개념들은 개인이 가장 마음을 써야 하는 것들을 효과적으로 추구하도록 돕는 데 있어 중요하다. 가치는 개인의 삶에 용기를 주고, 의미 있는 것들의 추구라고 여겨진다. 개인에게 가장 중요한 것을 효과적으로 추구하는 것은 ACT의 또 다른 치료적 목표이다. 다양한 질문지들은 개인들이 일관성 있게 가치 있는 추구를 하는지에 대한 정도를 평가하기 위해 발전되어 왔다.

가치 있는 삶 질문지(VLQ; Wilson & Groom, 2002)   VLQ는 성인의 가치 있는 삶에 대한 10개 범위를 평가하기 위해 사용되는 임상 도구이다. 그 범위는 가족, 결혼/커플/친밀한 관계, 양육, 우정, 일, 교육, 기분전환, 영성, 시민권, 그리고 신체적 자기관리이다. 이 측정도구는 응답자들이 모든 영역을 중요한 가치로 선택할 것이라고 예상하지 않는다. 다음에 제시될 초기 비율은 응답자들이 지난 한 주 동안 각각의 가치 영역들에 얼마나 일관성 있는 행동을 했었는지에 대하여 답하는 비율이다(예 : "1~10의 척도에서 숫자에 표시함으로써 자신에게 있어 각 영역의 중요성을 평가하라. 이제, 지난 2주 동안 각 영역들에 당신이 얼마나 많은 에너지와 노력을 사용했는지 평가하라"). 대학생들을 대상으로 검사-재검사 신뢰도 $\gamma = .75\sim.90$, 내적 신뢰도 .75를 보였다. 치료자들은 가치를 시험하고 평가하는 것은 개인이 역경을 다루는 데 도움을 준다고 생각한다. 역경은 삶의 중요한 부분으로, 역경에 대한 반응, 즉 수용은 마음챙김의 행동에 있어 중요한 부분으로 생각된다. 이런 영역들에서 청소년의 가치를 이해하는 것은 그들 개인의 가치들이 충돌할 때나 그들의 가치에 합한 행동을 취하는 데 실패할 때, 그 상황을 피하려는 경향을 다루는 데 도움을 줄 것이다(Greco & Eifert, 2004; Wilson & Murrell, 2004).

아동 · 청소년의 측정

성인용 마음챙김과 수용에 대한 신뢰도와 타당도 측정을 위해서는 중요한 이론 및 심리측정적 연구가 수행되고 있지만, 아동 · 청소년 평가에 있어서는 이러한 구성개념들을 측정하는 방법에 대한 연구노력이 최근에야 이뤄지고 있다. 성인용 마음챙김의 측정은 항목들이 "너무 복잡해서" 이해하기 어렵고, 아동의 마음챙김과 수용은 아동기와 청소년기 동안 일어날 수 있는 발달적 · 신경학적인 변화를 고려해야 한다(Dahl, 2004; Segalowitz & Davies, 2004). 그럼에도 불구하고, 아동 · 청소년을 위한 가장 유용한 평가들은 성인용 마음챙김과 관련된 자각, 회피, 융합, 행동지향과 같은 유사한 이론적 선상을 따른다.

수용과 마음챙김

마음챙김은 아동 · 청소년에게 있어서 중요하고도 유용한 기능으로 개념화된다. 최근 연구에서는 마음챙김 측정을 청소년들의 발달상 민감한 부분들에 초점을 맞추어 연구하는 데 중점을 두고 있다.

아동용 수용과 마음챙김의 측정(CAMM; Greco & Baer, 2006)   CAMM은 25가지의 기준을 토대로 아동 · 청소년들의 내적 경험에 대한 관찰(자신의 생각에 대한 심사숙고), 신중한 행동[한 교실에서 다른 교실로 걸어가며 자신이 현재 무엇을 하고 있는지 알지 못한 경우(역채점)], 내적 경험을 아무런 판단 없이 받아들이는 것[특정 생각을 한다는 이유로 자기 자신에 대한 실망(역채점)]을 평가하기 위하여 만들어진 모형이다. 응답자들은 5점 리커트 척도를 활용하여 각자의 경험에 대해 각 평가 문항들이 얼마나 잘 반영하는지의 정도를 표시하도록 하였다. 먼저 부정적 답변들에 대해서는 역채점한 후 각 항목에 대한 점수를 더하여 합산, 0~100 사이의 유효한 점수 범위를 산출하였다. CAMM의 조사 결과는 마음챙김 관련 설명들의 현재 추세를 보완하는 주의력, 자각 및 수용에 대한 핵심 관점을 제시하였다.

MAAS 및 KIMS와 마찬가지로 CAMM 역시 마음챙김에 대한 포괄적인 측정 모형으로, 높은 점수일수록 더 우수한 마음챙김과 수용의 결과를 의미한다. CAMM 모형의 장점은 모형의 구성과 용어 사용이 젊은 응답자들로 하여금 이해하기 쉽게 만들어졌고 주로 9~18세 사이의 아동 · 청소년들에게 더 적합하다는 점이다. 606명의 공립중학교 학생들을 표본으로 추출, 평균 나이 12.8세, 그중 62% 여학생 비중, 81% 백인을 대상으로 CAMM 모형을 평가하였다. 실증분석 결과에 따르면 CAMM의 내적 신뢰도가 우수한 것으로 나타났다($\alpha = .84$). 공인타당도 역시 CAMM 모형의 우수성을 뒷받침해 주고 있다. 청소년을 위한 회피성 융합 질문지($\gamma = -.47$, AFQ-Y; Greco, Murrell, & Coyne, 2005)와 인지억압 측정($\gamma = -.36$, WBSI; Greco et al., 2007) 사이의 연구결과는 부적 상관관계를 나타내었다.

청소년용 마음챙김 사고 및 행동 척도(MTASA; West, Sbraga, Poole, 2007)   MTASA는 마음챙김 연구 분야 전문가들의 논의와 마음챙김 관련 논문의 비판적 검토를 통해 개발된 모형으로 모두 32개의 항목으로 구성되어 있으며 11~19세 아동 · 청소년들의 마음챙김 사고에 대해 평가하는 모형이다. 탐색적 요인분석 결과에 따라 총 다음의 네 가지의 요인이 나타났다 : (1) 우수한 자아조절 능력(자신 스스로에 대한 인내심), (2) 적극적 주의력(생각에 의거하여 행동으로 옮기기 전에 사전에 계획함), (3) 자각과 관찰력(자신이 느끼는 기분을 알 수 있음), (4) 경험의 수용(조용히 앉아 있는 것도 재미있다). 이러한 하위척도들은 MTASA 모형의 마음챙김 표본이 여러 영역 분야에서 이론적으로 추출되었음을 나타내어 주고 있다. 모형 개발자는 나아가 더 어린 나이의 모집단들에게 적용 가능한 측정 모형으로 만들기 위하여 많은 노력을 쏟았으며 이 모형이 상대적으로 자유롭지 못한 보호시설이나 감금시설에 있는 표본을 대상으로도 유용하게 사용될 수 있다고 언급하였다. 163명의 11~19세 아동 · 청소년 표본을 대상으로(평균 나이 15.7세) 하위척도에 대한 내적 신뢰도가 .63~.85의 분포를 보였다.

심리적 경직성

성인의 심리적 경직성 조사 모형인 AAQ는 나이가 상대적으로 많은 청소년들에게 적용할 수는 있지만 비교적 어린아이들을 대상으로 하기에는 측정 항목의 뜻이 다소 이해하기 어렵다. 따라서 높은 수준의 경험회피와 인지적 융합이라는 증상의 특징을 보이는 심리적 경직성 측정의 친아동적 측정법 개발을 위해 최근 연구가 진행되고 있다.

청소년용 회피 및 융합 질문지(AFQ-Y; Greco, Murrell, & Coyne, 2005)   AFQ-Y는 17개의 자기보고서 측정방식으로 심각한 수준의 경험회피(자신이 원치 않는 생각이나 느낌을 멀리하려 함), 인지융합(자신에 대해 나쁘게 생각하는 부분들이 사실이라 믿는 것), 불쾌한 감정에 대한 행동의 비효율성(자신을 슬프게 만드는 생각들을 하게 되면 학업에 부정적 영향을 줌)의 특성을 가지는 심리적 경직성 조사를 아동들이 쉽게 사용할 수 있는 모형으로 개발하였다. 각 항목은 AAQ를 기반으로 만들어졌으며(Hayes et al., 2004) 청소년 집단에 맞는 적절한 내용과 구성으로 설계되었다. 독립 전문 평가단들 역시 각 항목을 만들고 수정하는 데 도움을 주었다. 항목은 5점 리커트 척도에 의해 평가되었으며 높은 점수일수록 심각한 심리적 경직성을 나타낸다. 지속된 심리측정 연구에서 심리적 경직성을 반영하는 단일계수가 확인되었다.

Greco, Lambert, Baer는 5개의 표본 집단에 걸쳐 9~17세 사이의 아동·청소년 1,369명을 대상으로 AFQ-Y 조사를 하였다. 약 55%의 참가 대상이 학생이었으며 80%는 백인이었다. 조사 결과는 높은 내적 신뢰도(Cronbach's $\alpha = .90 \sim .93$)와 타당도를 보였다. AFQ-Y 조사 결과 점수는 아동의 내면화 증상과 외면화의 행동장애와는 정적 상관관계를, 삶의 질과는 부적 상관관계를 나타내었다. AFQ-Y 모형의 구성타당도는 마음챙김과 수용에 대한 부적 상관관계($\gamma = -.44 \sim -.53$, CAMM)를 통해, 사고억압에 대한 수치와는 정적 상관관계($\gamma = .55$, WBSI; Greco et al. 참조)를 통해 입증되었다.

행동지향성

VLQ의 대안 모형으로 아동·청소년을 대상으로 하기에 더 유용한 자아 가치관 질문지(PVQ)가 있다. 자아 목표 추구의 유효성 평가는 행동지향성에 기초한 치료모델에 있어서 중요한 과정이자 결과수치이다.

자아 가치관 질문지(PVQ; Blackledge & Ciarrochi, 2006a)와 사회적 가치관 질문지(SVS; Blackledge & Ciarrochi, 2006b)   PVQ와 SVS는 자아노력평가를 변형한 모형으로 가치관의 근원, 중요성, 그리고 책임감을 평가한다. PVQ는 9개의 서로 다른 영역에 속하는 청소년과 성인의 가치관을 평가한다(가족관계, 친교/사회적 관계, 커플/애정관계, 일/직업, 교육/학교교육, 레크리에이션/레저/스포츠, 영성/종교, 공동사회/시민, 건강/신체적 안녕). 응답자들에게 각 영역에 대하여 자신이 생각하는 가치 정도를 열거하도록 하였다. 그 다음 아동과 청소년들에게 5점 리커트 척도로 각각의 가치가 자신에게 어떻게 연관되는지(예 : "나는 이것을 높이 평가한다. 왜냐하면 그렇지 않을 경우 수치심과 자책감, 걱정을 느끼기 때문이다" 또는 "나는 이것을 높이 평가한다. 왜냐하면 이를 함으로써 내 삶이 더 좋아지고 의미를 느끼며 더 활기차지기 때문이다"), 자신들의 가치관에 빗대어 볼 때 이제까지 얼마나 성공적이고 이를 잘 따랐는지, 가치관이 자기 자신에게 얼마만큼 중요한지, 자신의 가치관에 얼마만큼의 충실성을 가지고자 하는지 나타내도록 하였다.

SVS는 구성 면에서 PVQ와 비슷하지만 청소년들과 성인들로 하여금 친교/사회적 관계, 가족관계, 연인관계와 같은 사회성과 인간관계에 대한 자신들의 가치관에 대해 응답하도록 유도하는 모형이다. 각 조사 항목은 PVQ와 같은 방법으로 구성되어 있으며 SVS 조사 결과는 응답자의 대인관계 상호작용의 본질적 또는 비본질적 동기에 대해서 보여준다. 비록 PVQ와 SVS 모형의 공식적인 심리측정 자료는 없지만 곧 발표될 자료의 경우, 본질적 조사 항목에서 높은 점수를 받은 청소년일수록 많은 행복감과 적은 슬픔을 경험하고 비본질적인 항목들이 행동의 동기가 되는 청소년의 경우에는 더 많은 반항심을 경험한다는 것을 나타낸다(Ciarrochi & Bilich, 2006; Blackledge, 개인 의사소통, May 9, 2007).

마음챙김과 양육맥락에 대한 평가

부모가 스스로 또는 자녀들의 변덕스러운 감정에 대해서 얼마나 생각하고 수용하느냐의 정도에 따라 아동의 정서발달과 행동에 긍정적 영향을 줄 수도 있다. 따라서 공식적 평가를 통한 부모의 마음챙김 연구 구성은 사례의 개념화와 치료 성과를 이끌어 가는 데 도움을 줄 것이다.

부모용 수용 및 행동 질문지(PAAQ; Ehrenreich & Cheron, 2005)   PAAQ는 자녀의 부모로 하여금 경험에 대한 자녀와 스스로의 반응에 대하여 자신의 정서적 및 행동적 경험을 반영하도록 하며, 이를 측정하기 위한 명백한 목적을 가지고 개발된 모형이다. PAAQ는 15개의 개정된 AAQ(Hayes et al., 2004; Bond & Bunce, 2003) 조사 항목들로 구성되어 있으며, 양육맥락에 있어서의 경험회피 정도를 측정하기 위한 목적을 가진 모형이다. 각 항목은 양육맥락을 반영하기 위하여 수정되었다(예 : "비록 나는 무엇이 옳은 것인지 단정할 수 없지만 스스로의 공포, 걱정, 감정에 대하여 무엇인가를 할 수 있다"라는 문장을 "나는 무엇이 옳은 일인지 단정할 수 없다"로 변경). 부모들은 15개의 항목에 대하여 자신들이 느끼는 항목의 정확성 정도를 7점 리커트 척도로 나타내었다. 부정적 답변을 역채점 후 항목별로 점수를 합산하여 점수를 계산하였다. 탐색적 요인분석의 결과는 부모의 행동에 대한 하위척도(예 : "내가 슬프거나 걱정을 느끼면 내 자녀가 자신의 공포, 걱정, 감정을 통제하는 데 도움을 주기 힘들다")와 부모의 자진력에 대한 하위척도(예 : "내 자녀가 슬픔이나 걱정을 느껴도 괜찮아")를 포함하는 두 가지 요인의 구조를 나타내었다.

부모의 행동요소 점수가 높은 경우일수록 자녀의 정서관리에 부모가 관여하는 것을 꺼리고 있음을 나타낸다. 부모의 자진력 요소의 점수가 높을수록 부모 스스로나 자녀의 정서적 경험을 견디는 데 회피와 무능력함을 나타낸다(Cheron, 2006). 현재 심리측정과 수정이 진행되고 있는 동안 6~18세의 아동 · 청소년 및 6개월 된 아동(평균 11.9세) 154명의 부모를 대상으로 PAAQ 조사를 하였다. 조사 참가자의 59%는 여성이며 80%는 백인이다. PAAQ 조사 결과는 적정 수준의 내적 신뢰도(척도 전반에 걸쳐 $\alpha = .64~.65$)와 시간안정성(척도 전반에 걸쳐 상관관계 .68과 .74)을 입증하였다. 또한 PAAQ 타당도 역시 아동의 정신병리학, 행동장애(Child Behavior Checklist, CBCL; Achenbach, 1991) 그리고 부모의 통제력(Parental Locus of Control, PLOCl; Campis Lyman, & Prentice-Dunn, 1986) 수치와의 정적 상관관계를 보였다. 추가적 사항으로, 회기분석에 따르면 부모의 정신병리학적 증상 기록과 경험회피의 빈번함이 유지된다면 PAAQ를 이용하여 자녀의 정신병리적 확률의 구체적 편차 값을 예측할 수 있다(Cheron, 2006).

아동 집단의 마음챙김과 수용

마음챙김을 기반으로 한 진단평가는 다양한 치료 환경에 빠르게 적용되고 있다. 이러한 적용으로 아동 · 청소년과 같이 서로 다른 집단에 속한 각 개인의 욕구에 맞춰 줄 수 있는 부가적인 마음챙김 척도의 개발이라는 결과를 가져왔다. 마음챙김과 수용에 새롭게 응용하는 측정법이 지속적으로 발전되고 있으며 다음에 설명할 아동 측정법 역시 현재에 사용되고, 또한 미래에 사용 가능하게 될 계측법 중 하나이다.

아동 · 청소년용 당뇨의 수용과 행동 척도(DAAS; Greco & Hart, 2005)   DAAS 조사는 42가지 항목 측정조사로 당뇨병 타입 1의 진단을 받은 아동들의 심리적 융통성 정도를 연구하기 위하여 소아를 대상으로 연구하고 있다. 응답자들은 각각의 조사 항목에 대해서 자신이 느끼는 정확성의 정도를 반영하여 5점 리커트 척도로 대답하였다. 부정적 답변은 역채점하고 조사 항목의 합계를 더하여 점수를 계산하였다. 높은 점수일수록 높은 수용성과 행동을 나타낸다. DAAS의 조사 항목을 통해 수용(예 : 당뇨 때문에 슬퍼하거나 걱정하는 것은 괜찮아), 경험회피(예 : 건강에 대한 걱정을 덜기위해서 비디오게임을 하거나 인터넷을 하는 것은 괜찮아), 인지융합(예 : 당뇨병에 대한 생각들로 난 상처 받을 거야)과 같은 요소를 평가할 수 있다. 예비정보는 의약처방에 대한 충실도($\gamma = .30$)뿐 아니라, DAAS와 당뇨병 환자의 삶의 질($\gamma = .36$) 사이에 존재하는 현저한 정적 상관관계를 나타내고, 당뇨 환자의 걱정($\gamma = -.41$)과 사회적 불안감($\gamma = -.36$)에 대해서는 현저한 부적 상관관계를 나타내었다(Ciarrochi & Bilich, 2006).

진행 중인 연구 : 새로이 등장한 측정법과 방법론

수용과 마음챙김의 과정 평가에 관련하여 새롭게 시작하는 연구들은 실측적 부호체계의 개발과도 관련되어 있다. 경험회피와 경험수용의 실측적 평가는 함수로 정의되어 있을 만큼 복잡한 연구이다. 현재까지 경험회피의 행동적 평가를 비롯하여 수용과 마음챙김에 대하여 두 가지 관련 연구가 진행되고 있다. Coyne, Burk, Davis (2006)는 OCD를 앓고 있는 어린아이들과 가족을 위하여 인지행동에 기초한 경험회피와 수용 평가를 위한 부호체계를 개발하였다. 보다 명확히 말하자면 이 부호화된 체계는 부모와 아동 그리고 치료학자들의 경험적 회피/수용, 부모와 아동의 치료 참여와 숙제 순응도의 동기부여 변수들을 측정한다. 비록 연구는 아직 초기 단계에 있지만 초기 신뢰도 연구에 따르면 앞으로 밝은 전망이 있을 것이라 기대된다(Coyne et al., 2006).

이와 유사하게 Silvia와 Coyne(2008)은 현재 부모와 자녀의 상호작용에 있어서 마음가짐의 역할에 대하여 연구하고 있다. 최근 연구에서 경험회피와 부모의 부정적 정서경험 및 비효율적 양육(Berlin, Sato, Jastrowski, Woods, & Davies, 2006; Greco, Heffner, & Poe, 2005; Coyne, Burke, et al., 2006), 그리고 마음챙김 과정과 부모–자녀의 개선 성과(Singh et al., 2006)의 연관성을 발견하였다. 그러나 현재까지 부모와 자녀 간의 상호작용에서 행동 연구방법을 통한 양육 과정에 연관시킨 연구는 없었다. 그러므로 Silvia와 Coyne의 연구 목적은 세 가지였다. (1) 부모와 자녀가 상호작용을 하는 동안 부모의 경험회피가 양육행동과 관련되어 있는지에 대한 연구, (2) 부모의 위험 상태와 경험회피성 간의 관련성 탐구, 그리고 (3) 무선표집을 통한 엄격한 통제 환경에서 마음챙김 훈련과 어머니들의 양육행동의 비교이다. 자료 수집은 지금도 진행 중에 있다. 앞에서 제시된 방법론을 활용함으로써 자녀들과의 어려움이나 도전 상황에 직면할 시 마음챙김이 부모로 하여금 얼마나 어떻게 효율적인 양육방법을 적용하도록 도울 수 있을지를 증명해 줄 것이다.

경험회피와 마음챙김의 평가를 연구하는 또 다른 방법으로는 이야기 기법(narrative techonology)이 있다. 예를 들어 Schwartzman과 Walhler(2006)는 자녀와 양육의 문제점을 부모들의 이야기 속에 결합하는 것을 연구해 왔다. 이야기 재구성은, 의도적 관심 및 자기 점검과 같은 마음챙김 관련 요소들이 포함되며 이를 통한 관련성 정도를 평가하는 데 유용할 수 있다. 비슷한 맥락으로 Coyne, Low, Miller, Seifer, Dickstein(2006)은 자녀에 대한 어머니의 마음챙김 인식 정도를 아이와의 조율 지수와 자녀들에 대한 부모의 설명을 이용하여 평가하였다. 위의 지수는 전반적으로 자녀에 대한 공감적 이해력, 자녀의 행동 동기를 설명할 수 있는 능력, 자녀의 행동을 예측하는 능력, 새롭거나 예상하지 못한 정보를 아이들의 기존 관점에 통합시키는 능력을 설명해 주었다. 연구자들은 자녀와 더 높은 조화를 보여주고, 자녀에 대해 잘 설명하는 엄마일수록 우울함을 덜 느끼고 자녀의 행동장애가 낮게 나타나며 더 높은 수준의 섬세한 양육행동이 관찰됨을 보고하였다(Coyne, Low, et al., 2006).

결론

경험회피와 같은 작용의 평가를 비롯하여 마음챙김과 수용의 평가는 아직 시작단계에 있다. 그러나 객관적이고 신뢰성이 있으며, 근거가 잘 뒷받침되는 측정의 완성은 외현적 행동 결과의 수용관련 과정에 대한 중요성을 규명하는 데 있어서 절대적 단계이다. 규모가 크지는 않으나 지속적인 성장을 하고 있는 이 연구를 확장시키기 위한 가장 중요한 방안은 측정을 구성하는 개념들에 관한 더 정확한 설명과 치료과정 및 결과물의 관련성을 수반하는 것이다.

수용, 마음챙김 및 관련 과정에 대해 새로이 등장하는 대부분의 척도들은 자기보고서 형식이다. 이론적으로 말하면, 이러한 연구들은 치료과정과 시간의 흐름에 따라 변화할 수 있는 충분한 전문성과 예민함을 보여주고 있다. 이러한 현상은 아동·청소년을 위한 수용과 마음챙김 치료에서 특히 더 일치한다. 인터뷰 기법의 사용은 다양한 치료접근에 적용된다. 그러나 모든 임상학적 관련 또는 임상학적 해석의 인터뷰 수단으로서는 의사결정 평가에 있어 낮은 신뢰도를 나타낼 것이다. 이러한 과정들에 대한 더 많은 객관적 척도 역시 충분한 유연성을 지녔으며 마음챙김과 수용의 기능적 정의와도 부합된다. 이러한 이유를 근거로 하는 치료의 맥락으로 변환 가능한 실측적 부호체계의 개발은, 유망한 추가적 접근법이 될 것이다. 생리적 반응성에 대한 평가 역시 마음챙김의 자각/수용 정도뿐만 아니라 유해한 내적 자극의 경험회피를 평가하는 데 유용하게 활용될 수 있다.

결론적으로 마음챙김 과정과 평가의 측정은 결코 쉽지 않으며 굉장히 중요한 작업임을 증명하였다. 그럼에도 불구하고 이는 매우 높은 연구 가치가 있다. 아동들을 상대로 이러한 과정의 평가는 발달정신병리에 대한 지식과 유년기와 청소년기 전반의 사회적 감정과 인지적 과정에 대한 지식을 증진시키는 데 도움을 준다. 발달적 민감성 측정의 개발과 경험타당도는 청소년을 위한 수용과 마음챙김에 기초한 치료접근법 제공에 있어서 매우 중요하다.

참고문헌

Achenbach, T. M. (1991). *Integrative Guide to the 1991 CBCL/4-18, YSR, and TRF Profiles*. Unpublished manuscript, University of Vermont, Burlington, Department of Psychology.

Baer, R. A. (2003). Mindfulness training as a clinical intervention: A conceptual and empirical review. *Clinical Psychology: Science and Practice, 10*, 125–143.

Baer, R. A., Smith, G. T., & Allen, K. B. (2004). Assessment of mindfulness by self-report: The Kentucky Inventory of Mindfulness Skills. *Assessment, 11*(3), 191–206.

Barlow, D. H., Craske, M. G., Cerny, J. A., & Klosko, J. S. (1989). Behavioral treatment of panic disorder. *Behavior Therapy, 20*, 261–282.

Beck, A. T., Epstein, N., Brown, G. K., & Steer, R. A. (1988). An inventory for measuring clinical anxiety: Psychometric properties. *Journal of Consulting and Clinical Psychology, 56*, 893–897.

Beck, A. T., Rush, A. J., Shaw, B. R., & Emery, G. (1979). *Cognitive therapy of depression*. New York: Guilford.

Berlin, K. S., Sato, A. F., Jastrowski, K. E., Woods, D. W., & Davies, W. H. (2006, November). Effects of experiential avoidance on parenting practices and adolescent outcomes. Paper presented at the Association for Behavioral and Cognitive Therapies Annual Convention, Chicago.

Blackledge, J. T., & Ciarrochi, J. (2006a). *Personal Values Questionnaire*. Available from the first author at University of Wollongong, New South Wales, Australia.

Blackledge, J. T., & Ciarrochi, J. (2006b). *Social Values Survey*. Available from the first author at University of Wollongong, New South Wales, Australia.

Blackledge, J. T., & Hayes, S. C. (2006). Using acceptance and commitment training in the support of parents with children diagnosed with autism. *Child and Family Behavior Therapy, 28*, 1–18.

Bond, F. W., & Bunce, D. (2003). The role of acceptance and job control in mental health, job satisfaction, and work performance. *Journal of Applied Psychology, 88*, 1057–1067.

Bouton, M. E., Mineka, S., & Barlow, D. H. (2001). A modern learning theory perspective on the etiology of panic disorder. *Psychological Review, 108*, 2–32.

Briere, J. (1995). *Trauma symptom inventory professional manual*. Odessa, FL: Psychological Assessment Resources.

Brown, K., & Ryan, R. (2003). The benefits of being present: Mindfulness and its role in psychological well-being. *Journal of Personality and Social Psychology, 84*, 822–848.

Campis, L. K., Lyman, R. D., & Prentice-Dunn, S. (1986). The Parental Locus of Control Scale: Development and validation. *Journal of Clinical Child Psychology, 15*(3),

260–267.

Cheron, D. M. (2006, November). Assessing parental experiential avoidance: Preliminary psychometric data from the Parental Acceptance and Action Questionnaire (PAAQ). In panel discussion, "Experiential Avoidance and Mindfulness in Parenting," D. M. Cheron & J. T. Ehrenreich (Moderators). Presented at the 40th Annual Convention of the Association for Cognitive and Behavioral Therapies, Chicago.

Ciarrochi, J., & Bilich, L. (2006). Acceptance and commitment measures packet: Process measures of potential relevance to ACT. Retrieved February 11, 2007, from University of Wollongong website, www.uow.edu.au/health/iimh/act_researchgroup/resources.html.

Ciarrochi, J., & Blackledge, J. (2006). Mindfulness-based emotional intelligence training: A new approach to reducing human suffering and promoting effectiveness. In J. Ciarrochi, J. Forgas, & J. Mayer. (Eds.), *Emotional intelligence in everyday life: A scientific inquiry* (2nd ed., pp. 206-228). New York: Psychology Press/Taylor & Francis.

Coyne, L. W., Burke, A., & Davis, E. (2006). *Observational coding manual: Assessing therapist, parent, and child behavioral and emotional avoidance in the context of exposure-based treatment.* Available from the first author at the Psychology Department, Suffolk University, Boston, MA.

Coyne, L. W., Burke, A., & Davis, E. (2008). *Emotion avoidance in families of young children with OCD.* Manuscript in preparation.

Coyne, L. W., Low, C. L., Miller, A. M., Seifer, R., & Dickstein, S. (2006). Mothers' empathic understanding of their toddlers: Associations with maternal depression and sensitivity. *Journal of Child and Family Studies, 16,* 483–497.

Dahl, R. (2004). Adolescent brain development: A period of vulnerabilities and opportunities. *Annals of the New York Academy of Sciences, 1021,* 1–22.

Ehrenreich, J. T., & Cheron, D. M. (2005). Parental Acceptance and Action Questionnaire. Available from Daniel M. Cheron, Department of Psychology, Boston University.

Emmons, R. A. (1986). Personal strivings: An approach to personality and subjective well-being. *Journal of Personality and Social Psychology, 51,* 1058–1068.

Folkman, S., & Lazarus, R. S. (1988). *Ways of Coping Questionnaire Manual.* Palo Alto, CA: Mind Garden/Consulting Psychologists Press.

Fresco, D., Williams, N. L., & Nugent, N. R. (2006). Flexibility and negative affect: Examining the associations of explanatory flexibility and coping flexibility to each other and to depression and anxiety. *Cognitive Therapy and Research, 30,* 201–210.

Frisch, M. B. (1992). Use of the Quality of Life Inventory in problem assessment and treatment planning for cognitive therapy of depression. In A. Freeman & F. M. Dattilio (Eds.), *Comprehensive casebook of cognitive therapy* (pp. 27–52). New York: Plenum.

Goldberg, D. (1978). *Manual of the General Health Questionnaire.* Windsor, England: National Foundation for Educational Research.

Gratz, K. L., & Roemer, L. (2004). Multidimensional assessment of emotion regulation and dysregulation: Development, factor structure, and initial validation of the Difficulties in Emotion Regulation Scale. *Journal of Psychopathology and Behavioral Assessment, 26*(1), 41–54.

Greco, L. A., & Baer, R. A. (2006). Child Acceptance and Mindfulness Measure (CAMM). Available from the first author at Department of Psychology, University of Missouri, St. Louis.

Greco, L. A., & Eifert, G. H. (2004). Treating parent-adolescent conflict: Is acceptance the missing link for an integrative family therapy? *Cognitive and Behavioral Practice, 11,* 305–314.

Greco, L., A., & Hart, T. A. (2005). Diabetes Acceptance and Action Scale for Children and Adolescents. Available from the first author at Department of Psychology, University of Missouri, St. Louis.

Greco, L. A., Heffner, M., & Poe, S. (2005). Maternal adjustment following preterm birth: Contributions of experiential avoidance. *Behavior Therapy, 36,* 177–184.

Greco, L. A., Lambert, W., & Baer, R. A. (in press). Psychological inflexibility in childhood and adolescence: Development and evaluation of the Avoidance and Fusion Questionnaire for Youth. *Psychological Assessment.*

Greco, L. A., Murrell, A. R., & Coyne, L. W. (2005). Avoidance and Fusion Questionnaire for Youth. Available from the first author at Department of Psychology, University of Missouri, St. Louis, and online at www.contextualpsychology.org.

Hayes, S. C., Luoma, J. B., Bond, F. W., Masuda, A., & Lillis, J. (2006). Acceptance and Commitment Therapy: Model processes and outcomes. *Behaviour Research and Therapy, 44,* 1–25.

Hayes, S. C., & Shenk, C. (2004). Operationalizing mindfulness without unnecessary attachments. *Clinical Psychology: Science and Practice, 11,* 249–254.

Hayes, S. C., Strosahl, K., & Wilson, K. G. (1999). *Acceptance and commitment therapy: An experiential approach to behavior change.* New York: Guilford.

Hayes, S. C., Strosahl, K. D., Wilson, K. G., Bissett, R. T., Pistorello, J., Toarmino, D., et al. (2004). Measuring experiential avoidance: A preliminary test of a working model. *The Psychological Record, 54,* 553–578.

Hayes, S. C., & Wilson, K. G. (2003). Mindfulness: Method and process. *Clinical Psychology: Science and Practice, 10,* 161–165.

Hayes, S. C., Wilson, K. G., Gifford, E. V., Follette, V. M., & Strosahl, K. (1996). Experiential avoidance and behavioral disorders: A functional dimensional approach to diagnosis and treatment. *Journal of Consulting and Clinical Psychology, 64,* 1152–1168.

Kazdin, A. E., & Nock, M. K. (2003). Delineating mechanisms of change in child and adolescent therapy: Methodological issues and research recommendations. *Journal of Child Psychology and Psychiatry, 44,* 1116–1129.

Linehan, M. M. (1987). Dialectical behavioral therapy: A cognitive-behavioral approach to parasuicide. *Journal of Personality Disorders, 1,* 328–333.

Linehan, M. M. (1993). *Cognitive-behavioral treatment of borderline personality disorder.* New York: Guilford.

Lonigan, C. J., Elbert, J. C., & Johnson, S. B. (1998). Empirically supported psychosocial interventions for children: An overview. *Journal of Clinical Child Psychology, 27,* 138–145.

Orsillo, S. M., Roemer, L., Block-Lerner, J., & Tull, M. T. (2004). Acceptance, mindfulness, and cognitive-behavioral therapy: Comparisons, contrasts, and application to anxiety. In S. C. Hayes, V. M. Follette, & M. M. Linehan (Eds.), *Mindfulness and acceptance: Expanding the cognitive-behavioral tradition* (pp. 66–95). New York: Guilford.

Roemer, L., Salters, K., Raffa, S. D., & Orsillo, S. M. (2005). Fear and avoidance of internal experiences in GAD: Preliminary tests of a conceptual model. *Cognitive Therapy and Research, 29*(1), 71–88.

Salovey, P., Mayer, J. D., Goldman, S. L., Turvey, C., & Palfai, T. P. (1995). Emotional attention, clarity, and repair: Exploring emotional intelligence using the Trait Meta-Mood Scale. In J. W. Pennebaker (Ed.), *Emotion Disclosure and Health* (pp. 125–154). Washington, DC: APA.

Schwartzman, M. P., & Wahler, R. (2006). Enhancing the impact of parent training through narrative restructuring. *Child and Family Behavior Therapy, 28,* 49–65.

Segal, Z. V., Teasdale, J. D., & Williams, M. G. (2004). Mindfulness-based cognitive therapy: Theoretical rationale and empirical status. In S. C. Hayes, V. M. Follette, & M. M. Linehan (Eds.), *Mindfulness and acceptance: Expanding the cognitive-behavioral tradition* (pp. 45–65). New York: Guilford.

Segal, Z. V., Williams, M. G., & Teasdale, J. D. (2002). *Mindfulness-based cognitive therapy for depression: A new approach to preventing relapse.* New York: Guilford.

Segalowitz, S. J., & Davies, P. L. (2004). Charting the maturation of the frontal lobe: An electrophysiological strategy. *Brain and Cognition, 55,* 116–133.

Shapiro, N. (1995). *An analogue of agoraphobic avoidance as attachment-related symptomatology.* Unpublished master's thesis, Department of Psychology, the American University, Washington, DC.

Shapiro, S. L., Carlson, L. E., Astin, J. A., & Freedman, B. (2006). Mechanisms of mindfulness. *Journal of Clinical Psychology, 62,* 373–386.

Sheldon, K. M., & Kasser, T. (1995). Coherence and congruence: Two aspects of personality integration. *Journal of Personality and Social Psychology, 68,* 531–543.

Sheldon, K. M., & Kasser, T. (1998). Pursuing personal goals: Skills enable progress but not all progress is beneficial. *Personality and Social Psychology Bulletin, 24,* 1319–1331.

Sheldon, K. M., & Kasser, T. (2001). Getting older, getting better? Personal strivings and psychological maturity across the life span. *Developmental Psychology, 37*(4), 491–501.

Silvia, K. A., & Coyne, L. C. (2008). *Experiential avoidance and mindfulness in parenting: Preliminary data from an experimental study.* Manuscript in preparation.

Singh, N. N., Lancioni, G. E., Winton, A. S. W., Fisher, B. C., Wahler, R. G., McAleavey, K., et al. (2006). Mindful parenting decreases aggression, noncompliance, and self-injury in children with autism. *Journal of Emotional and Behavioral Disorders, 14,* 169–177.

Wegner, D. M. (1994). Ironic processes of mental control. *Psychological Review, 101,* 34–52.

Wegner, D. M., & Zanakos, S. (1994). Chronic thought suppression. *Journal of Personality, 62,* 615–640.

Wells, A., & Davies, M. I. (1994). The Thought Control Questionnaire: A measure of individual differences in the control of unwanted thoughts. *Behaviour Research and Therapy, 32,* 871–878.

Wenzlaff, R. M., Wegner, D. M., & Klein, S. B. (1991). The role of thought suppression in the bonding of thought and mood. *Journal of Personality and Social Psychology, 60,* 500–508.

West, A. M., Sbraga, T. P., & Poole, D. A. (2007). *Measuring mindfulness in youth: Development of the Mindful Thinking and Action Scale for Adolescents.* Unpublished manuscript, Central Michigan University.

Wicksell, R. K., Renöfält, J., Olsson, G. L., Bond, F. W., & Melin, L. (2007). *Avoidance and fusion: Central components in pain related disability? Development and preliminary validation of the Psychological Inflexibility in Pain Scale.* Manuscript in preparation, Astrid Lindgren Children's Hospital, Karolinska University Hospital, Stockholm, Sweden.

Williams, K. E., Chambless, D. L., & Ahrens, A. (1997). Are emotions frightening? An extension of the fear of fear construct. *Behaviour Research and Therapy, 35,* 239–248.

Wilson, K. G., & Groom, J. (2002). The Valued Living Questionnaire. Available from the first author at the University of Mississippi.

Wilson, K. G., & Murrell, A. R. (2004). Values work in acceptance and commitment therapy: Setting a course for behavioral treatment. In S. C. Hayes, V. M. Follette, & M. M. Linehan (Eds.), *Mindfulness and acceptance: Expanding the cognitive-behavioral tradition* (pp. 120–151). New York: Guilford.

제2부

특정 전집에의 적용

제4장

마음챙김을 통한 불안치료 : 아동용 마음챙김 기반 인지치료

Randye J. Semple, Ph.D., College of Physicians and Surgeons, Columbia University;

Jennifer Lee, Ph.D., Teachers College, Columbia University

불안장애는 아동기에 가장 흔한 정신건강 문제이다. 1년 기준 유년기 불안장애 유병률은 10%(Chavira, Stein, Bailey, & Stein, 2004)에서 20%(Shaffer, Fisher, Dulcan, & Davies, 1996)에 이르며 남자 아동보다 여자 아동의 발병률이 더 높게 나타난다. 아동 발단 단계에서 여러 불안 스펙트럼에 속하는 장애가 나타날 수 있으며 특정 장애의 경우 더 자주 나타나기도 한다. 특정 공포증의 경우 더 어린 아동에게 흔한 반면, 범불안장애, 사회불안장애, 공황장애는 유년기 중기에서 청소년기에 나타난다(Barlow, 2002). 불안장애를 앓고 있는 아동과 청소년의 50%는 2차적 불안장애나 우울증과 같은 다른 진단을 받는다(U.S. Department of Health and Human Services, 1999). 나아가 이 아동들의 경우 미래에 또 다른 문제가 발견될 위험성이 높다. NCS(National Comorbidity Survey) 자료에 따르면 불안장애는 주요 우울증을 초래하는 매우 일반적 요인이다(Kessler et al., 1996). 만일 치료하지 않고 방치한다면 불안장애 아동의 경우 학업의 어려움, 사회성 문제와 약물남용의 높은 위험에 노출될 수 있다.

아동을 대상으로 한 마음챙김

불안장애를 가진 성인을 대상으로 한 집단 마음챙김 중재가 최근에 들어 많은 인기를 얻고 있다. 그러나 이전의 초기 심리치료 연구들이 전형적으로 그러했듯이, 아동에 대한 마음챙김 치료의 개발이나 평가는 더딘 발전을 보여 왔다. 마음챙김에 기초한 치료접근의 임상적 실험이기는 했으나 성인의 경우, 불안 증상의 핵심요소를 감소시키는 데 효과적임을 보여주었다(Baer, 2003). 임상 보고서에 따르면 마음챙김 기법이 학령기 아동의 불안 증상을 치료하는 데 유용한 것으로 나타났고(Goodman, 2005; Greco, Blackledge, Coyne, & Ehrenreich, 2005; Semple, Reid, & Miller, 2005), 따라서 학령기 아동 집단을 위한 마음챙김에 기초한 중재를 개발하고 평가하는 것은 타당하다고 보인다. 이 장에서는 9~12세 불안장애 아동의 12단계 집단치료, 즉 아동용 마음챙김 기반 인지치료(MBCT-C)의 개발 및 그 구성요소에 대해서 설명하고자 한다. 마음챙김의 용어 정의, MBCT의 이론적 기초 기술, 이러한 중재들이 아동의 불안치료에 미치는 효과를 지지하는 연구를 소개하면서 이 장을 시작할 것이다.

마음챙김의 정의

마음챙김의 조작적 정의에 대한 합의는 아직까지 이루어지지 않았다. 대부분의 마음챙김 실습은 주의력 훈련 기술로 개념화될 수 있다. 이 외에는 다양한 개별 정의들이 있다(Bishop et al., 2004). 여기서 마음챙김의 뜻은 "의도적으로, 지금 이 순간, 비판단적인 특정한 방식으로 주의를 기울이는 것(Kabat-Zinn, 1994, p. 4)"이다. 마음챙김은 의도성, 현재중심, 비판단적 수용의 특성들을 포함하는 매우 특수한 형태의 주의이다. 마음챙김에 있어서 한 사람의 주의는 특정 구체적인 대상에 의도적으로 몰두하는 것인데, 그 대상은 내부적(생각, 정서, 신체감각)일 수도, 외부적(감각지각)일 수도 있다. 그 결과, 마음챙김 주의는 관찰자와 관찰 대상 사이에 특정한 관계를 형성한다. 나아가 마음챙김은 종종 의식적 자각, 탐구적 관심, 무집착, 자율과 관련되어 있다.

마음챙김과 정신건강

불교 심리학과 인지이론은 마음챙김을 이용한 현재의 불안치료 방법에 정보를 제공해 주고 있다. 불교 심리학에 따르면 병으로 인한 고통의 근본적인 이유가 아직 불분명하다고 말한다. 우리의 사적인 생각, 부정확한 믿음, 비현실적 기대감, 만족할 줄 모르는 욕망들이 바로 자신에 대한 직접적 인식을 모호하고 왜곡되게 하는 것이다. 생각은 해답(대부분 이렇게 가정함)이 아니라 바로 그 자체가 문제이다. 인간은 불확실성에 대해서는 친근감과 유의미성을 선호한다. 이를 달성하기 위해서 과거 경험의 그림을 "점선으로 연결"시킨다. 매 순간마다 우리는 과거에 대한 부정확한 믿음, 현재에 대한 비현실적 기대감, 그리고 미래에 대한 실현 불가능한 욕망을 보태어 지각된 사건들을 개조한다. 이러한 "현재점"들을 연결시키면 경험을 이해하기 위한 욕구를 만족시켜 주는 익숙한 그림이 나타나게 되는 것이다. 그러나 점그림(dot-picture)은 현실을 항상 정확하게 나타내지는 않는다.

우리는 모든 것을 명확히 볼 수 없기 때문에 고통스러워한다. 왜곡된 점그림을 통해 정서적 불안정을 경험하고 부정확한 인지적 해석을 생성하고, 현명하지 못한 행동을 선택하게 된다. 예를 들어 대부분의 사람들은 행복해지기 위해서는 반드시 불행한 경험을 피해야 한다고 생각한다. 이러한 믿음이 있기 때문에 아플 때나 비행기를 놓치는 경우, 차가 고장 나거나 소풍날 비오는 경우에 우리는 불운하다고 느끼는 것이다. 위와 같은 불운이 닥치면 사람들은 불운이 떨어져 나가기를 강력히 바라고 그래야만 다시 행복해질 수 있다고 생각한다. 불교적 관점에서는 병리적 불안의 발달이 상상 속의 모든 점들을 포함한 개인의 점그림을 만들고 이 점그림이 현실을 정확히 나타낸다는 망상과 함께 불행한 삶을 사는 것으로부터 시작한다. 그러나 어떤 점들이 가상이고 현실인지를 구별할 수 있는 눈은 지금 순간의 경험에 마음을 챙김으로써 터득할 수 있다.

주의와 불안

주의는 여러 면으로 작용하는 의식을 구성하는 핵심요소이다. 주의는 산만하거나 집중될 수도 있고, 긴장되거나 이완될 수도 있다. 또한 내부적으로 또는 외부적으로 초점을 맞출 수도, 동적이거나 정적일 수도 있다. 주의 문제는 대다수의 불안장애 환자들의 특징이다. 예를 들어 주의 전환의 어려움은 강박장애와 관련 있는 반추의 한 가지 특성인 반면, 주의집중의 어려움(예 : 산만함)은 범불안장애의 한 증상이다. 특정 공포증은 공포자극에 대한 주의편향과 관련되어(Teasdale, 2004) 있으며 반면에 주의회피는 외상 후 스트레스장애를 보이는 사람들에게 자주 나타난다. 자기초점화 주의는 사회 불안을 가진 아동들의 특성이다. 심한 경우, 불안한 자기 관찰자는 외부 사건에 대해 극소의 알아차림만을 경험한다.

과거와 미래 사건에 지나치게 집중되는 주의는 유년기 불안장애의 특징이기도 하다. 마음챙김 훈련은 자신의 주의를 지금 현재에 맞추도록 하는 연습을 제공한다. 만약 치료를 하지 않고 방치한다면 정상적인 불안이 통제 불능의 상황으로 치닫게 되고 기능 면에서 심각한 손상을 초래할 수 있다. 아마도 아동들은 현재 순간의 마음챙김을 통해 만성화된 "자동 조정" 불안에서 벗어날 수 있게 될 것이다. 지금 현재를 삶으로써, 비록 가장 행복한 순간이 아닐지라도 아동들 스스로 자신이 현재의 상황을 잘 헤쳐 나갈 수 있다는 것을 알게 될 것이다.

몇몇 연구들만이 마음챙김 훈련과 주의의 본질 간의 직접적인 연관성에 대한 연구를 수행하였지만, 그 연구들은 성인(Semple, 1999; Valentine & Sweet, 1999)과 아동(Rani & Rao, 1996; Semple, 2005)에서의 마음챙김 훈련과 주의의 연관성을 지지하고 있다. 그러나 마음챙김에 기초한 중재가 주의력 손상에 직접적인 영향을 준다고 확실히 말하기에는 좀 더 많은 연구가 선행되어야 할 필요가 있다.

인지이론과 마음챙김 기반 인지치료

인지치료(CT)의 본래 목적은 환자의 자동적 사고와 역기능적 태도에 대한 본인의 믿음을 변화시키는 데 있다(Beck, 1976). 수년간 인지치료의 효과는 부적응적 사고 내용을 바꿈으로써 성취된다고 받아들여져 왔다. Segal, Williams, Teasdale(2002)

은 인지치료 효과가 오히려 자신의 사고와 정서 간의 관련성을 변화시키는 것에 의하여 결정된다고 주장하였다. 마음챙김 기반 인지치료(MBCT; Teasdale et al., 2000)는 **탈중심화**라 불리는 이러한 메타인지적 지각(metacognitive perspective)을 실험적으로 검증하였다. 탈중심화는 자신의 사고를 단순히 사고로써 관찰할 수 있는 능력(실제 증거라고 여기기보다)이며 치료 변화를 위한 핵심요소로 간주되고 있다. 탈중심화는 단순하게 들릴 수도 있지만 사실 그렇지 않다. 지금 현재 일어나고 있는 일들을 명확하게 본다는 것은 노력을 요하기 때문이다.

MBCT는 성인 우울증 재발을 막기 위한 치료로 개발되었으며 주로 마음챙김 기반 스트레스 감소 프로그램(MBSR; Kabat-Zinn, 1994)에 그 기반을 두고 있다. MBSR과 MBCT는 성인을 대상으로 한 8주 마음챙김 집단 훈련 프로그램으로 구성되어 있다. 이 프로그램은 직접 마음챙김 기법을 경험하고 일상생활에서 마음챙김 훈련을 적용하도록 강조한다. 두 프로그램은 모두 지도자와 치료전문가들에게 지속적으로 개인적인 마음챙김 훈련을 받음으로써 마음챙김에 대한 이해를 증진할 것을 요구한다. MBCT는 MBSR에서 사용되는 마음챙김 훈련과정과 같은 방법을 사용하지만 우울증 유발 인지(depressogenic cognition)가 기분과 행동에 미치는 영향을 환자가 발견하는 데 도움을 주는 CT 요소가 통합되어 있다. MBSR과 CT 모두 사고, 감정 및 행동에 대해 관찰과 수용적 태도를 유지하고 있다. 아동용 마음챙김 기반 인지치료(MBCT-C)는 MBCT 후속 모형에 속한다.

MBCT-C의 초기 평가

Semple, Reid, Miller(2005)는 아동을 위한 마음챙김 기반 중재의 실행 가능성과 수용성에 대한 연구를 위하여 6주간의 예비 연구를 실시하였다. 연구자들은 마음챙김 훈련이 아동을 대상으로도 충분히 수용 가능하고, 가르치기 쉬우며 유년기 불안의 중재로서 미래 가능성이 있다고 결론지었다.

최초의 MBCT-C 임상 실험은 다음과 같이 진행되었다(Lee, 2006; Semple, 2005). 9~13세 사이의 25명의 아동들이 실험에 참가하였다. 15명의 여자 아동들과 10명의 남자 아동으로 구성되었다. 모든 참가 아동은 저소득층, 도시출신 그리고 소수민족/소수문화배경 출신들로 구성되었다(라틴계 15명, 흑인 7명, 백인 3명). 그중 17명의 아동(68%)이 모든 프로그램을 마쳤다. 프로그램 완성의 기준은 총 12회기 중에서 10회기 이상 참여로 정의된다(M = 11.3, SD = 0.77). 그 외 5명의 아동은 산발적으로 참여하였다(M = 7.6, SD = 1.14; Lee, Semple, Rosa, & Miller). 아동행동목록(Child Behavior Checklist, CBCL; Achenbach, 1991)에서 주의력 문제 척도가 측정되었을 때, 주의력 문제가 유의미한 감소를 보였다. 이 연구 초기에 임상적으로 높은 불안을 보였다고 보고된 6명의 아동에게서도 치료효과가 보고되었다(Semple, 2005). 높은 모집률(74%)과 지속성(84%), 그리고 출석률(프로그램 완료자 94%, ITT 분석 표본 78%)은 MBCT-C의 수용성과 실행 가능성에 대한 지지를 입증하고 있다.

MBCT에서 MBCT-C까지

MBCT-C는 총 12회기로 이루어진 집단 심리치료로 불안과 우울증이 있는 아동들을 위하여 개발되었다. 표 4.1은 각 회기를 요약하고 있다. 성인 MBCT(Segal et al., 2002)를 확장한 MBCT-C는 연령에 적절한 수정이 요구되었다.

발달적 적용

발달적 수정은 아동의 주의력, 추상적 추리, 가족관계를 포함한다.

주의용량　아동은 성인보다 주의용량이 정밀하지 못하다(Siegler, 1991). 그 결과 아동은 시간이 짧고 회기가 많을수록 유리하다. 8회기 동안 각 2시간씩 진행되도록 구성한 성인용 MBCT와는 다르게 MBCT-C는 총 12회기로 구성되어 있다. 또한 긴 마음챙김 호흡과 신체 운동은 짧게 자주 반복되는 연습으로 대체되었다.

다감각 학습　아동은 성인에 비해 추상적 추리와 언어 유창도에서 낮은 능력을 보인다(Noshpitz & King, 1991). 그 결과, 이야기, 게임, 활동은 주로 치료 참여를 높이기 위한 아동 프로그램 속에 적용된다(Gaines, 1997). MBCT-C는 다양한 다감

표 4.1	12회기 프로그램 개요
1회기	공동체 개발하기; 기대하는 바 정의하기; 숙제의 중요성 강조; 마음챙김의 지향; 아침 운동을 하는 동안 미소 의식하기
2회기	훈련에서 겪은 장애요소 대처법; 마음챙김 호흡의 소개; 건포도 먹기 훈련
3회기	사고, 감정, 그리고 신체감각 구별 연습; 마음챙김 신체 운동의 소개(요가자세)
4회기	마음챙김 듣기; 수용적 듣기 연습을 통한 사고, 감정, 신체감각 구분; 보디스캔 연습
5회기	마음챙김 듣기(앞 회기 연결); 감정 나타내는 소리 만들기 연습; 3분 호흡 연습
6회기	마음챙김 보기; 우리가 보지 않는 것에 대한 배움; 설명과 판단의 구분; 심상유도 훈련
7회기	마음챙김 보기(앞 회기 연결); 주의 유도 훈련; 시각적 심상 훈련; 마음챙김 움직임 훈련; 피는 꽃, 큰 나무, 나비가 되어 보기
8회기	마음챙김 만지기; 현존하는 것들과 지금 현재에 존재하는 방법 배우기; 보디스캔 훈련
9회기	마음챙김 냄새 맡기; 설명과 판단의 구분의 지속 훈련; 마음챙김 신체 운동(요가자세)
10회기	마음챙김 맛보기; 생각이 사실이 아니라는 훈련; 마음챙김 신체 운동(요가자세)
11회기	일상에서의 마음챙김; 이전 회기 복습; 마음챙김을 통한 경험의 수용과 통합
12회기	일상생활에 마음챙김 일반화; 프로그램에 대한 개별적 경험 탐구와 공유; 짧은 졸업식

ⓐ Elsevier, Inc., 2006. 허가하에 수정 인용함. 이 표는 Mindfulness-Based Treatment Approaches: Clinician's Guide to Evidence Base and Applications, ed. R. A. Baer(San Diego, CA: Elsevier Academic Press, 2006, p. 157)에 게재됨

각 훈련방법을 사용함으로써 아동으로 하여금 시각, 청각, 감각, 미각, 후각, 운동 감각을 통해 마음챙김적으로 세상을 경험할 수 있는 훈련을 제공한다. 그 예로 그림 그리기, 음악 듣기 또는 창작하기, 다양한 사물 만지기, 여러 음식 맛보기, 여러 냄새 맡아보기 등이 있다. 이러한 훈련은 적극적 참여를 요구하며 매 순간 경험에 대한 내적 및 외적으로 주의를 집중함으로써 단일감각에 마음을 챙기는 데 초점을 맞춘다.

가족관계   아동은 성인에 비하여 가족 내에서 더 보호 받는 존재인 만큼 가족관계가 치료 성과를 높여 줄 것이라 예상된다(Kaslow & Racusin, 1994). 초기 연구에서 아동의 프로그램 참여도는 부모의 관심 및 참여도와 관련이 있다는 것을 알 수 있었다. 부모들을 오리엔테이션에 초청하여 자녀들이 배우게 될 몇몇 마음챙김 훈련을 경험할 수 있게 하였다. 치료자들은 가정 내에서 부모와 자녀가 함께 연습을 통해 자녀를 지지하고, 마음챙김에 의지를 가지며 말하기와 행동의 격려가 중요하다는 사실을 강조한다. 프로그램이 진행되는 동안 부모는 치료자들에게 질문하고 상담을 할 수 있도록 고무하였다. 부모의 참여도를 높이기 위하여 매 회기 후에 문서로 된 자료를 집으로 보냈다. 서면 자료에는 각 회기 요약, 가정에서의 연습 훈련방법, 마음챙김 활동기록장이 포함되어 있다. 프로그램의 막바지에는 치료자들과 함께 부모님을 개관 회기에 참여시켜 마음챙김을 연습하고 MBCT-C에 대한 그들의 다양한 경험을 공유하며 자녀들의 마음챙김 훈련을 지속하기 위한 지원방안에 대해서 논의하였다.

구조적 적용 및 논리적 적용

발달에 따른 적용 외에 MBCT-C는 연구 대상이 아동이라는 점에서 구조 및 논리적 수정이 요구된다.

안정성 창조   마음챙김 중재는 안전하고 비공개적 치료 환경이 필요하다. 아동들에는 안내와 구성 면에서 그들의 욕구에 반응해야 한다. 첫 번째 회기에서는 다섯 가지 마음챙김 행동 규칙을 개관하였다.

1. 주의(care)와 상냥함으로 집단원들에게 행동하고 말하라.
2. 다른 사람이 말할 때는 침묵하라.
3. 다른 사람들과 자신의 의견을 공유하고 싶으면 손을 들어라.
4. 마음챙김 훈련 동안에는 잡담을 삼가라.
5. 활동 참여의사가 없으면 "나의 침묵 공간"에 앉아 있어라.

침묵 공간은 방의 한쪽 구석에 마련된 지정좌석으로 다시 집단 활동에 참여하고 싫어질 때까지 아동이 조용히 앉아 있을 수 있는 공간이다. 만약 아동이 과잉행동을 하거나 다른 친구들에게 방해가 되는 경우 그 침묵 공간으로 초대될 수 있으며, 다시 집단 활동에 참여하기 전까지 자신을 추스르는 시간을 갖는다. 이 공간은 일시격리가 목적이 아니라 아동으로 하여금 어떻게 프로그램 참여할지에 대한 더 많은 선택의 자유를 주는 것이다.

학급 크기, 연령 범위, 형식　　아동은 성인에 비하여 더 많은 관심을 필요로 한다. 이러한 이유 때문에 MBCT-C 집단은 7~8명의 아동으로 구성하면, 8~12명을 한 치료자가 담당하는 MBCT와는 달리 2명의 치료자가 참여한다. 참여 아동의 나이 분포에 대한 연구에서는 아동들의 나이차가 두 살 이하일수록 집단 결속이 높게 나타났다. MBSR과 MBCT와 마찬가지로 집단 토론은 MBCT-C의 중요한 요소에 속한다. 서로의 경험을 공유함으로써 아동은 과거 기억, 현재의 믿음, 판단, 감정상태, 그리고 미래에 대한 기대감이 지금 현재의 경험에 대한 자신의 판단에 영향을 준다는 것을 학습하게 된다.

환경과 치료자의 역할　　MBCT-C를 일반적인 수업 환경과 구별 짓기 위한 여러 노력이 있었다. 문밖에 "마음챙김 진행 중"이라는 표시를 걸고 아이들이 교실로 들어오는 순간 신발을 벗게 하였다. 아동과 치료자들은 원의 안쪽을 향하여 방석을 놓고 둘러 앉도록 하였다. 이러한 환경설정을 통해 아동은 치료자 역시 같은 참여자라는 것을 인식하게 되고 또한 치료자들의 참여로 자아발견 과정의 순조로운 진행을 할 수 있게 된다. 치료자들의 이름 또한 아동의 이름과 같이 출석부에 적혀 있으며 아동과 똑같이 매주 "참석" 스티커를 받게 된다. 치료자들은 모든 프로그램 활동에 적극적으로 참여하고 매주 가정에서 연습을 하며 자신의 경험을 집단과 공유하도록 한다.

MBCT-C의 목표와 전략

정상적 불안에 대해 더욱 주의를 기울이는 것과 무엇이 일반적 불안을 증감시키는지 관찰함으로써, 아동은 불안에 압도되기보다 이를 능동적으로 대처하는 방법을 알게 될 것이다. 때로는 현재에 존재하는 것이나 실제로 그 순간에 어떤 일이 일어났는지 분명히 보는 것보다 상상의 점그림 속에의 삶이 병리적 불안을 야기한다. 사고, 정서, 신체감각(특히 마음챙김 호흡)에의 집중은 사물을 명확하게 볼 수 있을 만큼 충분한 시간을 유지하도록 돕는다. 경험에 대한 판단은 고통의 근원이며 경험 자체를 가치가 없는 것으로 만든다. 초기에 진행되는 회기 목표는 마음챙김에 대한 소개와 프로그램 범위에 대한 개관 및 안전하고 안정된 집단 환경을 조성하는 데 있다. 핵심 주제는 생각, 정서 및 신체감각을 구별하는 데 있다. 즉 설명을 판단으로부터 구분하는 것이다. 이를 통해 신체의 오감으로 지금 순간에 대한 알아차림을 향상시키는 것이다. 치료자들은 다감각 주의 훈련 연습을 통해 위의 주제들을 프로그램 회기 내에서 반복 설명한다. 마음챙김 기술이 향상되면서 각 회기의 목표는 마음챙김을 일상생활에 응용하고 통합하는 데 초점을 둔다.

생각, 정서, 신체감각의 구별

MBCT-C의 본래 목표는 아동 자신의 생각, 정서, 신체감각에 대한 인식 증진을 돕는 데 있다. 반복된 경험을 통해 어떻게 이들을 구분하느냐에 대한 이해뿐만 아니라 관련 현상들이 현재 사건을 해석하는 데 어떻게 영향을 미치는지에 대한 개인적 이해를 증진시키게 된다. MBCT의 교실장면 훈련 사례를 보자. 아동들은 다음 내용을 듣는다.

> 너는 지금 길을 걸어가고 있고, 걸어가는 길 반대쪽에서 네가 알고 있는 사람을 봤어. 그 사람을 향해 미소 지으며 손을 흔들었어. 그 사람은 너를 보지 못했고 그냥 걸어갔어.

치료자들은 아동에게 지금 상황을 최대한 생생하게 상상해 보도록 하고 그들의 생각, 정서, 신체감각을 관찰하고, 노트에 기록한 후 자신들의 경험을 집단원들과 공유하도록 하였다. 한 아동은 그 사람이 아는 척하고 싶지 않았기 때문에 그냥 지나쳤고, 이 때문에 당황하고 얼굴이 뜨거워졌다고 하였다. 다른 아동은 그 친구가 자신에게 화가 나 있어 무시하는 것이라고 생각했다. 따라서 이 아동은 화가 났고 심장박동이

빨라지며 가슴이 조여 오는 느낌을 받았다. 집단 내 아동들이 자신의 경험을 공유하는 동안 치료자들은 같은 이야기를 듣고도 왜 다른 해석들이 도출되는지에 대해 이해시킬 기회를 찾는다. 아동들은 사건을 인식하는 데 영향을 주는 개인 특유의 생각, 감정, 신체감각의 존재에 대해 집단 토론을 통해 깨닫게 된다. 이 훈련의 기본 목표는 우리가 경험하는 것은 실제 사건에 자신의 개인적 해석이 더해져 만들어진 것임을 보여주는 것이다. 이러한 판단적 해석은 사건에 대한 감정, 과정인지, 신체적 그리고 행동적 반응에 영향을 미친다.

판단과 기술은 다르다   MBCT-C의 또 다른 목표는 자신의 경험을 평가하고 판단하는 것이 자동적 습관이 되지 않도록 하고, 지금의 현실을 명확하게 볼 수 있는 능력을 발달시키는 것이다. 우리는 "나쁘다" 또는 "부정적이다"라고 판단되는 경험들보다 "좋다" 또는 "긍정적이다"라고 판단할 수 있는 경험들을 원한다. 아동은 고통스러운 생각, 감정, 신체감각의 경험을 하게 되는 경우, 그러한 경험을 "나쁘다"라고 판단하거나 명명하기보다 단순히 관찰하도록 고무한다. 아동은 생각, 감정, 신체감각이 실제 사실이거나 또는 자아에 대한 본질적인 양상이 아니라 오히려 내적 또는 외적 사건을 해석함으로써 배운 조건적 연산법이라는 것을 발견한다. 생각은 단순히 마음속을 지나가는 한 사건에 불과하다는 것을 알게 된다. 생각은 단지 생각일 뿐이라는 것을 받아들일 수 있게 되는 것이다. 아동들은 탈중심화를 배움으로써 경험에 대한 수용과 비분별적 태도를 발견하게 된다.

지금 이 순간 인식하기   MBCT-C는 아동이 얼마나 많은 시간을 과거나 미래에 대한 생각에 잠겨 있는지를 인식하도록 돕는다. 과거지향적 생각은 주로 후회, 양심의 가책, 죄책감, 수치심과 관련되어 있다. 미래지향적 생각은 예기불안, 걱정, 불안감을 증폭시킨다. 우울증 또는 불안 도식을 발달시킨 아동은 과거지향 또는 미래지향적 생각을 벗어나 지금 현재 순간에 주의를 두도록 배운다. 감각에 초점을 둔 훈련은 불안을 피하려는 경향에 도전한다. 우리는 현재에 초점을 둔 주의를 증진시키기 위하여 마음챙김 호흡, 마음챙김 걷기, 보디스캔, 간단한 요가자세와 같은 MBSR과 MBCT의 다양한 마음챙김 훈련 연습을 채택하여 사용한다. 아동은 먼저 사건을 명확하게 볼 수 있는 방법을 배우고 그 후 의식적 선택을 할 수 있는 "선택 지점(choice point)"을 찾게 된다. 이러한 훈련은 사건에 대해서 신중히 대처(반항하기보다)할 수 있는 능력을 만들어 줌으로써 긍정적인 성과물을 얻을 수 있다. 예를 들어 엄마의 정당한 요구사항을 들어주기로 의식적인 선택을 한 아동은 아무런 생각 없이 거절하는 아동보다 더 긍정적 성과를 보일 가능성이 높다.

과제의 중요성

CBT와 MBCT와 마찬가지로 과제는 MBCT-C에서 없어서는 안 될 요소이다. Segal과 그의 동료들은(2002) 훈련을 '매일' 하는 것이 중요하다고 강조한다. 매일 하는 마음챙김 훈련은 아동의 동기를 유지시키고 일관된 마음챙김 수양에 도움을 준다. 뿐만 아니라 다양한 환경에서의 마음챙김 일반화를 촉진시킨다. 다행히도 아동은 반복을 좋아하기에 47번째 Tic-Tac-Toe(삼목게임) 게임도 마치 처음 하는 것처럼 한다. 반면에 대부분의 성인은 지겨움을 느끼거나 흥미를 잃을 것이다. 학교를 다니는 아동의 경우 과제에 대해서 잘 알고 있다. 따라서 MBCT-C에서 주어지는 매일매일의 과제도 아동에게는 익숙하고 예상 가능한 활동들로 여겨진다. 각 회기 종료 후 5~15분 정도의 시간이 요구되는 2~4개의 가정 내에서 이뤄질 연습과제가 주어진다. 되도록 매일 과제를 연습하고 종이 유인물에 이를 기록하도록 한다. 각 회기는 전 주에 과제로 낸 연습과제 훈련을 복습하는 것으로 시작하여 다음 주 연습과제에 대한 의논으로 끝이 난다. 반복에 대한 인내하에 매일 이루어지는 새로운 기능의 학습과 연습은 자동화 습관을 마음챙김 습관으로 대체하도록 돕는다.

마음챙김의 장애물

아동을 대상으로 한 임상 실험에서 마음챙김 훈련과정 중 야기되는 공통된 장애물을 발견하였다(아래에서 설명). MBCT-C는 아동의 참여율을 비롯한 장애물에 대해 논의하고자 한다.

기억   아동들은 일반적으로 단시간 마음챙김 훈련 참여에 대해서 어렵게 생각하지 않는다. 가장 핵심적인 장애물은 훈련 참여를 기억하는 것이다. 우리는 매일 마음챙김을 통한 기억 훈련전략을 구상하였다. 예를 들어 아동에게 웃는 얼굴이 그려진 몇 장의 종이를 주고 색칠하도록 한 다음 가정이나 학교에 붙이도록 하였다. 한 아동은 기상 시 마음챙김 호흡하는 것을 잊지 않기 위하여 자신의 침대 위 천장에 종이를 붙였다. 다른 아동은 양치질하는 것을 기억할 수 있도록 화장실 거울에 웃는 얼굴을 붙였다. 그리고 학교에서 할 마음챙김 연습을 기억할 수 있도록 학교 배낭에 웃는 얼굴을 붙였다. 자신의 할 일을 기억하는 데 도움을 줄 수 있는 그 어느 곳이라면 어디든지 웃는 얼굴 그림을 붙였다.

인내 아동에게 있어서 인내의 중요성을 알려주는 것은 중요한 사항이다. 치료자들은 마음챙김의 유익을 어떻게 증명할 수 있을지, 오래된 부적응적 습관의 변화가 각 회기들 사이에서 매일의 연습 훈련과 어떻게 연관이 있는지 논의한다. 우리는 이러한 과정을 정원 가꾸기와 같다고 말한다. 뜰을 정리하고 씨앗을 뿌린 후 싹이 나면 물을 주며 기른다. 이와 마찬가지로 아동이 인내를 가지고 훈련에 참가하도록 격려하고 매 순간 마음챙김을 하도록 하는 것이다. 아동은 직접적 경험을 통해 노력에 대한 결실이 바로 보이지 않을 수 있지만 지속적으로 노력하면 시간이 흐름에 따라 마음챙김 고유의 이점들이 명백히 보일 것을 알게 된다.

보상 성인과 달리 아동은 자발적으로 프로그램에 참여하려 하지 않는다. 따라서 회기에 참여하거나 가정에서 연습과제를 완성한 아동에게 화려한 스티커를 주는 등의 작은 보상을 통해 참여에 대한 아동의 관심을 증대시킨다. 12주의 과정기간 동안 '나의 마음챙김 책'이라 불리는 자신만의 책을 만들고 꾸미도록 한다. 회기노트, 즉 매주 회기 개요와 과제 기록장, 시, 이야기, 그림을 자기만의 마음챙김 책 속에 보관하도록 한다. 저렴한 3공 바인더로 책을 만들어 프로그램 종료 후 아동들이 자신의 책을 집에 가져갈 수 있도록 한다.

연습의 중요성! 물속에 들어가지 않고는 수영하는 법을 배울 수 없다 바이올린에 대한 정보를 통해 바이올린 켜는 법을 배운 사람은 아무도 없다. 마음챙김의 경험은 단순히 책이나 교실에서 배울 수 없다. 또한 MBCT-C의 이론을 통한 배움은 환자들로부터 긍정적 결과를 얻을 수 없다. 사실 스스로 마음챙김을 연습하지 않는 치료자들의 경우 단순히 프로그램을 통한 환자 치료에 국한될 가능성이 높다. 치료자가 스스로 마음챙김 훈련을 유지하는 것은 환자의 수용과 통합능력 및 전략 변화에 도움을 준다(Lau & McMain, 2005; Segal et al., 2002). 다음에서는 집단 회기 동안 불안감이 큰 아동들을 대상으로 한 마음챙김의 적용 사례에 대해서 말하고자 한다.

지금 순간에서 마음챙김 연습하기

9세 소녀 Tracy는 다소 수줍고 내성적이지만 늘 밝은 아동이다. 어느 날 아침 Tracy가 초조하고 근심 어린 표정으로 집에 왔고 걱정과 두려움을 느낀다고 말하였다. 그녀의 걱정은 방에서도 느낄 수 있었다. 무엇이 문제인지 알기도 전에 다른 아동들은 소녀를 진정시키기 위하여 도움의 손길을 내밀었다. 처음에는 망설이다가 고민을 이야기하면서 눈물을 쏟았다. 전날 밤, Tracy와 아버지는 영화를 함께 보았는데 영화의 내용인즉 아버지가 자신의 아이들을 살해하는 것이었다. 영화를 보던 중, 아버지는 이것이 바로 나쁜 아동들이 어떻게 되는지 보여주는 영화라며 무심코 말을 던졌다. Tracy는 평소에 아버지와 즐겁고 가까운 관계를 유지했었지만 이 말로 인해 자신이 아버지에게 살해당하는 선명한 악몽에 밤새 시달려야 했다.

전날 밤 악몽의 영향은 다음 날 아침에도 이어졌다. Tracy는 친구들에게 아침에 일어나 옷 입고 아침 먹는 것에 대해서 이야기하는 내내 심각한 공포를 느끼고 있었다. 그리고 심장의 두근거림과 메스꺼움, 숨가쁨, 열감을 느꼈다고 말했다. 자신이 이제까지 경험한 모든 '나쁜' 것들에 대해서 생각하고 있었다. Tracy의 불안한 마음은 살해당하는 것이 얼마나 아플까, 죽은 뒤 어떤 기분일까에 대한 선명한 이미지를 만들었다. 자신의 실질 경험과는 전혀 비슷하지 않은 끔찍한 점그림을 만들고 있다는 것이 분명했다. Tracy의 공포심은 마치 실제 같았으나 사실 그 두려움은 자신의 마음속에서만 존재하는 사건일 뿐이다.

Tracy가 설명한 공포감은 매우 선명하였고 몇몇 다른 아동 역시 혼란된 모습을 보이기 시작했다. 이 아이들의 공포심은 현실적인 것도 아니며, 직접 경험한 것도 아니다. 이곳은 이전 주와 마찬가지로 아무런 변화 없는 편안한 집단치료실이며 7명의 아동과 2명의 어른이 서로 마주 보고 둘러앉았다. 밖에는 태양이 빛나고 있었고 어른들은 할 일을 하고, 아동들은 놀고 있었다. 사실상 여기에는 단 하나의 위협도 없었다.

나이가 비교적 많은 한 아동이 "마음챙김의 종(bell of mindfulness)"을 향해 걸어갔다. 마음챙김 호흡을 연습하고 싶어지면 언제든지 종을 울릴 수 있도록 하였다. 종을 울린 아동은 자세를 곧게 펴고 책상다리로 자신의 방석에 앉았다. Tracy는 자신의 자세를 보고는 꽉 쥐었던 손을 폈고, 그 얼굴에서 극도의 집중력과 자신의 생각, 정서, 신체감각을 밀어내기보다 유지하려는 노력을 볼 수 있었다. 호흡하는 모습을 통해 단전호흡으로 자신의 집중을 모으는 것을 알 수 있었다. 그녀는 집중을 높이기 위해 자신의 두 손을 배꼽에 놓았고 숨을 들이쉬며 부드럽게 올라가고, 숨을 내뱉으면서는 더 천천히 내려오면서 마음을 챙기는 상태가 되었다. 조금씩 Tracy는 편안함을 느꼈다.

이후 Tracy는 마치 다른 아이 같았다. 아이는 영화가 현실이 아닌 영화일 뿐이라는 사실을 기억하였다. 그것은 단순히 불안을 유발하는 생각과 고통을 만들어 내는 이미지에 대한 집착이었음을 기억했을 것이다. 탈중심화되면서 생각은 그저 생각일 뿐이며, 정서나 신체감각 역시 그와 같다는 사실을 경험하였을지도 모른다. 자신의 생각, 정서, 신체감각의 연관성과 관련한 또 다른 발견은 짧은 시간의 탈중심화라도 뜻깊은 경험이 될 수 있다. 탈중심화가 되는 동안 우리는 마음챙김을 기억하고, 곧 분명하게 현실을 볼 수 있다. Tracy는 마음챙김의 순간 동안 이 점을 기억하였다. 마음챙겨 호흡하기를 하는 동안 자신의 현실로 돌아온 것이다. 그런 다음 다른 아동들과 함께 어울려 활동에 참여하였다. MBCT-C 프로그램이 진행되는 동안 아동들은 자신의 불안과 다른 감정들을 다른 방식으로 설명하는 법을 배우게 된다. 이는 감각을 통해 마음챙김을 증진시키는 훈련을 비롯하여 규칙적인 마음챙김 연습을 통해 수행된다.

감각을 통한 마음챙김 배우기

첫 회기가 종결될 쯤, 아동들은 많은 아이디어에 노출되었다. 마음챙김을 실천하고 유지하기 위해서는 각 아동들이 이를 실천해야 하는 이유를 발견해야 한다. 이유는 자신의 일상생활 속에서 찾게 될 것이다. 일상 경험들은 기억, 기대, 판단이 점그림에 포함되지 않을 때 형성된다. 마음챙김에 있어서 치료자들이 각 훈련의 진행과 이에 따르는 요구사항들을 예시해 주는 것은 매우 중요하다. 치료자들은 현재 아동의 주의 수준을 초과하지 않도록 해야 한다. 이는 모든 활동에 적용되는 사항이다. 과다 통제 시에는 어떤 마음챙김 훈련도 오히려 고역이 될 수 있다. 지나친 통제행위는 선택의 자유를 강조하는 부분에 위배된다. 그 외 주의사항은 다음과 같다.

- 훈련에 대한 지시와 설명은 간략하게 — 말을 많이 하는 것보다 적게 하는 것이 좋다.
- 실제 경험에 초점을 둔 기술을 유도하고 경험에 대한 분석적 설명은 자제하도록 한다.
- 실제 경험과 다른 경험자의 평가, 판단, 고려, 분석, 비교를 변별할 기회를 갖게 하라.
- 자세한 설명을 하기보다 호기심, 질문, 수용의 자세를 전달하라.
- 비판이나 판단을 피함으로써 수용을 촉진하라.
- 특정 아동을 지목하기보다 자발적 참여를 이끌어 내라.
- 개방된 질문을 하라. 질문의 예로는,
  - 이 훈련에 대해 의견 있는 사람 있나요?
  - 평상시 자기가 걷는 것과 비교하여 다른 점을 관찰한 사람 있나요?
  - 마음챙겨 듣기 경험에 대해서 자신의 경험을 설명하고 싶은 사람 있나요?
  - 예전에 건포도를 먹던 경험을 떠올렸다는 점이 흥미롭네요. 그런 자신을 발견한 후 어떤 느낌을 받았나요?
  - 이러한 생각들이 자신의 경험에 변화를 가져온 사람 있나요?

호흡에 대한 마음챙김

마음챙김 호흡은 마음챙김 훈련의 가장 기초적이고 초기적 요소이다. 호흡은 마음을 집중시키는 훌륭한 요소이며 마음챙김 호흡을 하지 않고서는 출발할 수 없다. 마음챙김 호흡은 각 회기에서 적어도 2번 연습하며 그 외 다른 훈련에도 병행되고 있다. 이 훈련은 자칭 "3분 호흡"이라 불리는 간단한 연습으로 시작된다. 각 회기가 지속되는 동안 훈련을 점차 늘린다(3분 호흡을 1횟수로 각 횟수 사이에 휴식). 좀 더 긴 훈련인 "3분 호흡"은 제5장에 설명되어 있다.

치료자들은 아동이 편안한 자세로 앉을 수 있도록 하여 훈련이 최소 5분간 지속될 수 있도록 한다. 스스로 어디에 어떻게 앉을지 결정할 수 있다. 우리 집단의 아동은 대부분 바닥에 원형으로 앉기를 선호했다. 몇몇 아동은 낮은 의자에 앉거나 바닥 매트에 누웠고 대부분은 딱딱한 쿠션 위에 가부좌로 앉았다. 마음챙김 훈련 동안 눈을 감도록 훈련된 아이들은 굳이 눈을 감지 않아도 된다. 대신에 아이들에게 "부드러운 시선"(초점 없이 아래를 향해 보는 것)을 만들도록 하였다.

마음챙김 3분 호흡하기　　본래 구두 지시로 훈련을 이끌어 가게 되어 있다. 구두 지시는 다음 회기부터 최소화된다. 코로 숨 쉬는 것보다 단전으로 숨 쉬는 것이 아동의 집중력을 높이는 데 더 용이하다. 그러나 자신이 원하는 방법을 선택할 수 있다. 선택 후 훈련과정 동안 이 자세를 지속하도록 한다. 우리는 마음챙김 호흡 훈련을 "단전호흡"이라고 부른다. 아동은 성인보다 횡경막 호흡이 더 빈번히 나타나고 훈련의 목적을 더 쉽게 이해하는 경향을 보인다. 때로는 복부에 한 손을 올려 주의집중에 도움을 주기도 한다. 다음과 같이 마음챙김 호흡을 소개하라.

> 자신의 주의를 호흡에 집중시키세요. 코로 숨 쉬는 것에 집중하여 공기가 몸속에 들어오는 것이 얼마나 시원하고 나갈 때는 비교적 따뜻하다는 것을 느껴보세요. 또는 단전에 호흡을 집중해 보세요. 공기가 들어가고 나감에 따른 몸의 오름과 내림을 느껴보세요. 할 수 있는 만큼 최대한 호흡에 집중하세요. 공기가 들어가고 나오는 것을 그냥 바라보세요. 마음이 집중에서 벗어나도 괜찮아요. 숨의 들이쉼과 내쉼으로 다시 주의를 모으세요. 들이쉬고 내쉬는 사이에 마음이 자연적으로 다

른 생각으로 옮겨질 수 있습니다. 괜찮아요. 마음의 역할이 그런 것이니까요. 당신이 해야 할 일은 마음이 호흡에서 벗어나면 주의를 다시 호흡으로 가져오는 것입니다. 자신에게 말하세요. "잘했어"(벗어남을 알아차렸다는 것에 대해). 그리고 계속해서 다시 호흡을 느껴보세요.

3분 호흡 시간　최근 진행된 MBCT-C 실험(Lee, 2006)에서는, 많은 아동들이 3분 호흡을 가장 선호하는 마음챙김 활동으로 평가하였다. 3분 호흡은 3단계로 이루어진 훈련으로 MBCT(Segal et al., 2002, p. 184)에서 채택되었다. 아동이 알아차림(awareness), 주의모음(gathering), 주의확장(expanding)이라는 3단계를 익힘으로써 연습은 조용히 자기 진도에 맞춰 이뤄지게 된다. 각 단계 앞 글자 AGE를 강조한다면 아동이 각 단계를 기억하는 데 도움이 될 것이다.

알아차림은 의식적으로 집중하는 자세를 가정하며 현재 순간에 집중하는 것으로 시작된다. 첫 단계에서 아동은 생각, 정서, 신체감각을 관찰함으로써 현재 순간에 초점을 둔 알아차림의 방법을 학습한다. 이 단계를 "목록 만들기"라고 부르기도 한다. 평정심을 찾도록 또는 경험을 어떠한 방법으로 변화시키도록 격려하지 않으며 단순히 자신의 생각, 정서, 신체감각을 있는 그대로 인정하도록 한다. 주의모음은 주의를 호흡으로 다시 옮기는 전통적 집중호흡명상으로 유도한다. 처음에는 1~2분만 유지된다. 마지막으로 확장은 몸 전체, 감각, 자세 및 얼굴 표정을 알아차릴 수 있도록 자신의 주의를 넓히는 것이다. 아동은 치료실 안에 있는 다른 사람들을 의식하고 그들의 존재와 관련하여 자신의 상대적 위치를 알게 되기 때문에 주의확장에 도움을 받을 수 있다.

초기에는 3분 동안 이 활동을 유지하도록 권장한다. 그런 다음 최대 약 10분까지 늘릴 수 있다. 경험상 10분의 시간은 9~12세 아동들이 집중력을 발휘하는 가장 긴 시간이었다. 물론 아동마다 시간 차이를 보일 수도 있다. 전반적으로 나이가 많은 아동일수록 더 어린 아동보다 더 오랜 시간 집중력을 발휘한다. 몇몇 아동의 경우 조금 일찍 와서 치료자들이 마음챙김 훈련을 준비할 때 함께 참여하도록 한다. 소수의 아동은 15~20분 정도 치료자들과 함께 조용히 명상이 가능하다.

몸에 대한 마음챙김

우리는 일생을 하나의 몸으로 살아간다. 우리의 생각이 과거나 미래에 머무르는 동안에도 몸은 현실에 존재한다. '몸에 대한 마음챙김'은 지금 여기에 자신의 주의를 집중하게 하는 방법 중 하나이다. 우리는 MBSR과 MBCT와 유사하지만 축소된 버전인 보디스캔 훈련과 요가자세를 연습한다. 그 외 아동에게 적용할 만한 여러 움직임 훈련들이 MBCT-C에 추가되었다. 판단하기보다는 신체감각을 관찰하는 연습으로 내부에 주의의 초점을 두는 연습을 한다. 예를 들어 보디스캔하는 동안 간지러움을 느낀 아동은 긁지 않게 하고 자신이 관찰한 생각, 정서, 신체감각에 대해 기술하도록 하였다.

- 간지러움을 느낀 곳이 어디인가?
- 어떠한 느낌을 받았는가?
- 얼마나 간지러웠는가?
- 간지러움을 느낄 때 생각들이 떠올랐는가?
- 생각이 감각을 변화시킨 것을 경험한 적이 있는가?
- 간지럽다는 느낌의 생각에 감정적 반응이 연관되어 있는가?
- 이러한 감정적 반응이 간지러움에 영향을 미쳤는가?
- 움직이거나 긁고 싶다는 충동을 느꼈는가?
- 간지러움을 참은 경험에 대해서 설명해 줄 수 있는가?
- 긁음 없이 간지러움 현상이 없어졌는가?

우리는 이미 마음을 챙겨 주의를 높이는 것이 가능하다고 언급한 바 있다. 원으로 둘러앉아 조심스럽게 물이 반 정도 찬 종이컵을 한 아동에서 다른 아동으로 전달하도록 하였다. 여기서 물을 쏟지 않는 것은 우리가 주목해야 할 점이 아니다. 두 번째 전달에서 옆 사람에게 물을 흘리지 않으면서 컵을 전달하기 위해 더 신중한 주의력이 필요하도록 물을 컵 테두리까지 가득 채운다. 물로 가득 채워진 컵을 세 번째로 돌릴 때는 불을 끈다. 이를 통해 협동을 필요로 하는 활동에 있어서 최대한의 주의를 발휘하는 것이 어떤 것인가 경험하게 된다. 만약에 물을 쏟는다면? 아이들의 킥킥 웃는 소리와 몇 방울 쏟아지는 물은 문제가 되지 않는다.

20~30분가량 앉아 있으면 대부분의 아동은 휴식을 필요로 한다. 마음챙김 움직임 훈련은 아동을 활기차게 만들어 준다. 간단한 요가 연습 동안에는 아동들의 자연스러운 쾌활함이 나타나도록 유도한다. "고양이와 소" 자세에서는 입으로 "야옹", "음메" 소리를 내면서 마음챙김 신체 움직임을 증대시킨다. 기타 연습들은 주의력 강화와 동시에 내재되어 있는 에너지를 표출할 수 있도록 해준다. 어떤 연습에서는 짝을 지어 준 후, 한 아동이 '리더'가 되고 다른 아동은 리더의 신체 움직임을 최대한 근접하게 따라 하도록 한다. 움직임은 빠르거나 느려도 되고 부드럽거나 갑작스럽고, 규칙적이거나 임의적이어도 된다. 이 활동의 목표는 두 아동이 서로를 최대한 비슷하게 따라 하는 것이다. 리더가 엉뚱한 동작을 취할수록 연습 분위기는 더 즐거워진다. 두 번째 아동이 따라 하지 못할 만큼의 페이스로 리더가 움직일 때, 두 번째 아동이 그것을 따라 하는 모습을 보며 웃음이 터지기도 한다. "보이지 않는 공" 연습은 짝을 지어 하는 또 다른 재미있는 훈련이다. 두 아동이 사이즈, 무게, 색깔에 상관없이 보이지 않는 공 하나를 고른다. 공을 빠르게 또는 느리게 자신들이 원하는 방향으로 서로에게 던지고 잡는 방식으로 진행된다. 공을 앞뒤로 던지면서 아이들은 자신의 움직임과 상대 아동의 움직임에 주의를 기울이게 된다. 마치 공이 거기 있는 것처럼 공을 선명히 보기 위하여 노력한다. 물론 이 연습에서 마음챙김 목표는 공을 떨어뜨리지 않는 것이다.

마음챙김 먹기

먹기는 우리가 얼마나 자주 자동적 습관에 따라 기능하는지를 자각하도록 하는 중요한 활동이다. 마음챙김으로 건포도 먹기 연습(Semple에서 채택, 2005)은 아동에게 행동이 천천히 의식적으로 주의를 둠으로써 행해졌을 때, 이는 일상 경험과 관련시키는 새로운 방법을 제공한다. 마음챙김 먹기는 특정 방법으로 주의를 발휘하는 것(의식적으로, 지금 현재에, 판단 없이)이 실재 경험의 본질을 변화시킬 수 있다는 것을 보여준다. 훈련의 목적은 마음챙김에 대한 이해 증진에 있다. 임상가들은 각 아동에게 마음챙김 자세를 취하게 한 후 건포도를 나눠주고 다음과 같이 말하며 훈련을 시작하면 된다.

건포도를 손에 들어보세요. 이전에 이것을 본 적이 없는 Martian에게 설명해야 한다고 생각하며 자세히 보십시오. 건포도를 보면서 느껴지는 생각이나 과거 경험한 모양들에 대해서 할 수 있는 한 최대한 주의를 기울여 보세요. 이는 단순히 생각에 불과하다는 것을 기억하고 주의를 다시 건포도에 집중해 보세요. 색깔을 기억해 보세요. 겉 표면이 어떻게 생겼나요? 울퉁불퉁한가요, 아니면 부드러운가요? 건조한가요, 촉촉한가요? 눈과 손으로 이것을 관찰해 보세요. 부드러운가요, 단단한가요? 구불구불한 선들이 특정 패턴을 형성하나요? 겉 감촉은 전체적으로 같은 느낌인가요? 무게가 얼마나 되나요? 냄새가 나나요? 눈과 손 그리고 코로 물건을 조사해 보세요. 손에 들고 있는 물건에 주의가 집중되어 있나요? 준비가 되었으면 입속에 넣어보세요. 혀로 느껴보세요. 혀로 굴려보았을 때 혀의 각 부분에서 다른 느낌이나 맛이 느껴지나요? 이것을 먹을 것이라는 기대감으로 입속에 침이 고이나요? 깨물기 전에 어떤 맛이 느껴지나요? 냄새는? 소리는 있나요? 입에 오래 물고 있을수록 표면이 바뀌나요? 할 수 있는 한 건포도에 집중하고 자신의 생각들에 주의를 둬 보세요. 마음속 생각이 이것을 삼킬 것이고 하나를 더 먹을 것이라고 기대하는지 아니면 입속에 있는 건포도에 의해 나타나는 감각에 집중되어 있는지 생각해 보세요. 조심스럽게 깨물어 보세요. 맛을 느껴보세요. 안쪽이 겉과는 다른 느낌인가요? 촉촉함의 차이나 맛의 차이가 있나요? 매 순간의 감각을 기억하며 천천히 씹어보세요. 삼키면서 음식물이 목을 타고 내려가는 것을 느껴보세요. 배로 내려가는 길까지 계속 느껴보세요. 다시 입속의 감각으로 주의력을 되돌려 보세요. 지금 다른 맛이나 미각이 느껴지나요? 건포도를 먹으면서 자신의 생각과 감각에 여전히 주의를 두고 있나요? 지금 여러분 몸이 몇 분 전과 비교할 때 정확히 건포도 1개의 무개만큼 무거워졌음을 느끼나요?

마음챙김 듣기

소리는 사람 개개인마다 특이한 의미를 지니며 각각의 소리는 그 순간에만 존재한다. 소리는 과거 경험, 도식, 인지적 해석과 관련된 상이한 정서반응을 불러일으킨다. 가령 한 소녀가 강아지를 키우고 있다면, 개 짖는 소리를 들을 때 소녀가 경험한 강아지에 대한 행복한 생각들로 미소 지을 것이다. 반면 만약 최근 자기의 애완견이 죽은 다른 아동이 같은 소리를 들었다면, 그 소년은 자신이 아끼던 애완견이 죽었다는 생각을 떠올리며 슬픔에 가득 차 울 것이다. 마음챙김 듣기 훈련을 통해 아동은 개인의 "필터"에 대한 인식을 발달시키고 특정 소리와 스스로 의미부여를 통해 뒤따른 감정과의 관계에 대한 이해를 높이게 된다. 소리의 수용과 표현을 탐구함으로써 아동은 생각, 정서, 신체감각을 구별하는 능력을 더 발달시킨다.

소리 수용하기

음악은 마음챙김 듣기를 가르치는 데 쉽게 활용할 수 있는 수단이다. 교실 내 연습은 요가 매트에 누워 다양한 장르의 음악을 짧은 부분(30~60초) 듣도록 한다. 잘 들어보지 못한 여러 나라의 음악을 활용하는 것은 아동에게 자동조정 장치로부터 벗어나는 과정을 쉽게 해준다. 소리에 주의를 집중할 수 있도록 빛을 어둡게 하고 치료실에 있는 다른 물건들에 의한 방해요소들을 최소화한다. 이를 통해 자신의 청각에 더 집중하고 마음챙김 듣기로 소리를 들을 수 있도록 한다. 마음챙김으로 듣는 경우 소리는 음조, 음질, 음량의 패턴을 느낀다. 아동은 음악을 들으며 느껴지는 생각, 이미지, 감정, 그리고 신체감각들을 모두 기록한다. 마음이 흐트러지는 순간마다 그 순간들을 기록하고 다시 음악의 소리에 집중하도록 한다.

각 음악의 구절을 듣고 난 후 느껴지는 이미지, 생각, 느낌, 신체감각을 자신의 노트에 기록한다. 이러한 기록 내용을 듣기 연습 이후 집단 토론에서 서로 공유한다. 한 아동은 발라드 음악이 결혼식(생각 또는 이미지)을 연상하게 한다고 말했다. 소녀는 즐거움(느낌)을 느꼈고 자신의 발가락이 리듬에 맞춰 바닥을 두드리고 있다는 것을 발견하였다(신체감각). 다른 아동은 같은 음악을 들었지만 자신에게는 장례식을 떠올리게 한다고 했다. 소년은 슬픔을 느꼈고 자신의 몸속에 어떠한 무거운 느낌이 자리 잡고 있음을 느꼈다고 했다. 같은 음악에 대한 각기 다른 경험들을 이야기하면서 자신의 판단과 해석이 자신의 삶을 이루는 경험방식에 중대한 영향을 미친다는 것을 배우게 된다. 마음챙김 듣기는 "마음의 속삭임"과 자신이 듣는 것을 알아차리는 데 영향을 미치는 생각, 이 두 가지에 대한 지각을 높이는 데 도움을 준다.

소리 표현하기

다음 회기에서는 자신의 음악을 만들고 지휘하는 기회가 주어진다. 아동은 번갈아 가면서 '오케스트라 지휘자'의 역할을 하게 되고 나머지 아동들은 악기 연주가가 된다. 연주 악기로는 트라이앵글, 탬버린, 드럼, 혼, 그리고 마라카스가 있다. 이 연습을 위해 구태여 비싼 악기를 구매할 필요는 없다. 어떠한 소리든 음악으로 듣는 것을 배울 수 있다. 예를 들어 2개의 나무토막은 가벼운 타악기 소리를 낸다. 물통 속에 조금 채워진 물은 부드러운 물소리를 만들어 낸다. 베개 드럼 역시 봉고 드럼마냥 흥미로운 소리를 낸다. 아동 지휘자는 자신들의 콘서트를 빛내기 위해 노래 부르기나 손벽치기 등의 소리들을 적용할 수도 있다.

지정된 지휘자는 각각의 아동 음악가들에게 특정한 순서로 특정 악기 소리를 내도록 지시함으로써 자신들만의 음악을 만들어 간다. 이 활동에서 지시할 부분은 아이들에게 1~2분 정도의 음악을 만들게 하여 그 순간 느끼는 느낌을 표현하도록 하는 것이다. 각 음악이 끝난 후 노래의 제목을 생각하고 음악과 관련된 자신의 생각, 느낌, 신체감각을 기록하도록 한다. 돌아가면서 지휘자 역할을 맡게 하고 다양한 악기를 다뤄볼 수 있는 기회를 제공한다. 집단 토론 시간에는 경험 내용과 생각한 노래 제목들에 대해서 이야기한다. 예를 들어 한 아동은 노래를 듣고 화가 났고 연주자들에게 악기를 최대한 큰 소리로 동시에 연주하도록 하여 불협화음을 만들어 냈다. 또 다른 아동은 기쁨을 느꼈고 부드러운 톤의 고음 악기들을 선정하여 자신만의 음악을 만들었다. 소리 수용에서의 연습과 마찬가지로 소리의 표현은 독창적 생각이나 이미지, 느낌과 신체감각을 불러일으켰다. 화를 느낀 지휘자는 자신의 음악을 "싸움"이라고 제목을 붙였다. 또 다른 아동은 같은 음악을 듣고도 완전히 다른 경험담을 발표했다. 소년은 긍정적이고 활기참을 느꼈다고 했다. 그의 음악 제목은 "축제"였다. 그 다음으로 같은 음악에 대한 다른 연상을 떠올리는 것에 대하여 이야기하였다. 치료자들은 한 가지 주요 논제에 초점을 두었는데, 정서는 객관적 자극(소리)과 자극의 의미에 대한 개별적인 해석을 결부시키는 데서 나타난다는 점이다.

가정에서의 연습은 주변 환경 속에서 나는 소리를 더 잘 의식할 수 있게 도왔다. 예를 들어, 학교에서 집으로 걸어가는 길에 잠시 멈추어 새소리를 듣는 것과 같이 자신이 생각하는 "즐거운 소리" 사건에 대해서 설명해 보라고 요구받았다. 아동은 소리를 들으며 느꼈던 생각(예 : "봄이 온다", "밖에서 놀기에 참 좋겠다"), 느낌(예 : 기쁨, 행복), 신체감각(예 : 웃음, 몸이 가볍고 활기차게 느껴짐)을 식별하였다. 마음챙김은 우리가 모든 경험들에 주의를 집중시키고자 할 때만 '효력이 있다'. 다음으로 쓰레기차 소리 때문에 잠에서 깬 경험과 같은 자신이 생각하는 "언짢은 소리" 사건에 대해 설명하도록 하겠다. 이 소리는 다른 생각(예 : "쓰레기차가 얼른 가면 좋겠다. 그래야 다시 잠을 자는데"), 다른 느낌(예 : 짜증 또는 화남), 다른 신체감각(예 : 화가 나 이를 감, 주먹 쥐기)을 불러일으킨다. 이러한 훈련을 함으로써 일반적인 소리를 생각과 관련시켜 연상하는 학습과 생각이 자신의 경험에 미치는 영향을 더 잘 인지하게 된다. 유쾌함과 불쾌함으로 소리를 판단하는 대신 쓰레기차의 소리 — 쓰레기 분쇄 소리, 브레이크 소리 — 에 믿음 점선, 기대 점선, 욕망 점선을 연결하지 않고 그대로 마음챙김 듣기를 연습한다. 아동들은 "유쾌한" 또는 "불쾌한" 소리로 한정 짓는 정도가 감소할수록 경험이 변한다.

마음챙김 보기

이제까지 우리는 특정 관점으로 사물을 보아오는 데 길들여져 있었다. 우리는 아름다운 장미꽃 침대, 멋진 일몰, 경이로운 산의 경치, 작고 귀여운 고양이를 보는 것을 좋아한다. 반면에 불쾌한 산업현장, 혐오스런 뱀, 또는 역겨운 쓰레기 더미를 보는 것을 싫어한다. 우리는 거의 인지하지 못한 채 어떤 이미지를 특정 형용사와 연결 짓고, 엉성한 시각적 관점에 기초해 거의 순간적으로 판단을 내린다. 지속적인 변화와 빠른 템포를 지녔으며 기술지향적인 지금의 시대는 우리 주위에 있는 무엇을 잠깐의 여유를 가지고 바라보기 어렵게 만든다. 우리는 얼마나 자주 어떤 물체를 판단하지 않은 채로 모양과 형태, 색깔과 크기를 가진 독특한 집합체로서 바라보는가? 우리가 보고 있는 것을 판단하지 않고 마음챙겨 보는 법을 연습할 때, 왜곡되고 근시안적인 렌즈에서 선명하게 볼 수 있는 렌즈로 변화시킬 수 있다. 마음챙김 보기는 눈에 보이는 것 그대로를 수용하고 주의를 두어 관찰하는 것이다.

사물에 주의를 기울이지 않기 때문에 우리는 주위에 존재하는 많은 훌륭하고 의미 깊은 내용들을 모두 놓치고 있다. 어떤 아동은 아무것도 놓치지 않고 "모든 것"을 보고 있다는 믿음을 가지고 프로그램을 시작한다. 만약 이들에게 자신이 매일 사용하는 친근한 사물에 대해서 설명하라고 물으면 대다수는 세부적으로 정확하게 설명할 수 있다고 대답할 것이다. 어떤 마음챙김 보기 연습은 자신이 매일 사용하는 물건 하나를 기억력을 바탕으로 그려보게 한다. 선택한 물건에는 텔레비전, 전화기, 게임기, 좋아하는 펜, 책가방, 침대 또는 알람시계가 있을 것이다. 그린 그림을 집에 가져가 실제 물건과 비교해 보고 그림상에 보이는 잘못된 위치, 틀린 부분, 또는 빠진 부분에 대해 모두 수정하게 하였다. 그리고 다음 집단 토론에서 아동이 가져온 "새롭고 개선된" 그림을 보여주고 이 훈련을 통해 배운 점을 탐구하도록 하였다. 대다수의 아동이 자신이 기억했던 것과 비교하여 세밀한 부분에서 놓친 부분이 얼마나 많은지, 그림을 잘못된 위치에 놓거나 다른 모양이나 색깔로 물건들을 그렸다는 사실에 놀라움을 금치 못했다. 자신들의 그림을 통해, 마음을 챙겨 주의를 두지 않으면 자동조정 장치에 의해 움직인다는 것을 배우게 된다.

가정 내 연습에서는 집, 학교, 공원, 학교버스와 같은 다양한 주변 환경에 주의하도록 하여 자신이 관찰하는 것들을 적도록 한다. 자녀가 "예전에 본 적이 없는 건데…"라고 말한다면 아동이 의식적인 자각과 향상된 마음챙김으로 사물을 보고 있다는 증거이다. 아동은 자신이 매일 앉는 의자의 모양을 한 번도 의식하지 못했고, 자신의 방에 있는 카펫의 패턴에 대해서도 마찬가지였다. 또 어떤 아동은 교실 뒤에 걸려 있는 세계지도를 한 번도 본 적이 없다. 반복적인 보기 연습을 통해 우리는 보는 법을 배우며, 보는 법을 통해 우리 주위의 굉장한 세상을 재발견하게 된다.

또 다른 마음챙김 보기 훈련은 12개의 착시현상을 활용하는 활동이다. 한 번에 하나의 그림을 보여주면 아동은 그 그림에서 본 것을 노트에 기록한다. "아가씨와 노파"의 착시 그림을 보고 몇몇 아동은 젊은 여자의 형상을 보았다고 말한 반면에 다른 아동은 노파의 얼굴을 보았다고 말했다. 그 과정을 마친 후 다시 각 그림을 보여주고 이에 대해 토론을 하였다. 대부분 이전까지는 그림 속의 두 번째 이미지를 알아차리지 못했다. 아동에게 그림을 주시하고, 의식적으로 이미지와 이미지 사이로 주의를 옮기도록 하였다. 이렇게 함으로써 두 이미지를 동시에 보는 것이 불가능하다는 것을 알게 된다. 눈에 보이는 이미지는 자신들이 어느 것에 더 집중하여 보느냐에 따라 보이게 되는 것이다. 자신이 보게 되는 이미지는 스스로 관심 가지도록 선택한 이미지가 되는 것이다. 현재에 집중된 마음챙김 연습을 통해 아동은 자동조정 장치로부터 벗어나는 자유를 경험한다.

마음챙김 만지기

촉감은 살아가는 데 필요한 중요한 감각이다. 갓 태어난 영아들은 신체적 접촉을 통해 엄마와 부분적으로 결속한다. 아동은 자라면서 촉각을 통해 대부분의 주변 환경을 탐구하고 학습한다. 반복적인 학습을 통해 학습내용을 분류하고 나아가 일상에서 경험하는 수많은 감각들에 대해 가정하는 법을 배운다. 난로나 달팽이와 같이 뜨겁거나 끈적끈적한 사물에 대해서는 가까이 하지 않도록 학습한다. 털 많은 새끼 고양이나 실크 스카프와 같이 부드럽고 유연한 사물에 대해서는 가까이 가도록 느끼는 학습을 한다. 특정 사물이 좋거나 나쁘다고 판단하는 순간 그 사물에 대한 집중력은 줄어든다. 따라서 우리 생활에 더 많은 알아차림과 마음챙김을 만들 수 있는 기회를 놓치는 것이다. 우리는 얼마나 자주 옷에 대해 마음을 챙겨 지각하는가? 가령 각기 다른 천마다의 느낌이나 천이 몸에 닿는 느낌말이다. 우리의 맨살에 와 닿는 태양이나 바람에 대한 느낌에 대해서는 얼마나 자주 주의를 기울이는가?

마음챙김 만지기를 학습하기 위해 사물을 명명하거나 판단하지 않고 있는 그대로의 촉각을 통해 구별하는 방법을 연습한다. 한 훈련에서 솔방울, 부드러운 돌덩이, 사포, 빗, 벨벳, 고무 장난감과 같은 다양한 사물을 모았다. 사물이 흔하지 않은 것일수록 더 좋다. 날카로운 돌조각의 무게는 겉으로 보이는 것과는 많은 차이를 보인다. 오로지 하나의 촉감에만 집중한다면 돌의 무게와 겉모습의 현저한 차이를 통해 설명과 판단의 다른 점을 확실시하는 데 도움이 된다.

눈을 가린 아동의 손에 물건 하나를 준다. 눈을 가린 아동은 오로지 자신의 촉감을 통해 물건을 탐구한다. 우리는 아동에게 사물의 이름을 말하거나 판단하지 말고 사물을 설명하도록 하였다. 나머지 아동은 만지지는 못하지만 그 물체를 볼 수 있는 "관찰자"이다. 관찰자는 기술과 판단을 구분하게 하는 도우미가 된다. 만약 눈을 가린 아동이 "느낌이 이상하다" 또는 "만져지는 촉감이 별로다" 또는 "촉감이 괜찮은데"라고 한다면 관찰자는 이러한 말들은 기술이라기보다 개인의 판단에 가깝다는 피드백을 준다. 만약 아동이 판단 없이는 사물을 기술하기 어려운 상황이라면 관찰자들이 질문을 함으로써 이를 도와주면 된다. 가령 사물이 부드러운지 딱딱한지, 거친지 매끄러운지, 뜨거운지 차가운지, 젖었는지 말랐는지를 질문한다. 또한 무거운지 가벼운지, 잔털이 있는지 가시가 있는지도 질문한다. 관찰자들은 시각적으로 보이는 색깔 등 그 사물에 대한 시각적 지식을 통해 집단적 이해를 도울 수 있다. 서로 다른 사물을 통해 모든 아동은 마음챙겨 만져보는 연습을 해볼 수 있도록 돌아가면서 역할을 담당한다. 이 연습은 기술과 판단을 구별하는 데 도움을 줄 뿐 아니라 어떠한 사물이나 사건은 단일감각에 의해 모든 정보가 만들어지는 것이 아니라는 사실을 뒷받침해 주었다.

가정 내 연습으로 집 안의 다양한 물건들에 주의를 두도록 유도하는 활동이 있다. 이전에 많이 만져보았을 것이라 생각되는 물건일지라도 마치 처음 만져보는 물건처럼 사물의 재질, 모양, 크기, 온도 그리고 무게를 신중하게 탐색하게 한다. 예를 들어 아동이 마음챙김 촉감으로 하얀색 솜뭉치를 만지고 솜뭉치가 가볍고 둥글며 부드럽고 복슬복슬하며 좋다고 설명했다. 소년은 각각의 생각들을 기술인지 판단인지 구분하여 분류하였다. 이러한 분류를 통해 기술과 판단을 구분하는 연습을 더 하게 된다. 솜뭉치를 만지는 동안 아이는 계속해서 자신의 생각과 느낌 그리고 신체감각을 관찰하게 된다. 솜뭉치와 관련된 생각으로 부드럽고 복슬복슬한 자신의 하얀 강아지를 동일시하였고 그 외에도 편안함과 행복한 느낌을 알게 되었다. 솜뭉치를 준다고 해서 사람들이 편안하고 행복하게 느끼는 것은 아니다. 그러나 아동은 생각의 힘과 생각이 경험에 미치는 영향을 학습할 수 있었다. 전반적으로 마음챙김 만져보기 연습은 촉각에 전적으로 집중할 수 있는 기회를 제공하고 판단 없이 감각을 통하여 나타나는 생각들을 관찰하도록 한다. 이것이 바로 사물을 있는 그대로 보는 법을 학습하는 방법이다.

마음챙김 냄새 맡기

후각은 가장 먼저 발달되는 감각기관이다. 후각은 건강에 좋거나 나쁜 음식을 구별하는 데 도움을 주는 우리의 삶에 중요한 감각이다. 아기들은 발달된 후각을 가지고 태어나며 냄새를 구분하는 능력은 나이가 들수록 쇠퇴한다. 아마도 후각은 감정과 관련된 뇌의 부분과 연관되어 있기 때문에 냄새가 정서 기억들을 불러일으키는 이유일 것이다. 갓 구워낸 빵의 냄새는 우리로 하여금 집 부엌을 생각나게 한다. 특정 향수 냄새는 우리가 아는 사람을 떠올리게 만들기도 한다. 있는 그대로 향수 냄새가 경험되기보다 그 사람에 대한 생각과 느낌을 불러일으킨다. 기억에 몰두하게 되면 우리는 지금 현재에 대해서 다소 소홀하게 된다. 마음챙김 냄새 맡기 연습은 아동에게 어려운 도전일 수 있다. 왜냐하면 냄새를 설명하는 것은 쉽지 않기 때문이다. 따라서 특정 냄새를 설명할 때 주로 다른 냄새와 비교하여 설명한다. 가령 "풀을 방금 자른 것 같은 냄새가 난다" 또는 "초콜릿 냄새 같다"와 같이 말한다. 마음챙김 냄새 맡기 연습의 핵심은 냄새를 맡는 행위와 맡은 냄새를 평가하는 과정은 별개의 것이라는 것을 말해 주기 위함이다. 자동조정 장치의 영향 없이 마음챙겨 냄새 맡는 연습은 실제 경험을 변화시켜 줄 것이다.

이 회기를 시작하기 전에 치료자들은 다양한 냄새 샘플을 선정한다. 주로 커피파우더, 식초에 담근 솜뭉치, 향수, 꽃, 시나몬껍질, 생강뿌리, 딜(향신료), 녹나무, 클로브, 아로마 비누나 로션 등을 고른다. 만약 냄새가 특이하거나 강한 경우 아동은 주로 냄새에 대한 자신의 판단을 먼저 보인다. 그렇기 때문에 냄새를 기술할 수 있는 적절한 단어를 찾도록 도움을 주어야 한다. 각 샘플을 플라스틱 필름통에 담는다. 지퍼백 사용도 가능하지만 각 회기 때마다 새로운 비닐봉지로 교체해야 한다.

한 번에 하나의 냄새를 모든 집단원이 맡도록 한다. 아동은 냄새를 맡고 이를 기술할 수 있는 한 단어를 말한다. 그리고 그 냄새와 관련된 생각, 느낌 그리고 신체감각을 자신의 기록장에 적도록 한다. 그냥 단순히 풍선껌의 냄새를 맡는 것과 냄새에 대한 판단을 구분하는 것은 아동에게 어려운 도전일 것이다. 토론 시, 우리는 경험에 대한 판단은 실제 경험과 다르다고 가정한다.

마음챙김 냄새 맡기 연습은 저녁식사 때 쉽게 진행할 수 있다. 아동은 연습한 후 관찰내용을 기록한다. 연습은 다음과 같은 안내로 시작된다.

집에서 식사시간에 마음챙김 냄새 맡기를 계속해서 적용하십시오. 밥을 먹기 전에 잠시 자신의 그릇에 있는 음식을 마음챙김 후각으로 느껴보세요. 과거에 무심코 지나쳤던 냄새들에 어떤 것이 있나요? 머릿속에서는 그 냄새들을 어떻게 말하고 있나요? 자신의 앞에 있는 다양한 음식 냄새를 맡을 때 어떠한 신체적 감각을 경험하나요? 음식을 먹으면서 냄새에 지속적으로 주의를 두십시오. 각각의 음식, 냄새 그리고 맛이 어떻게 다르며 또한 어떻게 서로 연결되는지 주의를 두십시오. 마음챙김 노트에 모든 관찰을 기록하십시오.

결론

삶은 항상 고통을 수반한다. 도전적 상황을 만들어 내는 다양한 사건들이 발생한다. 스트레스 받는 상황이나 불안으로 가득한 상황과 같은 어려운 순간들과 직면하게 된다. 이를 피하기 위한 노력들은 문제해결에 유용하지 않으며 나아가 또 다른 불안을 야기할 뿐이다. 마음을 챙겨 모든 경험을 수용하는 것은 삶의 피할 수 없는 변화에 대응하는 또 다른 전략이다. 어쩌면 마음챙김은 어려운 도전 속에서도 사람들에게 기쁨을 주는 요소일지도 모른다.

MBCT-C 프로그램을 통해 아동은 자신의 마음속에서 만들어지는 비극적 시나리오는 오히려 불안을 악화시킬 뿐이라는 것을 학습한다. 또한 경험을 판단하는 것은 경험 그 자체와는 다른 것이라는 것을 알게 된다. 판단적 생각이 오히려 어려운 경험을 더 어렵게 만든다는 것을 학습한다. 자신들이 얼마나 자주 스스로의 점그림에 믿음, 기대감, 욕망을 더함으로써 현재 순간의 경험을 변화시키고 있는지를 더욱 크게 자각하게 된다. 생각, 느낌 그리고 신체감각은 단순히 생각, 느낌, 신체감각에 지나지 않는다는 것을 경험할 수 있는 기초를 닦아주는 것이다. 마음챙김 연습을 통해 선택지점은 삶의 매 순간마다 존재한다는 것을 학습한다. 마음챙김은 어떤 선택지점이 자신을 비롯한 주변의 다른 이들에게 가장 도움되는지를 알아내는 데 도움을 준다.

현실을 명확히 보게 됨으로써 스스로의 삶의 길을 선택할 수 있는 자유를 얻게 되는 것이다.

마지막 회기에서 나눠준 유인물은 "동물인 개에게서 우리가 배울 수 있는 것들"이라 부른다. 개는 현실에 집중하고 실망감은 쉽게 잊어버린다. 또한 미래에 대해 걱정하지 않고 다른 사람들과도 즐겁게 열정적으로 함께하며 삶을 즐겁게 산다. 마음챙김은 아동에게 개가 가지고 있는 인식과 열정 그리고 즐거운 감정으로 자신의 삶을 살수 있는 방법을 알려준다. 아동(어른들 역시)이 알아야 할 점은 마음챙김은 절대 가르쳐서 배울 수 있는 것이 아니라 스스로의 경험과 수양을 통해 얻을 수 있다는 것이다.

정신건강 전문의로서 저자가 말하고 싶은 것은 마음챙김이 모든 정신적 건강 문제에 대한 만병통치약이 아니라는 사실이다. 비록 마음챙김을 기초로 한 치료가 효과적임을 입증하는 연구가 증가하고는 있지만(Baer, 2003) 연구 전반에 걸쳐 마음챙김이 무엇인지 그리고 마음챙김을 발달시키기 위한 기술과 훈련에는 무엇이 있는지, 심지어 마음챙김 기술을 훈련함으로써 기대되는 결과가 무엇인지에 관련한 연구의 전반적인 조화가 부족하다. 또한 아직까지는 마음챙김 기반 접근들과 약물요법 혹은 두 가지가 조합된 치료법 사이의 효능을 비교하여 발표한 연구가 없는 상황이다. 그러나 마음챙김에 기반을 둔 심리치료에 참여하는 동시에 불안을 완화하는 약물치료를 병행하는 것에 관해 명확하게 금하고 있지는 않다.

주의는 현재를 의식적 경험으로 불러들이는 메커니즘이고 개인적 현실을 만들어내는 터널과도 같다. 쉽게 말해서, 마음챙김 연습은 주의력 훈련 연습과도 같다. 우리는 단순히 주의부족으로 인하여 자기 스스로를 제한하게 된다. 무의식적으로 스스로를 그릇된 믿음의 감옥에 갇히게 하고 현실에 대한 의심스런 기대감을 형성하며 이룰 수 없는 욕망 속에 살게 한다. 마음챙김은 이러한 인지에 이르는 길을 깨끗하게 하는 방법을 제안하고, 주변 사람들의 삶뿐만 아니라 스스로의 삶을 풍족하게 한다. 그러나 우리는 전통적으로 심리적인 건강함으로 여겨지던 것을 훨씬 넘어서는 범위까지 도달하는 긍정적 결과를 가질 것이고, 그것을 수반하는 마음상태에서 지속적인 결과들을 보게 되더라도 놀랄 필요가 없다.

참고문헌

Achenbach, T. M. (1991). *Manual for the Child Behavior Checklist: Ages 4–18 and 1991 profile.* University of Vermont, Department of Psychiatry, Burlington, VT.

Baer, R. A. (2003). Mindfulness training as a clinical intervention: A conceptual and empirical review. *Clinical Psychology: Science and Practice, 10,* 125–143.

Barlow, D. H. (2002). *Anxiety and its disorders: The nature and treatment of anxiety and panic* (2nd ed.). New York: Guilford.

Beck, A. T. (1976). *Cognitive therapy and the emotional disorders.* New York: International Universities Press.

Bishop, S. R., Lau, M., Shapiro, S., Carlson, L., Anderson, N. D., Carmody, J., et al. (2004). Mindfulness: A proposed operational definition. *Clinical Psychology: Science and Practice, 11,* 230–241.

Chavira, D. A., Stein, M. B., Bailey, K., & Stein, M. T. (2004). Child anxiety in primary care: Prevalent but untreated. *Depression and Anxiety, 20,* 155–164.

Gaines, R. (1997). Key issues in the interpersonal treatment of children. *The Review of Interpersonal Psychoanalysis, 2,* 1–5.

Goodman, T. A. (2005). Working with children: Beginner's mind. In C. K. Germer, R. D. Siegel, & Paul R. Fulton (Eds.), *Mindfulness and psychotherapy* (pp. 197–219). New York: Guilford.

Greco, L. A., Blackledge, J. T., Coyne, L. W., & Ehrenreich, J. (2005). Integrating acceptance and mindfulness into treatments for child and adolescent anxiety disorders: Acceptance and commitment therapy as an example. In S. M. Orsillo & L. Roemer (Eds.), *Acceptance and mindfulness-based approaches to anxiety: Conceptualization and treatment* (pp. 301–322). New York: Springer Science.

Kabat-Zinn, J. (1994). *Wherever you go, there you are: Mindfulness meditation for everyday life.* New York: Hyperion.

Kaslow, N. J., & Racusin, G. R. (1994). Family therapy for depression in young people. In W. M. Reynolds & H. F. Johnston (Eds.), *Handbook of depression in children and adolescents: Issues in clinical child psychology* (pp. 345–363). New York: Plenum.

Kessler, R. C., Nelson, C. B., McGonagle, K. A., Liu, J., Swart, M., & Blazer, D. G. (1996). Comorbidity of *DSM-III-R* major depressive disorder in the general population: Results from the US National Comorbidity Survey. *British Journal of Psychiatry, 168,* 17–30.

Lau, M. A., & McMain, S. F. (2005). Integrating mindfulness meditation with cognitive and behavioural therapies: The challenge of combining acceptance- and change-based strategies. *Canadian Journal of Psychiatry. Revue Canadienne de Psychiatrie, 50*(13), 863–869.

Lee, J. (2006). *Mindfulness-based cognitive therapy for children: Feasibility, acceptability, and effectiveness of a controlled clinical trial*. Unpublished doctoral dissertation, Columbia University, Teachers College, New York.

Lee, J., Semple, R. J., Rosa, D., & Miller, L. (in press). Mindfulness-based cognitive therapy for children: Results of a pilot study. *Journal of Cognitive Psychotherapy*.

Noshpitz, J. D., & King, R. A. (1991). *Pathways of growth: Essentials of child psychiatry: Vol. 1. Normal development; Vol. 2. Psychopathology*. New York: John Wiley.

Rani, N. J., & Rao, P. V. K. (1996). Meditation and attention regulation. *Journal of Indian Psychology, 14*, 26–30.

Segal, Z. V., Williams, J. M. G., & Teasdale, J. D. (2002). *Mindfulness-based cognitive therapy for depression: A new approach to preventing relapse*. New York: Guilford.

Semple, R. J. (1999). *Enhancing the quality of attention: A comparative assessment of concentrative meditation and progressive relaxation*. Unpublished master's thesis, University of Auckland, New Zealand.

Semple, R. J. (2005). *Mindfulness-based cognitive therapy for children: A randomized group psychotherapy trial developed to enhance attention and reduce anxiety*. Unpublished doctoral dissertation, Columbia University, New York.

Semple, R. J., Reid, E. F. G., & Miller, L. F. (2005). Treating anxiety with mindfulness: An open trial of mindfulness training for anxious children. *Journal of Cognitive Psychotherapy: An International Quarterly, 19*, 387–400.

Shaffer, D., Fisher, P., Dulcan, M. K., & Davies, M. (1996). The NIMH diagnostic interview schedule for children version 2.3 (DISC-2.3): Description, acceptability, prevalence rates, and performance in the MECA study. *Journal of the American Academy of Child and Adolescent Psychiatry, 35*, 865–877.

Siegler, R. S. (1991). *Children's thinking* (2nd ed.). Upper Saddle River, NJ: Prentice-Hall.

Teasdale, J. D. (2004). Mindfulness-based cognitive therapy. In J. Yiend (Ed.), *Cognition, emotion and psychopathology: Theoretical, empirical and clinical directions* (pp. 270–289). New York: Cambridge University Press.

Teasdale, J. D., Segal, Z. V., Williams, J. M. G., Ridgeway, V. A., Soulsby, J. M., & Lau, M. A. (2000). Prevention of relapse/recurrence in major depression by mindfulness-based cognitive therapy. *Journal of Consulting and Clinical Psychology, 68*, 615–623.

U.S. Department of Health and Human Services. (1999). *Mental health: A report of the Surgeon General*. Rockville, MD: U.S. Department of Health and Human Services, Substance Abuse, and Mental Health Services Administration, National Institutes of Health, National Institute of Mental Health.

Valentine, E. R., & Sweet, P. L. G. (1999). Meditation and attention: A comparison of the effects of concentrative and mindfulness meditation on sustained attention. *Mental Health, Religion and Culture, 2*, 59–70.

제5장

소아 만성통증에 대한 수용전념치료

Rikard K. Wicksell, MS, Astrid Lindgren Children's Hospital,
Department of Clinical Neuroscience, Karolinska Institute, Stockholm, Sweden;
Laurie A. Greco, Ph.D., University of Missouri, St. Louis.

이 장에서는 만성통증 또는 재발성 통증에 시달리거나 관련 장애가 있는 아동을 위한 수용전념치료(ACT; Hayes, Strosahl, & Wilson, 1999) 방법에 대해서 이야기한다. 만성통증증후군과 소아 만성통증 아동을 위한 지금–여기에 기반을 둔 치료에 대한 간략한 개요로 시작할 것이다. 또한 ACT를 소아진료의 행동의학적 접근의 한 분야로 간주하고, 일관된 ACT 행동 평가 실행을 위한 조언과 소아 통증 아동 및 가족들에게 나타나는 특유의 심리사회적 도전에 대하여 다룰 수 있는 ACT 과정 채택에 대해서 말하고자 한다. 끝으로, ACT를 임상 실험에 융합 활용할 수 있는 방법과 소아 통증에 초점을 맞춘 경험적 연구들로 마무리할 것이다.

소아의 만성통증

국제통증연구학회(IASP)의 정의에 따르면 통증은 "실질적 또는 잠재적 조직 손상과 관련한 불쾌한 감각과 정서적 경험"(Merskey & ISAP, 1979)이라고 정의하고 있다. 두통, 복통, 근골격계 질환과 같은 만성 또는 재발(3개월 또는 그 이상 지속되거나 재발견) 통증증후군은 아동과 청소년 사이에 흔하게 나타나며 유병률이 15~32%에 이른다(El-Metwally, Salminen, Auvinen, Kautiainen, & Mikkelsson, 2004). 만성통증을 앓고 있는 청소년의 경우 매년 평균 약 8천 파운드(13,800달러)의 비용이 든다(Sleed, Eccleston, Beecham, Knapp, & Jordan, 2005). 소아 만성통증은 정서장애(불안과 우울증) 동반 가능성이 높고, 활동제한이나 학교 결석, 학업의 어려움, 학우관계 문제와도 관련되어 있다(Greco, Freeman, & Dufton, 2006; Palermo, 2000). 뿐만 아니라 소수의 소아 통증 아동들은 처음의 평가 이후 몇 달간 또는 몇 년간 두드러진 장애와 기능적 감퇴를 보인다(Brattberg, 2004; Palermo, 2000).

비록 만성통증증후군을 이해하는 데 많은 의미 있는 발전이 있었지만 상당수의 환자들이 장기간의 궤양 발단 질환에 따른 유해효과로 계속 고통 받고 있다. 이로 인해 만성질환을 앓는 많은 청소년들이 명백히 설명될 수 없는 질병과 신진대사, 생화학, 구조적 이상으로 발표된 증상(일반적으로 "통증증후군", "특발성 통증" 또는 "의학적으로 설명 불가능한 통증"이라고 불림)으로도 증명할 수 없는 질환으로 인해 지속적 또는 재발되는 고통을 경험하고 있다. 아동은 조직 손상에 의한 질환을 앓고 있다는 의학적 연구결과와 달리 "아무런 문제가 없는데"라는 물리학자의 말을 들으면 아마도 무력함을 느끼게 될 것이다. 특발성 통증은 진통제나 그 외의 다른 약리학적 치료에도 반응이 없다. 증상과 수반된 장애(concomitant disability)가 지속된다면 결국 아동과 가족들에게 공포, 실망감, 절망을 가져올 것이다.

아동과 가족들의 고통은 불확실한 앞날에 대한 인내의 한계와 함께 과도한 치료에 대한 충동과 비싼 치료기관을 찾는 요인을 유발하게 할 것이다. 건강관리 종사자들은 일상 활동을 다시 시작하라고 권유함에도 불구하고 청소년들은 계속해서 현저한 일상생활의 기능 저하를 보인다. 아동의 개인적인 통증과 이에 대한 답을 찾기 위한 가족들의 노력은 계속된다. 그 결과 "도대체 나에게(또는 내 아이에게) 무슨 문제가 있는 것인가?", "왜 의사들은 이것을 설명하지 못하는가?" 등의 질문에 대한 답을 찾기 위하여 과도한 의학적 치료과정을 거치게 된다. 아동과 청소년은 "내 통증이 사라지기 전까지는 일상생활을 할 수 없어"라는 생각에 사로잡힐 수 있다. 부모가 이러한 생각을 더 강화시킬 수도 있고, 나아가 "아이를 치료할 수 있는 방법을 찾아야 해. 아이가 완치되기 전까지 우리의 생활은 잠시 접어두자"라는 생각으로 자신들의 생각에 지나친 집착을 보일 수도 있다.

가족의 고통과 의학 체제에 대한 불신은 의학실험이 통증의 유기적 원인에 대한 높은 이해나 장기간 증상 완화를 고려한 분명한 조언이 없을 경우 불신의 가능성이 더 심화된다. 약사들 역시 임상 증상에 대해 잘 모르거나 일반 의학기술로는 설명하기 어려운 환자들을 대할 때 무능력함과 실망감을 느낀다. 따라서 행동건강자문가와 임상가들은 특발성 통증을 앓는 청소년들의 효과적인 치료를 위해 없어서는 안 될 사람들이다.

근거중심치료

높은 유병률, 경제적 부담, 만성질환증후군에 관련된 심각한 고통 수반을 생각한다면 어린 환자들과 가족들의 기능 증진과 무능력 감소를 위하여 반드시 효과적인 치료방법이 개발되어야 한다. 급성통증 치료와는 반대로 약리학적 접근은 만성통증을 완화시키는 효능이 낮게 나타나며 환자의 기능과 삶의 질 증진에 약간의 효과만을 줄 뿐이다. 그래서 내과 의사와 정신건강 전문의, 간호사 그리고 필요할 경우 물리치료사를 포함하는 다양한 학문적 접근이 바로 여기서 필요한 치료법이다.

연구결과는 인지행동치료(CBT)가 두통(Holden, Deichmann, & Levy, 1999)이나 재발된 복통(Janicke & Finney, 1999), 특발성 근골격계 통증(Eccleston, Malleson, Clinch, Connell, & Sourbut, 2003), 질병관련 통증(Walco, Sterling, Conte, & Engel, 1999)을 앓고 있는 청소년의 만성통증을 관리하는 데 특히 장래성이 높다고 말한다. 만성통증을 위한 CBT는 교육, 이완, 바이오피드백, 자발적 접근,

기술훈련, 목표설정(Turk, Meichenbaum, & Genest, 1983)과 같은 다양한 중재를 포함하는 광역 항균 스펙트럼 치료이다. 본래 CBT의 만성통증 관리 목표는 전반적 기능의 증진을 위해 통증과 어려움의 감소 및 신체적 · 사회적 활동을 증진시키는 데에 있다.

행동과 인지적 관례에서 통증의 수용은 신체적 및 정서적 기능을 증가시키고, 반대로 통증을 조절하려 하면 오히려 질병과 장애를 더 증가(Hayes, Bissett et al., 1999; McCracken & Eccleston, 2003)시킨다는 견해의 증거들이 많이 나오고 있다. ACT와 같이 수용에 기초한 접근법은 성인(Dahl, Wilson, & Nilsson, 2004; McCracken, Mackichan, & Eccleston, 2007; McCracken, Vowles, & Eccleston, 2004; Wicksell, Ahlqvist, Bring, Melin, & Olsson, 2008)을 비롯하여 아동과 청소년(Greco, Blomquist, Acra, & Moulton, 2008; Wicksell, Melin, Ahlqvist, Lekander, & Olsson, 2008; Wicksell, Melin, & Olsson, 2007), 그리고 만성통증 환자의 치료 수단으로 높은 경험적 지지를 얻었다. ACT를 비롯한 기타 수용중심치료는 고통을 기꺼이 경험하겠다는 점(통증의 수용)의 강조와 생각, 느낌, 신체감각과 같은 기타 부정적 평가들을 강조한다는 점에서 전통적 CBT와는 차이를 보인다. ACT에서 수용은 신체적 및 정서적 통증을 조절하려는 데 대한 실행 불가능한 노력과 잠재적으로 부정적인 노력들을 단념하는 것과 그 대신 변화 가능한 의미 있는 삶의 부분들에 대한 책임감을 가지는 데 초점을 두는 것 모두를 포함한다. ACT 접근법 내에서는 명시적으로 증상 완화를 위한 방안을 모색하지 않으며, 모색한다 하더라도 그것은 개인에게 의미 있는 삶을 만들어 가는 데 아무 영향이 없는 일시적이고 부차적인 치료의 산물로 본다.

ACT는 심리적 유연성 또는 "의식 있는 사람으로서 현재에 접촉할 수 있는 능력과 이러한 능력이 가치 있는 이득을 가져올 때 행동변화 또는 행동지속(Hayes, Luoma, Bond, Masuda, & Lillis, 2006, p. 7)"을 증진시키기 위하여 수용과 마음챙김 중재를 사용한다. 또한 ACT 방법은 인지융합, 경험적 회피, 지속적 실행 가치 있는 행동을 하는 데 방해요소가 되는 치료관련 과정들을 감소시키기 위해 사용되고 있다. Hayes와 그의 동료들에 따르면 "인지융합"은 개인적 사건에 집착하는 인간의 경향과 그 후 이를 마치 현실인 것처럼 경험들에 반응하는 것을 의미한다. 맥락에 따른 인지융합은 경험회피가 실행 불가능한 수준을 만들거나 특정 경험을 통제, 관리, 회피하려는 시도를 만들어 낸다(Hayes et al., 2006). 다시 말해, 진보적 근육 완화, 상상, 인지적 재구조와 같은 통증관리 전략들은 내부적 경험을 조절하거나 관리하기 위한 시도를 나타내며 따라서 경험회피의 사례가 된다.

행동의학적 접근의 적용

행동의학적 접근은 통증감각에 대해 완전히 이해하지 못하거나 효과적으로 치료가 되지 않는 경우에 더욱 중요하다. 이런 경우 증상에서부터 ACT에서 강조된 적응적 기능과 삶의 질로 주의를 옮기는 것이 절대적이다(Robinson, Wicksell, & Olsson, 2004). 일반 의료진단은 특발성 질환과 관련 장애의 주관적 경험에 두드러진 역할을 담당하는 심리사회적 요소들을 효과적으로 보여주지 못한다. 게다가 의학적 중재만으로는 부족할 뿐만 아니라 부분적 이유로는 알 수 없는 병 또는 유기적 원인이 특정 의학처방과 연관될 수 있기 때문이다. 행동의학적 접근은 유기적 요소들을 중요시하지만 반응을 일으키는 자극, 통증행동, 영향력 강화의 상호작용은 평가, 사례 개념화 및 치료계획에 사용되는 동시에 강조되고 있는 부분이다.

"이상적인" 행동의학적 접근은 통증증후군(예 : 복통, 두통, 근골격계 질환)에 따라 내과 의사, 간호사, 정신건강 전문의, 그리고 필요할 경우 생리학자까지 포함하여 구성된 완전히 융합된 치료팀을 의미한다. 이상적으로는 치료팀 구성원들이 통증과 장애의 근원, 치료의 최종 목표, 각 환자에 가장 적합한 중재에 대하여 같은 철학체계를 공유한다. Robinson(제11장 참조)의 전략들은 아마도 ACT에 대한 치료팀 교육과 학제 간 접근의 지지를 얻는 데 특히 유용할 것이다.

우리의 경험으로 볼 때 ACT 원리에 따른 통합 행동의학적 접근은 만성 또는 재발 질환을 겪는 소아 환자들의 기능회복 치료에 효과적일 것이다. 이 접근에는 세 가지 핵심 가정이 전제되어 있다. (1) 경험적 회피, 즉 만성적이거나 재발하는 신체적 및 정서적 통증을 피하려는 시도가 장기간의 장애와 고통의 가능성을 높인다. (2) 노출은 만성질환 집단을 다루는 데 중요하다. (3) 증상의 긍정적 효과를 지속하기가 어려울 수 있기 때문에 수용과 적응적 기능을 통증관리나 증상감소보다 우선시한다. 더욱이 통증의 감소는 기능과 뚜렷한 어떤 관계도 없는 것으로 보인다.

소아 통증 환자들과 함께 치료를 진행하며 잠재적 딜레마가 나타났다. 증상이 완화되지 않을 때 소아 환자들에 대한 노출 치료가 종종 방해를 받았다. ACT는 동기를 증진시키고 어려운 노출 경험을 쉽게 하는 데 사용될 수 있을 만한 개인의 가치들을 강조하기 때문에 환자들에게 잘 맞는 접근방식이다. 이 장에서 설명된 임상모델은 ACT 원리와 특발성 통증관련 가정들, 그리고 통증관련 장애의 효과적 치료를 지침으로 하였다.

- 출처가 불분명한 만성질환(특발성 질환)은 매우 불쾌하지만 위험한 것은 아니다. 통증의 지각은 치료를 필요로 하는 주위의 병리생리학적 과정에 의한 결과가 아니라 오히려 부적절한 중앙장치(잘못된 경보)에 의한 것일 수 있다.
- 이러한 불쾌하고 개인적인 사건들의 회피는 통증을 유발하는 중요한 활동들에 대한 회피로 이어지고, 이로 인해 장애가 나타난다. 시간이 흐르면서 가치 있는 활동에 참여하지 않는 것은 위험하다.
- 잘못된 경보를 유발하는 활동들의 회피는 시간이 흐르면서 통증 발단을 경감시키고, 자극과 증가된 통증감각에 지나친 각성을 형성한다.
- 통증과 고통의 회피는 가치 있는 활동들로부터 멀어지게 하며 통증관련 장애 발달에서 중심적인 부분이자 치료의 주된 목표이다.
- 만성질환과 고통을 앓은 사람들의 경우 부정적 사건(고통, 불안, 슬픔, 공포)의 존재 유무에 상관없이 힘찬 삶을 사는 능력이 있다.
- 심리적 유연성의 향상은 더 폭넓고 유연한 행동목록의 결과를 가져올 것이다. ACT에서 더 폭넓은 목록들을 발전시키는 데 대한 강조점은 가치중심적 행동과 활기찬 삶의 특성에 의해 특징된다.

이제 행동건강 서비스에 대한 내과 의사의 안내에 따라 소아 통증 환자와 가족들에 대해 어떤 방법으로 행동적 평가를 해야 하는지 전반적으로 살펴보자.

통증행동에 대한 행동 평가

ACT 중재를 시작하기 전에 우리는 기본 행동 원칙을 통해 병원 방문, 학교 결석, 학습의 어려움, 학우들과의 마찰, 긴장된 가족관계, 활동제한, 사회적 위축, 높은 정적인 행태와 같은 빈번히 발생하는 통증관련 장애의 기능을 파악한다. 통증과 장애의 관계를 파악하는 틀을 만드는 데 도움이 된다(Fordyce, 1976). 학습이론에서와 같이 고통스러운 경험의 회피는 일시적 안정을 가져다준다. 급성질환에 적응했다 하더라도 이러한 강화된 효과는 만성질환의 증상 호전과 같은 지속성으로 이어지지 못한다. 만약 신체적 및 정서적 불안의 즉각적 안정이 목표라면 만성질환 환자들의 행동 회피는 일시적으로 "기능적"일 뿐이다. 그러나 장기적으로 본다면 개인의 혐오스런 사건의 회피는 생명을 단축시키고 효과를 무력화시키는 경향이 있다.

임상가가 아동의 통증 증상에 대한 구체적 지형도를 요구한다 하더라도 평가의 본 목적은 아동과 가족들이 통증에 어떻게 반응하고 이러한 행동 반응들이 가치에 기초한 삶과 삶의 활력에 어떻게 영향을 미치는지 파악하는 것이다. 초기 평가 회기의 목표는 다음과 같다 : (1) 아동의 신체적 및 정서적 통증을 객관적 경험으로 입증하고 표준화하기 (2) 아동의 통증상황에 관련한 훈련 교육 제공하기 (3) 통증관련 행동의 기능 식별하기 (4) ACT의 임상적 과정에서 통증행동의 개념화하기 (5) "통증 몬스터"가 나타난다 하더라도 삶을 창조해 가기 위한 학습으로서 ACT 접근의 목표를 소개하기.

가족의 경험 인정해 주기

많은 가족들은 의료제도 관련자 중 누구도 자신들의 자녀가 심각한 통증을 겪고 있다는 것을 믿지 않는 것 같아서 방어적이면서도 무기력한 느낌을 가지고 우리를 찾아온다. 이 연구가 효과적이기 위한 첫 번째 단계로, 먼저 가족과 하나가 되고 가능한 그들의 말을 처음부터 들어주는 것이 좋다. 그렇게 함으로써 임상가는 아동의 통증 경험을 인정하고 표준화하는 동시에 모든 통증을 한꺼번에 고치거나 없애는 확실한 방법은 없을 수도 있다는 점을 강조해야 한다. 임상가는 다음과 같이 말할 수 있다.

"당신의 말이 전적으로 맞습니다. 당신이 느끼는 통증은 아주 사실적이며 전혀 우스운 이야기처럼 들리지 않네요. 마치 거대하고 끔찍한 통증 몬스터가 당신의 삶을 송두리째 빼앗아간 것처럼 무섭게 들립니다. 통증 몬스터를 통제하기 위하여 많은 노력을 하셨군요. 이러한 노력들이 얼마나 도움이 되었는지에 대한 당신의 경험적 대답은 무엇입니까? 통증 몬스터가 아직 존재하고 있습니까?"

아동 스스로와 가족들이 통증을 없애기 위해 많은 노력을 했을 것이라는 것에 대해서는 의심의 여지가 없다. 또한 통증의 치료나 답을 찾기 위하여 수많은 경제적 자원과 생계수단을 사용해 왔을 것이다. 그러나 아무 소용도 없었다. 통증은 여전히 존재하고, 가족들의 삶은 혼란스러워졌다. 초기 평가가 이뤄지는 동안 임상가는 다음과 같은 질문을 할 수 있다.

> 만약 통증에서 벗어날 수 있는 방법에 대한 보장이 없다면 당신의 삶은 어떻게 될 것인가? 당신의 경험에 따르면 수많은 노력에도 불구하고 의학적이거나 기타 즉각적인 또는 명백한 해답이 없을 수도 있다. 당신은 정말 열심히 노력했지만 통증은 여전히 이곳에 존재하고 있다. 만약 지금 당장 통증 속에서 삶을 계속 살아가거나 통증이 완전히 사라질 때까지 일상생활을 중단하는 상황 중 하나를 고르게 된다면 어떤 선택을 하겠는가? 당신의 경험이 이에 대한 지침이 되게 하라. 지금까지 해온 것들을 지속적으로 행하며 생활한다면 5년 뒤에 당신의 모습은 어떠하겠는가? 그때도 여전히 통증이 있을 것 같은가? 삶을 그대로 유지하고 있을 것인가, 아니면 통증을 없애기 위한 답을 찾기 위해 노력하고 있을 것인가? 이것이 당신이 진정으로 원하는 삶인가? 무엇이든지 할 수 있다고 한다면 당신이 자신을 위해 또는 자녀를 위해 선택할 삶이 이러한 삶인가?

정보제공하기

통증 교육은 증상 감소보다 통증관리에 상당부분 의존하는 잠재적 질병 모델에서 삶의 활력을 중요시하는 수용 모델로 옮겨가면서 "문제"를 고치기 위한 중요한 역할을 담당하게 되었다. 다학문적 행동의학 접근을 유지하는 데 있어서 아동의 의학팀과 가족이 지속적인 메시지를 받고 있는지를 확인하도록 하는 내과 의사가 함께 활동하는 것이 중요하다. 어떤 교육내용들은 아동의 구체적 질병에 따라 달라진다. 그러나 대부분의 아동들에 관련한 몇 가지 핵심 강조점은 다음과 같다.

> 너의 통증은 매우 현실적이고 크다. 우리는 이 부분을 전혀 부정하지 않아. 하지만 "좋은 소식(만약 어떤 것이든 발견된다면)"은 너의 의학 시험 결과를 근거로 증상이 위험하나 위협적이지 않을 수 있다는 거야. 고통스럽고 힘들지? 물론 그럴 거야. 바로 네가 경험하고 있으니까. 그러나 위험하지 않으니까 그것만으로도 좋은 것이란다. 그 이유는 네가 지속적으로 활동하는 것이나 정말 좋아하고 원하는 일들을 하는 데 있어서 아무런 신체적 해로움을 주지 않는다는 것을 의미하기 때문이야. 이것 또한 쉽다는 뜻은 아니야. 특히나 통증 몬스터가 그곳에서 지속적으로 너에게 모든 것을 포기하라고 말한다면 말이야. 이러한 것이 바로 우리가 함께 풀어가야 할 문제의 한 부분이다. 통증 몬스터가 여전히 존재하더라도 진정으로 자신이 원하는 삶을 만들어 가는 방법을 학습하는 것이지. 이 이야기들이(너의 가치관, 꿈, 삶) 네가 하고자 했던 것들처럼 들리니?

기능적 평가 진행

초기 평가 및 치료과정에서 서술적 기능분석(경험적 분석의 반대 개념)을 권장한다. 이를 통해 임상가는 다음의 사항들을 구별한다. (1) 선행사건들(A) : 상황들과 경험들, 그리고 임상학적으로 관련된 행동을 가져오거나 유발시키는 사건들 (2) 임상학적 관련 행동(B) : 치료과정 동안 목표가 될 행동 (3) 결과들(C) : 임상학적 관련 행동을 유지시키는 역할을 하는 결과적 경험과 사건들. ACT 접근 사용은 회피적인 개인 경험(통증 증상 포함)과 경험을 선행사건으로 만들게 하는 상황들을 개념화하는 데 유용하다. 신체적 및 정서적 통증(통증 자체보다도)에 대한 아동과 부모의 반응은 통증관련 장애로 연결되는 임상적 행동들로 개념화된다. 마지막으로 아동과 부모의 결과론적 경험, 주요 영역에서의 기능 수준 정도, 다른 이들에 대한 반응은 임상적 행동에 대한 단기 및 장기적 결과로 간주한다.

통증행동의 기능적 분석에는 알파벳 순으로 구분하는 다양한 방법(ABC 이론)이 있다. 임상가는 통증과 통증관련 행동의 지형학적 및 맥락적 특징을 구분하는 것으로 시작한다. 일반적으로 어떤 상황에서 통증이 나타나는가(A)? 통증이 진행되는 동안과 그 이전에 경험하게 되는 느낌과 생각은 어떤 종류의 것인가(A)? 다음으로, 임상가는 문제행동을 확인하거나 아동 스스로가 자신의 통증을 통제하기 위해 찾는 방법들을 확인한다. 통증이 느껴질 때 아동과 부모는 어떻게 대처하는가(B)? "이 통증은 참을 수 없다"라는 생각이 들 때 아동은 어떻게 반응하는가(B)? 마지막으로, 임상적 행동을 보인 후 어떠한 현상이 나타나는지 아동과 부모에게 설명한다. ACT에서 개인의 가치관은 소망하던 장기적 결과(C)를 의미하는데, 즉 아동과 부모가 추구하는 바람을 말한다. 그러므로 통증행동의 결과 탐구 시에는 여러 영역(가족, 친구, 학교, 취미, 데이트)에 걸쳐 아동의 가치관을 조사하는 것이 중요하다. 자신의 의미 있는 삶의 영역에 침범한 통증을 관리하거나 통제하기 위한 노력을 한 적이 있는가(C)? ACT의 관점에서 "문제"는 주로 다음과 같이 개념화된다. 아동이 신체적 또는 정서적 통증을 경험(A)할 때, 이러한 증상들을 관리 또는 통제하려는 시도(B)가 통증관련 장애를 지속시키는 역효과를 나타내고, 이에 따라 자신들의 가치 있는 삶의 방향과 목표에서 점차 멀어지는 것(C)을 말한다.

관련 ACT 과정 알기

초기 평가과정과 치료과정 동안 우리는 환자들의 삶과 치료실 안에서 나타나는 인지 융합 및 경험적 회피의 사례를 찾는다. 또한 아동과 보호자들이 개인적인 경험들과 융합되는지, 혹은 이러한 경험들을 피하거나 관리하고 통제할 방법을 알고 있는지 알아보기 위하여 질문을 한다. 기능적 연구를 하는 데 있어서 임상가는 "나는 분명 무엇인가 문제가 있다. 이 모든 통증들이 있는 한 나는 좋은 삶을 살 수 없다"와 같은 생각에 빠져든 아동들을 볼 수 있다. 이와 유사하게 기능적 분석은 경험적 회피의 사례들을 입증할 것이다. 예를 들어 아동은 일상 활동을 제한하고 학기 중 대부분의 시간을 양호실에 찾아가며, 이후에 찾아올 통증을 예상하기에 친구와의 교제를 거절함으로써 자신의 생각이 마치 현실적 사실인 것처럼 답할 수 있다. 소아 통증의 ACT 접근은 삶의 질과 가치중심적인 삶을 방해하는, 불필요한 회피행동들을 대상으로 한다. 특히 대부분의 통증관련 행동은 기타 기능들(보호자로부터의 관심)이 존재한다

표 5.1	통증행동을 유지하는 변수를 구별하기 위한 기능적 분석 사례	

선행사건(외면적 및 내면적)	임상적 관련 행동	결과
허리 아랫부분 통증, "분명 뭔가 잘못된 것이다"라는 생각, "의사는 지금 자기가 무엇을 하고 있는지 모른다"라는 생각, 절망과 불안감	의학 서비스 모색, 응급실 방문, 문제점 발견을 위한 의학 시술, 약속을 지키기 위해 아이가 학교를 빠지고 아빠가 회사를 안 감, 아동의 활동제한	**단기** : 적어도 무엇인가를 했기 때문에 걱정이 줄어듦, 아빠와 의료진들로부터 주의(attention)를 끎 **장기** : 허리 통증이 지속되어 절망과 불안이 증가함, 의학 체제에 대한 불신, 학교에서 뒤처짐, 신체적 활동과 고립에 따른 우울증 증가, 아빠가 아동을 보호하지 않고 자리를 비움
친구가 파티에 초대함, 미래의 통증에 대한 예상이나 공포, 복통, "내 통증 때문에 일찍 떠나면 난처해질 거야"라는 생각	초청의 거절, 집에 있으면서 침대에 누워 혼자 텔레비전 시청	**단기** : 기대감과 통증의 감소, 배가 덜 아픔, 잠재적 당혹감 회피 **장기** : 친구들과 함께할 수 있는 시간들을 지나쳐 버림, 미래의 초청 가능성 감소
편두통(심한 두근거림) 및 빛과 소리에의 민감함, "이 통증을 참을 수 없어. 하루 종일 통증을 참을 방법이 없다"라는 생각, 슬픈 생각, 수면부족에 의한 피곤함	양호실에 감, 두통약을 먹음, 증상의 지속으로 엄마에게 전화함, 휴식을 위해 집에 옴	**단기** : 엄마가 회사에서 학교로 아이를 데리러 가기 위하여 나옴, 찌르는 듯한 느낌의 감소, 불행한 생각들이 없어짐 **장기** : 엄마가 아이를 돌보기 위하여 회사를 빠지는 횟수 증가, 반복적 결석으로 아이가 학교에서 뒤처짐, 성적 저하와 보충학습의 증가로 소프트볼 게임을 할 수 없고 친구들과 함께할 수 있는 시간이 없음

하더라도 위와 같이 개념화될 수 있다. 표 5.1은 ACT 사례 개념화 촉진에 사용될 수 있는 일반적 선행사건과 행동, 결과에 대해서 보여주고 있다.

피드백 제공과 치료 목표의 명시화

피드백을 주고 치료의 목표를 토론할 때 가족들의 경험을 인정하는 것으로 시작하면 도움이 된다. 많은 청소년들이 통증 그 자체를 버거운 것으로 경험한다. 따라서 통증 경험이 얼마나 힘들었는지에 관한 것과 중요한 활동들의 감소라는 결과를 가져온 이러한 통증들을 관리하기 위한 시도를 어떻게 하는지에 관해 대화하는 것이 중요하다. 또한 더 나은 상황을 만들기 위해 무엇을 어떻게 해야 할지 모르기 때문에 생기는 실망감과 불안을 알려준다. 아동과 보호자, 그리고 그 외의 의료보호 전문가들과 이야기할 때에는 치료 목표들을 직접적이고 비전문적으로 설명하는 것이 중요하다. 사례 기록에 관해 의논한 후 보통은 다음과 같이 결론 내린다. (1) 통증관리의 시도가 장애의 결과를 초래하고, (2) 여러 중재들이 지속적인 향상 없이 시도되어 왔다는 사실, 그리고 (3) 기능 향상이 치료의 중요한 목표라는 결론이다. 다음으로 우리는 통증 경험으로부터 통증이 있더라도 의미 있는 삶 만들기로 초점을 이동시킨다. 아동이 의미 있고 가치 있는 삶을 만드는 데 가장 중요한 역할을 하는 지지자들로서 우리를 설명하고, 우리에게 그 역할을 위임할 것에 대해 가족들에게 이야기한다.

이 시점에서 보호자와 아동에게 벗어나지 못할 것처럼 느껴지는지 물어보는 게 좋을 것이다. 만일 그렇다고 한다면 통증을 감소시키거나 일반적 기능 상태로 어떻게 되돌릴지에 대한 계획 없이 통증의 경험과 무력해진 상태의 절망감을 받아들이는 것이 중요해질 것이다. 임상가는 아동과 가족들이 무엇을 해야 할지 모르는 상황을 인정함으로써 그들이 신체적 및 정서적 통증에 다가갈 근본적으로 다른 방법들을 소개하는 길을 연다. 이는 증상 감소의 관점에서 활력 있는 삶을 만들기 위한 근본적 수용의 관점으로 전환하기 위한 논의의 통로 역할을 한다.

소아 통증을 위한 ACT 중재

다음에 설명되고 있는 ACT 중재는 소아 통증 환자들을 연구하는 데 중심요소가 되었다. 목표를 명료화하기 위하여 다양한 핵심 임상 과정들을 각각 별도로 분리하여 나타냈다. 여기서 중요한 점은 이 과정들이 격리되어 진행되지 않고 서로 연관되어 진행된다는 점이다. 대부분 또는 모든 ACT의 임상 과정들은 어떤 회기에서든 목표를 가지고 진행되기 때문에 이러한 사실이 놀랍지는 않을 것이다. 따라서 이 장에서 제시된 중재의 연속성은 효과적인 치료전달을 위해 가능한 여러 방법 중의 하나로 간주되어야 한다.

가치 연구 : 초점의 전환

첫 번째 치료 초기에서 우리는 ACT 접근의 목표를 다시 확인하고 (1) 비용에 상관없이 통증을 조절하는 작업과 (2) 통증이 있을지라도 의미 있는 삶 살기를 구분한다. 임상가로서의 목표는 가족들에게 후자의 활동을 할 수 있는 권한을 부여하는 것이다. ACT의 관점에서 본다면 가치관은 선택된 삶의 방향을 뜻하는 것으로 구체적 목표(비록 구체적 목표가 가치를 두는 방향으로 움직이도록 하기 위하여 설정될 수 있다 하더라도)가 없이 정적으로 또는 절대 감각으로는 달성할 수가 없다. 우리는 프로그램 초기에 환자들의 동기 증진과 치료과정을 확립하기 위하여 가치관 연구에 대해 소개하고자 한다. 또한 가치관 연구는 증상 감소를 가져올 수도 있고 그렇지 못할 수도 있다는 다소 어려운 노출 과제를 쉽게 만드는 데 중요한 역할을 한다. 앞에서 말한 바와 같이 ACT는 증상 감소가 최종 목표가 아니라는 점에서 다른 행동접근법들과는 차이를 보인다. 그렇다고 환자들에게 통증을 느끼기 위해서 그것을 직면하라고 하지는 않는다. 대신에 통증을 피하는 것이 오히려 비용이 더 들고 여러 면에서 삶을 무기력하게 만드는 경우 통증을 직면하도록 하는 방향으로 환자의 참여를 이끌어 낸다. 이를 통해 가치관 연구는 증상 감소에 대한 아무런 약속이 없는 통증 노출훈련에 참가하는 환자들의 노력을 소중하게 만들어 준다(Dahl et al., 2004; Robinson et al., 2004).

우리는 가치를 두는 영역들의 구분을 치료 초반에 시작한다. 그러나 가치관 설명은 진행 중인 과정이며 치료(그리고 삶)과정 동안에도 지속된다. 치료 초반에 임상가는 아동과 함께 가치 있는 삶이 아무런 규제 없는 가능성으로 가득한 세계처럼 보이는 것에 관한 대화를 할 수도 있다. 아동들과는 최대한 간단하게 진행한다. 가능하다면 깨끗한 칠판을 준비하여 아동에게 무엇을 더 하고 싶은지 물어봄으로써 치료를 시작한다. 대부분의 경우 환자들은 왜 가치 있는 삶을 살 수 없는지에 대한 "이유"와

"이야기"를 제시한다(예 : "재미있는 일들을 하는 데 통증이 방해가 된다", "통증을 없애 버리고 싶다", "통증 때문에 평생 정상적인 삶을 가질 수 없을 것이다").

그리고 바로 아동과 탈융합적 언어 사용하기를 시작한다(예 : "마음이 다시 고통 속에서 '좋은 삶'은 불가능해라고 말하고 있다", "가능할지라도 매우 어려운 과정이 될 것이라는 생각을 하고 있다"). 임상가는 내용 깊숙이 들어가거나 의견을 달리하기보다는 가치관 식별 과정 동안 표면화할 모든 규칙, 이야기, 이유들을 적어야 할 수도 있다. 이것이 바로 우리 마음속 수다(chattering mind : 내 안에 재잘거리는 소리)가 하는 역할임을 인정하게 된다. 아동의 가치관에 연결이 지속되도록 권하고, 순간의 현실을 잠시 잊도록 한다. "좋아, 이번 연습에서는 우리 다 같이 통증을 씻어내 보자. 너의 삶이 통증 없는 세상에 있는 것 같다면 어떨까? 네가 책임자고, 통증이 너의 앞길을 더 이상 막지 않는 세상이 있다면, 그 세상에서 무엇을 하고 싶니? 손과 발을 사용해서 무엇을 하고 있을 것 같아?" 임상가는 이 시점에서 통증 몬스터를 다시 소개하거나 이야기해도 된다.

치료자 :	지난번에 우리가 만났을 때, 너의 삶이 네가 지금 진정으로 원하는 삶이 아닌 것 같다는 느낌을 받았어.
아동/10대 :	네, 맞아요. 난관에 부딪쳤어요. 모든 것이 힘들어요.
치료자 :	나 역시도 네가 통증을 없애기 위해 여러 방법들을 사용했지만 모두 그다지 잘 되지 않았다는 것을 느꼈어. 네가 여전히 고통을 받고 있다는 것을 알고 있단다.
아동/10대 :	네. 내가 무엇을 하든지 다 말을 듣지 않아요. 한의학이 잠시나마 효과 있는 듯했지만 더 이상은 아니에요.
치료자 :	무엇을 해야 할지 모르는 상황에 빠진 것 같구나. 모든 방법을 동원했지만 아무것도 통하지 않았다는 얘기지?
아동/10대 :	네.
치료자 :	엄청난 시간적 비용을 초래하기도 하지. 대부분의 생활이 삶을 살아가거나 네가 진정으로 원하는 것을 하는 것이 아닌, 통증을 관리하

는 데 소모됐구나.

아동/10대 : 거의 그래요. 이러지 않았으면 좋겠어요.

치료자 : 당연해. 정말 힘들었겠구나. 마치 큰 통증 몬스터가 너와 네가 원하는 것들 사이에 서 있는 것 같아. 그리고 이 부분에 대해서 오늘 너와 이야기해 보고 싶어. 너와 너의 가치관에 대해서 더 알고 싶거든. 네가 진정으로 원하고 생각하는 것들과 무엇이 너의 삶에서 가장 중요한지 말이야. 예를 들어 너에게 중요한 것이나 멋진 것, 뭐 이런 것들. 네가 좋아하는 놀이나 주로 누구랑 함께 있는 것을 좋아하는지, 그리고 현재와 미래에 무엇을 하고 싶은지 알고 싶다. 너는 어떻게 생각하니?

아동/10대 : 좋아요. 그런데 조금은 어려울 것 같기도 해요. 지금 당장 제가 할 수 없는 일들이 많아요. 하고 싶지 않아서가 아니라 할 수가 없어요.

치료자 : 때로는 이 훈련이 힘들다는 것에 나도 동의해. "나는 이것을 할 수 없을 거야", "나는 내 가치관에 대해서 이야기하고 싶지 않아. 왜냐하면 아무것도 할 수 없다는 사실을 알게 되면 난 실망하게 될 거야"와 같은 생각들을 할 수도 있을 거야. 만약 이러한 생각들이 들면 이러한 생각들을 그저 인지하고만 있으렴. 자신 스스로에게 말해 봐. "또 다른 방법이 있어"라고. 그리고 너의 마음이 무슨 말을 하고 있는지 나에게 알려주렴. 무슨 생각을 하고 있고 너의 내면에서 어떠한 느낌을 가지고 있는지 말이야. 만약에 불편함을 느낄 때는 그냥 작은 통증 몬스터가 너의 어깨 위에 앉아 잡담한다고 생각해. [임상가는 통증 몬스터를 칠판에 그리는데, 아동/10대의 도움을 받을 수도 있음] 네 마음이 이제까지 이렇게 널 이렇게 괴롭히거나 좌지우지하거나 기분을 가라앉게 한 적이 있니?

아동/10대 : 가끔요, 가령 시험공부할 때요. "떨어지면 어떡하지?", "나는 다른 아이들처럼 똑똑하지 못해"라는 생각을 해요. 이런 것들을 말씀하신 건가요?

치료자 : 맞아. 정확해. 이것이 바로 네 마음이 너에게 고난의 시간을 주고 있는 것이야. 마치 작은 몬스터가 네가 어디 가든지 따라가는 것처럼 말이야. 내 마음도 가끔 그래. 갖가지 이상하고 고통스런 것들을 말하면서 나의 엉덩이를 걷어차기도 해. 내 생각은 그래. 우리 마음이 이야기하기 시작하면서, 왜 이 훈련을 할 수 없고 또는 왜 좋은 삶을 살 수 없는지에 대한 이유를 말하면 우리는 그저 마음이 말하는 것을 인지하기만 하는 거야. 그리고 통증 몬스터와 함께 앉아서 그것이 말하는 것을 행하지 않고 듣고만 있는 거야. 대신 자신의 가치관을 지속해서 상세히 적는 것이지. 통증 몬스터가 방해하면서 "절대 되지 않아" 또는 그 외의 어떤 말을 한다 하더라도 말이야. 우리 함께 네가 하고 싶은 것들을 생각하고 꿈에 대해, 그리고 미래에 무엇을 하고 싶은지에 대해서도 이야기해 보자. 통증 몬스터가 "너는 절대 거기까지 갈 수 없어"라고 말하더라도 상관없이 말이야. 함께 해 볼래?

아동/10대 : 물론이에요. 노력해 볼게요.

치료 초반에 청소년들은 주로 자신의 "가치관"을 구체적 목표의 말들로 설명한다. 이런 경우 임상가는 왜 다양한 활동들이 의미 있는지, 무엇이 아동에게 이 활동들이 특별하다고 느끼게 만드는지에 대한 질문을 통해 가치를 발견하도록 도움을 준다. 초기에 가치관 확인의 과정 동안 아동과 청소년은 자신들의 가치관이 무엇인지 모른다고 하거나 자신의 삶에서 바뀌었으면 하는 사항들이 없다고 말할 수 있다. 거의 매번, 이러한 대답들이 경험적 회피의 예가 된다. 즉, 어떤 것에 대해 깊이 바라는 것이 고통이 되는 것이다. 특히 이러한 바람이 절대 달성할 수 없거나 가질 수 없다는 믿음과 융합되는 경우에는 더욱 그러하다. 그러므로 청소년의 구두보고는 가질 수 없는 것에 대한 바람과 관련된 불안이나 슬픔의 회피로서 기능하는 것이다. 이러한 경우, 통증이 사라진다면 하고 싶은 것이 무엇인지에 대해 물어볼 수 있다. 또한 목표와 꿈을 가졌던 시간처럼 여러 가지가 달랐던 자신의 과거 삶을 되돌아보도록 요구한다.

아동은 자신의 삶에서 의미 있던 순간들에 대해 설명할 수 있다. 이러한 가치 명료화 과정을 방해할 수 있는 고통스러운 경험들의 수용을 촉진화할 때, 탈융합과 마음챙김 작업을 시작하는 것이 유용하다.

소아 통증 환자와 치료 작업 시에, 가치관 작업이 치료 목표 이상으로 중요하다. ACT에서 가치화 과정은 우리의 삶(예 : 과거 실패에 대한 생각, 거절에 대한 공포, 불공평 지각, 절망감, "쓸모없는 삶"에 대한 슬픔)을 정직하게 평가할 때 불가피하게 일어나는 사고, 정서, 기억과 같은 고통스런 개인적 경험에 노출되어야 한다. 더 의미 있는 삶을 살기 위하여 가치 있는 영역과 장애물들을 다시 이야기하는 것은 환자들로 하여금 불행한 생각과 느낌, 그리고 신체적 환경(원치 않은 사건들을 유발할 수도 있는)에서의 도전에 노출되게 한다. 원치 않은 경험에의 반복된 노출은 탈융합 및 마음챙김 훈련과 결합하여 치료실 안팎에서 이루어지는 가치관 연구에 전적으로 참여하고자 하는 환자의 마음을 활성화시킨다.

창조적 절망 : "갇히지" 않기

창조적 절망이란 환경을 바꾸는 과정을 의미하며 통증을 조절하는 노력(즉, 원치 않음)으로 통증을 수용하거나 활기찬 삶을 만들기 위하여 통증을 경험하고자 하는 의지이다(Hayes et al., 1999). 아동과 보호자의 통증을 조절하고자 하는 노력은 세 가지 핵심 질문에 맞춰지게 된다 : 당신이 원하는 것이 무엇인가? 어떠한 노력을 했는가? 이러한 노력들이 단기간 및 장기간에 걸쳐 얼마나 효과가 있었는가(통증 감소와 활기찬 삶을 만드는 측면에서)? 창조적 절망의 과정은 환자로 하여금 문제를 향상시킬 수 있는 현재의 노력 가능성에 직접 맞닿게 한다. 대부분의 경우 아동과 부모는 통증을 통제하기 위한 무익한 노력에 몰두하고 있었고 자신이 완벽하게 그 속에 갇혔다는 것을 인정하였다. 이러한 상황들은 절망적이고 이겨낼 수 없는 조건이다. 적어도 행복한 삶에 대해 문화적으로 강요된 규칙에 기초를 둔 현재의 체제하에서는 통증을 제거할 수 없다(또는 최소한 참을 수 있는 정도로 감소시켜야 한다). 우리는 "통증조절"이 절망적이라 강조하지만 환자의 경우에는 전혀 그렇지 않다. 아동은 통증 몬스터가 무슨 말을 하든지 상관없이 자신들이 원하는 것에 "반응할 능력이 있으며"

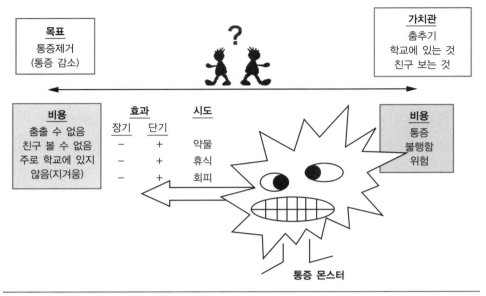

그림 5.1 환자의 딜레마

(Hayes et al., 1999), 반응할 수도 있다.

우리는 통증조절(원치 않음)을 위한 아동들의 노력과 이러한 노력을 하는 데 드는 비용측면(가치 있는 삶의 방향감 상실)을 나타내는 그림 5.1이 유용한 임상 도구라는 것을 발견하였다. 그림 5.1을 계속적으로 아동과 그리면서 과거와 미래의 변화 사항들에 대해 좀 더 자세하고 협력적으로 의논할 수 있다. 대부분의 ACT 중재와 마찬가지로 임상가는 이를 지능훈련의 수단으로 생각하는 것을 피하고, 지속적으로 아동의 실질 경험을 확인해야 한다. 토론 그 자체는 정서 노출의 기회가 될 수 있으며 불행한 내면의 경험들에 따른 마음챙김과 탈융합 훈련을 연계하여 토론이 진행될 수도 있다. ˙

그림 5.1은 창조적 절망을 다루는 동안 현재와 과거의 변화전략과 통증회피 사항의 장·단기 결과 가능성을 평가하는 데 사용된다. 통증 몬스터는 아동과 가족들의 노력, 주로 자신의 가치관을 포기한 대가로 얻은 생각, 느낌, 신체감각을 나타낸다.

선행 전략의 실행 가능성

그림 5.1의 훈련은 주로 핵심 가치관의 구분과 이러한 가치관을 아동이 추구하는 데

방해가 되는 통제 시도들을 식별한 다음에 시작된다. 그림의 왼쪽 부분은 이전 전략과 목표의 실행 가능성을 나타낸다. 여기서 아동에게 자신이 생각하고, 경험했던 이전 전략과 치료의 근본적인 목표가 무엇인지에 대해 묻는 것이 중요하다. 아마도 대부분의 대답은 "통증을 완전히 없애는 것은 불가능하지만 저의 목표는 최대한 통증을 줄이는 거예요"일 것이다. 변화를 위한 목표가 확립되면 "최소한의 통증"의 목표를 달성하기 위하여 현재와 과거에 아동이 했던 것들을 나열한다. 일반적 사례로 통증 약물치료, 한방치료, 열치료, 마사지, 휴식이 있다. 또한 통증 감소를 위한 노력으로 하지 않으려 했던 것과 회피했던 것이 무엇인지 물어본다(예 : 학교 가지 않고 집에 있는 것, 밖에서 친구들과 놀기보다 방에 있는 것, 소프트볼 연습 때 가만히 앉아 있는 것, 친구들과 더 이상 놀지 않는 것). 내용에 상관없이 아동과 보호자의 상당한 노력을 인정하는 것이 중요하다. "들어보니 네가 아주 많은 노력을 했구나. 네가 강한 의지가 있다는 느낌을 받았어."

변화를 위한 핵심 노력들을 확인한 후 그림의 중간 부분으로 옮겨 통증조절을 위한 아동과 보호자의 효과 없는 노력들에 대한 장·단기 실행 가능성을 평가한다. 대부분의 전략이 단기간에서는 효과가 있으며 그것을 인정해야 한다 : "네가 노력했던 많은 것들이 단기간에 많은 효과가 있어 보이는구나. 네가 왜 계속 노력하는지 알 것 같아. 이러한 노력들을 하는 것이 합당하면서도 당연한 것 같구나." 아동들의 경험에 의하면 질환에 대한 통증조절이나 감소를 위한 노력들이 장기적인 면에서는, 엄밀히 말해 거의 변화가 없고(질환은 여전히 존재) 종종 부정적이거나 유해하다. 만약 그런 노력들이 효과가 있다면 환자 가족들은 증상 감소가 최종 목표가 아닌 ACT 프로그램을 굳이 참여할 이유가 더 줄어들게 된다. 그러나 대부분의 경우 아동과 보호자들은 아동의 통증을 관리하기 위한 현재 및 과거의 경험을 장기적 비용과 즉각적으로 연관시킨다.

다음으로 아동들에게 자신의 개인적 가치관, 가령 삶에서 "중요하고 멋진 것들"을 다시 설명해 보라고 요구한다. 아동으로 하여금 신체 및 정서적 통증의 위험을 포함하여, 자신의 삶에 위험을 내포하는 주요 영역들을 표시하게 한다. 불가피하게 아동들 대부분은 주요 영역들을 표시할 것이며 이는 곧 "가능한 최소한의 통증" 그리고

"중요하고 멋진 것들" 두 가지를 동시에 달성하는 것이 어렵다는 것을 나타낸다. 우리는 잠시 아동의 가치관이 일직선의 어느 부분에 적절히 맞아떨어지는지에 대해서 이야기하는 시간을 가진다. 의미 있는 삶을 사는 것은 얼마의 위험과 통증을 수반한다는 가정하에 선을 오른쪽으로 연장하고, 따라서 이는 "무통증" 또는 "가능한 최소의 통증"으로 가는 방향을 나타내게 된다.

이 훈련을 통해서 우리는 중요한 선택의 결정에 대해 논의할 수 있다 : "만약 삶의 목표가 가능한 덜 고통스럽고 중요한 요소들이 손상되는 상황이라면 … 어떤 방향으로 가길 선택할 것인가?" 통증 몬스터를 은유적으로 사용하여 자신의 가치관과 꿈의 방향으로 갈 것인지 또는 통증 몬스터가 제시하는 방향으로 갈 것인지에 대한 선택의 결정을 하도록 한다. 때로는 환자들이 이러한 선택에 대하여 슬픔, 불안 또는 절망으로 반응하기도 한다. 이러한 정서나 그 외의 다른 정서에 대해서 동정심으로 이해해야 한다. 비록 제시된 선택들이 쉬워 보일지 모르지만 아동은 자신이 지금까지 항상 해온 것들을 버려야 하는 엄청나게 어려운 과제에 직면하고 있다. 뿐만 아니라 가장 믿었던 성인들이 이러한 통증조절을 위한 노력의 방법을 제시, 형성, 강화하였다는 것이다. 의학 전문의도 진행 중인 통증 치료와 평가 연구를 통해 증상 감소 사항을 확인하였다. 따라서 이 훈련은 어려운 생각과 정서의 존재하에 명백히 보이는 "절망적" 상황에서 약간의 창의성을 더하여 수용을 훈련할 수 있는 또 다른 기회가 된다.

수용과 탈융합

치료 초기에 증상 감소 모델로부터 벗어나 통증조절을 위한 노력들을 "문제"로 개념화하기 시작한다. 만성질환 환자들에 있어서 수용은 신체적 질환에만 제한된 것이 아니라 고통스러운 생각, 정서, 기억 그 외의 관련 것들을 포함하는 개인의 경험으로까지 연결된다는 것을 강조한다. "경험 케이크"(간단한 동그라미로) 그리기 등을 통해 이러한 사항을 자세히 나타내면 도움이 된다. 각각의 케이크 조각들은 허리 아픔, 걱정, 슬픔, 실망, 자기비판적 생각, 실패의 두려움, 두통, 어지러움, 피곤함과 같은 각각의 불행한 자기의 경험을 나타낸다. 아동이 자신의 어려움에 대해 설명함으로써 치료전문의들은 각 경험들을 명백하게 구별할 수 있다. 이를 통해 "경험 케이크"는 청소년이 자신의 여러 경험들("이것은 하나의 생각일 뿐이야", "두려움은 정서일 뿐이야", "어지러움은 신체적 감각과 비슷한 거야", "슬픔, 이것은 또 다른 느낌의 한 종류야")을 구별하는 데 도움을 주며 동시에 아동의 신체 내부와 외부에서 겪는 경험에 대한 차별화된 훈련을 촉진하는 데 활용될 수 있다. 다음으로 각각의 케이크 조각에 개입하기보다는 통증과 불편함의 전반적 경험을 강조한다. 아동과 협동적으로 노력하면서 아동의 주관적 경험에 맞는 단어로 케이크의 이름을 만든다. 대부분의 아동이 자신들의 이러한 경험이 비록 내용과 형식 면에서는 상이하지만, 모두들 어느 수준의 "통증", "불편함", 그리고 "불행"을 나타낸다는 것에는 동의한다. 자신의 삶에서 신체적 및 정서적 통증(통증 몬스터)을 이야기하는 방법으로, 아동이 동의하는 용어라면 어떠한 용어든지 사용한다. 평가 없이 개인적인 사건들을 분류하는 과정과 그 사건들을 아동과 떨어뜨려 "저쪽 편에" 기록하는 과정은 탈융합의 경험이 될 수 있다. 이 훈련 동안 관련자들을 비롯해 아동들은 탈융합 언어를 사용한다("내 마음이 이 통증은 참기 힘들다고 말한다", "내가 이것을 할 수 없다는 생각이 든다" 등).

치료의 초기 단계에서 심각한 해를 끼치는 실제 몬스터와 같이 통증 몬스터를 무서운 존재로 개념화한다. 그러나 사실 통증 몬스터는 위험하지도 않고, 실제로 우리를 해치지도 않는다. 그보다 진짜 해로운 것은 통증 몬스터가 말하는 것을 듣고 복종하는 우리들의 본질적 경향에서부터 시작된다. 이런 식으로 우리는 마음으로부터 개인의 고통스러운 경험들을 꺼내게 되고, 삶의 대부분은 이 몬스터들과 평화를 유지하기 위한 과정이 되어 버린다. 우리의 희망과 꿈은 2차 요소가 되거나 모두 자신에게서 멀어지게 되는 것이다. 아동들은 자신과 분리됨으로써 개인적인 사건들을 경험하기 시작하고, 그럼으로써 자신의 경험을 더 구체적이고 표면적인 방식으로 이야기하는 것 자체가 탈융합적이라는 것을 발견하게 된다. 아동과 청소년을 대상으로 연구하는 데 있어서 다른 연구들에서 설명된 수많은 수용과 탈융합 전략들을 차용하고 있다(Hayes et al., 1999; 제8장, 제9장, 제11장 참조). 어떤 아동중심 접근법에서와 같이, 임상가는 아동의 특유 상황적 및 역사적 배경과 발달 수준에 맞추기 위하여 이러한 훈련들을 적용하도록 해야 한다.

마음챙김과 가치중심적 노출

ACT에서의 노출은 가치관과 삶의 활력, 그리고 수용의 중심을 강조한다는 점에서 다른 노출 과정과는 차별화된다. 고통과 걱정이 있는 가운데 삶의 활력을 증가시키려는 명백한 목표로 가치중심적 노출을 촉진시키고자 수용을 사용하고 있다(Robinson et al., 2004). (여기서 노출이란 조직 손상과 같은 증가적 아픔을 주는 자극이 아니다. 이 장에서 논의되고 있는 통증은 민감한 중추신경계의 지나친 활동에 의한 것을 말한다. 따라서 통증 경험은 위험하지 않다. 즉, 본질적인 조직 손상과 관련이 없다.) 여러 상황에서 아동은 신체적·정서적 통증에 노출되는 것이 가치가 있는지 없는지에 관하여 합리적인 의심을 경험할 것이다. 여기서 임상가들의 중요 역할은 어려운 노출 과제들을 지속할 수 있도록 아동들의 가장 깊이 내재된 가치 맥락에 과제를 부과함으로써 이들을 지지하는 것이다. 이를 통해 아동은 무언가 소중한 것, 즉 의미 있는 삶을 가져다주는 중요하고 멋진 것들을 위해 통증을 직면하게 된다.

노출은 마음챙김 훈련과 병행될 수 있다. 여기에서 아동들은 현재의 순간에 대한 비판단적 자각을 연습하게 된다. 마음챙김 훈련은 탈융합적 효과를 가지고 있다. 고통스런 생각과 느낌의 일시적인 성질을 알게 되면서 우리는 그것들이 실제로 무엇인지에 대해 경험하는 것이다. 생각과 느낌들은 통증의 정도를 벗어나 우리에게 아무런 해를 끼칠 수 없다(통증 몬스터는 물론 다른 의견을 말할 것이다). 생각과 느낌은 오락가락하지만 우리의 시야 뒤에 있는 사람("관찰자 자신")은 계속해서 몬스터를 보게 되고, 그러는 동안에도 우리는 무사히, 아무 변화 없이 살아 있다(Hayes et al., 1999).

아동의 발달 수준에 따라 구체적인 자각(예 : 미각, 시각, 청각)의 목표를 통해 상대적으로 단기적인 마음챙김 훈련(1~3분)을 시작할 수 있다. 우리는 주로 명상 주발이나 손으로 만든 악기를 사용하여 청각의 마음챙김 훈련을 하고, 과일 사탕을 이용하여 미각의 마음챙김을 쉽게 만든다. 아동이 더 좋은 경험들을 판단 없이 관찰하고 설명하는 방법을 학습함에 따라 마음챙김 훈련 시간을 더 늘리고, 자각의 목표를 개인적인 경험들을 포함하여 마침내는 공포스러운 통증 몬스터(예 : 고통스러운 생각과 느낌, 물리적인 신체적 감각)로까지 확대한다.

아동이 회기 안팎으로 규칙적인 마음챙김 훈련을 할 수 있도록 도와준다. 그 다음으로 아동의 개인적인 가치들의 관계 속에 놓여진, 마음챙김에 기초한 노출의 과제로 전환한다. 다른 행동접근법과 마찬가지로 ACT의 노출 역시 눈을 뜨거나 감고 상상하는 훈련으로 진행될 수 있다. 눈을 감고 하는 훈련으로 진행될 때 임상가는 회피하게 되거나 두려운 상황들을 선명하고 구체적으로 설명하고, 발생하는 모든 내면적 경험에 주의하도록 지시한다. 또한 훈련과정 동안 경험들을 확인하고, 평가 없이 고통스런 생각 또는 느낌에 대해 설명하라고 요청할 수 있다("배가 아프다" 또는 "내 마음이 나는 할 수 없다고 말한다"). 임상가는 아동이 제시하는 어떤 내용이든지 이를 이용하여 "경험의 마음챙김" 훈련을 이끌어 준다. 또한 아동에게 떠오르는 어떠한 경험이든지 모두 주의하고, 설명, 관찰, 마주함으로써 정서적 경험(고통스런 경험적 내용에의 노출)을 더 심화하도록 한다. 아동은 관찰자 시점의 선택을 통해 통증 몬스터를 위한 "자리 만들기"를 연습한다. 가령 현미경으로 표본을 관찰하고 있는 호기심 많은 과학자의 모습을 상상하도록 요청받을 수 있다(Greco, Blackledge, Coyne, & Ehrenreich, 2005). 그 과학자는 큰 관심을 가지고 현미경을 들여다보고 있지만 어떤 애착이나 판단 없이 행한다.

마음챙김 훈련과 노출을 결합시키는 목적은 결정적 순간의 고통스러운 개인적 경험에 대한 열려 있고 비판단적인 자각을 증진시키기 위함이다. 마음챙김을 이용함으로써 자신의 신체적 및 정서적 통증과 근접한 접촉을 하게 된다. 어떠한 것이든 상관없이 그 경험들과 "마주 앉음"을 학습한다. 통증 몬스터를 피하기 위해 몸부림치기보다 몬스터가 나타났다 사라지는 것을 바라보는 호기심 많고 비판단적인 관찰자로 변한다. 규칙적 마음챙김 훈련을 통해 아동 환자들은 신체적 및 정서적 통증을 현실보다 덜 위협적으로 경험하기 시작한다. 그 결과, 어려운 노출 과제의 수행 동안 산만함이나 상상, 또는 인지적 재구성과 같은 미묘하거나 은밀한 형태의 회피 없이 자발적으로 통증과 대결하고자 하였다.

만성질환 환자들을 대상으로 노출을 하는 데 있어서 치료자들이 고려해야 할 몇 가지 사항들이 있다. 본질적으로 가치중심적 노출에 참여한다는 것은 명백한 어떤 강화효과가 없다 하더라도 통증과 고민을 수용하겠음을 의미한다. 이것은 가치 연구의 중요성을 설명해 주며, 장기적으로 일어날지도 모르는 일들과 소망하던 결과를 현재로 가져온다. 또한 임상가들은 아동의 삶에서 중요한 사회화 대리인과 그 영향에 대해 주의를 기울여야 한다. 소아 환자가 통증에 대해 거리를 형성할 때조차도 최소한 몇몇의 즉각적인 지원체계(가족, 친구, 교사, 그 외 치료사들)가 증상 감소 모델을 지속적으로 채택하여야 한다. 이 사항은 아동의 삶에서 가장 중요한 사람들인 부모와 직접적으로 연관되어 있으며, 앞으로 다뤄질 것이다.

부모와 함께하는 연구

위에서 언급된 바와 같이, 아동의 삶에서 성인들이 아동 스스로가 중시하는 가치의 방향에서 벗어나는 것을 바로잡아 주는 통제 모델을 설계하고 강화하는 것은 매우 일반적이다. 비록 아동의 삶 속에 중요하고 영향력 높은 사람들이 많이 존재하지만 (부모, 또래, 교사, 친척, 건강관리자) 우리는 여기서 임상가와 보호자가 함께할 수 있는 방안들에 초점을 맞춘다. 아동과 청소년이라 하더라도 우리의 중재는 거의 항상 양육과 가족적 맥락으로까지 확대된다.

부모와의 개별 연구

대부분의 부모들은 자녀가 고통을 느끼거나 몸이 좋지 못하다는 것을 알면서도 일상 활동(가사, 학업, 스포츠)을 하도록 '강요'하는 것에 대해 양심의 가책을 느낀다고 말하고 있다. 부모들은 다음과 같은 생각들을 자주 하게 된다. "내 자식이 다쳤거나 아프다." "나쁜 부모만이 자식이 아프거나 다쳤을 때 학교에 가게 한다." "만일 정말 심하게 아픈 거라면?" "반드시 내 자식을 돌보아야 한다." "내 자식이 다른 아이들처럼 되기 위해서는 이 통증이 반드시 없어져야 한다." 부모들은 대부분 자녀의 통증과 부모로서의 역할을 둘러싼 불행한 생각과 정서들을 감소시키기 위하여 회피행동을 보인다. 예를 들어 자신의 슬픔과 죄책감을 완화하기 위하여 아버지는 딸에게 학교에 가지 않고 집에 있는 것을 허락하고, 딸이 해야 할 가사활동이나 숙제로부터 자유롭게 해준다. 연구에 참여하는 많은 가족들이 아프거나 다친 자녀를 위해서는 오히려 홈스쿨링이 더 적합한 선택이라는 믿음하에 심지어 자녀를 학교에서 자퇴시키기도

한다. 어떤 부모들은 자녀를 더 잘 돌보기 위하여 휴직을 하거나 일을 그만둔다.

모든 부모들은 자식의 고통스러운 모습을 보는 것에 마음 아파한다. 어떤 부모들은 이런 불편함에 대해 흔히 말하는 "간호", 즉 자녀의 고통과 부모의 정서적 고통을 줄이기 위한 방안으로서의 돌봄행동 패턴으로 반응한다. 부모들은 간호하는 것이 이로운 효과를 가져다줄 것이라 믿지만 이러한 형태의 경험적 회피는 대부분 불가피하게 아동과 부모 모두에게 삶의 축소라는 결과를 초래한다. 만약 조금이라도 가능하다면 결과적인 양육행동(예 : 간호)이 아동의 치료를 방해할 수 있기 때문에 증가된 인지적 융합과 경험회피를 나타내는 부모들에 대해서는 개별적으로 연구를 권한다. 나아가 많은 부모들 역시 고통 받고 있기 때문에 ACT 지향적 치료 참가를 통해 효과를 볼 수 있을 것이다.

연구에 참여하는 대부분의 부모들은 여러 개별적 회기에 참여하는 데 동의한다. 이 회기 동안 우리는 부모들로서 그리고 더 일반적으로는 인간으로서 부모들의 정서적 경험에 초점을 둔다. 자녀의 통증에 대한 부모의 경험을 확인하고 표준화하며 다음의 사항들에 맞추어 가치화 연구를 시작한다 : (1) 가족과 양육의 가치관 (2) 부모가 자녀들과의 관계에서 원하는 관계의 종류 (3) 부모의 희망과 꿈, 그리고 부모 자신과 자녀들을 위해 가장 원하는 삶. 청소년을 대상으로 한 연구와 마찬가지로 마음챙김과 탈융합 전략을 활용하여 심리적 수용을 활성화하고 부모와 함께하는 가치화 연구를 촉진시킨다. 자녀가 아파하고, 부모와 자녀가 두려움이나 의심, 죄책감, 위험, 슬픔으로 인하여 정서적 고통을 겪을 때에도 부모들이 자신의 양육법과 가족 가치관을 통해 일관된 삶을 지속할 수 있도록 지원한다.

부모를 대상으로 개별적 ACT 연구를 하는 것은 모든 부모를 동일한 이해수준에 맞추는 데 유용하다. 이제 부모들은 수용의 맥락에 방향을 맞추고, 창조적 절망의 과정을 통해 부모와 자녀 모두의 통증을 조절하기 위한 장기적 노력의 비용을 함께 고려한다. 우리는 아동과 부모에게 "가치화"를 평생 과정이라 소개하고 회기 안팎에서 훈련할 수 있는 마음챙김 방법을 가르친다. 서로 공유된 경험들을 통해 가족 구성원들은 자신과 다른 가족들의 통증에 대해 보다 개방적이고 유연성 있게 다가가기 시작한다. 이러한 협력적 관점은 합동치료 회기와 함께 치료과정 외, 기술 일반화와 유지를 지원한다.

합동 회기

부모들과 완전한 또는 불완전한 ACT 과정의 수행이 불가능하다 하더라도 부모들을
치료과정에 참여시키는 것은 중요하다. 최소한 임상가는 ACT 사례 개념화와 치료
목표 일치에 대한 정보를 제공하여야 한다. 부모들은 자녀의 장애가 "게으름" 또는
"이차적 이득"에 의한 것이라는 말을 지나치게 자주 듣는다. ACT 관점에서는 아동
의 질환행동을 인지적 융합과 경험회피의 각도에서 설명하는 것이 더 도움이 된다.
그림 5.1에서와 같은 훈련을 활용하여 임상가는 "가능한 최소의 고통"의 목표 추구
에 따른 장ㆍ단기적 결과를 부모와 연결시키는 데 도움을 줄 수 있다. 만약 자녀가 이
미 창조적 절망에 참여한 경험이 있다면 이 훈련을 치료자와 함께 공동으로 이끌어
갈 수 있을 것이다. 부모와 아동 자신의 가치관에 있어 중요한 성인들과 나쁜 거대한
통증 몬스터, 그리고 통증 몬스터의 말을 들을 경우 발생하는 것들(예 : 가치관적 시
각의 손실, 통증 몬스터가 더 커지는 반면 삶은 더 작아짐, 우리 삶에서의 주요하고
멋진 것들을 놓침)에 관해 가르치는 것이 아동들에는 또 다른 재미가 될 수 있다.

코치로서의 부모

자녀의 기능발달을 어떻게 잘 지원할 수 있는지에 대한 지침이나 선택사항을 부모에
게 제공하는 것은 중요하다. 부모들은 일반적으로 너무 적게 보다는 너무 많이 연구
에 참여한다. 자녀를 위해 "아무것도 하지 않는 것"은 자녀의 통증과 부모로서의 자
신들에 대한 죄책감, 불행한 생각의 결과를 초래한다. 부모들을 주로 문제해결과 성
장에서 중요한 기회로 보이는 시간과 상황의 중재를 통해 반응한다. 어떤 경우에는
아동과 부모를 위한 성장촉진 행위들이, 문제가 고통스럽다 할지라도 이것을 경험할
만큼 "충분히 성장"하는 아동이 될 수 있도록 해준다. 자녀를 구하거나 간호하기 위
해 뛰어들기보다 자녀 스스로 무언가를 달성하기 위한 방법이나 중요한 것을 하기
위한 계획을 만들 수 있도록 혼자 둘 것을 권한다. 아동이 통증을 경험할 수 있는 공
간을 가지도록 부모들에게 요구하는 것이다. 이는 단기적으로는 부모와 아동 모두에

게 똑같은 통증으로 느껴진다. 그러나 장기적으로는 자신을 비롯한 다른 이의 통증을 위한 공간을 만드는 것이 오히려 새로운 성장과 삶의 활력 증진을 가져오는 예상치 못한 이득을 얻을 수 있다.

연구에 참여하는 부모들은 대부분 중요한 양육 가치로써 자녀의 성장과 발달에 좋은 보호자이자 지원자가 되어야 한다고 말한다. 또한 자녀가 사회와 학업적 영역에서 만족해하고 성공적이었으면 좋겠다는 장기적 바람들에 대해서도 동일하게 생각한다. 그림 5.1에서의 훈련을 활용하여 부모가 숙련된 현재 양육전략의 실행 가능성과 자녀의 통증행동에 반응하는 것이 연결되도록 돕는다. 대부분의 경우 부모들은 간호, 자녀를 돌보기 위하여 휴직하는 것, 그리고 "마음 편히 가져라" 또는 "끝까지 참아라" 등과 같은 말로 자녀를 격려하는 것과 같은 자녀와 자신들의 고통을 관리하는 데 필요한 장기적 비용을 인식하는 데 빠르다.

부모들에게 모든 개입을 포기하라고 하는 것은 실행 불가능에 가깝다. 따라서 자녀의 치료과정 동안 다른 중요한 역할을 하도록 한다. 바로 코치로서의 역할을 하는 것이다. 부모를 코치로 참여시킴으로써 가장 중요한 양육 가치관(좋은 보호자가 되는 것, 자녀의 건강발달을 지원하는 것, 어려운 시간을 견디도록 돕는 것)들을 보여줄 수 있는 본질적 기회를 제공한다. 우리는 자녀와 부모 자신의 건강, 삶의 질을 증진시킬 수 있는 방향으로 부모의 참여를 유도한다. 코치로서 어려운 회기 밖 노출을 증진시키고 자녀와 함께 마음챙김을 연습하며(또는 자녀 스스로 이렇게 하도록 상기시킴), 일관된 가치행동 단계와 금주의 목표 달성을 돕는다. 부모 코치는 또한 자녀가 일반적인 일상의 기능으로 돌아가는 데 도움이 된다. 예를 들어 아들이 힘들어하며 일어나 학교에 가지 않고 집에 있겠다고 한 날, 엄마 코치는 아들을 학교로 데려다주며 교육과 친교의 가치관에 대해 상기시킨다. 앞에서 논의된 바와 같이 치료과정 동안 부모의 정서적 경험에 주의를 기울이는 것이 중요하다. 많은 부모 코치들이 자녀를 "억지로 시키는 것"에 대해서 죄책감 또는 슬픔을 느낀다고 말하지만 이는 오히려 양육과 가족의 맥락 속에서 수용과 가치화 치료를 위한 이상적 기회를 제공한다.

회복하기

부모를 포함시키는 또 다른 방법으로는 회복하기가 있다. 여기에서는 아동과 가능하다면 치료자가 함께 통증회피 사항에 대한 협의사항을 격려함으로써 무심코 방향을 이탈하는 아동을 이끌어 줄 수 있는 중요한 성인들에 대해 이야기를 할 수 있다. 앞에서 언급했듯이 성인들이 아동에게 "가능한 최소의 통증"의 방향을 제시하는 것은 매우 자연스러운 것이다. 예를 들어 체육시간에 참여하지 않고 앉아 있게 하거나 친구 집에 놀러가지 않고 쉬게 하고, 전날 밤 아팠거나 잠을 설친 경우 학교에 가지 않고 집에 있도록 하는 것이다. 부모, 교사 그리고 친구와 같이 대부분의 중요한 타인들은 (1) 아동의 통증행동(예 : 회피)에서 가능한 기능들을 고려하지 않았고, (2) 자신들의 대응이 아동의 통증행동 관련 장애에 어떻게 기여하는지 알지 못했다. 그리고/또는 (3) 그것만이 "아픈" 또는 통증을 가지고 있는 아동에게 할 수 있는 가장 힘이 되는 것이며, 배려라고 믿었다. 부모의 행동은 기능적 평가에서 중요한 초점 대상이며 직접적 또는 간접적으로 치료과정 동안 목표 대상이 된다(예 : 양육 가치관을 토대로 목표설정, 부모의 대응이 어떻게 무의식적으로 자녀의 통증행동을 강화하는지에 대한 교육). 아직까지도 부모들로 하여금 이러한 특정 통제전략을 포기하게 하는 것은 결코 쉽지 않다. 이어지는 내용에서 설명될 것이지만 회복하기는 통증이 존재한다는 가정하에 자녀의 의미 있는 삶을 만들기 위한 노력의 지원자로서 부모의 개입을 권장할 때 사용된다.

결론

소아 만성통증에 대한 치료와 이해에 있어 과학적 발달은 우리가 선택할 만한 중재에 관한 엄청난 자료를 남겨 주었다. 그럼에도 불구하고 상당수의 소아 환자들이 만성통증증후군에 의해 지속적으로 현저한 악화현상과 기능적 장애를 보이고 있다. 임상가와 연구자들은 소아 환자와 가족들을 대상으로 한 통합 행동진료 접근법의 유용성을 단순히 증상에 집중하기보다 사회심리학 기능의 강조와 함께 오랜 기간 역설해 왔다. 통증 모델의 부족에 대한 일반적 동의에도 불구하고 증상 감소와 인지적 정서

치료 중 적극적인 지원을 위한 부모 참여 활용

광범위한 신경증상(예 : 낮은 수준의 경련, 마비, 가려움)으로 인해 걷기가 힘들어진 6세 소녀가 있다. 그녀는 어떤 긍정적 결과도 없이 계속해서 엄청난 의학적 검사를 받았다. 그녀의 어머니는 매우 걱정하고 있었으며 딸의 증상과 추가적 평가 및 중재를 위해 병원에 계속해 전화를 하였다. 그녀는 마침내 외래 환자 ACT 회기에 참여하라고 지시 받았다. 그녀의 어머니는 한 회기에 참여하기로 동의하였으며, 이 회기가 진행되는 동안 증상 감소에서 증가된 기능과 삶의 활력, 개인의 가치관으로 관점의 이동에 대한 강조와 함께 ACT 접근의 목표가 설명되었다. 어머니는 치료계획에 대해 지지를 표하였지만 딸의 증상에 관해 치료팀의 여러 사람들에게 계속해서 전화를 하였다. 8주의 치료기간 동안 소녀는 엄청난 발전을 보였지만 자신의 어머니가 통증관리에 계속 집착하고 중요한 활동에 참여하고자 하는 자신의 능력을 방해하고 있다는 우려를 드러냈다. 이 시점에서 어머니의 지지를 얻기 위해 참여하기 전략이 사용되었다. 소녀와 치료자는 함께 어머니에게 어떤 말을 해야 할지에 대해 구상하였다.

1. 어머니에게 이야기할 시간이 있는지 물어보라 : 가능 날짜와 시간을 정한다.
2. 나에게 엄마는 매우 중요한 존재이고 지금 엄마의 도움이 절실하다고 어머니에게 말하라.
3. 나의 목표가 가능한 최소의 통증을 겪는 것에서, 삶에서 정말 하고 싶은 것(가치들)을 하는 것으로 바뀌었다고 설명하라.
4. 내가 통증(신체적 및 정서적 고통)을 참을 수 있고, 이는 지극히 정상적인 것이라는 사실을 어머니가 알게 하라.
5. 내가 통증 속에 있는 것을 보는 것이 어머니의 입장에서도 힘들고, 내가 기분이 좋지 않거나 아플 때 무엇을 하게 하는 것이 얼마나 어려운지 나는 이해한다고 말하라.
6. 어머니가 코치처럼 행동해 주는 것이 나에게는 엄청난 의미가 된다는 것을 말하라.
7. 그 어떤 것에도 상관없이(화날 때, 슬플 때 또는 아플 때) 나는 어머니를 사랑할 것이라고 하라. 나는 정말 "중요하고 멋진 것들"을 하고 싶다고 알리고 이를 실천하는 데 어머니가 큰 도움이 될 것이라 말하라.
8. 내가 다리가 아파 어머니가 수영 연습을 빠지라고 했던 때, 또는 친구들과 영화 보러 가지 말고 쉬라고 했던 때와 같은 사례를 이야기하라.
9. 나와 어머니에게 힘든 시간이 될지언정 이러한 자신의 가치관을 지원해 줄 의향이 있는지 물어보라. 정말 힘들더라도 이것이 바로 내가 나를 위해 하고 싶은 것들이라는 것을 알려라.

조절의 심리학적 연구와 훈련에의 강한 집중은 지속되고 있다. 이러한 접근은 신체적 및 정서적 고통이 반드시 관리되거나 통제되어야 하고 또한 기능과 삶의 질 향상을 위해 충분이 감소되어야 한다는 믿음을 강화시킨다. ACT 접근법은 통제 불가능한 고통과 어려움의 수용과 가치중심적 노출을 강조하는 것으로, 전통적인 통증관리 모델로부터의 단호하고 명백한 분리이다.

우리는 소아 만성통증에 대한 ACT 개념 정립과 아동과 가족들을 위한 ACT 임상학적 과정의 적용방법들을 제시하였다. 이 만성통증 모형의 핵심은 증상관리에서 수용촉진과 통증과 고통 속에서도 잘 살아가는 방법의 학습으로의 근본적 전환이다. 의학적인 면에서 성공적 ACT의 수행은 내과 의사와 그 외의 치료팀 구성원들, 그리고 아동의 삶에서 중요한 성인들의 지속적인 협력을 필요로 한다. 이 장에서 설명된 것과 같이 증상 감소에서 통증의 존재하에 가치 있는 삶으로의 상황적 전환은 아동의 삶 속에 있는 다른 사람들을 포함한다. 환자의 딜레마 그림(그림 5.1)은 수용, 탈융합, 마음챙김 관련 논의들과 함께 부모와 건강관리 전문가들이 문제와 치료의 목적을 개념화하는 데 활용될 수 있다. 아동과 성인에 대한 경험적 연구(Dahl et al., 2004; Greco et al., 2008; McCracken et al., 2007; McCracken, Vowles, & Eccleston, 2005; Wicksell et al., 2007)와 임상적 경험은 만성통증 환자들에게 ACT는 유익한 접근법이라는 것을 말해 주고 있다. 앞으로는 장기적 결과와 소아 표본의 변화 메커니즘을 확인하기 위한, 잘 구성된 무선 통제실험의 실행이 필수불가결할 것이다.

 참고문헌

Brattberg, G. (2004). Do pain problems in young school children persist into early adulthood? A 13-year follow-up. *European Journal of Pain, 8,* 187–199.

Dahl, J., Wilson, K. G., & Nilsson, A. (2004). Acceptance and commitment therapy and the treatment of persons at risk for long-term disability resulting from stress and pain symptoms: A preliminary randomized trial. *Behavior Therapy, 35,* 785–801.

Eccleston, C., Malleson, P. N., Clinch, J., Connell, H., & Sourbut, C. (2003). Chronic pain in adolescents: Evaluation of a programme of interdisciplinary cognitive behaviour therapy. *Archives of Disease in Childhood, 88*, 881–885.

El-Metwally, A., Salminen, J. J., Auvinen, A., Kautiainen, H., & Mikkelsson, M. (2004). Prognosis of non-specific musculoskeletal pain in preadolescents: A prospective 4-year follow-up study till adolescence. *Pain, 110*, 550–559.

Fordyce, W. E. (1976). *Behavioral methods for chronic pain and illness*. Saint Louis, MO: The C. V. Mosby Company.

Greco, L. A., Blackledge, J. T., Coyne, L. W., & Ehrenreich, J. (2005). Integrating acceptance and mindfulness into treatments for child and adolescent anxiety disorders: Acceptance and commitment therapy as an example. In S. M. Orsillo & L. Roemer (Eds.), *Acceptance and mindfulness-based approaches to anxiety: Conceptualization and treatment* (pp. 301–322). New York: Springer.

Greco, L. A., Blomquist, M. A., Acra, S., & Moulton, D. (2008). *Acceptance and commitment therapy for adolescents with functional abdominal pain: Results of a pilot investigation*. Manuscript submitted for publication.

Greco, L. A., Freeman, K. A., & Dufton, L. M. (2006). Peer victimization among children with frequent abdominal pain: Links with social skills, academic functioning, and health service use. *Journal of Pediatric Psychology, 32*, 319–329.

Hayes, S. C., Bissett, R. T., Korn, Z., Zettle, R. D., Rosenfarb, I., Cooper, L., et al. (1999). The impact of acceptance versus control rationales on pain tolerance. *The Psychological Record, 49*, 33–47.

Hayes, S. C., Luoma, J. B., Bond, F. W., Masuda, A., & Lillis, J. (2006). Acceptance and commitment therapy: Model processes and outcomes. *Behaviour Research and Therapy, 44*, 1–25.

Hayes, S. C., Strosahl, K. D., & Wilson, K. G. (1999). *Acceptance and commitment therapy: An experiential approach to behavior change*. New York: Guilford.

Holden, E. W., Deichmann, M. M., & Levy, J. D. (1999). Empirically supported treatments in pediatric psychology: Recurrent pediatric headache. *Journal of Pediatric Psychology, 24*, 91–109.

Janicke, D. M., & Finney, J. W. (1999). Empirically supported treatments in pediatric psychology: Recurrent abdominal pain. *Journal of Pediatric Psychology, 24*, 115–127.

McCracken, L. M., & Eccleston, C. (2003). Coping or acceptance: What to do about chronic pain? *Pain, 105*, 197–204.

McCracken, L. M., Mackichan, F., & Eccleston, C. (2007). Contextual cognitive-behavioral therapy for severely disabled chronic pain sufferers: Effectiveness and clinically significant change. *European Journal of Pain, 11*, 314–322.

McCracken, L. M., Vowles, K. E., & Eccleston, C. (2004). Acceptance of chronic pain: Component analysis and a revised assessment method. *Pain, 107*, 159–166.

McCracken, L. M., Vowles, K. E., & Eccleston, C. (2005). Acceptance-based treatment for persons with complex, long standing chronic pain: A preliminary analysis of treatment outcome in comparison to a waiting phase. *Behaviour Research and Therapy, 43,* 1335–1346.

Merskey, H. (chairman), & International Association for the Study of Pain (IASP). (1979). Subcommittee on taxonomy: pain terms. A list with definitions and notes on usage. *Pain, 6,* 249–252.

Palermo, T. M. (2000). Impact of recurrent and chronic pain on child and family daily functioning: A critical review of the literature. *Developmental and Behavioral Pediatrics, 21,* 58–69.

Robinson, P., Wicksell, R. K., & Olsson, G. L. (2004). ACT with chronic pain patients. In S. C. Hayes & K. D. Strosahl (Eds.), *A practical guide to acceptance and commitment therapy* (pp. 315–345). New York: Springer.

Sleed, M., Eccleston, C., Beecham, J., Knapp, M., & Jordan, A. (2005). The economic impact of chronic pain in adolescence: Methodological considerations and a preliminary costs-of-illness study. *Pain, 119,* 183–190.

Turk, D. C., Meichenbaum, D., & Genest, M. (1983). *Pain and behavioral medicine: A cognitive behavioral perspective.* New York: Guilford.

Walco, G. A., Sterling, C. M., Conte, P. M., & Engel, R. G. (1999). Empirically supported treatments in pediatric psychology: Disease-related pain. *Journal of Pediatric Psychology, 24,* 155–167; discussion 168–171.

Wicksell, R. K., Ahlqvist, J., Bring, A., Melin, L., & Olsson, G. L. (2008). *Can exposure and acceptance strategies improve functioning and quality of life in people suffering from chronic pain and whiplash associated disorders (WAD)? A randomized controlled trial.* Manuscript submitted for publication.

Wicksell R. K., Melin L., Ahlqvist J., Lekander M., & Olsson, G. L. (2008). *Exposure and acceptance vs. a multidisciplinary treatment in children and adolescents with chronic pain: A randomized controlled trial.* Manuscript submitted for publication.

Wicksell, R. K., Melin, L., & Olsson, G. L. (2007). Exposure and acceptance in the rehabilitation of adolescents with idiopathic chronic pain: A pilot study. *European Journal of Pain, 11,* 267–274.

제6장

경계선 특징 청소년을 위한 변증법적 행동치료

Kristen A. Woodberry, MSW, MA, doctoral student in clinical psychology, Harvard University;
Rosemary Roy, MSW, manager, Adullt and Adolescent Dialectical Behavior Therapy
Programs, ServiceNet Inc., Northampton, Massachusetts; Jay Indik, MSW,
program director, Cutchins Programs for Children and Faimlies,
Northampton, Massachusetts

변증법적 행동치료(DBT)는 경계선 성격장애(BPD; Linehan, 1993a)를 보이는 성인 여성에게 경험적으로 입증된 치료법이다. 이것은 변증법적 구조에 기초하여 다수의 반대 견해를 균형화하고 동양 전통의 수용전략과 인지적 행동요법의 변화전략이 통합되어, 이러한 BPD 집단의 복합적 임상경과를 효과적으로 관리한다. 중다 무선 통제된 실험(RCT)이 일반 치료(Robins & Chapman, 2004 참조, 재검토용)와 BPD 관련 문제 감소를 위한 전문가의 치료(Linehan et al., 2006)보다 우수하다는 것이 오늘날 증명되었다.

이러한 근거에 기초하여, DBT의 광범위한 적용을 고려할 때(Swenson, Torrey, & Koerner, 2002), 청소년을 대상으로 한 적용에 관심을 갖는(Miller, Rathus, & Linehan, 2006) 것은 결코 놀라운 일이 아니다. 사전 임상 실험이 이러한 노력의 가능성과 잠재적 전망을 입증하고 있다(Katz, Cox, Gunasekara, & Miller, 2004;

Rathus & Miller, 2002). 이번 장에서는 DBT 기초이론, 구조, 전략을 마음챙김과 수용의 개념에 특히 집중하여 간단히 개괄할 것이다. 다음으로 청소년 대상 DBT 실행 중에 직면하게 되는 주요 문제와 이로 인해 야기된 공통 변화들에 대해서 재검토할 것이다. 마지막으로 이 장의 대부분은 외래 환자와 거주간호환경에 있는 청소년들을 대상으로 채택된 DBT 전략과 훈련들에 집중되어 있다. 또한 청소년과 가족들에게 수용과 마음챙김을 가르치는 과정이 강조되었다.

DBT의 간단한 개요

DBT는 경계선 성격장애(BPD)를 가진 성인용 치료법이다. 이는 대립이론의 통합에 대한 변증법으로, 가장 기본은 수용과 변화이다. DBT는 생물사회적 이론에 기초를 두고 있으며 이는 BPD를 특징짓는 행동적 패턴이 감정적으로 상처입기 쉬운 개인(아마도 대부분 생물학적 요인에 의하여)과 무기력하게 하는 환경(개인의 사적 경험이 무엇인가 틀리거나 적절하지 못하다고 의사전달해 주는 것) 사이의 상호작용 과정에서 발전되어 야기된 것으로 가정한다. 치료법은 관련 행동 목표의 분류체계와 치료단계에 입각하여 구성되었다. 전반 목표는 변증법적 행동 패턴 증가 또는 긴장감 및 상충되는 감정과 사실을 효과적으로 관리하는 능력의 증가에 있다. 그러나 첫번째 단계에서의 주된 행동 목표는 자살 및 자살관련 행동들의 감소, 치료효과를 방해하는 행동 감소, 그리고 개인의 삶의 질을 방해하는 행동 감소이다. 또한 이 단계의 최종 목표는 관련 행동 증가 또는 관련 행동능력 향상이다(Linehan, 1993a).

이러한 목표는 네 가지 전형적인 치료 형태, 즉 개별 치료, 기능훈련(일반적으로 집단 형식), 전화상담, 전문가 상담으로 나타난다. 부수적으로 약물요법도 대개 포함된다. DBT의 핵심 과정은 변증법적 전략, 수용중심의 확인전략 그리고 변화중심의 문제해결 전략으로 구성된다. 이 전략들은 유형에 따른 전략과 사례관리 전략으로 보완된다. 이름에서 유추해 볼 수 있듯이 변증법적 전략은 DBT 중심 전략이며 상반되는 반대 구성요소를 통합하는 것이다. 이로써 치료 관계에서 시간이 흐름에 따라 수용과 변화의 균형을 증진시킨다(Linehan, 1993a).

확인전략은 상대방에게 그 사람의 경험이 실재 사실인지 내담자와 의사소통함으로써 수용을 증진시키는 방법이다. 정서, 인지 또는 주어진 맥락에서의 행동 확인은 변화의 개념과는 뚜렷한 반대의 위치에 놓이게 된다. 확인은 구두적("당연히 너는 미쳤어")으로 그리고 기능적(목마른 사람에게 물을 갖다 줘)으로도 나타난다. 마지막으로 문제해결 전략은 본래 인지행동치료에서 온 것으로 행동 및 해결 분석, 기술훈련, 노출 그리고 인지수정을 포함한다. 기술훈련은 단지 DBT의 한 구성요소에 불과하지만 매뉴얼화되고, 개별 치료와는 별개의 시간이 주어진다. 이는 위험에 직면했을 때 기술습득 및 강화가 지속적으로 잊혀지지 않도록 해준다. 이 집단의 공통적인 결점을 다루기 위하여 마음챙김, 정서조절, 대인관계 능력, 고통허용 기술들을 가르친다. 모든 기술 영역이 수용과 변화 두 측면을 포함한다 하더라도 정서조절과 대인관계 능력 기술은 변화에 더 초점을 두며, 마음챙김과 고통허용은 수용을 증진토록 한다.

다른 수용중심적 치료들과의 차이

이 책에서는 DBT와 다른 수용중심적 치료의 차이점을 세 가지 방법으로 설명한다. 집단의 구성(계획된 집단), 무엇보다 중요한 변증법의 강조, 그리고 개념화되고 학습된 마음챙김이다. 경계선 성격장애는 특히 치료하기 어려운 장애로 주로 성격장애, 과격한 화병, 충동성, 불안정 대인관계, 재발성 자살징후 및 행위의 특징을 보인다. 변증법적 틀은 환자와 치료자가 효과적으로 복잡한 문제들을 해결하기 위하여 필요한 전략과 대립관점들의 통합을 촉진한다. 수용과 마음챙김은 비교적 덜 우선적인 문제들을 쉽게 만드는 데 매우 중요하며, 또한 이를 통해 비교적 중요한 문제들이 해결될 수 있다(Linehan, 1993a).

수용은 세상을 맥락 및 변증법적인 이해를 기초로 개념화된다. "수용 훈련은 지금 이 순간에 집중하는 것이며 '망상' 없이 현실을 있는 그대로 보는 것, 현실을 판단 없이 수용하는 것이다(Robins, Schmidt, & Linehan, 2004, p. 39)." DBT에서 마음챙김은 "개인이 자신의 일상을 자각하고 참여하는 것이다(Robins et al., 2004, p. 37)." 가장 기초적으로 DBT의 마음챙김 기술은 집중력 조절과정을 가르친다. 자신이 집중이나 주의를 잘 조절할수록 정서조절이나 다른 전략을 더 잘 선택할 수 있다.

그러나 DBT에서 마음챙김의 최종 목표는 자신의 경험으로부터 개인을 멀리 떨어뜨리는 것이 아니라 반대로 완전히 경험 속에 참여하도록 하는 것이다. BPD로 진단된 사람들은 대부분 회피적인 정서적 경험을 한다(Linehan, 1993a, 1993b). 마음챙김과 수용은 모두 정서 노출의 수단이며 정서적 정보에 대한 새로운 반응 형태를 학습하는 것이다(Lynch, Chapman, Rosenthal, Kuo, & Linehan, 2006).

훈련은 BPD 환자들의 심각한 정서회피 특성을 고려하여 간단하게 진행된다. 먼저 초 단위로 진행한 다음 분 단위로 진행된다. 또한 최종 목표가 현재 경험에 대한 자각의 증가인 만큼 특히 처음 단계에서는 외부 사건, 관찰, 생각, 신체감각에 맞춰진다. 우리가 고양이를 만질 때 느껴지는 감각들을 주의 깊게 인지하는 것처럼 구체적이고 간단한 방법으로 훈련을 시작하도록 한다. 더 길고 어려운 마음챙김 훈련은 되도록 비교적 짧고 쉬운 훈련이 있은 후에만 이루어지도록 한다.

청소년과 가족을 위한 DBT 적용

청소년과 가족을 위한 DBT 적용 시, 몇 가지 중요 쟁점들이 있다. 우리는 각 쟁점들을 진단적, 발달적, 그리고 맥락적인 세 가지 범주로 구분하였다.

진단적 쟁점

청소년을 대상으로 한 BPD 진단이 적절한지 아닌지에 대한 논쟁이 있으며(Meijer, Goedhart, & Treffers, 1998; Miller et al., 2006), 이에 따라 BPD 환자를 위해 설계된 DBT가 이 특정 나이 집단에 적절할 것인가 아닌가에 대한 의문들이 제기되고 있다. 청소년을 대상으로 한 DBT의 찬성 논란은 다음과 같다 : (1) 많은 청소년들이 DSM-IV-TR 진단과 일치하는 자해 및 자살적 행동을 포함한 정서 및 행동적 패턴을 보인다(Becker, Grilo, Edell, & McGlashan, 2002). (2) 성격장애는 청소년 시기부터 시작된다(American Psyciatric Association, 2000). (3) 치료를 필요로 하는 자살 및 자해적 청소년은 이질성, 복합증상, 높은 수준의 공병을 보인다는 면에서 성인 BPD 환자와 유사하다(Becker et al., 2002; D'Eramo, Prinstein, Freeman,

Grapentine, & Spirito, 2004). (4) DBT는 행동적 목표를 위해 명확히 단계별로 제공하는 동시에 관련성 있는 기술적 결점에 대한 기술훈련을 설명한다는 점에서 자학 및 자살의 위험에 노출된 집단에 특히 적절할 수 있다(Miller et al., 2006). (5) BPD 진단이 없다 하더라도 여러 복합문제 집단에 대해서는 DBT가 효과적인 것으로 나타났다(Robins & Chapman, 2004). 마지막으로 청소년 대상 DBT가 강조하는 점은 행동적 목표, 즉 자살 시도 및 생각, 자해, 격렬하고 부적절한 분노 등이고, 따라서 이러한 특성은 BPD 환자의 특징이기도 하다. 때문에 DBT는 궁극적으로 조기 중재에 도움이 되며, 나아가 성인기 BPD 예방에 도움을 줄 것이다(Miller et al., 2006).

발달적 쟁점

청소년기 발달 단계는 유년기와 성인기의 양쪽 모두의 관점을 수반하는 변증법을 나타낸다. 이는 복합적이고 복잡한 생물학적, 사회적, 심리학적 변화의 시기이다. 청소년을 돌봐야 할 책임이 있는 성인들 입장에서는 청소년이 강하게 느껴질 수도 있지만 실제 그들의 힘은 한계를 가진다. BPD 특성을 가진 청소년들의 행동은 성인들의 통제에 대해 특히 더 많은 반항을 한다. 변증법적 사고를 할 수 있는 역량이 있음에도 불구하고 BPD 특성을 가진 청소년들은 주로 높아진 자립심에 대해 준비가 잘 되어 있지 않다. 전반적으로 청소년들은 그때그때 다른 관점을 가지는 경향이 있으며(1년이 마치 영원한 것처럼 보임), 더 짧고 얇은 학습경력으로 인하여 순간적인 행동을 보일 가능성이 많다.

청소년 발달 연구 시 고려할 쟁점은 발달 단계에 적절한 발달과업을 이루는 것과 관련되어 있다. 임상가들은 청소년들이 빗나가지 않기 위해서는 병원, 학교, 가족 그리고 기타 환경요소들의 도움이 절실해진다는 것을 경험한다. Linehan(1993a)은 미성년자들의 경우 더 높은 환경적 중재가 필요하다는 것을 특별히 언급하고 있다. 그러나 환경 내에서의 가장 적극적 중재는 바로 DBT의 기초원리와 변증법적 긴장 속에 있다. 즉, 환자와의 상담이 그것이다. 환자의 뜻에 따라 행동하기보다, 치료자는 환자 자신이 그의 주위 환경과 어떻게 효과적으로 상호작용할 수 있는지에 대해서 상담한다. 예를 들어 특수교육 지도자와의 통화로 교실 배치의 적합성이나 개선을 논의하기보다는 환자가 특수교육 회의에서 자신의 의견을 옹호할 수 있는 방법을 코치해 주는 것이 임상가의 역할인 것이다. 잠재적 위협 상황에서 자신이 필요로 하는 것과 자신의 지원군을 식별하고 이해하는 학습은 시간을 필요로 한다. 불행하게도 환경적 변화의 지연은 좋지 못한 결과가 나올 위험을 증가시킨다. 우리 치료팀은 청소년과의 상담을 우선순위로 두어 이러한 변증법을 관리하였고, 동시에 가족들, 내과 의사 그리고 학교 또는 재가 치료팀의 구성원을 상대로 DBT 교육을 하였다(Miller et al., 2006).

맥락적 쟁점

청소년이 부모와 떨어져 산다 하더라도 가족은 가장 중요하게 고려해야 할 맥락적 변수일 것이다. 가족은 청소년의 삶에 있어 가장 큰 정서적 자극이자 지원군이다. 청소년과 성인 치료의 가장 큰 차이점은 바로 대부분의 청소년들이 집에서 부모들의 권한과 관심 속에서 생활한다는 것이다. 부모를 비롯하여 그 외 보호자들이 청소년의 안전에 대해 높은 책임감을 가지고 있으며 그들의 건강관리 비용을 감당한다. 임상가들은 부모들에게 직접적인 책임이 있으며, 부모들은 치료에 대한 법적 권한을 가지고 있다. 여기서 더 중요한 것은 부모들이 엄청난 자원이 될 수 있다는 것이다.

　마지막으로 또래의 중요성에 대한 고려 없이는 청소년을 치료할 수 없다. 행동치료를 진행하는 임상가의 경우 행동강화에 있어서 또래들 간의 상당한 경쟁에 직면하게 될 것이다. 만약 행동형성을 잘 할 수 있다면 싱싱한 당근으로 사용할 만한 어떠한 강화물이라도 동원하여야 한다. DBT 진행 시, 한 집단에 자연스럽게 10대 "리더"가 지정되면 또래들은 상호 간에 행동형성을 잘하게 된다. 우리의 경험에 따르면 각 개별 청소년과 접촉할 시간을 갖는 것, 임상가가 이미 그들에게 무엇이 중요하고 스스로 해야 할 것이 무엇인지 인지하고 있다는 것을 그들이 아는 것, 그리고 그들이 근본적으로 순수하고 상처받기 쉽다는 사실을 인지하는 것 등, 이 모든 요소들이 치료를 위한 노력에 매우 중요하다.

청소년과 가족의 DBT를 위한 구체적 전략

일반 DBT의 기본원리와 전략은 청소년과 성인에게 적합하다. 다음의 네 가지 영역인 개입전략, 가족을 대상으로 한 적용 전략, 유형에 따른 전략, 기술훈련에 대해 언급하고자 한다.

개입전략

성인과 달리 청소년들의 경우 대부분 치료에 참가하게 된 배경이 스스로의 의지가 있어 참여하기보다, 그들의 행동을 문제로 느끼는 사람들에 의해 시작된다. DBT는 개입과정을 상당히 중요하게 다루며, 모든 치료과정에 열중하는데 이로 인해 흥미로운 딜레마가 나타난다. 자신이 아프지도, 치료가 필요하지도 않다고 생각하는 청소년의 경우 DBT는 청소년들이 자신의 목표를 추구할 수 있는 힘을 길러주는 수단으로써 "판매된다(sold)". 치료에 대한 관심을 거부하는 청소년의 경우, 자신들이 무엇인가를 변화시킬 수 없다고 생각한다. 이때 전문가들은 그들이 관련 기술을 배울 수 있음을 인식시키고, 필연적인 변화 증거를 이끌어 내도록 해야 할 일이다. 또한 다른 사람의 목표를 돕거나 더 많은 힘을 얻는 데 필요한 준비를 하고자 하는 마음이 있는지 질문하여야 한다. 치료자와 가족 구성원이 치료에 대한 동일한 의무가 있다는 내용의 치료 계약은 그들에게 권한을 부여한다. 그러나 궁극적으로는 DBT가 청소년의 목표 달성과 직접적으로 연관되어야 한다(예 : 가출상황에서 귀가, 동료들 속에서 이전보다 안정감을 느낌, 성인들을 힘들게 하지 않음, 가치 있는 삶 창조). DBT에서 치료 목표에 대한 장 · 단기 목표의 설명은 자신이 참가하게 될 치료와 변화 과정을 준비하는 데 도움을 줄 수 있다. 청소년 DBT 치료 프로그램은 만일 치료적으로 잘 지시되고, 조직적으로 실행 가능하게 진행된다면, 가정이나 학교 내 코치로, 특전으로 또는 돈을 내고 활발한 수용, 참여, 기술연습을 받을 수 있다.

어떤 경우, 사전 개입에 대한 요구 없이 청소년을 DBT 치료에 지정한다. 이것이 본질적으로 "당신이 좋아하든 그렇지 않든 그냥 DBT 프로그램을 진행할 것"이다. 전문가들은 청소년들의 개입이 필요하다고 분명히 강조한다. 그렇다면 "우리는 이제 함께 하게 된 거야"라는 한 마디가 청소년들에게 도움이 될 것이다. 충분한 관계와 변화의 유익이 있을 때까지 청소년들의 참여와 개입 유지는 큰 역할을 할 것이다.

가족을 대상으로 한 적용 전략

일반적 DBT는 개인을 위한 인지행동치료이다. 얼핏 보면 가족의 포함이라는 점이 개별적 집중이라는 점과 대립적으로 보일 수 있다. 그러나 DBT의 변증법적 세계관은 이 둘을 통합하기 위한 자연스러운 틀을 제공한다(Linehan, 1993a; Woodberry, Miller, Glinski, Indik, & Mitchell, 2002). Linehan의 설명에 따르면 "변증법은 상호관계와 전체를 강조한다. 이는 현실에서의 계통적 관점을 취한다"(1993a, p. 31). 또한 가족이 청소년을 어떻게 구체화하느냐 뿐만 아니라 청소년이 가족을 어떻게 구체화하는지에 대해서도 고려한다. 변증법적 전략은 치료자들이 긴장과 균형에 주의를 두는 만큼 아주 중요하다. 마지막으로 입증과 문제해결 전략 역시 중요한데, 예를 들어 보자.

한 어머니가 17세 딸의 개인 치료자에게 연락하여 혹시 딸이 마약을 하는지에 대해 물었다. 왜냐하면 딸이 집에 와야 할 시간에 집에 돌아오지 않으면 혹시나 하는 생각에 딸의 안전이 걱정되었기 때문이다. 실제로 딸은 약물남용을 하고 있었고 성적 학대의 위험상황에까지 놓여 있었다. 그 어머니를 지도할 수 있는 또 다른 임상가가 있다면 매우 이상적이다. 그러나 동시적인 치료를 선택할 수 없을 때, 개인 치료자는 동시적인 요구와 권리를 관리하기 위하여 변증법적 틀을 차용할 수 있다. 청소년이 자신의 비밀에 대한 권리가 있듯이 어머니의 걱정도 당연한 것이다. 예를 들어 딸 스스로 자신을 보호하기 위하여 할 수 있는 일과 없는 일을 결정하는 일을 어머니가 알아야 할 필요가 없다는 것을 치료자가 인식시킬 수 있다. 때로는 단순히 부모들의 걱정을 확인하는 것만으로도 즉각적이고 효과적인 문제해결로 충분하다. 예를 들어 청소년 자녀들에게 다른 청소년처럼 행동하도록 하면서도 동시에 자녀의 안전을 지키기 위한 방법들을 생각해야 하는 부모들의 어려운 상황을 치료자들이 인정해 주는 것이다. 이 방식과는 다른 방법으로, 치료자가 딸이 어머니에게서 가장 필요로 하는 것이 무엇일지 어머니에게 질문한다. 이 방법은 딸의 치료자로서의 역할을 유지하기 위함인 것과 동시에 적절한 양육법의 강화를 위한 것이기도 하다.

　어떤 부모는 좀 더 직접적이고 자세한 도움을 필요로 할 수 있고, 어떤 위험행동은 청소년의 비밀을 지켜야 하는 치료자의 한계를 넘어서는 것일 수도 있지만 이러한 반응은 DBT의 변증법적이고 타당성 있는, 그리고 문제해결적인 전략과 일치한다. 개인과 가족의 경험 모두를 동시에 지킬 수 있게 되는 것이다. 이상적으로는 부모와 청소년 모두 서로의 경험을 존중하고 서로의 효과적 반응을 학습한다. 주로 부모들은 변화의 시작점이 될 수 있다는 예상과 함께, 이는 엄청난 권리가 부여될 수 있고 청소년을 이끄는 데 따르는 적극적 수용이 촉진된다.

　Miller와 동료들(2006)은 기술훈련의 부차적 모듈인 "중도 걷기"를 개발하였으며 이는 청소년과 가족들이 수용과 변화전략을 균형화하는 데 나타날 수 있는 구체적 어려움을 다루는 데 도움을 준다. Linehan(1993a)은 일반적 변증법적 딜레마가 청소년들과 작업할 때 매우 특이하게 나타나는데, 특히 청소년과 가족에게 나타나는 변증법적 딜레마가 발견된다(Rathus & Miller, 2000). 이것은 청소년, 부모, 치료자를 포함한 그 외의 성인들이 다음과 같은 쟁점들을 주저하는 경향이 있다는 것에 초점을 둔다. (1) 지나친 관대함과 권위적 통제, (2) 병적 행동의 표준화와 규범적 행동의 병리화, 그리고 (3) 자율강요 대 의존성 초래와 같은 쟁점이다. 이런 딜레마를 분명하게 하는 것은 청소년과 부모의 일반적인 갈등에 대한 변증법적 토론을 촉진한다. 또한 이 모듈에서 다른 두 주요 강조점인 행동주의의 원리와 교육을 위한 중요한 틀을 제공한다.

　청소년 DBT 프로그램은 여러 방법을 통해 가족들을 프로그램의 일원으로 만들었다. 청소년 개인 치료 회기 종결 부분에서 부모가 함께하거나 부차적인 가족치료에 참여하도록 한다. 어떤 프로그램은 부모를 위한 분리된 기술훈련 집단을 운영한다. 반면에 다른 프로그램은 공동가족 집단의 기술훈련에 부모님을 통합시킨다. 청소년들은 대체로 치료에서 자신이 유일한 초점의 대상이 되지 않아야 하고, 부모들이 새로운 행동방법을 학습하는 것이 얼마나 어려운가를 이해하는 것이 정당하다고 느꼈다. 모든 가족 구성원들이 기술을 훈련할 때 관계는 더 쉽게 바뀔 수 있으며 부모가 이를 인식할 때 기술행동은 더욱 강화된다. 부모 기술지도는 별개의 기술훈련 리더가 지정되거나 치료자가 가족치료를 진행하고 있을 경우 해당 청소년 치료자가 지정된다.

유형에 따른 전략

DBT의 유형에 따른 전략은 치료자의 의사소통 유형과 관련된다. 이 전략은 따뜻함, 날카로움, 빠르기, 반응성의 사용을 포함한다. 상호 이익과 불손함 모두 역할이 있으며 치료자는 반드시 이 둘 사이에서 빠르게 움직일 수 있어야 한다. 불손함은 특히 성인보다 청소년들을 상대로 하는 치료에서 더 큰 역할을 한다. 현명하게 활용할 경우 가장 정당하고 매력 있는 기술이 될 수 있다. 청소년과 관련하여 움직임과 타이밍에도 역시 지속적 주의를 가진다. DBT에서 최근 사용되기 시작한 용어 "재즈"는 움직임, 스피드, 흐름과 같은 개념을 젊은 집단과 통합하는 데 활용된다.

청소년에게 있어 타이밍의 역할에 대한 간단한 사례로 Joey의 이야기가 있다. Joey는 충동적이고 잠재적으로 폭력적이어서 기숙학교에서 개인 교사가 지정되었다. 그는 테이블 끝에 있는 연필이나 포크를 손가락으로 튕기지 않고서는 다른 사람들에게 전달할 수 없었다. 하루는 Joey가 테이블 끝에 있는 연필을 향해 다가왔다. 그는 손을 들어 올렸지만 튕기기 전에 멈칫하였다. Joey의 개인 교사는 Joey가 연필을 튕기기 이전에 잠시 멈춤으로써 연필을 튕기고자 하는 충동에 자각을 보였다는 점에 그의 관심을 돌렸다. 즉, 충동에 대해 주의함으로써 그는 연필을 튕길 것인지, 아니면 또 다른 행동을 선택할 것인지에 대해 자신을 조절할 수 있었던 것이다. Joey가 이 자각을 교사를 때리려고 했던 충동에 응용했다는 것이 너무 고마운 일이라고 생각하지만, 그의 행동조절의 변화는 단순하고 적절한 타이밍의 관찰과 중재에 의해 용이했던 것이다.

청소년을 능숙하게 다루는 임상가들은 변증법적 치료자들이다. 그들은 심각하면서도 심각하지 않게 청소년들을 대한다. 그들은 각 청소년의 경험, 강점, 잠재력, 고통, 두려움에 대해 깊은 존중을 나타낸다. 이와 동시에 장난스럽게 무미건조한 톤으로 대답하거나 농담한다. 그리고 심지어 고통 받는 청소년들이 자신들을 보고 웃을 수 있도록 하기도 한다. 도전을 심각하게 받아들이고, 힘겨루기를 타당성과 학습의 기회로 바꾼다. 나아가 그들은 단호함을 유지하거나 변화를 추진하기 위해 움직이고 멈춰야 할 때를 배우고, 개인 시간에 새로운 자각을 할 수 있도록 학습해 준다. 이러한 기술은 모두 DBT의 재즈와 관련된다. 그러나 이러한 기술은 목표의 명확성, 즉 DBT에서는 청소년이 가치 있는 삶을 설계하도록 돕는 데 있다.

기술훈련

발생학적 고찰은 기술훈련 자료에 많은 일반적 적용을 가능하게 했다. 예를 들어, 나이 적합성, 여러 관심영역 또는 단어 수준, 주의지속 시간이 더 짧은 젊은 층이 참여할 만한 더 짧은 원문자료 개발 등이 있다. 이러한 자료들은 전형적인 청소년을 다루기 위해, 시각적 이미지나 사례를 통한 설명 등으로 프로그램이 개선되어 제작된다. DBT 프로그램에 참여한 청소년들은 종종 기술훈련 회기의 길이를 단축시키고 (2.5시간 대신 1~1.5시간), 전체 치료기간이나 개입 역시 단축시킨다(6~12개월 대신 4개월). 또한 가족 내에서 장기적으로 상호작용 패턴을 변화시키고자 노력하기 이전에 청소년과 부모는 다른 가족과 함께 기술 연습을 할 기회를 갖기 위해 다가족 집단으로 진행된다. 다가족 집단 맥락은 개별가족 맥락에 비하여 더 많은 친사회적 행동을 유발한다. 높은 긴장상태나 논쟁 관계를 가진 가족의 경우, 기술훈련을 1회기 진행한 후에 개별가족치료를 활용하는 것이 더 좋다.

청소년들에게 DBT 기술을 가르치는 것은 창의성, 용기 그리고 융통성을 필요로 한다. 청소년의 경우 특히 대부분 긴 설교시간을 참지 못한다. 일반적으로 10대는 토론, 논쟁, 활동 또는 역할놀이에 참여하는 것을 좋아한다. 기술훈련가들은 전달하고자 하는 핵심에 집중하도록 해야 하며, 분명한 사례들을 제시하여야 한다. 특히 다가족 집단을 이끄는 경우 리더는 치료실 안에서 발생할 수 있는 논쟁에 대해 잘 알아야 하고, 집단의 에너지를 기술학습에 집중시키도록 해야 한다. 기술훈련 집단은 기술 습득과 강화의 기본적 형태이며 개인회기나 가족회기는 기술 강화와 일반화에 매우 중요한 역할을 한다.

변증법 가르치기

치료 전 과정의 기술훈련은 변증법적 틀 내에서 개념화된다. 따라서 변증법의 개념을 가르치는 것부터 시작한다. 다른 추상적 개념들을 가르치는 것과 같이 사례나 이야기를 활용하여 시작하는 것이 가장 좋다. 재미있는 유머와 함께 10대들은 누군가의 애정 및 동의를 원하는 한편, 누군가에게 절대 말도 하기 싫어지는 경험을 하게 된다. 그들은 모순된 관점이나 감정을 가져서는 안 되고, 자신들이 좋은 부모가 될 수 없다고 믿는 이들이 종종 있다. 부모는 상반되는 생각이나 감정을 가지는 것에 대한 "허용"을 받아들이면서 다양한 현실적 맥락 속에서 자신들의 권한을 어떻게 지킬 수 있는지에 대한 도움이 필요하다.

인지행동요법은 청소년들이 흑백논리 또는 "아무것도 변화하지 않을 거야", "아무도 날 좋아하지 않아"와 같은 전부 아니면 전무의 사고들을 인식하도록 가르치는 데 성공적이었다. DBT에서는 변증법적 주제들이 마음챙김(예 : "지혜로운 정신"에 감정과 이성을 통합), 고통허용(예 : 바로잡을 수 없는 불의에 대한 수용), 정서조절(예 : 정서적 충동과 대립적으로 행동함), 대인관계 능력(예 : 누군가에게 동의하지 않지만 이 사람을 허락하는 것)에 걸친 전관계 기술훈련이 수업에서 반복된다. 이런 방식으로 청소년과 가족들은 당면한 문제이자 해결할 수 없을 것 같이 보이는 갈등을 넘어서서 더 멀리 볼 수 있도록 학습하고, 처음에는 불가능하리라고 보았던 일이 이제는 자신이 원하는 것을 달성하도록 도울 것이라는 사실을 인식하게 된다.

은유법은 변증법적 사고에 필요한 내려놓기를 인정한다. 그러나 임상가는 반드시 그 개인이나 집단과 관련된 은유법을 선택해야 한다. 다음의 두 사례는 우리가 사용했던 은유법이다. (1) 변증법적 관점은 마치 이상한 나라의 앨리스가 토끼집구멍에 빠진 것 같은 느낌이다(두려움이 없지는 않지만 호기심과 독창적인 느낌을 가짐). (2) 재즈와 같이 예측 가능한 주제와 즉흥성 두 가지를 통합시킨다. 이는 유동적이고 강력하다(물이 어떻게 그랜드 캐니언을 만들었는지와 반대로 물이 어떻게 딱딱한 바위 사이에 끼어 있는지를 생각해 보라). 청소년 스스로 변증법적 입장을 나타낸 사례도 종종 있다. 운동 경기 중에 수비와 공격으로 왔다갔다 빠르게 위치를 바꾸는 경우의 예가 있다. Miller와 동료들(2006)은 청소년과 가족들이 좀 더 변증법적으로 생각할 수 있도록 도와주는 유인물을 제공하였다. 변증법적 사고에 대한 기초적 익숙함이 생기는 순간 연습과제 1을 실제 생활에서 연습하는 것이 재미있게 느껴질 것이다.

청소년들에게 수용과 마음챙김 가르치기

DBT의 수용전략은 변화전략을 균형 있게 하기 위한 명쾌한 가르침을 준다. 현실적으로 수용은 주로 변화가 수용에 의존하는 것과 같은 변화를 의미하거나 초래한다.

 연습과제 1 ⋯▸ "변증법적" 전화하기?

한 사람이 "변증법적" 역할을 자청한다 : 실행 가능한 변증법적 해결책 제공자
다른 사람은 변증법적 문제에 대한 "전화 참가자" : 이것도 저것도 할 수 없는 상황에 있음

양자택일 쟁점 : 1. 두 집단의 리더들은 과제를 시작하기 위해 모형을 설계할 수 있다.
          2. 모든 집단은 변증법적 해결방안을 브레인스토밍할 수 있다.

전화 참가자 사례	실행 가능한 변증법적 해결방안
"코를 뚫고 싶은데 어머니가 못하게 해요. 어머니가 코 뚫으면 음탕한 여자 같이 보일 거라고 얘기해요."	피어싱의 여러 종류와 왜 사람들이 피어싱하는지에 대해서 온라인이나 개별적 인터뷰를 통해 조사해 보세요.
"만약에 아들이 학교를 가지 않으면 집에서 쫓겨날 거예요. 아들한테 말해 줘도 듣질 않아요. 여전히 학교 가기를 거부하고 있어요."	아들이 가장 좋아하는 저녁을 만들고, 학교에 가고 싶도록 만들 수 있는 것들이 무엇인지 물어보세요. 학교 상담 지도자나 교감선생님과 연락하여 학교 측에서 제공할 수 있는 대안들에 대해서 탐구해 보세요.
"딸과 친해지고 싶은데 저를 때릴까 봐 겁이 나요."	일주일에 한 번 밖에 함께 나가서 이야기하거나 딸이 좋아할 만한 것들을 함께 하세요.
"어머니가 제가 얼마나 열심히 노력하는지 봤으면 하는 바람이지만 계속 저를 비난하기만 해요."	어머니께 본인이 어머니라는 것에 대해 자랑스럽게 생각하는 것이 무엇인지에 대해 물어보세요. 자기가 어떤 것을 해낼 수 있도록 도와주기 위해 열심히 노력해 주셔서 감사하다고 어머니께 말하세요.

우리는 여기서 수용을 가르치기 위한 세 가지 전략 또는 기술 분야에 집중하는데 그 것은 인정, 고통허용, 그리고 마음챙김이다.

인정

앞에서 논의된 바와 같이 인정(validation)은 수용을 증진하고 변화를 균형 있게 하는 기초 전략이다. 이는 DBT 내의 모든 치료적 상호작용의 한 부분이 될 것이고, 새로운 숙련된 행동을 강화하기 위한 힘과의 관계 형성과 개입을 도출해 내는 데 꼭 필요하다는 것으로 기대된다. 이 외에도 우리의 경험에 따르면 인정은 청소년과 부모 관계에서 가장 전환성이 높은 기술이다.

인정의 본질을 이해하도록 하기 위해 단순하지만 고통을 주는 이야기를 사용하는 것이 효과적이다. 우리가 효과적이라고 느꼈던 한 아동과 어머니에 대한 이야기가 있다. 실수로 상점의 유리제품을 깨뜨린 뒤 소녀는 울면서 엄마에게 왔다. 우리는 집단 구성원들에게 "엄마가 무엇이라 말했을지 맞춰보라."고 하였다. 대부분 동일하게 "괜찮아." 또는 "울지 마." 또는 "걱정하지 마, 엄마가 해결할게."라고 말했을 것이라 하였다. 실제로 엄마는 부드러운 말투로 "당황스러웠겠구나. 네가 일부러 깨뜨리려고 그런 건 아니었잖니, 그렇지?" 우리는 이 말을 듣고 자연스레 따라올 정적을 그대로 두었다. 수치심을 인정하는 데에는 무엇인가 아주 강력한 것이 관련되어 있다. "멈추게 하거나 또는 악화, 심화시키며 다른 일시적 감정으로까지 연결하려는 노력" 없이 고통스런 감정을 겪게 하는 것은 청소년과 부모 모두에게 새로운 경험이다. 이 이야기는 또한 비인정하는 효과를 만드는 것이 반드시 고의적이지 않을 수 있다는 것을 인식하는 단계를 마련해 주고, 자신과 다른 사람들을 인정하도록 하는 학습의 단계도 마련해 준다. 현재의 맥락을 인정하는 학습은 아픈 과거와 앞으로의 삶을 살아가는 것을 어렵게 생각하는 청소년과 가족들에게 중요하다. 현재에 초점을 맞추는 것은 자신의 경험과 행동을 방어하는 것으로부터 가치 있는 삶을 설계하는 데 적극적인 역할을 할 수 있는 방향으로 변환하는 데 중요하다.

Linehan은 DBT의 개발에서, 변화에 대한 일방적인 강조는 심각한 고통을 겪고 있는 개인에게는 비인정하는 경험이 될 수 있다는 사실을 발견하였다. 이와 유사하게 수용에 대한 지나친 강조 역시 자살충동을 가진 내담자에게 견디기 힘든 삶에 무언가를 변화시키기 위해 그가 취할 행동을 최소화시킬 수 있다. 효과적인 인정은 누군가의 경험, 가치 있는 삶과 목표를 향해 진보하기 위한 과감한 노력과 자의식을 비판단적으로 인정해 주고 공감하는 것에 대해 숙달된, 역동적 균형에 달려 있다. 하나의 인정이 다른 하나에게는 비인정으로 받아들여질 수 있다 하더라도 청소년들과 부모에게는 이러한 양자를 만족시키는 행위가 그들 모두를 인정하는 것으로까지 확대 해석된다. 치료자로 인한 인정은 중요하다. 특히 모형 설계 시에 매우 중요하다. 그러나 청소년이 자신의 부모를, 부모들이 자신의 자녀를 인정하는 것을 가르치는 것은 더욱 중요하다.

예를 들어 한 가족치료에서 18세 소녀 Lisa는 거의 치료의 종결 단계에 와 있었다. Lisa는 이전까지 혼자 따로 살기를 계획하고 있었지만 직업을 찾지 못하면 집으로 돌아가는 것조차 어렵다는 것을 알게 되었다. 어머니 Ellen은 구직활동을 도와줄 수 있는 Sally 숙모에게 전화하였는지 물었다. 그녀의 의붓아버지 Jeff는 자신이 그 나이 때 어려움을 헤쳐 나갔던 경험을 말하며, 그녀가 너무 쉽게 포기하는 것이 아니냐고 걱정하였다. Lisa는 즉각 끼어들며

Lisa : 아버지 생각에는 제가 아무런 노력도 하지 않는 것 같으세요? 제가 집에 가고 싶어 한다고 생각하세요? 저에게는 단지 최후의 수단일 뿐이라구요.

치료자 : (중단시킴) Lisa의 말에 대해서 어떻게 생각하세요?

어머니 : 난 너에게 집에는 항상 널 위한 공간이 마련되어 있다는 것을 말해 주고 싶었어.

의붓아버지 : 당연히 그렇지.

치료자 : (어머니에게) 당신이 이렇게 말하도록 만든 Lisa의 말은 무엇입니까?

어머니 : 제 생각에는 Lisa가……

치료자 : (끼어들어) 어머니의 생각이 정확한지 알아보기 위하여 딸에게 직접적으로 이야기하세요.

어머니 :	(Lisa에게) 네가 말한 대로라면, 우리가 마치 네가 집에 돌아오는 것을 바라지 않고 있는 것처럼 느껴지는구나. 난 우리가 과연 네가 집에 오는 것을 환영하느냐 그렇지 않느냐 문제가 아니라는 점을 네가 알았으면 해.
치료자 :	딸이 당신의 말을 정확히 이해했는지 확인할 방법이 있나요?
어머니 :	(Lisa에게) 이게 네가 생각하던 것이니?
Lisa :	(끄덕임)
어머니 :	난 단지 우리가 다시 예전처럼 될까 두렵구나.
치료자 :	지금 Lisa가 어머니의 말을 어떻게 이해하고 있는지 어머니가 알 수 있도록 말해 줄 수 있니?
Lisa :	어머니는 두려움을 느끼고 있어요. 저 역시 두려워요.
치료자 :	(Lisa에게) 보아하니 네가 걱정하고 있지만 아버지가 모르는 다른 무엇인가가 있어 보였어.
Lisa :	아버지는 제가 전혀 변하지 않았다고 생각해요. 마치 제가 일자리를 찾기 위해서 아무런 노력도 하지 않았다고 생각하는 것처럼 말이에요.
의붓아버지 :	제 생각에는 딸이 많이 변화되었다고 생각해요. 하지만 딸이 지금에 와서 포기할까 두려워요.
치료자 :	딸이 변화하였다는 것을 Lisa에게 직접적으로 말해 줄 수 있나요?
의붓아버지 :	난 네가 만든 변화들에 대해서 자랑스럽게 생각한다. 너는 또한 내 자신을 바꾸는 데 도움을 주었어.
Lisa :	(울음을 터뜨림)

앞의 회기, 특히 정서적인 부분에서 모든 회기가 인정에 소요될 수도 있다. 인정은 문제해결을 위한 준비성을 촉진시킬 뿐만 아니라 어떤 문제들이 해결되어야 하는지를 명백히 보여주는 데 도움을 준다. Lisa는 자신의 부모가 발전을 인정해 주고 단순히 그녀가 집에 오는 것을 반대하는 것이 아니었다는 것을 알게 되면서 부모님의 적

극 참여와 함께 문제를 더 잘 해결할 수 있었다. 그러나 개별 DBT의 경우 가족회기에서 수용과 변화 사이에 유의해야 할 균형점이 있다. 만약 이 회기가 인정으로 멈춰버리고 다음 단계인 문제해결을 하지 않으면 가족들의 현실적 걱정은 인정되지 못한 것과 같아진다.

가족회기는 기술 연습과 기술을 필요로 하는 상황에서의 기술들을 가족 구성원이 일반화하는 데 많은 기회를 제공한다. 아주 잘 구성된 과제는 인정과 문제해결을 더 효과적으로 균형시킬 수 있는 새로운 양식의 상호작용을 학습하는 데 도움이 된다. 또한 어느 부분에서 균형이 필요한지 그 징후를 인식할 방법도 학습할 수 있다. 만약 어떤 사람이 아무도 나를 이해하지 못한다며 방어적으로 행동하거나 불만을 표시하면 치료자는 그에게 사려 깊은 경청을 훈련시키고 변화에 대한 노력을 일시적으로 그만두게 할 수도 있다. 만약 어떤 사람이 아무런 변화가 없을 것이라며 계속 불안해한다면 이는 문제해결로 전환할 타이밍이다. "아무런 변화가 없을 것이라고 느끼는 당신의 감정을 충분히 이해합니다"라고 말하는 것은 오히려 비인정이라 할 수 있다.

"과격한 진실성"은 청소년을 상대할 때 특히 중요한 인정수준이다. 철저한 진실성에 대한 사례로는 치료의 어려운 과정을 맞은 어머니(Debra)와 딸(Eliza)의 가족회기가 있다. 딸은 다음과 같은 대화가 오고간 후 마침내 치료 환경을 벗어날 준비가 되어 있었다.

Debra : 난 단지 딸과 좋은 관계를 유지하고 싶어요.
치료자 : (반어적으로) 행운을 빌어요.
Eliza : (웃음) 이게 바로 어머니가 마지막으로 저에게 말해 주길 바랐던 말이에요.
Debra : (역시 웃음) 장난치지 마. 얼마나 말하기 어려웠는데.

치료 관계가 좋지 못했다면 Debra와 Eliza는 아마도 위의 상황을 공격적이고 모욕적으로 느꼈을 것이다. 위의 경우 치료자의 철저한 진실성은 관계 형성에 대한 열망, 성취, 유지가 얼마나 어려운 것인가를 인정하고, 이전에는 어렵게 느꼈던 상황에서 현재 웃을 수 있는 상황에 오기까지 겪었던 과정을 곰곰이 생각하게 하였다.

철저한 진실성은 또한 인정의 변증법적 형태가 될 수 있다. 사랑스럽게 "바보야"라고 자신을 보잘것없이 생각하는 사람에게 이야기한다면, 이는 그 사람의 자존심을 더 인정해 주는 것이 된다. 신뢰와 관심의 맥락에서 표현된다면 신중한 반어법이나 확대해석(의도한 것보다 더 심각하게 생각함)도 불안감이나 절망감을 일제히 인정해 줄 수 있고 희망, 경쟁, 관계를 증진할 수 있다. 기능적 인정과 같이 철저한 진실성은 사람의 경험을 행동적으로 반응함으로써 인정한다. 청소년들의 언어(예 : 빠른 말장난)나 비언어적 표현은 사려 깊게 듣기보다 인정을 더 잘 나타낼 수 있다. 그러나 이름에서 볼 수 있듯이 철저한 진실성은 진지하면서도 근본적이어야 한다. 청소년은 성의가 보이지 않거나 가식적 친근함의 발언을 과하게 할 경우 더 이상 못 참아 한다.

기술훈련에서 역할극은 인정을 가르치고 훈련하는 데 필수적이다. 역할극을 통해 부모와 자녀가 서로의 역할을 바꾸어 보고 서로의 관점에서 생각해 볼 수 있는 다양한 기회를 제공한다. 점차 어려운 역할극 시나리오를 사용함으로써 맥락의 핵심을 드러나게 하거나 강화시킬 수 있다. 실제 사람들은 마땅히 인정받아야 된다고 예상하는 사람(역할 담당자)에게 그것을 요청함으로써 예측 가능하고 부정적인 상호작용 양식을 변화시킬 다른 방법으로, 인정을 사용한다는 개념에 대해 이해한다. 이는 청소년과 부모로 하여금 다른 것을 인정하기 전까지는 자신이 인정받기를 기다리지 않도록 만든다. 연습과제 2에서는 청소년과 부모에게 적합한, 실행 가능한 역할극을 보여주고 있다.

고통허용

고통허용 기술은 어떠한 종류의 문제행동(자해, 공격성, 약물복용 등)에도 개입하지 않고 격렬한 부정적 정서를 견디는 것이다. 주된 과제는 고통을 초래하고 바꿀 수 없는 상황과 고통을 수용하는 것을 학습한다. 청소년의 수용을 가르칠 때는 "생존기술"의 구체적인 부분에서 더 깊고, 오래 지속되는 수용의 진행과정을 따른다. 청소년들은 위기 생존기술을 빠르게 습득한다. 그 순간에 무엇을 해야 할지 모색하는 데 열의를 보인다. 예를 들어 손목에 고무 밴드를 묶어 손목을 긋고 싶은 충동을 방지한다. 표 6.1은 청소년들이 유용하게 느끼는 활동들을 정리하였다.

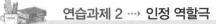

연습과제 2 ⋯ 인정 역할극

지시 :

1. 리더는 각 참가자의 기술수준에 맞춰 역할을 지정한다. 때로는 특정 역할을 반대로 하는 것이 더 재미있을 수 있다(청소년이 성인 또는 교사의 역할 담당).
2. 참가자들은 관련 유인물을 참고하거나 집단 구성원들에게 물음으로써 암시를 얻을 수 있다.
3. 언어 및 기능적 인정 모두의 사용을 격려하라.
4. 인정된 사람은 인정이 발생하였는지의 여부에 대해 결정한다. 인정치료를 하고 있는 사람들에게 비언어적 사인을 볼 수 있도록 가르치고 그 사람이 인정된 것처럼 느끼는지 물어본다.

개인 인정하기	가능한 대답
1. 아동이 자기의 신발 끈을 묶고는 환하게 웃는다.	"우와, 너 스스로 자랑스럽게 느껴지겠구나."
2. 엄마가 피곤해하고 아무 말도 들으려 하지 않는다.	"나중에 말씀 드리는 게 더 좋겠지요?"
3. 교사(비꼬며) : "드디어 네가 숙제를 했구나. 놀라운데!"	"네, 이날을 위해 오래 기다리셨어요."
4. 아버지 : "내가 도움을 필요로 할 때는 거드름 피우더니 네가 도움이 필요할 때는 바로 아첨하는구나."	"아버지 말씀이 옳아요. 짜증 나신 거 충분히 이해해요. 요즘 제가 좀 이기적이었어요."
5. 10대 : "오늘 저녁 시금치예요? 아시잖아요, 제가 이번 주에 얼마나 힘들었는지."	"아가야, 오늘은 퓨어 초콜릿 먹기 좋은 밤이지?"
6. 자녀가 숙제도 안 하고 텔레비전을 보고 있다.	자녀 옆에 앉으며 "숙제 시작하자니 어렵지?"
7. 친구는 그 소녀가 못생겼다고 뚱뚱하다고 말한다. (아동들이 소녀를 놀려 왔음) 소녀에게 "너는 뚱뚱하고 못생기지도 않아"라는 말 없이 그녀의 느낌을 인정할 수 있니?	"그 아이들은 정말 못됐어요. 그 아이들의 말을 들으려 하지 않는 게 쉽지는 않을 거예요."

높은 수준의 수용기술을 가르칠 때 이야기가 효과적임을 발견하였다. 소리 내어 읽기는 특히 대부분의 집단 구성원들을 부드럽고 조용하게 만들었으며 수용에 필요

표 6.1   청소년의 위기 생존기술 실례

교실 또는 집단 공간

교실 속의 색깔 수 세기	스트레스 공 꼭 쥐기
그리기, 낙서하기, 또는 일지 쓰기	조용한 장소나 좋아하는 장소 그리기
조용히 손으로 드럼 치기	무엇인가 즐거운 것을 하는 자신의 모습 그리기
수업시간에 집중하기	숨 깊게 쉬기 : 내뱉는 것을 기준으로 횟수 계산
교사가 말하는 동안 어떻게 목소리가 변하는지 듣기	가장 좋아하는 노래를 머릿속으로 불러보기
가장 좋아하는 애완동물이나 동생 생각하기	잡지 보기
누군가와 이야기하기 위하여 교실을 나갈 수 있는지 허락 받기	

집에서 혹은 개인적으로

전화로 대화하기	저글링하기
가장 좋아하는 책이나 이야기 읽기	향수나 화장수 냄새 맡기
액세서리 만들기	강아지 산책시키기
손톱칠하기	친구에게 즐거운 쪽지 쓰기
단어 검색 완성하기	동생 숙제 도와주기
컴퓨터 게임하기	음악에 맞춰 춤추거나 운동하기
초콜릿 만들기	밖에 나가서 달리기
인형을 위해서 무엇인가 만들기	화장하기; 새로운 스타일로 머리모양 바꾸기
할머니께 전화 드리기	야구 카드 분류하기
자전거 타기	사진첩에 사진 정리하기
	드럼 치기

한 개방을 촉진시켰다. 수용을 가르치기에 효과적인 이야기는 "레몬을 이용하여 레모네이드 만들기"를 할 수 있도록 하거나 자기는 조금 마시더라도 남들에게 나누어 주는 것, 불행한 장소에서 반대로 아름다움 찾기와 같이 참기 힘든 상황에 대한 그림

을 그려보게 한다. 다음으로 집단 구성원들이 수용하도록 학습한 또는 수용하고자 노력하는 상황들을 정리한다. 예를 들면, 부모의 이혼이나 집에서 떨어져 생활하는 것, 여드름, 스포츠 팀에서 제외되는 것, 또는 친하다 생각했던 친구에게 남자친구를 빼앗기는 것이 있다. "이러한 상황들을 어떻게 수용하게 되었니?" 또는 "이런 상황들을 수용해야겠다고 느낀 것이 언제니?"라는 질문을 함으로써, 누가 가장 최악의 사건이나 문제를 수용해야 하는가 하는 경쟁의 방향으로 훈련이 흘러가는 것을 방지한다. 청소년들은 주로 수용하도록 학습한 것들에 대해 서로 경쟁하고 싶어 하며, 이들이 자신은 수용하였다고 말하더라도 때론 실제로 수용했는지에 대한 생각이 들 때에 이러한 사항을 언어적으로 말하게 하는 것은 중요한 첫 번째 단계이다. 임상가 자신의 사례에서, 그대로 두어야만 할 어떤 것을 수용했었고, 다시 반복해 그것을 수용했던 때에 대한 개인적 사례 제시는 과정의 일반화에 도움이 된다.

또한 청소년들은 비수용 경험도 좋아했다. 청소년과 부모가 모두 경험한 이에 대한 사례로는 자신의 입장 굽히지 않기, 함께 지냈던 남자친구나 가장 친한 친구에 대한 거짓말 퍼뜨리기, 또는 부모가 틀렸음에도 아들이나 딸이 틀렸다고 주장하기가 있다. 리더는 그것이 고통스러운 느낌마저 보이도록 만들기 때문에 우리가 종종 수용을 회피한다는 사실을 모두에게 상기시킬 수 있다. 고통을 회피하기 위해 우리가 하는 행동들에 대한 웃음과 고통이 아프게 한다는 조용한 동의가 교실 안에서 섞인다.

신체상 활동은 특히 청소년에게 유용하다. 아주 세게 주먹 쥐었다 천천히 펴는 것, 또는 발을 가까이 붙여서 뻣뻣하게 서 있는 것과 다리를 벌려 무릎을 구부리고 있는 것의 안정도 차이(특히 누군가 밀었을 때) 등에 대한 비교를 할 수 있다. 임상가나 스태프들은 이러한 종류의 이미지를 불러일으킴으로써 하고자 하는 의지를 가르칠 수 있다. 이는 간단하게 "자진하여 돕거나" "자발적인 태도를 취하게 함"으로써 가능하다. 자신의 몸이 긴장감을 어떻게 버텨내는지 관찰하고 이를 다시 완화시키는 것을 배움으로써 수용학습을 위한 하나의 구체적 단계가 된다. 이를 가르치는 프로그램을 "크게 한숨짓기"라 부른다. "크게 한숨짓기(shrug and a sigh)"를 세 번 하면 자신이 동의하지 않는 상황에서도 그것을 수용하도록 도와준다. 청소년들의 경우 주로 스키, 춤추기, 스케이트보드 타기 또는 그 외의 "놓아주기"를 함으로써 더 잘할 수 있는 활동들에서 그 사례를 찾아볼 수 있다. 예를 들어, 언덕 아래를 똑바로 바라보고 무릎을 굽히거나 특정 행동으로 자신을 완전히 내던지는 것이 있다. 임상가는 각자의 삶의 수용에 대한 이미지를 적어도 한 가지 생각해 보라고 하거나 또는 해결방법이 없거나 수용할 수 없는 상황에 대해서는 흘려보내라고 요구한다.

마음챙김

마음챙김 도입은 아이들의 참여를 이끌어 내기 위하여 중요한 부분이다. 어떤 집단은 이미 잘 알고 있기도 하며 또 어떤 집단은 마음챙김의 개념을 듣는 순간 바로 흥미로움을 느낀다. 그리고 아이들은 집단 마음챙김 훈련에 참여하고 싶어서 얼른 자원한다. 어떤 아이들은 마음챙김이 "시시하다" 또는 "지겹다"라며 불만을 표시한다. 마음챙김 훈련을 가르치기 위해서는 창의성과 에너지가 필요하며 이 훈련은 곧 능력과 성공으로 이어진다. 청소년들의 마음챙김 참여를 유도하기 위해 때로는 융통성과 개입이 필요하다.

　　Linehan은 마음챙김을 "지혜로운 마음"의 개념으로 설명한다. 이는 "정서적 마음"과 "이성적 마음"의 합성어이다. 더 간단한 방법으로 지혜로운 마음을 설명하자면 아는 것은 느낌과 생각 둘 다를 포함한다는 의미이다. 청소년들이 관계에 몰두하는 만큼 한 사람이 누군가에게 미친 듯이 빠져 있는 것을 정서적 마음의 한 예로 볼수 있다(흥분되고 고무적이며, 에너지 넘치는 그리고 지독할 만큼 빠져들게 만든다). 반대로 공통된 관심사나 가치관에 대해 조심스럽게 생각하는 것이나 자신의 배경과 목표가 모순이 없는지에 대해 생각하는 것은 이성적인 마음의 사용이다(더 조용하고, 이론적이고, 단계별 과정). 지혜로운 마음은 정서적 마음의 열정과 이성적 마음의 이론을 결합할 때 만들어진다. 만약 단순히 열정으로만 한다면 나중에 열정이 점차 사라지고 자신에게 아무것도 남겨진 것이 없다는 것을 알았을 때 다시 고통을 느끼게 될 것이다. 단순히 이성으로만 행동한다면 곧 열정을 잃고 관계 형성이 어렵게 될 것이다. 지혜로운 마음은 느낌과 이성 두 가지 모두를 고려한다. 은유법의 사용은 청소년들로 하여금 추상적 개념과 실제 삶의 응용 사이에 존재하는 격차를 뛰어넘을 수 있도록 도와준다. Linehan(1993a, 1993b)은 많은 은유를 제시하며 이 중 상당수가 청소년들을 대상으로 높은 효과를 보인다고 하였다. 다음의 내용은 우리가 이 연령 집단에게 지혜로운 마음을 가르칠 때 사용한 활동들이다.

지혜로운 마음 가르치기 훈련

빨간색과 파란색을 섞으면 보라색이 된다　　　지퍼백을 이용하여 1/4 컵 정도의 파란색 페인트를 한쪽 구석에, 그리고 1/4 분량의 빨간색 페인트를 반대 구석에 놓는다. 청소년들에게 파란색을 이성적 마음으로, 빨간색을 정서적 마음으로 생각하도록 한다. 그리고 이 두 가지 색을 섞어 지혜로운 마음(보라색)을 만든다. 새로 만들어진 색깔에서 빨강과 파랑을 찾을 수 있는지 잘 살펴보아라.

진흙 침전　　　음료수 병이나 단지의 1/3을, 흔들었을 때 가라앉는 흙과 먼지로 채운다. 물을 붓고 뚜껑을 닫는다. 진흙이 되도록 흔든 다음 가라앉는 모습을 지켜본다. 그리고 한 사람이 지혜로운 마음을 가지는 데 시간이 어떻게 도움을 주는지에 대해 이야기한다. 병이나 단지를 자신의 방에 놓아둠으로써 이를 통해 행동하기 이전에 감정과 생각을 안정시키는 시간을 가지도록 청소년들을 일깨워준다.

동전과 책　　　"누가 이 동전 가지고 싶니?"라는 질문을 던져 지원자를 받는다. 지원자를 집단 앞으로 불러 실제 삶에서의 어려움에 대해 생각하게 하고 손을 내밀도록 하였다. 한 손에는 동전을 놓는다. "만약 네가 단순히 이성의 이야기만 듣고 감정은 무시해야 한다면 어떻게 하겠니?(강한 감정 앞에서 이성은 말이 없다)" 다른 손에는 사전 같은 큰 책을 놓는다. "만약 감정의 소리만 들어야 한다면 어떻게 하겠니?(정서적 마음은 지금 들고 있는 무거운 책처럼 목소리가 크고 명백하다)" 그런 다음 이와 같이 설명한다. "지혜로운 마음은 감정과 이성 두 가지를 동시에 느낄 때 나타나. 이는 시끄러운 감정이 조용한 이성을 끌어내게 하지 않지. 두 가지 모두를 장·단기적인 마음으로 유지하는 거야. 자신의 정서적 마음과 이성적 마음 모두를 존중하기 위해서 무엇을 할 수 있을까?" 이에 대한 대답은 대부분 놀라울 정도로 창의적이다. 다음으로 청소년들에게 선택권을 준다. "동전을 가져가 사용하거나 주머니에 넣어두고 지혜로운 마음 마술 동전으로 쓸 수 있다. 어려움을 느낄 때, 동전을 문지르고 지혜로운 마음이 하는 말을 집중해서 들어라."

실생활의 어려움에 관련한 지혜로운 마음훈련 준비에는 한 단계 더 많은 준비를 요구한다. 예를 들어, "정말 친한 친구에게 2주 전 빌려준 3만 원이 나에게 꼭 필요하다고 말한다. 아마 친구는 돈이 없을 것이다. 정서적 마음과 이성적 마음이 이에 대해서 어떤 제안을 하는가? 무엇이 과연 이 상황을 대처하는 지혜로운 마음의 방식인가?"

DBT에서의 마음챙김 가르치기는 개인으로 하여금 자신의 마음, 특히 집중력을 조절하도록 가르치는 것부터 시작한다. 유용하다고 생각되는 한, 각 개인에게 방을 둘러보고 (조용히) 방에 있는 모든 회색의 물건을 찾은 다음 모든 검정색 물건을 찾도록 하였다. 그리고 눈을 감게 하고 방금 보았던 회색의 물건을, 다음으로 검정색 물건을 떠올려 보라고 하였다. 여전히 눈을 감고 빨간색이나 녹색 또는 파란색(색깔을 말하는 중간중간 잠시 쉬어 생각할 시간을 제공) 물건을 생각해 보라고 하였다. 대부분의 사람들이 자신이 찾은 다양한 회색이나 검정색 물건에 대해 말을 하지만, 반면에 다른 색의 물건에 주의하지 못했다는 점에 다소 속은 느낌이나 당황함을 가진다. 여기서 리더의 역할은 대부분 회색 및 검정색 물건을 기억하였다면 그들 모두 집중력 조절에 성공했다고 지적한다. 아마도 이들은 이전에 인식하지 못했던 많은 물건들이나 특징을 알게 되었을 것이다. 또한 결과가 성공적이라는 것을 이해시키기 위하여 칭찬을 아끼지 말라. 이 훈련은 집중력의 초점에 따라 우리가 보는 것이 결정된다는 것과 같이 좀 더 추상적인 가르침을 위해 활용될 수 있다. 임상가들은 사람들이 자신이 보고자 했던 것만 "본" 상황을 통해 대인관계나 다른 상황들의 사례를 이끌어 낸다.

우리는 Ellen Lagner(1997)의 마음챙김 학습 전략을 발견하였는데 이는 마음챙김에 대한 전반적 개념화가 DBT와는 다르지만 청소년들에게 특히 도움이 된다(Langer, 1997). 이 전략은 청소년들의 집중력 이동을 지속시키고(예 : 걸어가면서 특정 색의 옷을 입은 사람들을 찾기 또는 특정 식물 찾기) 새로운 것이나 변화, 또는 다른 점(예 : 방에 있는 사람을 나가게 하고 자신의 외모 한 부분에 변화를 준다. 그리고 내보낸 사람을 다시 불러들여 그 사람이 변화를 알아차리기까지 걸리는 시간을 확인한다)을 찾아보도록 가르친다. 자신에게 질문하고 다양한 감각을 활용하는 방법을 배우는 것은 청소년들의 자연적 호기심을 깨우는 역할을 한다. 또 다른 사례로, 임상가가 특정한 종류의 한 색깔의 꽃을 각 개인에게 한 송이씩 나누어 준다(예 : 모든 사람들이 보라색 튤립을 받음). 각각의 꽃을 단순히 "보라색 튤립"이라 부르기보다 청소년들로 하여금 자신이 가지고 있는 각각의 튤립에서 특이한 사항들을 찾아보라 한다. 예를 들어 과연 청소년들이 자신의 튤립을 다른 사람에게 어떻게 설명할 것인가? 자신의 튤립을 이와 같은 방법으로 살핀 후, 자신의 꽃을 다시 꽃병에 꽂게 하고 임상가는 꽃을 모두 섞는다. 회기 끝에 청소년들에게 자신의 꽃을 찾아보라고 한다. 청소년들은 자신의 꽃을 어떻게 찾았는지에 대해 더욱 공유하고 싶어 한다.

이 훈련에서 학습한 전략들을 신체감각, 호흡, 또는 생각에 집중하기로 연결시킬 수 있다. 활동적이고 다양한 훈련은 높은 학습장애나 집중력 조절장애를 겪는 젊은 사람들에게 특히 유용하다. 특별히 사람들이 선호하는 게임으로 스냅, 크래클, 팝(연습과제 3)이 있다. 이 게임의 장점은 집중된 주의력과 유연성을 훈련하기 위해 경쟁과 사회적 압력이 존재한다는 것이다. 그러나 게임에서 가장 핵심적인 역할은 실수하는 사람들에게 주어진다. 이들이 "방해자", 즉 주요 과제를 수행하고 있는 사람들을 혼란스럽게 만드는 역할이다. 여기서의 중점은 증가하는 혼란 속에서 지속적으로 집중력을 발휘하는 것이 실생활에서 마음챙김이 가능하도록 하는 노력의 은유가 된다는 점이다. 청소년들은 자신들의 마음이 어떻게 분산되는지 알게 될 것이며 다시 주의력을 불러올 수 있는 훈련이 필요하다는 것을 느끼게 될 것이다.

Linehan은 지혜로운 마음을 달성하기 위한 여섯 가지 마음챙김 기술을 구상하였다(Linehan, 1993b). 이는 'what'과 'how'의 기술 두 가지로 분류된다. 'what' 기술은 관찰, 설명, 참여를 포함하는 자각의 생활을 발달시키기 위한 기술을 포함한다. 만약 "관찰하고 있다"면, 그것이 무엇인지 인식하고 감지하는 것을 말한다. "설명"은 자신의 경험에 대한 말들을 조화시키는 것이며, "참여"는 완전히 존재하는 것이자 경험 속으로 자신을 던지는 것이다.

청소년들에게 "관찰"하기를 가르치는 것은 쉽지 않다. 왜냐하면 분류 없는 관찰은 추상적인 과제이기 때문이다. 한 가지 방법으로 45초 동안 전혀 움직임 없이 앉아 있도록 하고, 움직이고 싶어 하는 모든 충동에 주의하는 것이다. 이 훈련의 추가적 효과

연습과제 3 ···▶ 스냅, 크래클, 팝

이 연습은 DBT의 "how" 기술과 "한곳에만 마음챙김"("one-mindfully")을 가르치는 데 유용하다. 시작하기 전에 이전 참가자들이 마음을 다하여 한 번을 하는 동안 겪었던 어려움들에 대해 이야기한다.

1. 모든 참가자들을 원형으로 모이게 하여 세 가지 팔 동작을 가르친다.

   스냅 : 한 팔을 가슴을 향해 대각선으로 구부린다. 손가락은 왼편 또는 오른편 사람을 가리킨다.

   크래클 : 머리 위로 대각선으로 팔을 구부린다. 손가락은 왼쪽이나 오른쪽을 가리킨다.

   팝 : 팔을 앞으로 곧게 펴고 손가락은 원에 있는 아무 사람을 가리킨다.

   모두가 동작을 완전히 알 수 있도록 연습하고 다음의 순서를 익힌다 :

   　한 사람이 스냅을 시작하며 "스냅!"이라고 동시에 외친다.

   　손가락 가리킴을 받은 사람은 크래클 동작을 하며 크래클이라 외친다.

   　다시 가리킴을 받은 사람은 팝 동작을 하며 팝이라 외친다.

   　가리킴을 받은 사람은 스냅부터 다시 시작한다.

2. 방해자의 역할을 설명한다. 열심히 방해자의 사례를 유도한다. 예를 들면, 생각, 사람, 감각, 정서 등이 있다. 한 사람이 실수를 하면(스냅 동작을 가슴이 아닌 머리 위에서 대각선으로 팔을 구부린 경우 또는 팝 다음에 크래클을 외치거나 시간을 끄는 경우) 그 사람은 게임에서 아웃된다. 이렇게 아웃된 사람들이 바로 방해자가 된다.

   　아웃된 사람들에게 다른 사람들을 방해하는 게임에 임할 때, 장난이 아닌 진지하게 참여하고 창의적일 수 있도록 격려한다. 필요한 모든 기본 규칙들을 설정한다(접촉하기 없기, 말하기 없기, 또는 사람이나 가구를 손상시킬 수 있는 행동 금지. 다칠 위험이나 물건 손상과 함께 감정 손상도 포함됨).

3. 리더는 반드시 누가 게임을 시작할지 분명히 하여야 한다. 누가 방해자가 되어야 할지 판단할 준비를 하고 도움이 필요할 경우 게임을 지도하라(예 : 게임의 속도를 좀 더 빠르게 해야 할 필요가 있는 경우).

   　모든 사람들이 동작, 진행과정, 규칙에 대해서 이해했으면 게임을 시작한다. 게임의 주요점은 진지하게 열심히 참여하여 게임을 이어가는 것이다. 어떤 사람이 틀려서 방해자가 되면 그 사람의 왼쪽에 위치한 사람이 다시 새로 게임을 시작한다. 이 게임은 1~2명 정도만이 남거나 시간이 다 되면 끝이 난다.

4. 게임에 대해 말하기, 다음과 같은 질문을 활용하라.

   ■ 가장 방해되었던 것은 무엇이며 왜 그러한가?

   ■ 집중하기 위해서 어떠한 방법(오로지 원 안을 본다거나 머릿속에 스냅, 크래클, 팝 반복하기, 마음 편하게 먹고 편안한 자세 취하기)을 활용하였는가?

   ■ 어느 방법이 성공적이었는가?

   ■ 실상황에서 마음을 다하여 참여하기 위하여 어떠한 방법을 활용할 수 있는가?

는 충동관찰이 이를 행동으로 옮기는 또 다른 선택사항이 된다는 점이다. 우리는 또한 청소년들에게 어떤 것을 분류하지 않고 자각한 경우에 대해 생각해 보라고 했다 (예 : 엄청난 고통 또는 불편함). 청소년들은 자신들이 알고 있는 것이나 생각하는 것에 대해 언어적으로 말하는 것에 익숙한 만큼 "설명하기"를 가르치는 것이 쉬워진다. 설명하기를 가르치기 위한 과제는 내담자로 하여금 여러 느낌을 세부적인 서술적 내용들로 분석하도록 하는 것이다. 예를 들어, 부모와 청소년들은 "누군가 토라졌음"을 알아내는 데 상당히 빠를 것이다. 그러나 이러한 특정 정서와 관련한 신체적 표현들을 먼저 관찰하고 다음으로 설명하도록 가르쳐야 한다. 청소년들은 고양이의 치켜세워진 두꺼운 꼬리나 개의 납작한 귀를 알아본다는 점에 스스로를 자랑스럽게 생각하기 때문에 우리는 주로 동물 그림을 설명에 이용하였다. 역할놀이는 특정 감각을 설명하고 각기 다른 정서에 관련된 표현을 훈련할 수 있도록 해준다.

"전념"은 마음챙김 훈련의 목표로 청소년들 대부분이 이 기술에 관련한 이전 경험의 사례를 가지고 있다. 진짜 놀기는 완전히 자의식이 없는 상태에서 게임이나 음악 또는 그 외의 활동에 자신을 던지는 것이다. 주로 아동이 성인들보다 더 자유롭게 놀 수 있다는 점을 감안하면 아동이 좀 더 쉽게 이 기술의 개념을 습득한다. 청소년들도 음악에 맞춰 춤추기, 스포츠, 예술작품 등의 활동 영역에 완전히 참여함으로써 이러한 기술을 학습할 수 있다.

DBT에서 'how 기술'은 지혜로운 마음의 접근을 위한 기술을 훈련하는 측면을 설명한다. 이는 "비판단적으로", "한곳에만 마음을 챙김" 그리고 "효과적으로"를 포함한다. "비판단적으로"의 연습은 아무런 판단 없이 관찰, 설명 또는 참여하는 것을 학습한다. 청소년들이 대부분 빠른 판단을 내리고 성인들과 마찬가지로 사실로부터 이러한 판단을 벗어던지는 것을 어렵게 느끼기 때문에 이러한 'how 기술'을 가르치는 것이 쉽지만은 않다. 우리는 한 칸은 '판단' 그리고 다른 한 칸은 '사실'로 나누어 칠판에 사례를 작성한다. 판단의 칸에는 문구를 쓰고 좋고/나쁨, 옳고/그름, 공평/불공평과 같은 카테고리로 분류한다. 사실에서는 판단을 제외하고 어떤 것들이 남는지 조사한다. 예를 들어, "우리 선생님은 나쁘다"는 판단이고, "선생님이 저번 시험에서 F를 줬어"는 사실이다. "나는 뚱뚱하고 못생겼어"는 분명한 판단이며, "내 몸무게는

47.2kg이고 갈색 곱슬머리를 가지고 있다"는 사실이다. 다음으로 몇 참가자에게 대립 역할놀이를 하도록 한다. 그 외의 집단 구성원들 역할은 사실이 아닌 판단을 들을 때마다 박수를 치는 것이다.

"한곳에만 마음챙김" 활동에 참여하는 것은 지금 현재로 돌아오기나 반복해서 활동하기를 요구한다. 많은 과제를 한 번에 해서 혼란을 일으킨 사례를 끌어낸다면 더 재미있을 것이다. 이 활동의 경험을 촉진시키기 위한 훈련은 불을 끄고 한 사람에게 손전등을 주는 것이다. 이 사람에게 방 안의 공간이나 물건들에 빛을 비추도록 한다. 집단의 다른 구성원들은 오로지 불에 비춰진 것에 집중한다. 다음으로 우리가 어떠한 방법으로 주의를 집중시키는 경향을 보이는지에 대한 경험(또는 집중을 한 경험이 아닌 경우)에 대해 토론한다. 그리고 "한곳에만 마음챙김" 훈련을 위한 구체적인 계획을 이야기하는 것이 중요하다. 예를 들어 한 청소년의 경우 "한곳에만 마음챙김"을 단순하고 일상적인 과제로서 참여할 계획을 세울 수 있다(예 : 아무것도 하지 않고 전화 속 대화에 집중, 그 자리에서 정말 듣기만 함, 메신저의 메시지에 답변하지 않고 오로지 컴퓨터 쓰기에만 집중, 부모님과 함께 있는 경우 컴퓨터와 전화기를 꺼 두는 것).

마지막으로 "효과적으로" 과제를 수행하는 것은 오직 필요한 것, 그 이상 그 이하도 아닌 것을 하는 것이다. 무엇이 필요한지 인지하고 규칙에 따라 노는 것을 의미한다. 이는 자신의 삶에서 불공정하고 부당한 모든 것에 대해 논쟁하고 싶어 하는 청소년들에게 특히 어렵게 느껴질 수 있다. 여기서 중요한 점은 규칙이라는 것이 불공평할 수도 있다는 것을 인정하는 것과 혼자 할 경우에는 자신의 목표를 달성하는 데 자신이 가장 효과적이라는 것이다. 치료자들은 관계 형성에서 조심스럽게 신뢰를 쌓은 10대들의 이야기나 자신의 방법을 고집하기보다 규칙에 따른 놀이로 자립심을 기른 이야기를 전달할 수도 있다.

결론

변증법적 행동치료는 경계선 성격장애로 진단된 성인들을 위한, 경험적으로 증명된 치료법으로 성인을 대상으로 연구하는 정신건강 연구가들 사이에서 많은 인기를 얻은 치료법이다. 비록 치료의 응용을 지지하는 증거는 아직 임시적인 단계에 있지만 DBT 모델은 복합문제와 자포자기한 청소년들을 대상으로 연구하기 위한 구조적, 명료한 단계적 목표, 융통성 있는 전략을 제공한다. 치료의 변증법적 틀은 가족을 포함시킬 수 있는 개념적 지침을 제시하고 개인 및 체계수준에서 치료적 변화를 촉진한다.

DBT는 대상 집단과 변증법에 대한 뚜렷한 강조에서 다른 수용 및 마음챙김 기초 요법들과 차이를 보인다. 모든 치료는 변증법적 행동 증가를 위해 수용과 변화의 역동적 상호작용이 주변에 자리한다. 마음챙김은 이 과정에 중심적 요소로, 경험에의 완전한 참여를 목표로 개인이 내면적 및 외면적 관점으로 자신의 경험을 관찰할 수 있도록 도와준다.

청소년을 위한 DBT 적용은 여러 발달적 쟁점들에 대한 이해가 요구된다. 가족 및 더 거대한 시스템을 변증법적 치료에 통합, 이 연령 집단을 효과적으로 참여시키기 위한 독특한 변화가 그 예이다. 이 장에서 다룬 전략과 사례들은 이를 달성하기 위해 무엇을 해야 하는지를 보여주는 보기에 불과하지만 우리의 바람은 더 어린 집단을 대상으로 이렇게 복잡한 치료를 수행할 수 있다는 가능성을 이야기함으로써 더 많은 호기심을 자극하고 누구를 위해, 어떤 적응 형태가 가장 효과 있는지에 대한 연구를 증진하는 것이다.

 참고문헌

American Psychiatric Association. (2000). *Diagnostic and statistical manual of mental disorders* (4th ed., text revision). Washington, DC: Author.

Becker, D. F., Grilo, C. M., Edell, W. S., & McGlashan, T. H. (2002). Diagnostic efficiency of borderline personality disorder criteria in hospitalized adolescents: Comparison with hospitalized adults. *American Journal of Psychiatry, 159*, 2042–2047.

D'Eramo, K. S., Prinstein, M. J., Freeman, J., Grapentine, W. L., & Spirito, A. (2004). Psychiatric diagnoses and comorbidity in relation to suicidal behavior among psychiatrically hospitalized adolescents. *Child Psychiatry and Human Development, 35*,

21–35.

Katz, L. Y., Cox, B. J., Gunasekara, S., & Miller, A. L. (2004). Feasibility of dialectical behavior therapy for suicidal adolescent inpatients. *Journal of the American Academy of Child and Adolescent Psychiatry, 43,* 276–282.

Langer, E. J. (1997). *The power of mindful learning.* Reading, MA: Addison-Wesley.

Linehan, M. M. (1993a). *Cognitive behavioral therapy of borderline personality disorder.* New York: Guilford.

Linehan, M. M. (1993b). *Skills training manual for treating borderline personality disorder.* New York: Guilford.

Linehan, M. M., Comptois, K. A., Murray, A. M., Brown, M. Z., Gallop, R. J., Heard, H. L., et al. (2006). Two-year randomized controlled trial and follow-up of dialectical behavior therapy vs therapy by experts for suicidal behaviors and borderline personality disorder. *Archives of General Psychiatry, 63,* 757–766.

Lynch, T. R., Chapman, A. L., Rosenthal, M. Z., Kuo, J. R., & Linehan, M. M. (2006). Mechanisms of change in dialectical behavior therapy: Theoretical and empirical observations. *Journal of Clinical Psychology, 62,* 459–480.

Meijer, M., Goedhart, A. W., & Treffers, P. D. A. (1998). The persistence of borderline personality disorder in adolescence. *Journal of Personality Disorders, 12,* 3–22.

Miller, A. L., Rathus, J. H., & Linehan, M. M. (2006). *Dialectical behavior therapy with suicidal adolescents.* New York: Guilford.

Rathus, J. H., & Miller, A. L. (2000). DBT for adolescents: Dialectical dilemmas and secondary treatment targets. *Cognitive and Behavioral Practice, 7,* 425–434.

Rathus, J. H., & Miller, A. L. (2002). Dialectical behavior therapy adapted for suicidal adolescents. *Suicide and Life-Threatening Behavior, 32,* 146–157.

Robins, C. J., & Chapman, A. L. (2004). Dialectical behavior therapy: Current status, recent developments, and future directions. *Journal of Personality Disorders, 18,* 73–89.

Robins, C. J., Schmidt, H. I., & Linehan, M. M. (2004). Dialectical behavior therapy: Synthesizing radical acceptance with skillful means. In S. C. Hayes, V. M. Follette, & M. M. Linehan (Eds.), *Mindfulness and acceptance: Expanding the cognitive-behavioral tradition* 30–44. New York: Guilford.

Swenson, C. R., Torrey, W. C., & Koerner, K. (2002). Implementing dialectical behavior therapy. *Psychiatric Services, 53,* 171–178.

Woodberry, K. A., Miller, A. L., Glinski, J., Indik, J., & Mitchell, A. G. (2002). Family therapy and dialectical behavior therapy with adolescents: Part II: A theoretical review. *American Journal of Psychotherapy, 54*(4), 585–602.

제7장

학령기 아동용 마음챙김 기반 스트레스 감소(MBSR)

Amy Saltzman, MD, Still Quiet Place, Menlo Park, California;
Philippe Goldin, Ph.D., Stanford University

과 거 수십 년 동안 마음챙김 기반 스트레스 감소(MBSR; Kabat-Zinn, 1990)
와 관련하여, 성인에게 마음챙김 기술을 가르치는 것의 이득을 상세히 설명한
연구들은 많이 있었다. 이러한 기술은 불안 및 우울 증상들의 감소(Ramel, Goldin,
Carmona, & McQuaid, 2004; Segal, Wiliams, & Teasdale, 2002), 자기조절 행
동 및 긍정적인 정서 상태의 증가(Brown & Ryan, 2003)에 확실히 효과가 있는 것
으로 증명되었다. 그렇지만 아동에게 적용하여 효과를 얻을 수 있도록 MBSR을 변
형한 것에 대해서는 거의 알려진 바가 없다. 이 장의 목적은 두 가지이다. 즉, 4~6학
년 아동과 부모를 위해 고안된 MBSR 커리큘럼을 개관하는 것과 이 커리큘럼의 수
행에 기초한 예비 연구결과들을 보고하는 것이다. 특히 이 자료들은 마음챙김 훈련
이 아동에게도 가능한지를 다루고, 이 훈련이 주의, 자기조절, 사회적 유능성, 그리
고 아마도 가장 중요한 아동의 전반적인 웰빙을 향상시키는지를 다루고 있다.

Amy Saltzman 박사와 Philippe Goldin 박사는 아동과 그 가족을 위한 마음챙김 훈련의 효과를 공동 연구하기 시작하였다. Philippe는 연구방법론 지식, 실험실 자원 및 불안장애를 지닌 성인을 대상으로 마음챙김을 제공한 경험을 가져왔고, Amy는 아동과 그 가족들에게 마음챙김을 실시한 경험을 가져왔다. 이 책의 목적이 아동을 위한 마음챙김 훈련의 실제적인 기술방법을 제공하는 것이므로 우리는 이 장을 아동 수준에 맞추어 평이한 양식으로 쓰고자 하였다.

첫째, 우리는 몇 가지 배경을 제공한다. Amy의 딸이 6개월이었을 때 그녀의 세 살 난 아들은 자신이 여동생과 명상을 할 수 있는지 물었다. 이 질문을 근거로 Amy는 자신의 아이들과 함께 마음챙김 수행을 하기 시작하였다. 시간이 지나면서 그들은 현재의 아동 MBSR 과정 커리큘럼에 포함된 수행 내용을 함께 창조하고 개작하였다. 자신의 아이들과 함께 수행을 개발하고 전문 서적과 일반 서적들에 나타난 아동기 스트레스에 관한 자료들을 반복해서 읽은 후, Amy는 아동이 발달 초기에 마음챙김 기술을 배우는 것이 어떨지 궁금증을 갖기 시작하였다. 생각, 감정 및 신체감각을 압도당하는 일 없이 경험할 수 있는 아동은 스트레스 앞에서 보다 탄력적인 사람이 될 것인가? 자신의 내적인 지혜 안에서 자연스러운 평화와 신뢰감에 접근하는 일은 또래의 압력과 위험행동에 빠질 가능성을 줄일 수 있을까?

처음에 Amy는 초등학교와 지역사회 장면에서 마음챙김 수행을 함께함으로써 비공식적인 방식으로 이러한 가능성들을 탐구하였다. 교사들은 학생들이 마음챙김으로 하루를 시작했을 때 더 침착하고 주의집중을 더 잘한다는 의견을 내놓았다. 더 큰 학생들을 가르치는 교사들은 학생들이 훨씬 복잡한 생각과 감정을 더 많이 자각하고, 그 결과 그것들을 더 잘 다룰 수 있다고 보고하였다. 이러한 관찰들이 고무적이긴 하였지만 과학자인 Amy는 아동이 정말로 측정 가능하고 의미 있는 방식으로 마음챙김으로부터 이득을 얻을 수 있는지 알고 싶었다.

그동안 Philippe는 불안장애가 있는 성인들에게 마음챙김을 가르치는 것의 이점에 대한 증거를 쌓아가고 있었다. 그의 마음챙김 집단에 속해 있는 많은 성인들은, 그들이 열 살경에 불안을 자각하게 되었고, 몇십 년 전에 마음챙김 기술을 배웠더라면 좋았을 것이라는 의견을 내놓았다. 이것은 아동에게 마음챙김 수행을 제공해 보겠다는 Philippe의 호기심을 자극하였다.

우리의 경험들을 조합하자 다음과 같은 질문들이 생겼다.

- 측정 가능하고 의미 있는 방식으로 마음챙김 훈련을 하면 아동이 이익을 얻을 수 있을까?
- 아동에게 마음챙김을 가르치는 가장 훌륭한 방법은 무엇일까?
- 아동은 어떤 상황에서 마음챙김 기술을 가장 잘 배울 수 있을까?

나이에 맞게 적용하기

아동과 마음챙김을 할 때 중요한 것은 우리의 강화가 우리 자신의 수행 깊이로부터 나와야 하고, 우리가 나이에 맞는 언어를 사용하며, 재미있고 마음을 끌어야 한다는 것이다. 이러한 요소들을 강조하기 위해 Amy는 다음 삽화를 제공하고 있다.

어느 순간 내 아들은 자신이 다니는 유치원 교사에게 마음챙김을 가르치기 시작하였다. 그 후 그 교사는 자신의 반을 대상으로 몇 가지 수행을 함께 해달라고 나에게 부탁하였다. 그래서 몇 년 전 어느 날 아침, 나는 19명의 다섯 살배기들과 함께 내 자신이 바닥에 누워 있는 것을 발견하였다. 첫 수행 후 나는 아이들에게 어떻게 느꼈는지를 말해 보도록 하였다. 우리가 원을 그리며 서로 돌아가며 말하고 있을 때 아이들은 "고요해요.", "편안해요.", "행복해요."라고 보고하였다. 나는 기뻤다. 그때 한 아이가 말했다, "죽음이요." 나는 교사의 눈이 접시만큼 커지는 것을 지켜보았다. 그녀는 겁먹은 모습이었다. 나는 한순간 긴장을 느꼈다. 교사는 그 아이의 경험에 대한 이해나 자신의 두려움을 다루는 방법을 제공해 주는 마음챙김 수행을 해본 적이 없었다. 우리는 계속해서 돌아가며 이야기를 나누었고, 유치원에서 흔히 일어나는 것처럼 몇몇 아이들은 "죽음"을 포함하여 이전에 한 대답들을 반복하였다. 모두 다 말하고 난 뒤 나는 "죽음이요."라고 말한 아이들에게로 돌아와서 "죽음이라는 건 어떤 것과 같을까?"라고 물었다. 아이들은 대답했다. "백조와 같은 거요.", "천사와 같아요." 혹은 "떠다니는 것과 같아요."

우리 문화에 속해 있는 많은 아동들은 깨어 있음, 각성 및 고요와 같은 느낌을 설명하는 말을 알지 못한다. "죽음"은 우리가 '고요하고 조용한 장소(Still Quiet Place)'라고 부르는 것에서는 존재의 경험을 설명하는 것만큼이나 친숙한 단어이다. 다음 삽화는 아동에게 마음챙김을 가르치는 것과 관련하여 몇 가지 중요한 점을 제시해 주고 있다.

- 마음챙김을 가르치는 것은 자기 자신의 수행의 깊이에서 나와야 한다. Amy의 수행은 그녀의 내부에서 무엇이 일어나고 있는지를 자각하고, 아동과 교사의 경험을 이해하고, 둘 다에 반응하게 하였다. 이것이 마음챙김의 본질이다. 마음챙김은 상황에 자동적으로 반응(reacting)하기보다는 의도적으로 반응(responding)하면서, 친절함과 호기심을 갖고서 오직 현재의 순간에만 주의를 기울이는 것이다. 이전의 예에서 Amy는 이완 경험을 하고 있는 아동에 대한 자신의 단기적인 애착을 자각하였고, 관심과 의심의 기분이 들 때도 그것을 자각하였다. 이러한 내적 경험들에 사로잡히지 않은 채 단순히 이것들에 주목하는 것만으로 그녀는 아동들에게 주의를 기울일 수 있었다. 그녀의 몇 년간의 마음챙김 수행은 아동에게 있어서 정말로 "죽음"이 무엇을 의미하는지를 "이해하게" 하고, 그것에 제대로 반응할 수 있게 하였다.
- 마음챙김을 가르치는 것은 전형적으로 교육에 포함되어 있는 "무언가를 보고, 무언가를 행하고, 무언가를 가르치는" 모델이 아니다. 오히려 마음챙김은 우리가 그것을 수행하고, 그것대로 살아가고, 그것대로 존재하며, 우리가 다른 사람에게 그것을 제공하기 전에 좀 더 그것을 수행하기를 요구한다.
- 말과 경험에 대한 성인의 해석은 우리 앞에 앉아 있는 아동이 해석하는 것과는 사뭇 다를 수 있다. 아동이 특정한 단어를 사용할 때, 그것을 우리가 아는 대로 추측하기보다는 아동에게 물어보는 것이 더 낫다.
- 창조적 해석은 아동에게 마음챙김 수행을 전달할 때 중요하다.

고요하고 조용한 장소 : 소개와 설명

다음은 Amy가 전형적으로 '고요하고 조용한 장소'를 소개하고, 아주 어린 아동들이 마음챙김을 경험하도록 그것의 본질을 설명하는 방식이다.

> 안녕. 난 Amy란다. 난 너희들과 함께 내가 제일 좋아하는 장소 중 한 군데를 같이 가보고 싶어. 난 그곳을 '고요하고 조용한 장소'라고 부르지. 그곳은 자동차나 기차, 비행기로 여행할 수 있는 곳이 아니란다. 그곳은 너희들의 마음속에 있는 곳인데, 너희들이 눈을 감아야만 찾을 수 있어. 이제 그곳을 찾아가 보자.
>
> 눈을 감고 천천히 깊이 숨을 쉬어 봐. 너의 몸에서 어떤 따뜻하고 행복한 미소를 느낄 수 있는지 보렴. 그것이 느껴지니? 이곳이 너의 '고요하고 조용한 장소'란다. 좀 더 깊이 숨을 쉬고 정말로 가까이 다가가 보렴.
>
> 너희들의 '고요하고 조용한 장소'에 대해 가장 중요한 것은, 바로 그것이 항상 너희들의 마음속에 있다는 거란다. 그리고 너희들이 원하면 언제라도 그곳을 방문할 수 있어. '고요하고 조용한 장소'를 방문해서 거기에 있는 사랑을 느끼는 것은 멋진 일이지. 너희들이 화가 나거나 슬프거나 무서울 때 '고요하고 조용한 장소'를 방문하면 특히 도움이 된단다. 이러한 느낌들과 이야기를 나누고 친구가 되기 좋은 장소가 바로 '고요하고 조용한 장소'야. 너희들이 '고요하고 조용한 장소'에서 쉬면서 너희들의 느낌들과 이야기를 나누면, 그 느낌들이 생각하는 것만큼 그렇게 크지도 않고 힘이 세지도 않다는 것을 알게 될 수 있어. 기억하렴, 너희들은 오고 싶을 때면 언제나 여기 와서 머무르고 싶은 만큼 머무를 수 있단다.

잘만 적용하면 '고요하고 조용한 장소' 개념은 3~93세까지 사용될 수 있다. 위에서 소개한 설명은 3~7세 아동에게 적당하며, 이 아동들은 간단히 '고요하고 조용한 장소'를 경험하고 몸과 마음속에서 그것을 느낄 수 있다. 더 나이가 많은 아동에게 사용하는 설명은 장소로서의 '고요하고 조용한 장소'를 덜 강조하고, 몸에 더 많은 초점을 둘 수 있다. 5~9세 아동에게는 화가 날 때 '고요하고 조용한 장소'를 방문하는 것을 기억하는 것으로 시작할 수 있고, 어떤 아동에게는 화가 난 상황에 반응하도록 하는 수행을 사용할 수도 있다. 9~13세 아동 대부분은 성인의 방식 그대로 마음챙김 수행을 적용할 수 있다. 즉 그들은 자신의 생각, 느낌 및 신체감각을 알아차릴 수 있고, 그런 다음 그들의 인생 상황에 자동적으로 반응하기보다 오히려 의도적으로 반응하는 것을 수행할 수 있다.

더 어린 아동에게는 매우 간단한 주당 20분 회기 — 수행을 한 후 몇몇 아동의 짤막한 논평을 들은 다음 또 수행하고 나머지 아동의 논평을 들음 — 가 '고요하고 조용한 장소' 와 친해지는 데 도움이 된다. 공식 수행만 하려면, 일반적인 경험상 아동은 보통 나이당 1분 동안 수행할 수 있다. (예를 들어 5세 아동은 일반적으로 약 5분간 공식적으로 안내된 수행을 할 수 있다.) 열 명 이상의 학령전 혹은 유치원 아동 집단을 대상으로 할 때, 만일 아동 각자가 매 수행마다 말을 한다면 아동들은 가만히 있지 못하게 되고, 수행 경험은 마지막 아동이 말할 차례가 될 때까지 길어지게 될 것이다. 따라서 우리는 매 수행 후 몇몇 아동의 말만 듣기를 권한다. 약간 더 나이가 많은 아동들이라면, 그들의 논평과 행동이 여러분을 안내하게 내버려 두어라. 용기를 주면 어떤 아동은 마음챙김을 자신의 일상생활 속에서도 응용할 수 있을 것이다. 다음의 과정 개관은 8세 이상의 아동을 위한 것이다.

아동용 MBSR : 과정 개관

과정의 주된 의도는 아동들에게 '고요하고 조용한 장소' 의 경험을 제공하고, 매일 일어나는 사건에 자동적으로 반응하기보다 오히려 그것에 의도적으로 반응하도록 일상생활 속에서 마음챙김을 사용하게 하는 것이다. 다음에 과정의 기본 특징들이 소개되어 있다.

- **참가자** : 과정은 아동만을 대상으로 할 수도 있고, 아동과 부모를 대상으로 할 수도 있다.
- **반 크기** : 보통 한 반의 크기는 8~13명이다.
- **회기** : 프로그램은 8회기이다(첫 주는 2회기이고, 그 다음부터는 매주 1회기).
- **회기 길이** : 시간은 장면과 반 크기에 따라 한 반당 40분에서 90분까지 다양하다.
- **마음챙김 수행** : 훈련은 공식 수행(보디스캔, 정좌 명상, 먹기 명상 및 걷기 명

상)과 비공식 수행(주의에 초점두기, 현재 순간에 주의를 기울이기, 일상생활의 사건들에 대한 반응을 선택하기)을 포함한다. 우리는 마음챙김 알아차림, 예술적 표현 및 언어적 의사소통을 향상시키기 위해 반 안에서 할 수 있는 부가적인 연습들을 사용한다.

- **집에서 하는 수행** : 주중 집단 회기에 덧붙여 참가자들에게 반에서 배운 것을 강화하고 심화학습하기 위해 집에서도 수행하도록 격려한다. 훈련과 집에서 하는 수행 모두 '고요하고 조용한 장소'와의 친밀성과 일상생활 속 마음챙김의 응용을 발달시키는 데 초점을 두는 연습을 포함한다.

- **재료** : 참가자들에게 워크북, 12개의 다양한 짤막한 수행을 담은 CD, 그리고 집에서 하는 수행을 안내하고 지원하는 집에서 하는 수행 모니터링지를 제공한다.

우리가 아동들에게 제공하는 마음챙김 과정에 대한 개관이 표 7.1에 제시되어 있다(자세한 아동용 MBSR 프로그램 매뉴얼이 곧 출판될 예정임; Saltzman, 출판 중). 우리는 이 장에 할당된 페이지의 한계로 인해 한 반을 상세하게 기술하고, 이 아동용 커리큘럼에서 독특하게 나타나는 수행들을 짤막하게 기술한 것을 따라가 보고자 한다(다음의 부가적인 연습과 수행 참조). 공식적으로 안내된 모든 수행들은 '고요하고 조용한 장소' : 어린 아동용 마음챙김 CD(Saltzman, 2004)와 '고요하고 조용한 장소' : 십대 청소년용 마음챙김 CD(Saltzman, 근간)에서 볼 수 있다. 성인용 커리큘럼을 축약하고 각색한 수행들에 대한 기술을 보려면 Jon Kabat-Zinn(1990)의 마음챙김 명상과 자기치유를 참조하면 된다.

다음의 개관은 우리 프로그램을 간단하게 대략적으로 기술해 놓은 것이다. 궁극적으로 모든 집단은 선을 옮기고, 깊이와 원근을 나타내기 위해 음영과 색채를 덧칠함으로써 자체적인 걸작을 창조한다. 회기마다 그리고 전 과정에 걸쳐 방 안에 있는 사람들 개개인과 경험들에 반응을 해주어야 한다. 특히 아동의 움직이려는 자연스러운 욕구에 주의를 기울이는 것이 중요하다. 때로는 아동에게 제멋대로 앉게 하여 이와 연합된 감각, 생각 및 느낌에 주목해 보도록 하는 것이 유용하다. 때로는 아동에게

| 표 7.1 | 아동용 8주 MBSR 과정 개관 |
| | |

	의도	회기 의제	집에서 하는 수행
프로그램 소개 (부모 대상) 2시간	• 마음챙김 경험을 제공 • 부모들에게 프로그램을 소개	• 마음챙김 먹기-포도 (마음챙김 먹기 참조) • 성인과 아동을 위한 마음챙김의 이점에 관한 자료를 검토 • 아동에게 MBSR을 제공하기 위한 이론적 근거를 검토 • 과정 구조와 시간 약속 이행을 논의 • 질문에 대답	• 없음
1회기	• '고요하고 조용한 장소'/마음챙김의 정의를 제공 • 행동 원칙 확립 • 마음챙김 경험을 제공	• 마음챙김 먹기 수행 • '고요하고 조용한 장소' 소개 • "지금-여기에 주의 집중하기"로서의 마음챙김 • 보석/보물과 같은 호흡에 기반한 수행을 시작(부가적인 연습과 수행 참고)	• 보석/보물 연습 • 유쾌한 경험 기록지를 사용하여 유쾌한 경험을 모니터 • 마음챙김 활동 한 가지에 참여하기(예 : 이 닦기, 샤워하기, 집안일하기, 애완동물 돌보기)
2회기	• 공식 수행과 비공식 수행 경험 탐구 • 집에서 하는 수행을 위해 어떻게 시간을 낼 것인지를 논의 • 우리의 주의가 얼마나 자주 과거에 있는지 아니면 미래에 있는지 검토	• 마음챙김 먹기 수행 • 1회기와 집에서 하는 수행 검토 • 보석/보물 연습 • 수행에 대한 질문에 대답	• 1회기와 동일 • 간식이나 밥을 마음챙김 먹기

계속

표 7.1　아동용 8주 MBSR 과정 개관(계속)

	의도	회기 의제	집에서 하는 수행
3회기	• 공식 수행과 비공식 수행의 심화 탐구를 계속함 • 자신의 생각과 느낌을 관찰하기 위한 능력을 기름 • 신체에 주의 기울이기	• 마음챙김 먹기 수행 • 2회기와 집에서 하는 수행 검토 • "우스운 마음" 개념 소개(마음속 대화, 집에서 하는 수행 부문 참고) • 보디스캔 연습(신체 경험에 마음챙기기)	• 보디스캔 연습(신체 경험에 마음챙기기) • 불쾌한 경험 기록지를 사용하여 불쾌한 경험을 모니터 • "우스운 마음" 알아채기 • 스트레스 받는 시간 알아채기 • 마음챙김 활동에 참여하기
4회기	• 불쾌한 경험과 연합된 생각과 느낌을 검토 • 지각 탐구 • 마음챙김을 수행하는 한 가지 방법으로 요가를 소개	• 마음챙김 먹기 연습 • 3회기와 집에서 하는 수행을 검토 • 지각 탐구 연습−우리는 자기 자신과 서로를 어떻게 바라보는가? • 어려운 과제와 연합된 생각들을 조사하는 연습 • 요가	• 보디스캔 연습/요가 (요가를 하는 동안 신체 경험에 마음챙김) • 불쾌한 경험 기록지를 사용하여 불쾌한 경험을 모니터 • 일상생활에서 일어나는 일들을 천천히 하기 위해 호흡 자각을 사용 • 마음챙김 활동에 참여하기
5회기	• 저항이 얼마나 고통을 창출하는지 그리고 상황, 나 자신 및 타인이 달라지기를 원하는 것이 얼마나 고통을 만들어 내는지를 검토 • "우스운 마음"이 얼마나 자주 부정확하고 부정적이고 문제를 일으키는지를 탐구 • 정서적 유창성, 즉 느낌에 저항하거나 빠져들지 않은 채 느낌을 자각하는 능력을 개발	• 마음챙김 먹기 수행 • 4회기와 집에서 하는 수행을 검토 • 불쾌한 경험과 연합된 생각과 느낌을 탐구 • "우스운 마음" 개념을 발달시키기 시작 • 느낌 수행	• 느낌을 묘사하기 위해 하이쿠, 시 또는 그림을 사용하여 느낌 수행을 계속함 • 자동적인 반응의 순간을 알아차리고 의도적인 반응방법들을 탐구 • 새로운 마음챙김 활동에 참여하기

계속

| 표 7.1 | 아동용 8주 MBSR 과정 개관(계속) |

	의도	회기 의제	집에서 하는 수행
휴가	• 주간 회기의 지원 없이 집에서 하는 수행 유지		• 자동적인 반응의 순간을 알아차리고 의도적인 반응방법을 탐구 • 새로운 마음챙김 활동에 참여하기
6회기	• 생각과 느낌들을 관찰하는 능력 향상 • 자동적으로 반응하기보다는 의도적으로 반응하는 능력을 개발	• 마음챙김 먹기 수행 • 이전 회기 주제들과 집에서 하는 수행을 검토 • 하이쿠, 그림들을 통해 느낌 수행을 탐구 • 생각 퍼레이드 연습 • 걷기 수행(집에서 하는 수행 부문에 나오는 간략한 기술 참고) • 우리의 수행을 세상 밖으로 옮기기	• 생각 퍼레이드 연습 • "소로식 산책" 하기 • 느낌 수행 • 어려운 의사소통 기록지(집에서 하는 수행 부문에 나오는 간략한 기술 참고) • 스트레스 상황과 "우스운 마음"에 계속해서 반응함
7회기	• 어려운 의사소통을 하는 동안 마음챙김을 적용 • 자동적으로 반응하기보다는 의도적으로 반응하는 능력을 계속해서 개발 • 자비 수행 시작	• 마음챙김 먹기 연습 • 6회기와 집에서 하는 수행 검토 • 의사소통 이자관계(한 사람은 어려운 의사소통을 기술하고, 다른 사람은 경청하고 반응한 다음 서로의 역할을 바꿈) • 의도적으로 반응하는 예들을 공유하고, 아동이 자동적으로 반응할 때의 상황들에 대한 새로운 반응들을 역할 연습 • 자비 수행 소개	• 자비 수행 연습 • 스트레스 상황과 "우스운 마음"에 대하여 계속해서 반응하기 • 새로운, 보다 도전적인 마음챙김 활동 • 누군가 다른 사람의 관점으로 세상을 상상하기 • 마지막 회기를 공유하기 위해 회기가 자신에게 의미하는 바를 나타내는 무언가를 가져오기

계속

| 표 7.1 | 아동용 8주 MBSR 과정 개관(계속) |

	의도	회기 의제	집에서 하는 수행
8회기	• 사랑을 보내고 받는 능력을 개발 • 일상생활에서 마음챙김을 활용할 방법 선택 • 강사가 지속적인 지원을 해줄 수 있음을 되풀이함	• 집단 선택 • 7회기와 집에서 하는 수행을 검토 • 친구에게 편지쓰기 • 자신만의 수행 선택하기	• 자신의 선택 • 손전등 연습 • 자신이 계속해 나갈 방법대로 전념하기

해초가 되어 보게 하거나 춤을 추고 북을 두드리거나 빠른 걸음으로 걷거나 힘이 넘치는 요가를 해보게 하는 것이 도움이 된다.

6회기 : 자세한 예

6회기는 과정 중 3/4에 해당한다. 아동들은 '고요하고 조용한 장소'에 친숙하게 되었고, 몇몇 기초적인 마음챙김 용어를 알고 있고, 간식을 기대하게 되었으며, 자신들이 좋아하는 것들을 표현하는 것을 부끄러워하지 않게 되었다. 6회기에서 우리는 마음챙김 먹기 수행을 계속하며, 우리가 느낌 수행이라고 말하는 것을 아동과 함께 수행한다. 우리는 걷기 수행(한 발 앞에 다른 발을 내려놓는 동안의 경험에 주목하면서 마음챙김 자각을 하며 걷기)을 시작하고, 우리의 수행을 외부 세계로 옮긴다. 집에서 하는 수행은 회기 동안 배운 활동과 기술들을 계속 수행하는 것이 포함된다. 다음에 6회기의 핵심 연습들이 기술되어 있다.

마음챙김 먹기

방과 후 상황에서 우리는 항상 마음챙김 먹기로 회기를 시작한다. 아동은 사과, 귤 또는 피그 뉴턴(무화과 열매가 든 쿠키)을 마음챙겨 먹는다. 설탕이 많이 들어 있는 과자는 피하고, 음식 알레르기를 확인하라. 과정을 시작하면서 우리는 아동에게 제공된 음식을 바라보게 한 다음, 무엇이 보이는지 — 색, 재질, 연결대(음식이 다른 무언가와 연결되어 있는 부분) ─ 무슨 냄새가 나는지, 그리고 그것을 바라보고 냄새 맡을 때 입속에서는 무슨 일이 일어나는지를 간단히 말해 보라고 한다. 그런 다음 눈을 감고 침묵하게 한 후 그것을 한 입 베어 물도록 한다.

> 입속에서 무슨 일이 일어나는지 주목한 채 그 맛에 주의를 기울이면서 한 입 베어 먹으렴. 서두르지는 마. 맛이 어떻게 변하는지, 너의 이와 혀가 어떻게 하는지에 주의를 기울이면서 한 번에 한 입씩 베어 먹으렴. … 삼키려는 충동에 주목할 수 있는지 살펴본 다음 음식물이 목을 타고 내려갈 때의 삼킴을 느껴보렴. … 삼키고 난 뒤, 준비가 되었으면 또 한 입 베어 먹으렴. 천천히 해. 네가 경험하는 것에 호기심을 가지렴. 눈을 뜨기 전 너의 몸과 마음, 심장이 지금 이 순간 어떤 느낌인지에 주의를 기울이렴.

마음챙겨 한 입씩 먹는 것은 1분 혹은 그 이상 걸리기도 한다. 이 수행은 아동이 현재의 순간으로 주의를 가져오는 수행을 하는 매우 구체적인 방법이다. 마음챙김 먹기 과정의 이 시점에서 아동은 마음챙겨 먹는 일에 익숙해져 있다. 우리는 침묵 속에서 간단히 서너 번 베어 먹기를 하기도 한다. 먹기를 마친 후 우리는 기대, 욕구 및 혐오의 내적 경험을 탐구하기 위한 발판으로서 기대와 선호에 대한 논평들을 활용할 수도 있다.

느낌 수행

지난주 집에서 하는 수행에는 느낌 수행과 아동이 명상을 하는 동안 경험한 느낌들을 두 개의 그림으로 표현하는 것이 포함되었다. 느낌 수행에 포함되는 것은 현재의 느낌 상태를 알아차리고 그것에 이름 붙이는 것, 그리고 느낌이 분노, 행복 및 슬픔과 같은 일상적인 이름, 또는 폭풍, 폭발 및 텅 빔과 같은 비일상적인 이름을 지닐 수도 있음을 인정하는 것이다. 어떤 소년은 그의 느낌을 "허브"라고 재미있게 이름 붙였다. 이 연습은 아동이 자신의 감정을 확인하고 표현함으로써 더욱더 편안하게 해준다. 촉진자는 아동에게 느낌에도 층이 있을 수도 있고, 느낌들이 교묘하거나 다소 부끄러운 것일 수도 있음을 말해 주는 것이 도움이 될 수도 있다.

느낌들에 주목해 본 후, 느낌들이 몸 안에서 경험되는 장소를 아동에게 알아차리도록 한다(예 : 의자에 앉기, 배 속의 부글거림, 엄지발가락에 의지하기). 그 다음 느낌들이 색깔을 지니고 있는지(예 : 어두운 빨강, 짙은 파랑, 밝은 초록) 또는 소리를 지니고 있는지(예 : 낄낄대기, 신음하기, 흐느껴 울기)를 아동에게 알아차리도록 격려한다. 대개 느낌들은 주의, 시간, 공간과 같이 단순한 것을 필요로 한다. 우리는 아동이 느낌들에게 느낌이 요구하는 것을 제공할 뜻이 있는지를 물어본다. 이 연습은 정서와 과잉 동일시하는 경향성을 줄여주는 반면 정서를 향한 재미와 호기심의 관점을 고양시킨다.

경험의 전체적인 스펙트럼을 표현할 수 있는 공간을 제공하는 것이 중요하다. 일반적으로 이 과정은 아동이 진정으로 자신의 느낌들을 느끼게 해준다. 우리의 경험에 의하면, 많은 성인들과는 달리 아동은 지침과 싸우거나 수행을 과잉 생각하는 경향이 없다. 예를 들어 아동은 자신의 느낌이 초록점이 찍힌 자주색이고, 신음하고 있고, 사랑을 필요로 하고 있다고 매우 사실적으로 보고할 것이다. 때때로 느낌은 아동이 제공해 줄 수 없는 무언가를 원할 것이고, 그러면 우리는 아동에게 그 느낌이 원하는 무언가가 있는지를 느낌에게 물어보도록 한다. 만일 아동이 반복적으로 지루하다고 보고하면, 우리는 아동에게 지루함의 바닥을 바라보게 하는데, 종종 아동은 슬픔, 분노, 혹은 두려움을 발견한다.

6회기에 우리는 아동이 지난주에 해본 그들의 느낌의 예술적인 표현들을 공유해보게 한다. 아동은 항상 건너뛸 권리를 지니고 있다. 그렇지만 우리는 아동이 나누는 것에 대하여 지닐 수도 있는 어떤 불편함에 부드럽게 손을 내밀어 보도록 격려한다. 그러한 불편함은 느낌의 마음챙김을 실천할 또 다른 기회를 나타낸다. 수줍어하는 경향이 있는 아동들에게는 요가의 신체 스트레칭 비유를 사용한다. 우리는 그들에게 자신의 경험을 나누는 것과 목소리를 크게 하는 것을 향해 몸을 내뻗음과 동시에 자신의 한계를 존중하도록 제안한다. 신체 스트레칭을 할 때와 같이 느낌과 함께 존재하고 공유하는 능력은 매일매일 그리고 순간순간 변할 것임을 상기시킨다. 이런 식으로 우리는 느낌에 저항하거나 탐닉하지 않은 채 느낌과 함께 존재하는 능력을 촉진한다.

아동과 성인은 자신의 느낌과 상호작용하는 습관적인 방식을 지니는 경향이 있다. 우리들 대부분은 의문을 갖거나 통찰하지 못한 채 느낌을 억제하거나 느낌에 의해 압도당하는 연속선을 따라 매우 좁은 범위 내에서 살아가는 경향이 있다. 억제하는 경향이 있는 사람들에게는 위에서 기술한 느낌 수행이 더욱더 정서적으로 융통성을 지니도록 도와준다. 압도당하는 경향이 있는 사람들은 느낌을 만나기 전 '고요하고 조용한 장소'에 진정으로 닻을 내리는 시간을 가짐으로써 이익을 얻을 수도 있다. 우리의 느낌들이 우리를 소유하지 않은 채로 우리가 우리의 느낌들을 갖고 싶어 한다는 것을 분명히 하는 것이 도움이 될 수 있다.

아동이 자신의 느낌의 예술적인 표현들을 공유할 때 우리는 개별 아동이나 집단 주제에 반응하면서 때때로 논평을 해주거나 마음챙김 원리를 제공해 준다. 때로 우리는 누군가가 모든 사람들을 감동시킨 심오한 무언가를 제공했기 때문에 침묵을 지키기도 한다.

해초 수행

만일 집단이 흔들리는 경우, 우리는 여러 가지 간단한 움직임 수행들 중 하나를 해볼 수 있다. "해초가 되어 보기"와 같이 간단한 것이 한 예이다. 아동 각자는 바닥에 닻을 내린 해초 가닥이다. 처음에 우리는 강한 해류에 놓이게 되며, 크고 빠른 움직임을 만든다. 점차로 해류는 잠잠해지고, 우리의 움직임도 점점 더 작아져서 매우 부드럽게 흔들리다가 정지하게 된다. 해초 수행을 통하여 아동은 자신의 신체감각, 생각 및 느낌들을 자각하는 것을 회상하게 된다. 동시에 이 수행은 아동의 움직임에 대한 자연스런 욕구를 존중하며, 주의를 기울이는 능력을 계속해서 발달시킨다. 이 연습에서는 움직임을 경험하는 데 주의의 초점을 둔다.

짧은 움직임 수행에 이어서 우리는 이전 회기에서 다룬 스트레스 상황이나 힘든 상황을 계속해서 탐구한다. 이전의 집에서 하는 수행(어떤 잠재적인 부정적 연상을 피하기 위해 우리는 그것을 "숙제"라고 부르지 않음에 주목할 것)에서 아동은 스트레스 상황에서 일어나는 생각, 느낌 및 신체감각을 관찰하였다. 또한 아동은 일상생활에서 일어나는 일들을 천천히 하기 위해 호흡 알아차림을 사용하는 법을 배웠다. 6회기에서는 생활 속에서 벌어지는 상황들에 자동적으로 반응하기보다는 의도적으로 반응하는 지난주 집에서 하는 수행을 논의한다.

야구 유추

어느 회기에서 한 소년은 어머니와 빈번하게 스트레스를 일으키는 상호작용에 대해 기술하였다. 그 소년은 관심받기를 원했고, 어머니는 어느 정도의 시간과 공간을 원하였다. 또한 그 소년은 우연히 야구를 사랑하게 되었다. 그래서 우리는 그의 어머니가 그에게 커브볼을 던졌다 — 이것은 그녀로서는 가능한 일이 아님을 의미함 — 는 유추를 사용했다. 하나의 집단으로서 우리는 그의 "홈런" 반응은 과연 어떨까를 탐구하였다. 그런 다음 우리는 방 안에 둘러앉은 후 각자 자신의 삶에서 "커브볼" 시나리오(어려운 의사소통)가 무엇인지를 말해 볼 기회를 가졌다(예 : 저녁식사에 늦게 도착하는 배우자들, 아이들이 가고 싶어 하지 않는 하이킹에 아이들이 가기를 원하는 부모들). 대부분의 경우 어려운 의사소통을 표현한 아동이나 부모는 자기 자신의 "홈런" 반응을 제시하였다.

그 시나리오를 제시한 사람이 "홈런" 반응을 생각해 내지 못했을 때, 방 안에는 아이디어들을 제공해 줄 수많은 현명한 "배팅 코치들"이 있었다. 예를 들어 좀 나이가 든 소년은 위에서 언급된 소년에게, 15분 동안 자신의 일을 한 다음 엄마가 자신과 15분 동안 놀아주는 것에 동의할 것을 제안하였다. 그 소년과 어머니는 둘 다 이 방법이 그들의 일상적인 상호작용 양식보다 더 낫다고 느꼈다. 이 특별한 연습은 단순히 그 소년이 야구를 사랑한다는 것을 아는 것으로부터 나왔고, 그에게 의미 있는 유추를 사용함으로써 그에게 이야기할 의도를 불러일으켰다. 그 소년이 그 시나리오를 제시했기 때문에 우리는 그가 사용할 수 있는 반응들의 범위를 탐구하는 데 논의와 수행의 초점을 두었다. 또한 그의 어머니가 사용할 수 있는 다양한 "홈런" 반응들을 탐구하자, 어머니도 지녀왔던 같은 목적을 지닌 대화들이 존재한다.

생각 퍼레이드 연습

생각 퍼레이드 연습을 하는 아동은 의자에 앉거나 바닥에 눕고, 호흡에 주의의 닻을 내린 다음 마치 행진을 지켜보는 것처럼 생각들이 지나가는 것을 지켜보기 시작한다. 그들은 어떤 생각들은 목소리가 크고 화사하게 옷을 차려입었고, 또 어떤 생각들은 뒤에서 수줍어하면서 숨어 있으며, 여전히 다른 생각들은 자꾸 되돌아옴을 알아차릴 수도 있다. 아동이 퍼레이드와 함께 행진하고 있음(예 : 생각을 하는 동안 잃어버림)을 알아차리는 경우 아동은 인도로 되돌아와 생각들이 지나가고 있음을 단순히 지켜보도록 격려한다. 이 연습은 자신의 생각들을 믿거나 개인적인 것으로 취하지 않은 채 그저 지켜보도록 아동을 지지해 준다.

생각 퍼레이드 연습의 한 예로 우리가 제공하는 이야기는 다음과 같다.

> 5학년에 다니고 있는 몇몇 소년들은 마음챙김에 회의적이었다. 생각 퍼레이드 연습을 수행하던 어느 수요일, 그 소년들은 자신들이 하고 있는 많은 생각들이 그날 오후에 했던 농구 경기와 관련이 있음을 알아차렸다. 그들은 이전 경기에서 패했었고, 그날 오후에는 그들보다 더 우수하다고 생각한 팀과 경기를 하고 있었다. 그들은 패하면 어쩌나, 경기를 잘 못하면 어쩌지, 그리고 팀을 실망시키면 어떻게 하나를 걱정하였다. 그들은 이기고 싶었다. 지도자는 전반적으로 냉담하고 익살맞으면서 여느 열 살짜리 소년들보다는 잘 참여하지 않는 소년에게 물었다 "네가 이기고 지는 것에 대하여 생각하고 있다면 너의 머리는 경기에 가 있는 거니?" 그 소년의 눈이 커졌고, 입이 벌어졌다. 그는 그 경기에 가 있었던 것이다. 마음챙김을 이야기할 순간이다. 지도자는 프로 농구 중 가장 성공적인 두 팀인 LA 레이커스와 시카고 불스는 점수나 관중들의 소리에 주의를 흐트러뜨리지 않은 채 농구공, 팀동료들 및 상대팀에게 초점을 맞춘 상태로 경기에 완전히 집중하기 위해 마음챙김을 사용하고 있음을 상기시켰다.

집에서 하는 수행

과정의 핵심 요소는 집에서 하는 수행이다. 집에서 하는 수행은 '고요하고 조용한 장소'에서 휴식하고, 생각과 느낌 및 신체감각을 관찰하는 공식 수행과 일상생활에서 마음챙김의 적용을 탐구하는 비공식 수행을 포함한다. 집에서 하는 수행은 이전 회기에서 얻은 아동의 경험에 기반을 두고, 다음 회기에 논의할 사항들에 출발점을 제공해 준다.

우리는 아동-부모 마음챙김 과정을 가르칠 때 아동과 부모 모두에게 집에서 하는 수행을 위한 CD와 워크북을 제공한다. 스탠포드 대학교에서 우리는 아이들에게 농담으로 이것이 바로 첫 번째 대학 과정이라고 말해 주는 것을 좋아한다. 참가자들은 만일 아동이 부모의 워크북을 집어 드는 일이나 부모가 아동의 워크북을 집어 드는 일 모두 정확히 같은 일임을 알고 있다. 이것은 우리 모두 이 일에 함께 하고 있음을 강조해 준다.

매일 집에서 하는 수행을 하도록 참가자들을 지지해 주는 조건을 창출하는 것이 중요하다. 조건에는 매일 정해진 시간 동안 수행할 것을 명확하게 해주는 것이 포함되며, 대부분의 아동과 가족들은 학교 숙제를 하기 전이나 잠자리에 들기 전에 하는 것이 가장 효과적임을 발견한다. 그렇지만 일상생활 속에서 마음챙김 수행을 언제 그리고 어떻게 수행할지를 창출해 보도록 가족들을 격려하는 것이 중요하다. 집에서 하는 수행을 하도록 아동과 가족들을 지지해 주는 일에는 격려, 특정한 제안의 제공, 자극 및 도전이 포함된다. 이와 동시에 실제로 시간을 내서 수행을 하는 것에 방해가 되는 것에 대한 호기심(죄책감이라기보다는)을 일으키는 환경을 창조하는 것이 포함된다. 성인용 MBSR 과정에서 집에서 하는 수행과는 달리 이 과정에 필요한 안내된 공식 수행은 단지 4~12분 정도이다.

각 회기의 끝에 우리는 다음 주를 위해 필요한 집에서 하는 수행을 검토한다. 우리는 다음 주에 필요한 수행들을 기술하고, 잠재적인 장애물들을 살펴보며, 집에서 하는 수행이 중요함을 재차 강조한다. 마음챙김이란 스포츠를 배우거나 악기 연주를 배우는 것과 같다고 설명해 준다. 다음은 집에서 하는 수행의 예를 나타내고 있다.

- 매일 CD를 활용하여 생각 퍼레이드를 연습한다.
- 한 주에 적어도 세 번은 걷기 수행을 한다.
- 걷는 경험에 온 주의를 기울이고, 몸의 움직임을 느끼고, 색깔들을 살피고, 소리들을 듣고, 주변에서 나는 냄새를 맡고, 생각과 느낌들에 주목하면서 "소로

식 걷기"를 한다(이 연습은 미국 작가인 헨리 데이비드 소로를 따서 이름 지었으며, 그는 일상생활에서 마음챙김 자각을 수행한 경험들에 관하여 책을 썼음).

■ 매일 한 가지 어려운 의사소통을 위해 "어려운 의사소통 기록지"[다음 참고]를 완성할 것. 이것은 어려운 의사소통과 연합된 생각과 느낌들을 이해하고, 상황들에 자동적으로 반응하는 일상적인 방식을 알아차리며, 의도적으로 반응하는 새로운 방식을 탐구하도록 해준다. ["우스운 마음"은 우리 마음속의 부정적인 내적 대화를 일컫는다. "우스운 마음"은 부정확할 수도 있고, 현실과 논쟁할 수도 있고, 고통스러울 수도 있는 생각들을 포함한다.] 예를 들어 당신은 "나는 이 문제를 풀 수 없어. 나는 수학을 못 해. 나는 실패할 거야. 나는 멍청해"와 같은 일련의 "우스운 마음" 생각들을 알아차릴 수도 있다. 이러한 "우스운 마음" 생각들을 알아차리는 것은, 생각은 단지 생각일 뿐임을 당신이 기억하도록 해준다. 그런 다음 당신은 실제로 수학을 공부하는 것으로 주의를 돌릴 수 있다. 친절함과 호기심을 갖고 죄책감으로부터 벗어나 수행 페이지를 완성하라. [수행 페이지는 아동이 그 주 동안에 걸쳐 공식적인 마음챙김과 비공식적인 마음챙김을 자세히 기록하기 위해 사용할 매일 기록하는 일지이다.]

■ 논평, 질문 및 관심사가 있으면 우리에게 전화를 하거나 이메일을 보내라.

추가 연습 및 수행

이제 다양한 회기들에 통합될 수 있는 몇 가지 추가적인 연습과 수행들을 살펴보고자 한다. 다음의 수행들은 모두 표준 성인 MBSR 커리큘럼을 바탕으로 한 발달적 응용과 핵심적인 수행들을 나타내고 있다.

보석/보물 연습   중간 크기의 돌을 넣은 바구니를 가져와서 각 참가자들에게 하나씩 고르게 하라. 모두 바닥에 등을 대고 눕도록 하여 그 돌을 옷 속에건 옷 위에건 배꼽에 올려놓게 하라. 아동에게 그 돌이 호흡을 들이마실 때 위로 움직이고 호흡을 내쉴 때 아래로 움직이는 것을 느껴보게 하라. 아동에게 들숨과 날숨 간의 공간, 그리고 날숨과 들숨 간의 두 번째 공간을 알아차리게 하라. 아동에게 호흡에 주의를 기울여

어려운 의사소통 기록지

의사소통을 기술하라. 누구와? 주제는?	어려움은 어떻게 일어났는가?	그 사람이나 상황으로부터 당신이 정말로 원한 것은 무엇이 있는가? 실제로 당신이 얻은 것은 무엇이었는가?	다른 사람(들)은 무엇을 원하였는가? 그들은 무엇을 얻었는가?	이 시간 동안에 그리고 이후에 당신은 어떻게 느꼈는가?	당신은 이 문제를 이미 해결했는가? 어떻게?

머무르는 것이 어떤 느낌인지와 호흡들 간의 '고요하고 조용한 장소'를 알아차리게 하라.

자비 수행　참가자들에게 부모, 조부모, 교사, 친구 또는 애완동물과 같이 누군가로부터 사랑받았을 때를 기억해 보라고 한다. 이것은 포옹이나 미소와 같이 매우 간단한 순간이 될 수 있음을 알려주는 것이 도움이 될 것이다. 그런 다음 아동에게 이 사랑하는 순간을 진정으로 느끼고, 마음을 열고, 이 순간의 사랑을 받아 보도록 하라. 아동에게 자신을 사랑하는 사람이나 동물에게 사랑을 주도록 요청하라. 아주 어린 아동은 키스 보내기를 좋아한다. 좀 더 큰 아동은 사랑을 주고받는 것을 간단하게 상상할 수 있다. 아동에게 자기 자신과 자신을 사랑하는 사람이나 동물 사이에 흐르는 사랑을 느껴보게 하라. 이러한 반복은 아동을 사랑하는 사람들을 위해 되풀이될 수 있다. 아동은 학교 식당에서 일하는 사람이나 음식을 가져다주는 사람과 같이 잘 알지 못하는 누군가에게 사랑을 보내는 것을 실험할 수 있다. 그런 다음 아동은 "예전에 친했던 친구" 또는 형제자매와 같이 사랑을 주는 데 어려움을 겪고 있는 누군가에 대하여 생각해 볼 수도 있다. 이 연습은 아동이 자기 자신에게 사랑을 베풀고, 자기 자신에게 되돌아오는 사랑을 느끼며, 그런 다음 온 세상에 사랑을 베풀고 자신에게 되돌아오는 온 세상의 사랑을 느껴보도록 함으로써 익숙해질 수 있다.

손전등 연습　참가자들에게 편안한 자세로 앉거나 누워서 "자신의 주의의 손전등"과 놀게 해보라. 참가자들에게 생각, 감정, 소리, 감각 및 호흡에 차례대로 손전등을 비춰보게 하라. 그런 다음 불빛을 통해 떠다니는 모든 것을 비추고, 다음에는 다시 돌아와 호흡을 비춰보게 하라. 참가자들에게 모든 것을 포함하도록 자신의 주의를 확장시킨 다음 오직 한 가지 대상에만 주의를 좁혀보게 하라.

앞의 연습들은 우리의 연구가 기반을 두고 있는 커리큘럼의 일부를 나타내주고 있다. 우리는 이제 4~6학년 아동과 그들의 부모를 위해 우리의 커리큘럼이 미치는 영향을 자세히 설명해 주는 예비 연구결과들을 평론해 보고자 한다.

연구결과

아동-부모 MBSR 과정의 영향을 평가하기 위해 우리는 아동과 그 부모들에 대한 연구를 수행하고 있다. 우리는 다음과 같은 두 가지 주요한 목적을 갖고 있는데, 하나는 마음챙김 수행을 하면서 가족 훈련이 가능한지를 검토하는 것이고, 다른 하나는 우리가 마음챙김 훈련으로 변화시킬 수 있다고 가정한 심리적 기능의 특정한 차원들을 측정하는 것이다.

다음에 제시한 예비 결과들은 우리의 아동-부모 MBSR 프로그램에 등록한 24가정(31명의 아동과 27명의 부모)과 대기자 통제 조건을 완수한 8가정(8명의 아동과 8명의 부모)으로서 자신이 참가의사를 밝힌 비임상 지역사회 표본에 근거를 두고 있다. 우리는 현재 추가 대기자 통제 자료들을 분석하는 과정에 있다. 이 표본은 4~6학년 아동을 둔 잘 기능하고 있는 중산층 가정들로 구성되었고, 그들은 스탠포드 대학교 근처 지역에 살고 있으며, 주로 유럽계 미국인들이다. MBSR 과정 참가자들은 다음과 같은 다양한 조합에 참여하였다 : 아동 1명과 부모 1명, 아동 2명과 부모 1명, 부모 2명과 아동 1명, 그리고 아동 4명을 둔 5가정. 이 과정을 시작한 24가정 중 단지 4가정만이 탈락하였고, 감소율은 17%였다. 나머지 아이들을 맡기는 계획 세우기는 물론 아동과 부모의 스케줄을 잘 다루는 일이 복잡하긴 했지만, 우리는 그렇게 많은 가족들이 8회기의 MBSR 과정에 계속적으로 참여했다는 사실에 매우 놀랐다. 이것은 MBSR 가족 형식이 가능할 수 있음을 시사한다.

기능상 MBSR 관련 변화들에 관하여, 우리는 마음챙김 수행의 영향으로 우선 나타난 표적 영역들을 측정하였다. 성인들을 대상으로 한 MBSR 관련 변화들(Allen, Chambers, & Knight, 2006; Baer, 2003; Grossman, Niemann, Schmidt, & Walach, 2004)과 마음챙김 기제 모형들(Shapiro, Carlson, Astin, & Freedman, 2006)의 평론을 기초로, 우리는 주의(즉, 각성, 전환, 인지적 통제), 정서적 반응성과 조절, 불안과 우울 증상 및 메타인지 기능(즉, 자기자비, 자기비판, 마음챙김 기술들)을 조사하였다. 우리는 사전-사후 마음챙김 훈련에서 기능의 변화를 측정하기 위해 아동 및 성인용 자기보고 질문지 총집과 컴퓨터로 실시하는 인지-정서 과제들을 사용하였다.

아동-성인 기저선 기능에서의 차이

우리의 표본을 더 잘 이해하기 위해서 우리는 아동과 그들 부모가 기저선상 심리적 기능에서 어떤 차이들을 보이는지를 검토하였다. 아동과 비교하여 부모들은 주의망 과제(Fan, McCandliss, Sommer, Raz, & Posner, 2002)에 근거할 때 각성과 인지적 통제를 포함한 더 나은 주의 기술들과 자기자비 척도(Neff, 2003)에서 더 많은 비판적인 자기판단과 부정적 신념들에 대한 과잉 동일시를 보여주었다. 아동과 비교할 때 이 표본의 부모들은 더 발달된 주의능력을 지니고 있고, 자기 자신에 대해 보다 더 비판적임을 나타내고 있다.

성인을 대상으로 한 이전의 연구들이 마음챙김 훈련을 한 후 기분과 불안 증상의 신뢰로운 감소를 보여주었으므로(Ramel et al., 2004; Segal et al., 2002) 우리는 기저선에서 아동과 그들 부모의 상태 불안과 심리 기능 간의 관계를 검토하였다. 우리는 상태 불안이 아동[아동용 우울척도(Kovacs, 1992; $\gamma = .44$, $p < .05$)]과 부모 [Beck 우울척도-II(Beck, Steer, & Brown, 1996), $\gamma = .39$, $p < .06$]의 더 큰 우울 증상들과 연관되었음을 발견하였다. 부모들에 있어서 상태 불안은 더 적은 마음챙김 자각[인지 정서 마음챙김 척도-개정판(Feldman, Hayes, Kumar, & Greeson, 2003), $\gamma = -.69$, $p < .0005$]과 더 적은 자기자비(자기자비 척도, $\gamma = -.64$, $p < .001$)와 강하게 연관되었다. 아동의 상태 불안은 부정적인 사회적 특성을 더 많이 스스로 시인하는 것(자기참조 처리 과제, $\gamma = .62$, $p < .01$)과 주의를 인지적으로 덜 통제하는 것(주의망 과제, 인지적 통제 구성요소, $\gamma = .53$, $p < .05$)과 연관되었다. 이것은 아동과 그들 부모 모두 불안과 보다 빈약한 심리적 기능 간에 중요한 관련이 있을 수 있음을 시사한다. 또한 연구 초기에, 가장 불안한 아동들은 더 우울하였고, 자기 자신을 부정적인 말로 기술하는 경향이 더 많았으며, 자신의 주의를 통제할 능력이 더 부족하였다. 가장 불안한 부모들 역시 더 불안하였고, 자기 자신에게 자비심을 덜 보였으며, 마음챙김(현재 순간을 자각하는 것)을 덜 하였다.

MBSR 사전-사후 변화

주의의 영역과 관련하여 우리는 MBSR 참가자들 대 대기자 참가자들이 주의망 과제 중 주의의 인지적 통제 구성요소에서 의미 있게 더 큰 향상을 보일 정도로 집단과 시간 간에 상호작용이 있음을 발견하였다. MBSR 프로그램에서 아동과 부모 모두 MBSR 사전-사후에서 동일한 양상의 향상을 보여주었다. 대기자 가정과 비교해 볼 때 MBSR 집단에 참가한 아동과 부모는 보통 갈등을 유발하는 방해물의 존재로 자신의 주의를 돌리는 능력이 증가함을 보여주었다. 주의의 인지적 통제는 발달과정 동안 성숙에 도달하는 종착지이자 학습적 성공과 가장 밀접하게 연관된다.

정서반응성에 관해서 우리는 대기자 집단과는 대조적으로 MBSR 집단 참가자들이 신체적 및 사회적 위협 시나리오와 관련하여 의미 있게 덜 부정적인 정서를 보고하였음을 발견하였다. 이 효과는 아동보다는 부모에게서 더 강하였다. 긍정적 혹은 부정적인 자기견해와 관련해서는 MBSR 참가자들이나 대기자 참가자들에게서 아무런 변화의 증거도 발견되지 않았다.

기분 증상에 관하여 아동은 변화를 보이지 않았던 반면, 부모들은 MBSR 사전-사후에서 불안 증상과 우울 증상 모두 의미 있는 감소를 보고하였다. 메타인지 기능의 영역에서는 아동과 부모 모두 자기판단과 자기자비에서 향상을 보고하였다. 그렇지만 부정적 신념을 동반한 고립과 과잉 동일시에서는 오직 부모들만 의미 있는 감소를 보였다. MBSR을 한 후 아동들은 자기 자신에 더 많은 자비심을 갖고 덜 비판적이었으며, 부모들은 자기 자신에 대해 더 많은 자비심을 갖고 덜 우울하고 덜 불안하며 덜 판단하였다. 이 모든 것을 고려할 때, 이러한 결과는 아동과 부모 모두 마음챙김 훈련을 하고 난 후 주의, 정서 및 메타인지 과정에서 향상될 수 있음을 시사한다.

변화의 잠재적 매개요인 분석

우리는 표준적으로 매주 집에서 하는 마음챙김 수행을 심리적 기능에 대한 MBSR 효과의 잠재적 매개요인으로 검토하였다. 첫째, 우리는 집에서 하는 수행의 두 가지 유형들인 공식 수행(예 : 안내된 정좌 명상, 보디스캔)과 비공식 수행(예 : 의미 있는 휴식, 일상생활 속 마음챙김)에서의 집단 차이를 살펴보았다. 아동과 부모는 안내된 수행을 함께 경청하였으므로 동일한 양의 공식 수행을 보고하였다. 그렇지만 부모는 아동보다 더 많은 양의 비공식 수행(일상생활에 마음챙김을 통합하기)에 대해서 거의 의미 있는 경향을 보여주었다($p = .07$).

다음으로 우리는 집에서 하는 수행의 양과 유형이 MBSR 치료 성과의 잠재적 예언인인지 여부를 조사하였다. 우리는 평균적인 명상 수행이 모형에 도입될 때 사후 MBSR 반응의 의미 있는 기저선 예언인이 더 이상 유의하지 않은지 여부를 결정하기 위해 위계적 선형 회귀 모형을 사용하였다. 기저선 우울 증상들과 관련된 사후 MBSR 우울 증상들 내 변량을 제거한 후 우리는 평균적인 매주 수행이 사후 MBSR 우울 증상들 내 변량의 유의한 양을 설명해 주었음을 발견하였다(R^2 change $= .16$, F[2, 24] $= 4.10$, $p < .05$). 공식 수행은 의미 있는 예언인이 아니었던 반면($p > .2$), 비공식 수행은 단독으로 우울 증상에서의 향상을 의미 있게 예언하였다($\beta = -.30$, $t = -2.06$, $p < .05$). 따라서 기저선에서 우울을 설명한 후 우리는 비공식 수행이 성인들 우울 증상의 향상을 예언했음을 발견하였다.

주의망 과제 중 인지적 통제 구성요소에 적용하여 수행한 동일한 분석은 마음챙김 수행의 전체적인 양이나 비공식 수행 어느 것도 사후 MBSR 주의의 인지적 통제를 의미 있게 예언하지 못하였음을 지적하였다(전체적으로 $p > .09$, 비공식만으로는 $p > .15$). 그렇지만 기저선에서 인지적 통제를 설명한 후 공식 수행은 사후 MBSR 주의의 인지적 통제에서 의미 있는 변량을 의미 있게 설명하였다($\beta = .44$, $t = 2.16$, $p < .05$). 이 자료들은 보다 공식적으로 안내된 수행을 했던 참가자들이 주의를 통제하는 능력에서 더 큰 향상을 보였음을 시사한다.

이 모든 것을 고려할 때 이러한 예비 결과들은 마음챙김 훈련을 완수한 이후 아동과 그들의 부모가 주의, 기분 및 메타인지 영역(자비와 마음챙김)에서 유익한 변화가 있음을 설명해 주고, 상이한 치료 성과 변인들에 대한 공식 및 비공식 수행의 효과들을 고려하는 것이 마음챙김 수행의 구성요소들과 기제들을 이해하는 데 도움이 될 수 있음을 시사한다.

아동과 부모를 대상으로 동시에 마음챙김을 훈련시키기

우리가 진행하고 있는 연구인 앞에서 기술한 양적인 연구들과 가족을 대상으로 한 질적인 연구들 모두는 이러한 마음챙김 커리큘럼이 아동과 부모에게 유용함을 보여 주고 있다. 우리는 아동과 부모를 대상으로 작업하는 것이 용이하도록 표준 성인 MBSR 커리큘럼을 몇 가지 방식에서 수정하였다. 첫째, 집에서 하는 수행에서 우리는 부모들에게 아동을 참여시키는 마음챙김 활동을 선택하도록 요구했다. 예를 들어 아침에 잘 다녀오라고 키스해 주기, 방과 후에 아동을 기쁘게 맞아주기 및 잠잘 때 이불을 덮어주기 등이었다.

　대집단을 대상으로 할 경우 논의의 대부분은 아동에 초점을 두고 있다. 종종 아동이 몸을 움직여서 어떤 동작을 할 필요가 있다면, 우리는 움직임 수행을 위해 아동은 밖으로 데려가고, 부모에게는 "당신은 한 주 동안 어떤 미묘한 감정을 알아차렸습니까?"와 같은 토론 질문을 제공해 준다. 회기의 마지막 15분 동안 부모들에게는 질문을 하고 성인 토론을 할 시간을 제공해 주며, 아동들에게는 '고요하고 조용한 장소'를 경험한 그림을 그리거나 하이쿠나 시를 쓰거나 밖에서 놀거나 또는 막대기를 뽑거나 젠가(블록들로 높이 쌓아올린 더미가 있는데 각 개인은 차례차례로 더미의 아무 데서나 블록을 뽑아 더미의 맨 위에 쌓는다. 이때 더미를 쓰러뜨리면 안 된다)와 같은 마음챙김을 해보는 게임을 하게 한다. 부모는 아이를 키우는 데 마음챙김 원리들을 어떻게 적용할 것인지를 탐구하는 이 시간을 진정으로 고마워한다. 그들은 종종 회기의 마지막까지 그리고 아동이 기꺼이 머물러 있고자 할 때까지 남아 있고 싶어 한다.

　아동 및 부모와 함께 작업할 때 가장 흥미를 끄는 측면은 아마도 부모들이 종종 의제를 지니고 있는 점일 것이다. 흔히 부모들은 우리가 연구에서 증명하고 있는 이점들 그 자체를 얻기 위해 우리의 MBSR 회기에 아이들을 데려오곤 했기 때문에 성과에 매우 집착할 수 있다. 아동-부모 연구를 한 첫 과정에서 한 어머니는 "만일 아이가 오지 않으면 어떻게 하죠?"란 질문을 하였다. 그녀의 질문이 함의하는 바 그녀의 희망은 우리가 그녀의 아이를 오게 "만드는 것"이었다. 이러한 특별한 과정은 리서치 연구의 맥락에 있었고, 연구는 탈락을 좋아하지 않는다. 그렇지만 그 순간 우리의 대답은 이러하다. "마음챙김은 일어나는 일을 있는 그대로 수용하는 것에 관한 것이지 어떤 것을 강요하는 것에 관한 것이 아닙니다. 따라서 누군가를 참가하도록 강요하는 것은 수행과는 정반대이지요."

그 어머니의 질문은 회기 형식에 대한 아동과 부모 모두의 제안을 들어보도록 우리를 자극하였다. 아동은 움직이는 것을 더 많이 하고 말은 더 적게 하기를 제안하였다. 하나의 집단으로서 우리는 그 제안들이 앞으로의 회기에 통합되도록 하고, 계속해서 오고 싶어 하지 않는 아동은 두 번 더 회기에 참석하며, 만일 그때에도 더 이상 참가하고 싶지 않다면 회기에 오지 않아도 좋다는 데 동의하였다.

부모들만을 대상으로 한 논의에서 우리는 다음과 같은 생각들을 공유하였다.

- 부모로서 우리가 하는 수행은 아동을 있는 그대로 보기보다는 다른 모습이 되기를 바라는 경우, 우리가 의제를 가지고 있는 경우, 그리고 아동을 변화시키고자 시도하는 경우를 알아차리는 것이다. 강요하는 것과 지지하는 것 간에는 차이가 존재한다. 일단 우리의 진정한 의도를 깨달으면 우리는 숙련된 방향을 선택할 수 있다. 마음챙겨 살아가는 것, 현재에 존재하며 우리의 아동들에게 매 순간 반응하는 것은 아마도 그들에게 마음챙김을 수행하게 하는 것보다 더 중요할 것이다.
- 처음 두 회기는 아동들에게 '고요하고 조용한 장소' 경험과 마음챙김의 기본 어휘들을 제공하였다. 과정을 시작하기 전 아동은 자신의 마음속에 '고요하고 조용한 장소'가 존재한다는 것을 알지 못하였다. 이 새로운 앎은 그것 자체로 의미 있는 학습 경험이며, 지금으로서는 그것만으로도 충분하다.
- 아동과 부모에게 마음챙김을 소개하는 것은 씨앗을 뿌리는 것과 같고, 그 씨앗들은 적절한 시기에 발아한다. 마음챙김에 흥미가 없는 아동은 이제 6주 동안 배워 온 것을 중요한 시험, 게임 혹은 수행을 하기 전, 대학생활이 특별히 힘들 때 응용하는 것을 선택할 수도 있고, 전혀 사용하지 않는 것을 선택할 수도 있다.

끝으로 우리는 부모들이 "Susie를 위해서 또는 Patrick을 위해서" 마음챙김 회기에 등록했음에도 불구하고 그들이 자기 자신의 수행을 발달시키면 아동이 이익을 얻을 수 있음을 부모들에게 상기시켰다. 사실 마운트 시나이 의과대학의 Georgia Watkins 박사가 수행한 연구는 아동이 갖는 스트레스의 가장 큰 원천은 학습 스트레스, 또래 압력 또는 지나친 스케줄이 아니라 오히려 부모 스트레스임을 보여주었다. 따라서 만일 부모들이 마음챙김을 수행하여 자신의 스트레스를 줄인다면 그들은 동시에 자기 아동의 스트레스를 줄이고 마음챙김의 생생한 증거를 제공해 줄 수 있다. 이러한 논평들은 초기 회기에 많은 부모들이 자신의 아동을 위해서뿐만 아니라 자신 안에 존재하는 인내심, 친절함, 명료함, 자상함 및 지혜를 개발하기 위해서 마음챙김 과정을 수강하고 있음을 알았다는 사실을 기억하게 해주었다.

교실에서 마음챙김 가르치기

몇몇 무심한 실수들로부터 우리가 배운 것은 교실장면에서 MBSR을 수행할 때 마음챙김의 안전하고 보편적인 성질을 분명히 전달하는 것이 중요하다는 것과 학교 경영자, 교사 및 부모의 지지를 받는 것이 순서라는 것이다. 혼란이 있거나 두려워하는 한두 명의 부모들이 프로그램을 그만둘 수도 있고, 또는 비수용적인 교사가 아동의 경험에 심각하게 영향을 끼칠 수도 있다. 여기에 다음과 같은 짧은 예가 있다.

> 학교 교장과 교감의 전폭적인 지지 아래에서 Amy는 격주로 5학년 학급 두 개 반에게 마음챙김을 제공하였다. 5학년 교사 둘 다 5학년을 처음 맡았고, 새로운 커리큘럼을 수행하고 있었다. 두 교실에서의 경험은 완전히 달랐다. 첫 번째 교실의 교사는 그 수행을 직관적으로 알아챘고, "저는 아이와 비슷한 어떤 것을 했어요. 단지 저는 그것에 이름을 붙일 수는 없군요."라고 말하였다. 두 번째 교실의 교사 반응은 매우 차가웠고, 그 해의 중반에 이르러서도 그녀는 자신의 느낌을 말로 표현하지 않았다. Amy는 그녀의 느낌들을 깨닫기는 하였지만 그 깊이는 확실히 이해하지 못하였다. 두 번째 교사는 Amy가 교실에 있는 것이 불쾌하고, 마음챙김이 그녀의 커리큘럼에 방해가 된다고 느끼며, 40분 동안만 마음챙김을 가르치기를 원한다고 말하였다. 또 그녀는 전체적으로 학교가 의사소통과 아동의 스트레스에

지나치게 초점을 두고 있다고 느꼈다. 그녀는 자신이 어렸을 때는 아동이 그저 스트레스를 감당하였다고 말하였고, 학교는 "그것을 너무나 크게 다루고 있다"고 하였다. 이것은 두 교실에서 일어난 상이한 성과들을 잘 설명해 주고 있다. 첫 번째 교실에서는 아동 대부분이 마음챙김을 즐겼고, 그것이 이점이 있음을 발견하였다. 두 번째 교실에서는 많은 아동이 마음챙김을 즐기지 않았고, 그것의 이득을 발견하지도 못하였으며, 그것의 이점이 있다 하더라도 아동은 교사 앞에서 그렇다고 말하기를 꺼렸을 것이다.

만일 당신이 교실장면에서 마음챙김을 수행해 볼 가능성을 탐구하고 있다면, 당신은 한 명 혹은 그 이상의 사람들과 연관성을 지니고 있을 것이다. 그렇지만 만일 당신이 마음챙김 수행의 이점들을 거둬들일 가장 큰 기회를 갖고서 이 프로그램을 꽃피우고자 한다면 학교 경영자, 교사 및 부모에게 마음챙김 수행을 경험하고, 오해가 일어나지 않고 힘을 얻도록 질문을 할 기회를 제공해 주도록 하라.

결론

우리의 경험과 자료들은 아동과 부모들이 측정 가능하고 의미 있는 방식으로 마음챙김 기반 스트레스 감소를 8주 커리큘럼을 통해 이익을 얻을 수 있음을 시사한다. 우리는 MBSR 과정을 수행한 가족들과 이 과정을 수행하지 않은 가족들을 대상으로 기저선부터 사후 치료까지의 성과들을 계속해서 측정하고 있다. 지금까지 우리가 발견한 결과들은 MBSR의 유용성을 지지하고 있으며, 과학적인 측면과 아동, 부모 및 교사의 일상생활 속에서 의미 있는 성과의 측면 모두에서 의미 있는 향상을 나타내 주고 있다. 우리의 경험은 아동이 자신의 주의를 더 많이 통제할 수 있고, 덜 정서적으로 반응할 때 집과 교실 둘 다에서 심오한 차이가 있음을 시사한다. 사회관계와 학습 환경의 영향이 과소평가될 수는 없다. 아마도 가장 중요하게도 MBSR 과정은 아동과 부모 모두에게 의미 있는 것으로 보인다. 끝으로 우리는 아동에게 스스로 말해 보도록 할 것이다. 각 MBSR 과정을 끝내면서 우리는 참가자들에게 '고요하고 조용한 장소'에서 쉬면서 어떤 느낌이 드는지, 그리고 일상생활에서 마음챙김을 어떻게 사용하는지를 기술하면서 마음챙김에 관해 아무것도 모르는 친구에게 짤막한 글을 써보게 한다. 다음의 논평들은 아동의 글을 그대로 옮긴 것이다.

- 미지의 Bob에게 : '고요하고 조용한 장소'에서 휴식하는 것은 매우 편안해. 그것은 네가 너의 마음속 자기와 접촉하게 해준단다. 그리고 네가 실제로 느끼는 것이 어떠한지를 발견해 보렴.
- Keith에게 : 난 마음챙김이라고 말하는 것을 하고 있어. 그것은 느낌을 이해하고 알아차리는 방법이란다. 네가 할 것은 '고요하고 조용한 장소'에 가는 거야. 거기에 있으면 편안해져. 마음챙김은 숙제하기 전에 나를 도와주었어. 왜냐하면 그것은 나를 편안하게 해주어서 나는 숙제를 잘 하거든.
- 이것은 이상하지만 평화로운 느낌이 들어. 내가 집에서 마음챙김을 어떻게 사용하는지는 정말로 말할 수가 없지만 내가 남동생에게 화가 날 때는 그것이 도움이 된다는 것을 알고 있단다.
- 마음챙김은 침착할 수 있고 편안하기 때문에 대단한 수업이란다. 그것은 널 진정시켜 주고 스트레스를 덜 받게 해줄 거야. 네가 엄청 화가 나거나 슬프거나 그냥 더 기분이 좋아지고 싶다면 마음챙김을 한 번 해봐야만 해. 그게 바로 내가 하고 있는 거야. 한 번 해봐!
- '고요하고 조용한 장소'는 나에게 많은 스트레스를 진정시켜 주었어. 나는 당황하거나 스트레스로 화가 날 때 마음챙김을 사용한단다. 마음챙김 기분 좋아! 이런 멋진 프로그램을 저에게 소개해 준 Saltzman 박사님, 고마워요.
- 친구에게 : 마음챙김은 내가 학교에서 참여하고 있는 수업이야. 그것은 우리가 숨을 쉬며 우리의 생각에 대하여, 과거나 미래가 아니라 '지금'에 대하여 생각하는 시간이란다. 우리는 숨을 쉬면서 우리의 '고요하고 조용한 장소'에 간단다. '고요하고 조용한 장소'에서는 고요함을 느끼지. 나는 무언가에 대해 긴장할 때 마음챙김을 사용해.

Allen, N. B., Chambers, R., & Knight, W. (2006). Mindfulness-based psychotherapies: A review of conceptual foundations, empirical evidence and practical considerations. *Australian and New Zealand Journal of Psychiatry, 40*, 285–294.

Baer, R. A. (2003). Mindfulness training as a clinical intervention: A conceptual and empirical review. *Clinical Psychology: Science and Practice, 10*, 125–143.

Beck, A. T., Steer, R. A., & Brown, G. K. (1996). *Beck Depression Inventory–second edition manual.* San Antonio, TX: The Psychological Corporation.

Brown, K. W., & Ryan, R. M. (2003). The benefits of being present: Mindfulness and its role in psychological well-being. *Journal of Personality and Social Psychology, 84*, 822–848.

Fan, J., McCandliss, B. D., Sommer, T., Raz, A., & Posner, M. I. (2002). Testing the efficiency and independence of attentional networks. *Journal of Cognitive Neuroscience, 14*, 340–347.

Feldman, G. C., Hayes, A. M., Kumar, S. M., & Greeson, J. M. (2003, November). Clarifying the construct of mindfulness: Relations with emotional avoidance, overengagement, and change with mindfulness training. Paper presented at the Association for the Advancement of Behavior Therapy, Boston, MA.

Grossman, P., Niemann, L., Schmidt, S., & Walach, H. (2004). Mindfulness-based stress reduction and health benefits. A meta-analysis. *Journal of Psychosomatic Research, 57*, 35–43.

Kabat-Zinn, J. (1990). *Full catastrophe living: Using the wisdom of your body and mind to face stress, pain, and illness.* New York: Dell Publishing.

Kovacs, M. (1992). *Children's Depression Inventory.* New York: Multi-Health Systems.

Neff, K. D. (2003). The development and validation of a scale to measure self-compassion. *Self and Identity, 2*, 223–228.

Ramel, W., Goldin, P. R., Carmona, P. E., & McQuaid, J. R. (2004). The effects of mindfulness meditation on cognitive processes and affect in patients with past depression. *Cognitive Therapy and Research, 28*, 433.

Saltzman, A. (2004). *Still Quiet Place: Mindfulness for young children.* Audio CD contains many of the practices used in the Still Quiet Place curriculum. Available from www.stillquietplace.com.

Saltzman, A. (in press). *Still Quiet Place: Manual for teaching mindfulness-based stress reduction to children.* Will be available in the context of workshops and trainings through www.stillquietplace.com.

Saltzman, A. (forthcoming). *Still Quiet Place: Mindfulness for teens.* Audio CD contains many of the practices used in the Still Quiet Place curriculum. Will be available in the context of workshops and trainings through www.stillquietplace.com.

Segal, Z. V., Williams, J. M. G., & Teasdale, J. D. (2002). *Mindfulness-based cognitive therapy for depression: A new approach to preventing relapse.* New York: Guilford.

Shapiro, S. L., Carlson, L. E., Astin, J. A., & Freedman, B. (2006). Mechanisms of mindfulness. *Journal of Clinical Psychology, 62,* 373–386.

제8장

아동기 외현화 장애를 위한 수용전념치료

Michael P. Twohig, Ph.D., Utah State University;

Steven C. Hayes, Ph.D., University of Nevada, Reno;

Kristoffer S. Berlin, Ph.D., Brown Medical School

외현화 문제를 지닌 아동을 대상으로 일하는 임상가들은 그들이 사용하는 치료접근에 있어서 많은 선택을 한다. 임상 아동 청소년 심리학회(Society of Clinical Child and Adolescent Psychology)의 웹 사이트(www.clinicalchildpsychology. org) 목록에는 최근 외현화 문제들(주의력 결핍/과잉행동, 반항적 비행 및 품행장애)에 관하여 약 스무 가지에 달하는 근거에 기반한 선택들이 들어 있다. 이 선택들 대부분은 인지행동치료(CBT)와 행동주의 부모훈련을 포함한, 행동치료의 일반적인 주제에 해당한다. 이 두 가지 접근은 비록 그 효과가 아동의 발달 수준을 기초로 하여 다양하게 나타남에도 불구하고, 가치가 있는 것으로 보인다. 행동주의 부모훈련은 일반적으로 학령전과 학령기 아동들에게 더 강한 효과가 있는 반면, 인지행동 중재들은 일반적으로 청소년들에게 더 큰 효과가 있다(McCart, Priester, Davies, & Azen, 2006). 행동주의 부모훈련 프로그램은 효과적인 행동관리 전략들을 사용하여 아동의 생활에 포함된 성인들(예 : 부모, 교사, 기타 친척)을 훈련시킴으로써 외현화 문제들을 다룬다. 이 전략들에는 아동 행동의 탐지를 증가시키기, 친사회적 행동을 정적으로 강화하기, 그리고 비행, 발광 및 싸움과 같은 문제행동에 대해 발달상으로 적절한 결과들이 포함된다. 이 치료들은 보통 집단이나 개인 형식으로 실시되며, 교훈적인 교육, 생생한 혹은 비디오로 촬영된 모델링 및 역할놀이가 혼합되어 있다(Eyberg & Boggs, 1998; Webster-Stratton & Hammond, 1997).

아동들이 점차 성장해 감에 따라 이 치료들 중 많은 치료들은 보다 인지적으로 기반을 둔 기법과 정서적으로 초점을 둔 기법들을 포함시키기 시작한다. 인지적 관점을 표방하는 임상 연구가들은 반사회적 행동 문제들을 지닌 청소년들 사이에서 다양하게 손상된 "사회-인지적" 기술들을 확인하였다(Crick & Dodge, 1994; de Castro, Veerman, Koops, Bosch, & Monshouwer, 2002; Lochman & Dodge, 1994; Perry, Perry, & Rasmussen, 1986). 사회-인지 틀 안에서 볼 때 반사회적인 청소년들은 적대적인 귀인 편파를 보유하고 있고, 사회적 단서들을 해석하는 데 잘못이 있으며, 공격이 긍정적인 성과를 유발할 것이라고 더 강하게 기대하고 있음을 발견하였다. 일반적으로 인지행동 중재들은 청소년들에게 보다 효과적으로 사회적 단서들에 주목하게 하고, 타인들의 행동을 다양하게 해석하게 하며, 비폭력적인 문제해결 전략들에 참여하도록 가르치고자 한다. 또 청소년들은 반사회적 행동의 장·단기 결과들에 관해 배우며, 자신의 부정적인 정서를 관리하는 방법을 배운다. 이러한 경험적으로 지지된 접근법들의 예로는 분노 대처 치료(Lochman, Burch, Curry, & Lampron, 1984), 주장 훈련(Huey & Rank, 1984) 및 문제해결 기술 훈련(Kazdin, Esveldt-Dawson, French, & Unis, 1987)이 있다.

외현화 문제들에 대한 근거 기반 치료들을 완수한 가족들 대부분은 장·단기 이익을 모두 경험한다(Brestan & Eyberg, 1998; Lonigan, Elbert, & Johnson, 1998). 그렇지만 문헌에서는 일관되게 꽤 많은 소수의 가족들에게 있어서 이 프로그램들의 성과가 빈약하다고 평가하고 있다(Eyberg & Boggs, 1998; Webster-Stratton & Hammond, 1997). 이 부정적 결과들에는 높은 비율로 너무 빨리 가족이 탈락하는 것, 부모들이 치료과정에 참여하는 데 실패하는 것, 그리고 추적조사에서 긍정적 변화를 유지하는 데 아동과 부모들이 실패하는 것이 포함된다(Miller & Prinz, 1990). 심지어 치료로 인해 병이 생기는 결과들도 나타났다. 예를 들면 비행 청소년 대상 집단에 기반한 중재들이 심리사회적 성과들을 악화시킬 수 있다(Dishion & Andrews, 1995).

따라서 아동과 아동의 생활에 포함된 중요한 성인들(예 : 부모와 교사) 모두에게 초점을 맞춘 심화된 치료 개발이 필요하다. 보다 어린 아동들의 경우 치료 실패의 대부분은 부모나 교사의 치료 수행상 문제들에 기인하는 것으로 보인다. 더 큰 아동들의 경우에는 그들의 행동 문제, 인지 문제 및 정서 문제들을 자세히 다루어주는 추가적인 방법들이 필요한 것으로 보인다. 행동치료와 행동주의 원리들이 아동기 외현화 장애에 대한 초석이기는 하지만 행동분석 연구자들은 이제야 인간 인지를 설명하는 데 필요한 개념적 도구들을 개발하고 있다. 다음 절에서 우리는 이러한 연구를 간단하게 제시하고자 한다.

인지에 대한 행동주의적 접근 : 관계적 틀 이론

관계적 틀 이론(relational frame theory, RFT; 책 한 권 분량의 치료를 보려면 Hayes, Barnes-Holmes, & Roche, 2001 참조)은 인간 언어와 인지에 대한 현대적인 행동분석 접근법이다. 아동이 코끼리 그림을 "코끼리"라고 부르며, 문자로는 'ㅋ-ㅗ-ㄲ-ㅣ-ㄹ-ㅣ'라고 쓴다는 것을 배울 때, 그 아동은 이 사건의 모든 세 가지 사이의 관계를 획득할 것이다. 만일 아동에게 'ㅋ-ㅗ-ㄲ-ㅣ-ㄹ-ㅣ'라고 쓰인 단어들에 대한 세 가지 선택이 제공된다면, 아동은 "코끼리" 단어를 들을 때 그것을 선택할 것이다. 이러한 두 가지 자극들을 한 번도 함께 훈련받지 못했을 때조차 그러하다. 이러한 반응은 직접적인 훈련을 통해서 학습된다기보다는 오히려 언어적으로 "파생"되었다.

이것은 그다지 놀라운 일이 아닐 수도 있다. 하지만 행동주의 이론에 더 익숙한 사람들은 자극은 단지 기능을 획득했을 뿐, 확실히 훈련받은 적은 없음을 주목할 것이다. RFT 관점에서 보면, 아동이 다른 예들과 유사한 관계들을 학습했기 때문에 이러한 일이 일어난 것이며, 이러한 생각은 최근에 갓난아기들을 대상으로 확인되었다 (Luciano, Becerra, & Valverde, 2007). 충분한 훈련을 거친 일반화된 모방처럼 "틀"이라는 것은 어떤 사건(코끼리뿐만 아니라 개, 고양이, 공, 차 등)에도 놓일 수 있다. 게다가 단지 소수의 관계들만 훈련시켜도 전체적인 네트워크가 파생될 수 있다.

만일 유사성 관계[혹은 RFT 이론가들이 "동등성(coordination)의 틀"이라고 부르는 것]가 다양한 예를 통해 학습될 수 있다면 반대, 차이, 비교 등과 같은 다른 관계들 또한 다양한 예를 통해 학습되지 못할 이유가 없다. 이것 역시 아동을 대상으로 한 연구에서 확인되어 왔다(Barnes-Holmes, Barnes-Holmes, & Smeets, 2004; Barnes-Holmes, Barnes-Holmes, Smeets, Strand, & Friman, 2004; Berens & Hayes, 2007).

또한 아동은 관계적 훈련을 통해서 자기 자신을 다른 사람들과 구분하는 것을 학습하는 것 같다. 나-너, 여기-저기 및 지금-나중과 같은 이러한 "지시적인(deictic) 관계"는 형식적인(혹은 물리적인) 속성이 아니라 화자에 대한 그것들의 관계에 의해 정의된다. RFT 실험에서 얻은 증거는 이러한 관계들이 시간에 걸쳐 발달하고 (McHugh, Barnes-Holmes, & Barnes-Holmes, 2004), 자폐 스펙트럼 장애가 있는 아동과 같은 일부 아동들에게는 결여되어 있고(Heagle & Rehfeldt, 2006), 사회적 의사소통 능력과 상관이 있는 것으로 보이며(Rehfeldt, Dillen, Ziomek, & Kowalchuk, 2007), 훈련될 수 있음(Heagle & Rehfeldt, 2006; Rehfeldt et al., 2007; Weil, 2007)을 보여주고 있다. 더구나 지시적 관계는 다른 사람들의 조망을 취하는 능력과 감정이입을 보여주는 능력의 기초가 된다는 증거가 늘어가고 있다 (Weil, 2007). 예를 들어 지시적 틀구성(framing)을 훈련받은 아동들은 그들의 마음수행 이론에서 의미 있는 향상을 보여주고 있는데(Weil, 2007), 마음수행은 타인의 조망을 이해하는 능력을 측정한다.

이러한 관계적 과정은 아동의 치료에서 도전임과 동시에 기회를 나타내며, 관계조작자들은 다른 행동 과정을 조작한다는 단순한 이유를 사용하여 아동을 치료할 필요가 있다는 증거가 늘고 있다. 관계적 틀에서 사건들의 기능은 다른 관련된 사건의 기능에 기초하여 변화할 수 있다. 예를 들어 만일 X가 Y의 반대이고 Y가 강화자

(reinforcer)라면, 우리는 이제 X가 처벌자가 될 수도 있다는 것을 직접적인 훈련 없이도 도출할 수 있을 것이다(그러한 효과들에 대한 경험적 예는, Whelan & Barnes-Holmes, 2004 참조). 마찬가지로 만일 X가 Y보다 더 크고 Y가 충격과 짝지어져 있다면, Y가 결코 충격과 짝지어져 있지 않을 때조차 X는 이제 Y보다 더 두렵고 자극적으로 될 것이다(Dougher, Hamilton, Fink, & Harrington, 2007). 관계적 과정을 다루는 또 다른 이유는 그들의 치료에 대한 임상적 문제와 기회 모두 이러한 과정의 수준에서 발생한다는 것이다. 이 중 일부는 외현화 장애의 분석 및 치료와 직접적으로 관련이 있다.

인간은 자극들의 물리적 특징이나 그것과 관련된 직접적인 내력에만 반응하지는 않는다. 대신에 어떤 반응은 사건들 간에서 파생된 관계에 기초하고 있다. 아동은 숙제에 대해 단지 점수만 얻는 게 아니라 "잘 했어요", "좋아요" 혹은 "나빠요" 점수를 얻는다. 이러한 점수들은 단지 숫자나 글자가 아니라 "중요한 것"이며 "자신의 미래에 영향을 미칠 수" 있다. 또는 다른 내력이 있다면, 이 점수들은 "큰 문제가 아닐" 수도 있다. 마찬가지로 주의력 결핍/과잉행동 장애(ADHD)를 지닌 아동은 의자에서 벗어나고자 하는 "충동"만 지닌 게 아니라 "귀찮은" 혹은 "나쁜" 충동을 지니고 있다. 따라서 아동기 문제들에 대한 설명은 이러한 언어적/인지적 과정의 역할에 대한 분석 없이는 완성될 수 없을 것으로 보인다.

관계적 틀구성의 효과 : 행동 경직성

우리는 일반적인 방식으로 시작하겠다. 그런 다음, 우리의 접근법이 외현화 장애에 대해 이미 알려진 내용을 응용하는 근거를 제공할 것이다. 일종의 행동 실험으로서, 주변의 대상을 바라보고 30초 정도 그것의 이름이 무엇인지에 대해 아무 생각도 하지 않을 수 있는지, 그리고 색, 크기, 물질, 아름다움, 선호 등으로 그 사물을 명명하지 않으려고 할 수 있는지 보라. 대부분의 사람들에게 이것은 불가능한 과제이다. 언어적인 인간은 거의 의식하지 않은 채 모든 것을 명명하고, 판단하고, 평가한다.

이것은 어떻게 관계적 틀구성에서 비롯된 자극 기능들이 행동조절의 다른 원천들을 지배하는 경향이 있는지에 대한 예이다. 관계적 틀구성을 완전히 멈추는 것은 불가능하며, 기능적 유용성으로 말하자면 그렇게 함으로써 얻는 이득은 없을 것이다. **인지적 융합**이란 언어적 과정이 자연적인 환경적 기능을 지배하는 경우를 말한다 (Hayes, 2004). 예를 들어 단지 느낌으로 자신의 의자에서 벗어나려는 충동을 경험하는 아동은 인지적으로 덜 융합되어 있을 것이다. 동일한 충동을 "매우 귀찮은 것"으로 경험하고 또 그것과 싸우는 아동은 언어적으로 더 많이 융합되어 있을 것이다 — 후자의 아동은 자신의 충동으로부터 심리적 분리를 하지 않고 있다. 언어적인 인간은 실제 존재하는 대로 세상을 거의 경험하지 않는다. 우리는 실제 환경에만 반응하지는 않는다. 우리는 실제 환경의 언어적으로 구성된 변형에 부분적으로 반응하며, 우리의 언어적 변형은 종종 실제로 일어나고 있는 일과 일치하지 않는다. 사람들은 세상과 상호작용하기 때문에 세상이 어떻게 돌아가는지에 대한 규칙들을 발달시킨다. 이 과정이 도움이 되긴 하지만, 이것이 현재 일어나고 있는 것에 대한 부정확한 표상인 경우에는 문제가 될 수 있다. 일단 언어적 규칙들이 발달되면, 반대 증거를 눈앞에 둔 상태에서조차 그것들에 도전하기가 매우 어렵다. 일단 언어적 규칙들이 도출되면, 그것들은 결코 없어지지 않는 것처럼 보인다(Hayes et al., 2001; Wilson & Hayes, 1996).

따라서 우리의 언어능력에는 밝은 면과 어두운 면이 있다. 한편으로 우리는 직접적인 경험을 통해 모든 것을 배울 필요가 없기 때문에 우리의 세계들과 보다 더 효과적으로 상호작용할 수 있다. 하지만 다른 한편으로 우리는 심지어 우리 자신의 생각과 감정을 포함한 모든 것을 판단하고 평가할 수 있다. 다시 말해서 동등성, 시간 및 비교의 틀을 통해 아동이 언어적으로 문제를 해결하게 해주는 인지적 능력은 또한 아동이 사적인 사건들을 명명하고 예측하고 평가하고 회피 혹은 통제하려는 시도를 하게 해준다. 이러한 조망에서 비롯된 핵심적인 임상적 문제는 아동과 성인이 통제가 유용한 해결책이 아닌 경우에도 이러한 반응들을 통제하려는 방법들에 초점을 둔다는 것이다.

경험적 회피(Hayes, Wilson, Gifford, Follette, & Strosahl, 1996)는 사적 사건들의 발생, 강도 혹은 상황적 민감성을 변경하거나 완화하려고 시도하는 것을 말하며, 그렇게 하는 것은 행동적인 지장을 초래한다. 이것은 주로 불편한 사적 사건들은 나쁘고, 그것들을 통제해야만 한다는 부정확한 규칙의 산물이다. 경험적 회피는 많은 문제영역들에서 변량의 20~25%를 설명하며, 성인(Hayes, Luoma, Bond, Masuda, & Lillis, 2006)과 아동(Greco, Lambert, & Baer, 출판 중) 모두에게 해를 끼친다. 경험적 회피 혹은 통제는 아동에게 여러 가지 방식으로 나타날 수 있다. 예를 들어 외현화 문제를 지닌 아동은 마음에 들지 않는 생각들과 반대로 행동하거나 거부에 대한 두려움과 불안정감을 억누르기 위해 교실에서 행동화하고 또래들과 싸움을 할 수도 있다. 경험적 회피와 인지적 융합의 레퍼토리 협소화 효과는 심리적 경직성을 창출한다. 심리적 경직성이란 가치 있는 목적을 성취하기 위한 인내력과 변화를 조절할 능력이 없음을 말한다(Hayes et al., 2006).

외현화 장애에는 그러한 과정이 있음을 지적하는 유의미한 증거가 있다. 이러한 아동들은 사회적 조망을 취하는 과제들, 마음이론 과제들 및 감정이입에 유의미한 문제를 지니는 경향이 있다(Happe & Firth, 1996). 심지어 행동 문제를 지닌 미취학 아동들조차 같은 나이의 또래들과 비교하여 마음이론 과제들에서 보다 더 빈약한 수행을 나타냄으로써 다른 사람들의 감정을 이해하는 데 보다 더 빈약함을 보여주고 있다(Hughes, Dunn, & White, 1998). 품행장애를 지닌 아동들 또한 진단을 받지 않은 아동들과 비교하여 다른 사람들에 대한 감정이입을 더 적게 함을 보여주며 (Cohen & Strayer, 1996), 다른 방식들로 자신의 감정을 조절하는 것으로 보인다. 예를 들어 품행장애를 지닌 아동을 또래들과 비교할 때, 기분 유발 과제에서 보다 더 높은 생리적 각성 수준을 현저하게 나타냄에도 불구하고 겉으로는 덜 표현하는 경향이 있다(Cole, Zahn-Waxler, Fox, Usher, & Welsh, 1996). 그러나 또래들은 표현을 더 많이 하고 생리적으로는 덜 반응하는 경향이 있다. 이러한 경험적 회피 양식은 또한 이러한 아동들이 정서를 더 많이 표현하는 또래들보다 이후의 추적조사에서 높은 비율의 불안과 우울을 지니는 경향이 있다는 사실에 의해 부분적으로 지지된다. 게다가 ADHD 아동들은 또한 변화하는 강화 계획 앞에서 유연성을 나타내는 능력을 측정하는 위스콘신 카드 분류 검사와 같은 과제들에서 빈약한 수행을 통해 드러냈듯이 심리적 유연성이 적음을 보여주고 있다(Seidman, Biederman, Faraone, Weber, & Ouellette, 1997).

이러한 유형들은 부분적으로 양육 실제와도 관련이 있는 것으로 보인다. 아동의 반항적이고 공격적이고 과잉 활동적이고 부주의한 유형들은 반응해 주지 않고, 과도하게 가혹하고 처벌적인 특징을 지니는 양육 실제와 관련이 있다(Burke, Loeber, & Birmaher, 2002; Reid, Patterson, & Snyder, 2002). 더욱이 부모-아동관계에서 정서적 온화함의 결여는 반항적인 아동 행동과 연합된다(Stormshak, Bierman, McMahon, & Lengua, 2000). 양육 유형에 대한 직접적인 관찰은 아동의 반사회적 행동이 적어도 부분적으로는 부모의 분노 표현에 의해 예측될 수 있음을 제안하고 있다. 반대로 보다 잘 적응된 아동의 부모들은 지지적인 태도를 형성하였고, 명확한 지시를 하였으며, 부모-아동 상호작용 과제를 하는 동안 명확한 한계를 설정하였다.

전체적인 결과는 외현화 문제를 지닌 아동에 대해 다음과 같은 사항들을 제시하고 있다 : (1) 이 아동들은 부정적인 기분 유발 자극들에 대해 높은 생리적 반응성을 보여줌에도 불구하고 제한된 범위의 정서를 표현하는 경향이 있다. (2) 이들은 다른 사람들의 정서 생활과 심리적 조망을 이해하는 것이 부족한 경향이 있다. (3) 이들은 다른 사람들을 향한 감정이입을 더 적게 느끼는 것으로 보인다. (4) 이들은 심리적으로 덜 유연하다. 그리고 (5) 이들은 부모들로부터 보다 더 많은 처벌과 무반응, 더 높은 수준의 부모 분노 및 부모-아동관계에서 보다 적은 정서적 온정성을 경험한다. 이 목록은 놀라울 정도로 수용전념치료(ACT, 이니셜이 아니라 한 단어로 말함; Hayes, Strosahl, & Wilson, 1999)의 핵심 조망을 설명하고 있다. ACT는 행동주의적 중재의 민감성을 고수하는 동시에 경험적 회피, 인지적 융합 및 심리적 경직성의 해로운 효과들을 표적으로 삼는다.

외현화 장애에 치료를 적용하면서 부모의 역할을 고려하는 것도 가치가 있다. 부모중심 치료에서 탈락은 흔히 부모(특히 어머니)의 스트레스나 좋지 못한 정신건강에 의해 예측된다(예 : Werba, Eyberg, Boggs, & Algina, 2006). 아동 외현화 행동 문제들을 다룬 부모훈련에 대한 메타분석(Reyno & McGrath, 2006)은 오직 어머니의 정신건강만이 치료와 탈락 모두의 반응을 예측했다고 결론 내렸다. 더욱이 부모의 경험적 회피는 양육관련 스트레스와 보호자 도전들을 다루는 데 있어서의 어려움을 예측하였고(Greco et al., 2005), 스트레스, 불안 및 우울은 경험적 회피와 유의미하게 상관이 있는 것으로 알려져 있다.

ACT는 정신건강 문제, 스트레스, 불안 및 우울에 대해 광범위하게 도움이 되며(Hayes et al., 2006), 어려운 양육 상황에 대한 정신건강 도전들을 도와주는 것으로 알려져 있다. 더욱이 ACT 방법들은 응종, 참여, 배우려는 자발성 및 새로운 기술이나 양육 기술을 사용하려는 자발성을 더 많이 산출하기 위해 행동적·교육적 중재에 추가될 수 있다. 예를 들어 ACT 방법들은 불안장애를 지닌 사람들에게서 노출방법들을 사용하려는 자발성을 더 많이 산출하고(Levitt, Brown, Orsillo, & Barlow, 2004), 새로운 학습의 이득을 얻으려는 자발성을 더 많이 산출하고(Luoma et al., 2007; Varra, 2006), 어려운 일들을 행동주의적으로 하는 능력을 증가시키고(Dahl, Wilson, & Nilsson, 2004; Forman et al., 2007; Gifford et al., 2004; Gregg, Callaghan, Hayes, & Glenn-Lawson, 2007), 사람들이 자신의 환경을 책임지도록 힘을 불어넣어 주며(Bond & Bunce, 2000), 소진과 정서적 고갈을 감소시킨다(Hayes, Masuda, Bissett, Luoma, & Guerro, 2004). 중요한 것으로는 성과들에서 나타난 이러한 많은 변화들은 ACT 과정에서 변화가 있었기 때문에 일어났다(개관을 보려면 Hayes et al., 2006 참조). 이러한 결과는 이제 아주 보편적이어서 임상가들이 특정한 인구집단에서 경험적 회피를 지닌 문제들이나 심리적 유연성을 확인할 때, 그리고 그것들이 중요한 임상적 결과들과 관련되어 있음을 알 때, 특정한 성과시도가 특정한 성과 표적을 대상으로 수행되기 전이긴 하지만 적어도 광범위하게 경험적으로 지지된 것으로서 ACT 사용을 고려하는 것이 합리적이다.

방금 개관한 전체 결과들을 보면, 수용에 기반을 둔 접근법들 또한 행동주의 부모훈련의 성과를 높일 수 있다(Coyne & Wilson, 2004; Greco & Eifert, 2004). 부모들 자신의 갈등은 자신의 양육 실제에 직접적으로 영향을 미침으로써 가족의 현존하는 문제들에 영향을 줄 수도 있고, 다음으로 아동 행동 문제를 악화시킬 수도 있다. 예를 들어 부모들은 자신의 훈육 기술을 사용하는 데 일관성이 없을 수도 있고, 또는 엄격한 한계를 설정하고 행동계획을 강요함으로써 발생하는 죄책감이나 불편감을 진정시키려는 시도로서 결과의 심각성을 줄일 수도 있다. 마찬가지로 부모의 경험적 회피는 아동과의 잠재적인 갈등에 대한 두려움과 스트레스 상황을 회피하려는 시도를 탐지하고 적절한 부모의 관여를 감소시킬 수 있다.

외현화 행동 문제를 지닌 아동에게 ACT를 사용하기

ACT는 구조화된 임상적 중재가 아니라 행동치료를 하는 방법에 관한 모형이다. 문헌에 의하면, 외현화 장애를 대상으로 한 중재는 특정한 행동주의적 방법뿐만 아니라 부모 참여를 보장하고, 부모의 정신건강 문제를 설명해 주고, 조망 취하기, 감정이입, 정서조절, 심리적 유연성 및 경험적 회피 유형의 영역들에서 나타나는 아동의 결함을 설명하는 방법을 수반해야만 한다. ACT는 아동이 보이는 이러한 임상적으로 관련된 과정들에 표적을 두며, 동시에 치료 프로토콜에 포함된 것 중 기존에 경험적으로 지지된 행동주의적 방법들 중 어떤 것도 감소시키거나 제거하지 않는다. 그러므로 아동기 외현화 장애의 영역에서 특정한 자료가 없을 때조차도 ACT 접근법의 영향이 탐구될 수 있도록 이러한 임상 인구집단에 대한 ACT 접근법을 기술하는 것은 일리가 있다. 아동에게 ACT를 적용하는 연구들이 늘어나고 있으며(제2장, 제5장, 제9장, 제11장, 제12장 참조), 어떤 이론적인 방향이 제공되는 중이다(Greco & Eifert, 2004; Murrell, Coyne, & Wilson, 2004; Twohig, Hayes, & Berens, 출판 중).

기능분석

행동주의 관점에서는 특정한 행동이 무엇인지가 중요한 것이 아니다. 보다 중요한 것은 어떤 변인들이 특정 행동을 유지시키고, 어떻게 치료자가 성공적으로 그 변인들에게 영향을 끼칠 수 있는가이다. 예를 들어 만일 ADHD 진단을 받은 아동이 수업시간 동안 의자에 가만히 앉아 있지 못한다면 그 이유가 무엇인지 알 필요가 있다. 그 아동이 공부에 어려움이 있어 공부를 회피하는 것, 그 아동 뒤에 앉은 소년이 그녀를 찌르는 것, 의자가 등을 아프게 하는 것, 소녀는 놀랄 만한 양의 에너지를 느끼며, 그것을 없애버릴 단 한 가지 방법만을 알고 있는 것, 그리고 소녀는 자신의 그러한 행동에 대해서 수업시간에 주의를 얻는 것이 이유일 수 있다. 이러한 변인들을 알면 문제

행동을 적절하게 설명할 수 있다. 행동주의 심리학자들은 이러한 목적을 성취하기 위해 기능 평가 절차에 오랫동안 주의를 기울였다. 아동에게 질문하는 것, 부모와 교사들을 면담하는 것, 아동을 관찰하는 것, 혹은 어떤 조건들의 효과를 시험하기 위해 실험 절차를 설정하는 것과 같은 다양한 절차들이 기능 평가에 포함될 수 있다. "기능분석"은 일반적으로 보다 더 공식적인 실험 절차의 사용을 말하며, 행동주의 심리학에서 열심히 연구되는 중이다.

기능 평가는 치료자가 문제행동을 유지시킬 수도 있는 변인들을 이해하게 해줄 것이다. 기능 평가로부터 얻은 결과들은 성인들에게 유관성 관리 절차를 가르치는 것, 어떤 기술훈련을 시키는 것, 혹은 생각과 감정의 기능에 표적을 두는 것과 같은 상이한 중재 가능성들을 이끌어 낼 수 있다. 만일 아동의 환경이 아동의 문제행동을 유지시키는 방식으로 설정된다면, 미세하게 환경을 조작하는 것이 표적행동에서 유의미한 변화를 얻으리라는 것은 분명하다. 이러한 유형의 문제는 아동 환경을 적절하게 변경시켜 줌으로써 쉽게 치료된다. 유관성 관리 절차는 종종 기술훈련 절차들과 짝을 이룬다. 어떤 상황에서는 문제행동들을 감소시키는 데 있어서 기본적인 기술훈련만으로도 충분하다. 이것은 곱셈 문제를 푸는 동안 행동화하는 아동에게서 볼 수 있다. 아동이 또래보다 수학이 뒤져 있고, 만일 그 아동이 수학 문제로 별다른 어려움을 겪지 않는다면 행동화하는 것은 줄어들 것이다. 따라서 가장 현명한 치료는 곱셈을 보충 훈련해 주는 것이 될 것이다.

ACT 접근법이 모든 상황에 필요한 것은 아니지만, 어떤 상황에서는 가치 있는 길이 될 수도 있다. 또래들에 대해 높은 수준의 좌절을 경험하고 있고 계속적으로 이들과 싸움을 벌이는 아동을 임상 예로 들어 보자. 만일 또래들이 부적절하게 행동하지 않고 이것이 단지 특정한 기술 결함이 아니라면, 그것은 아동이 자기 자신의 생각과 감정에 반응하는 방식들과 더 많은 관련이 있을 것이다. 이 아동은 또래들이 적대적이거나 위협적인 방식으로 행동한다고 믿고, 혹은 아마도 자신의 혐오적인 정서 상태(예 : 아무도 자신을 좋아하지 않는다는 생각, 자신이 우스꽝스러울 것이라는 두려움)를 경감시키기 위해 다른 아동들을 공격할 수도 있을 것이다. 이러한 유형의 상황에서 ACT는 보편적으로 사용된 행동주의적 방법들을 완성시켜 준다.

임상가들은 ACT에 근거한 사례 개념화를 돕기 위해 다음과 같은 변인들을 확인할 것이다 : ⑴ 문제행동의 형태, 빈도 및 강도, ⑵ 이 행동들, 즉 내적인 사적 경험들과 외적 사건들 모두에 대한 상황 촉발자, ⑶ 문제행동 유형이 아동으로 하여금 회피하게 만드는 고통스러운 생각, 감정, 기억, 감각 혹은 사건들, ⑷ 고통스러운 심리적 내용을 다루는 데 사용된 특정한 경험적 회피나 통제전략들, ⑸ 이러한 실효성 없는 통제전략들을 유지하는 단기 강화물들(예 : 덜 불안하게 느끼기, 보다 수용된다고 느끼기), ⑹ 학교, 여가시간, 우정 및 가족, 기타 영역에서 내담자의 가치 있는 방향들, 그리고 ⑺ 문제행동이 아동이 원하는 인생 성과를 방해하는 범위(Murrell et al., 2004, p. 250).

내담자 부모용 ACT

외현화 문제의 발달과 유지에서 부적 강화(그리고 강제)가 하는 역할은 새로울 게 없다. 1970년대 초반 Patterson과 동료들은 가족 구성원들이 갈등을 종식시키기 위해 다른 사람들에게 행하는 외현적인 단기적 통제에 대해 혐오적 반응을 사용하는 과정을 설명하기 시작하였다(Patterson, Reid, & Eddy, 2002). 부모의 경험적 회피는 수동적이거나 묵인하는 양육행동 및 아동의 행동 문제들과 연합된다. 양육 실제, 청소년 행동 문제 및 부모의 경험적 회피가 약 200명의 비임상 부모들을 대상으로 평가되었다. 원치 않는 내적 사건들 앞에서 부모가 행동을 취하지 못하는 것(경험적 회피)은 일관성 없는 훈육, 빈약한 탐지 및 부모 관여의 감소와 정적으로 관련되었고, 다음으로 이러한 양육 실제는 청소년 행동 문제들과 관련되는 것으로 밝혀졌다(Berlin, Sato, Jastrowski, Woods, & Davies, 2006). 전통적인 행동주의 부모훈련 프로그램은 전형적으로 훈육의 일관성, 관여의 질, 아동의 탐지와 같은 양육행동들만을 다룬다. 대부분의 중재는 경험적 회피와 같이 이러한 양육행동에 영향을 주는 요인들을 직접적인 목표로 정하지 않는다.

수용에 기반을 둔 전략들을 이용하여 행동주의 부모훈련을 강화시키고자 하는 임상가들은 행동 중재를 이행하는 능력을 방해하는 부모들 자신의 경험적 회피를 표적으로 삼는 것 같다. 아동을 대상으로 하는 작업과 마찬가지로 보호자들을 대상으로 성공적인 작업을 하는 것의 핵심은 가치 있는 양육에 참여하는 것, 양육 기술과 결정된 행동계획을 이행하는 것의 방해물들에 대한 기능 평가를 수행하는 임상가들에게 달려 있다. 이러한 평가는 치료를 통해 계속되는 과정이어야만 한다. 어떤 부모들에게 있어서는 행동계획을 이행하는 것의 어려움들이 기술 결함과 관련되어 일어날 수도 있는데, 그 이유는 그들이 기법 혹은 새로운 상황과 행동에 대한 행동주의 원리들을 일반화하는 방법을 확신하지 못하기 때문이다. 또 다른 부모들에게 있어서는 유관성이 아동과 함께 변화될 때 흔히 일어나는 문제행동들에서 일어나는 갈등과 확대는 "너무 많아서 참을 수 없을" 수도 있다. 연합된 고통을 참을 수 없다는 보호자의 관점은 임상가에게 수용에 기반을 둔 전략들을 사용할 기회를 제공해 줄 수도 있다.

또 다른 가능성은 부모들이 아동이나 자신의 행동에 속한다고 생각하는 의미에 기인한 행동계획을 이행하는 데 실패하는 것이다. 예를 들어 행동주의 부모훈련에 있어서 필수적인 성분은, 문제가 있는 아동 행동은 무시하고 적절한 행동은 칭찬해 주는 것을 포함하는 차별 강화이다. 어떤 부모들에게 있어서는 말대꾸하는 아동을 언어적으로 혹은 신체적으로 혼내는 것보다 오히려 무시하는 것은 "약한 부모"의 행동을 반영할 수도 있다. 마찬가지로 보호자들은 또한 아동의 문제행동 때문에 자신들이 "끔찍한 부모"라고 강하게 믿고 있을 수도 있다. 이러한 나중의 두 가지 예들은 고통스러운 생각과 감정에 대한 문자적인 해석을 약화시키고자 하는 탈융합 연습을 동반한 ACT 관점으로 설명될 수 있다. 탈융합 작업을 통하여 부모들은 자신의 감정과 생각을 덜 강제적인 것으로 경험하는 것을 배우게 될 것이다.

아동용 ACT

ACT는 특정한 유형의 증상 감소 이상으로 건강한 기능을 강조하기 때문에 다소 독특하다. 특정 영역에서의 증상 감소는 그것이 더 큰 가치에 기반을 둔 활동들을 지지한다는 점에서 목적이 된다. 언어적 융합과 경험적 회피의 지배는 건강한 기능을 방해하고, 양육의 어려움과 아동 행동 문제들을 악화시킬 수 있다. 이러한 잠재적으로 해로운 과정들이 ACT에서 표적이 되며, 핵심적인 임상적 방법들이 심리적 유연성을 증진시키기 위해 사용된다. 심리적 유연성은 수용, 탈융합, 맥락으로서의 자기, 현재 순간에 접촉하기, 가치 및 전념행동의 여섯 가지 과정을 통해 창출된다(3장의 그림 3.1 참조). 처음 네 가지는 마음챙김 과정이고, 나머지 네 가지는 전념과 행동변화 과정이다.

치료 자세

아동이 스스로 치료받으러 오는 일은 거의 없다. 아동은 보통 자신의 삶 속에 속해 있는 성인이 어떤 중요한 행동 문제를 확인함으로써 누군가와 함께 치료받으러 오게 된다. 따라서 치료 참여 동기는 흔히 제한되어 있다. 대부분의 아동 심리학자들은 이미 이러한 점에 민감하며, 능숙하게 이것을 다룬다. 많은 심리학자들이 어려워하는 부분은 ACT에 기저하는 이론적 틀을 이해하고 적용하는 일일 것이다. 사람들이 종종 ACT에서 헤매는 영역을 보면, 보다 전통적인 "사적 사건들의 통제" 틀을 고수한 다음 ACT를 이 틀 내의 또 다른 방법으로 사용하려고 시도하는 것이다. 특정한 사적 사건의 내용이나 형태는 다른 치료접근법들에서처럼 치료의 표적이 아니다. 예를 들어 ADHD를 지닌 아동에 있어서는 "충동"이 문제가 아니고, 반항 문제를 지닌 아동에 대해서는 "분노"가 문제가 아니다. 문제는 사건이 일어날 때 아동이 이 사건에 반응하는 방법이다. 생각이나 감정 그 자체는 외현적인 행동변화 이전에 변화할 필요가 없다.

그러므로 아동이 생각과 감정은 수용할 수 있는 것이고, 단순히 그것의 형태나 빈도 때문에 조절될 필요가 없다는 것을 진정으로 느끼는 치료에서 사회적 맥락이 창출될 필요가 있다. 이것은 이러한 사건들이 정상적이라는 치료 맥락을 창출함으로써 부분적으로 이루어진다. 따라서 치료자는 자신이 상이한 감정들을 느끼고 있다는 것을 표현할 수도 있고, 이러한 감정들이 존재하는 동안에도 계속해서 효과적으로 행동하는 방법을 본보기로 보여줄 수도 있다. 부가적으로 ACT 치료자는 장애의 "원인"이나 그 장애가 어떻게 발달되었는지에 대한 다른 유형의 이야기를 하는 것을 회피하고자 할 것이다. 이러한 생각들과의 융합을 강화시키는 그 어떤 이야기도 궁극적으로는 이러한 치료 자세에서 해로울 것이다. 내담자는 자신의 마음이 제안하는 것보다 오히려 자신의 경험을 믿도록 배운다.

치료적으로 볼 때, ACT의 목표는 내담자가 생각과 감정을 단지 있는 그대로 경험하게 해주는 것이지만, 그것은 오직 그 사람이 더 나은 인생 방향으로 옮겨가게 해주는 것만큼이다. 인생의 의미 있는 영역이 치료에서 수행된 작업과 연관될 때 치료에 참여할 동기가 증가할 것이고, 그것은 치료에 참여할 의미를 제공해 줄 것이다.

ACT에는 익숙하지만 아동과의 작업에는 덜 익숙한 치료자들은 아동을 대상으로 ACT를 수행하는 것이 어려울 것이라는 걱정을 표현해 왔다. 이것은 성인보다 아동에게 ACT 작업을 비교적 덜 수행해 온 이유의 일부가 될 수 있다. 또한 이론과 모형 또는 치료를 수행하는 방법을 이해하는 것과 실제로 치료에 참여하는 것 사이에는 혼동이 있는 것 같다. 아동이 기능적 맥락주의, RFT, ACT의 기법, 가정 및 원리들을 이해하기는 어려울 것이다. 하지만 치료로서 ACT에 참여하는 것과는 매우 다르다. 문자적인 논의는 인지적 융합과 경험적 회피에 길을 내주는 정상적인 언어 과정을 무심코 지지할 수 있기 때문에, ACT는 은유, 연습 및 이야기와 같은 덜 문자적인 방법들에 크게 의지한다. 이것은 또한 ACT 방법들이 아동을 대상으로 흔하게 사용된 방법들과 더욱더 유사함을 의미한다. 논리적이고 직설적인 논의가 ACT에서 그 역할을 하긴 하지만, 논리적인 과정이 이러한 틀 내에서 종종 문제가 된다고 추측되기 때문에 그것은 오히려 제한되어 있다. 또다시 이것은 ACT 방법들이 대부분의 접근들보다 덜 복잡하고 추상적이며, 이러한 이유들로 인해 아동과 청소년에게 매우 잘 맞을 수도 있음을 의미한다.

수용

수용은 ACT의 핵심 성분이다. 어떤 점에서 ACT 치료자가 아동에게 가르치는 것은 문제가 되는 생각, 감정 및 신체감각을 완전히 그리고 불필요한 방어를 하지 않은 채 경험하는 것이다. 수용은 심리학 분야에서 여러 가지 의미를 갖는다. ACT에서 수용은 개인이 사적 사건들에 반응하는 방법을 말한다. 자신의 상황이나 다른 사람들의 행동을 수용하도록 요구하는 어떤 상황들이 있을 수도 있지만, 이것은 보통 ACT에서 수용이 의미하는 것은 아니다. 수용은 태도라기보다는 오히려 행동으로 생각하는 것이 가장 적당하다. 그것은 하나의 기술로서 아동이 배워야 할 어떤 것이다. 다음은 생각이나 감정을 통제하는 것을 넘어서 수용을 촉진시킬 수도 있는 ACT 연습의 한 예이다. 이러한 점은 마치 교사들과 정기적으로 논쟁하는 품행장애로 진단된 아동에게 말하는 것처럼 기술되고 있다.

치료자 : Tommy, 넌 선생님이 아주 "멍청하기" 때문에 그녀와 논쟁한다고 말했지.

내담자 : 예, 선생님은 항상 저에게 꾸중을 하고, 종이들을 깨끗이 하거나 정리하는 것과 같은 멍청한 일들을 하라고 시켜요. 난 내 방식대로 하고 싶어요.

치료자 : 좋아. 하지만 이러한 논쟁은 너를 성가시게 하고 있구나, 그렇지?

내담자 : 예. 때때로 난 쉬는 시간을 잃어요, 아니면 특별 숙제를 받거나 하죠.

치료자 : 난 네가 휴식시간을 갖고 특별 숙제를 하지 않아도 되길 바란다. 너를 도와줄 수도 있는 몇 가지 기술이 있단다. 나는 선생님이 너에게 이런 것들을 하도록 요구할 때 그것이 널 성가시게 한다고 생각해.

내담자 : 예, 난 화가 나요.

치료자 : 논쟁하는 것이 너를 덜 화나게 하니?

내담자 : 약간.

치료자 : 그리고 그것은 또한 널 귀찮게 하지. 난 네가 네 방식으로 일을 하려는 걸 알고 있지만, 만일 내가 너에게 문제로부터 빠져 나올 수 있는 너의 "화난" 감정을 다루는 또 다른 방법을 가르쳐준다면 어때?

내담자 : 좋아요.

치료자 : 모기가 널 물거나, 만일 네게 알레르기 반응을 일으키는 식물에 닿을 때 얼마나 가려운지 넌 알지? 넌 그것을 긁거나 하면서 가려움을 줄여보려는 일을 할 수 있지만 그런 일들은 오직 몇 초만 효과가 있고, 곧 이어 또 가려워지지. 네가 그렇게 하면 결국 피부는 붉어지고 따끔거리게 돼. 난 네가 너의 분노와도 똑같이 하고 있다고 생각해. 넌 분노가 나타날 때마다 그것을 없애려고 그것을 "긁고" 있는 거란다. 넌 소리를 지르고 싸우지, 그러면 덜 화가 나거든. 그러나 이것은 분노를 없애버리는 대신에 결국 널 성가신 상황으로 만들어 버려. 마치 긁는 것이 가려움을 없애기보다는 오히려 피

부를 붉게 만드는 것처럼 말이야. 때때로 가려움에 대해 취할 수 있는 최고의 방법은 그것을 그대로 내버려 두는 거란다. 그것은 가려움을 없애 버릴 수는 없지만, 네 팔이 붉어지거나 따끔거리는 것은 막을 수 있지. 너의 분노를 없애기 위해 논쟁하는 것은 휴식시간 동안 밖으로 나가는 것을 못하게 만들잖니. 그래서 너의 분노를 없애려고 애쓰지 말고 그냥 화가 나는 대로 내버려 두는 건 어때? 마치 모기 가려움을 그냥 내버려 두는 것처럼 말이야.

이 상황에서 치료자는 아동을 대상으로 개별적으로 ACT를 이행하는 동안, 학교 및 교사와 접촉할 것이다. 전통적인 행동 중재와 마찬가지로 교사에게는 아동이 더 큰 수용을 배울 수 있게 차별 강화를 사용하도록 격려할 수도 있다.

또한 아동을 대상으로 작업하는 경우 매우 구체적인 것, 역할 연습과 같은 경험적 방법을 사용하는 것이 도움이 될 수 있다. 예를 들어 "강인하다고" 느끼지 않기 때문에 다른 아이들과 싸우고 놀리는 소년을 데리고 작업을 한다면, 다음과 같은 수용 중재가 도움이 될 수 있다. 치료자와 내담자는 그 소년이 "약하다고" 느끼는 상황을 역할 연습할 수 있다. 치료자는 내담자보다 더 잘 할 수 있고, 내담자는 평소에 잘하는 일을 고의적으로 실패할 수 있으며, 치료자는 소년을 놀리는 척할 수도 있고 혹은 소년이 평소에 강하게 했던 대신 치료자에게 부드럽게 말할 수도 있다. 이런 유형의 연습을 하는 것은 소년이 "강한" 감정을 대체하고자 하는 "약하다"는 감정을 불러일으킬 것이다. 치료자는 이러한 감정들과 싸우는 일 없이 그저 이러한 감정들이 존재하는 대로 내버려 두도록 아동과 함께 작업할 수 있다. 아동은 그 감정들을 기술할 수 있고, 혹은 그것들과 반대로 행동할 수 있으며, 단지 일반적으로 그러한 감정들과 "친해질" 수 있다. 치료자는 이렇게 하는 것이 그러한 감정들을 감소시키거나 통제하려는 것이라고 아동에게 말하지 않도록 주의할 필요가 있다. 그렇게 하면 내담자는 이러한 감정들대로 행동하지 않고 이러한 감정들을 더 잘 지니고 있을 수 있게 된다. 또한 이러한 유형의 연습은 내담자들이 갈등하고 있는 다른 감정들을 대상으로도 할 수 있다. 예를 들어 아동이 의자에서 벗어나려는 충동 때문에 수업 내내 앉아 있는 것으로 힘들어하고 있다면, 치료자와 내담자는 지루함을 더 잘 수용할 수 있는 게임을 할 수 있다. 그들은 지루함의 수용을 실시하는 동안 반복적인 과제들을 하거나 조용히 앉아 있을 수도 있다.

연습에 덧붙여, 수용은 ACT에서 종종 본보기가 되는 기술 중 하나이다. 치료자가 치료 회기 동안에 일어나는 어떠한 감정이라도 느끼거나 어떠한 생각이라도 생각하는 것이 괜찮다는 것을 내담자에게 보여줄 수 있는 예들이 많이 있다. 이것은 아동이 일반적으로 성인으로부터 배우고 치료자들을 우러러볼 수도 있기 때문에 아동에게 매우 유익할 수 있다. 예를 들어 치료자가 해야 할 말을 잊어버리거나 대답을 확신하지 못하는 경우, "어휴 당황스럽구나. 하려던 말을 잊어버렸네"라고 하면서 아동과 공유하는 것은 수용을 보여준다. 내담자에게 도움이 된다면, 치료자는 이러한 유형의 감정들을 환영하고 있음을 예로 들어 주어야 한다. 만일 치료적으로 도움이 된다면, 치료자는 또한 적절한 예를 들어 감정을 보여줌으로써 정서적 수용의 본보기를 제공할 수 있다.

탈융합

아동은 진짜인 것들과 해를 끼칠 수 있는 것들을 회피한다. 만일 당신이 괴물 그림이 무서운지 아니면 진짜 괴물이 무서운지를 아동에게 물어본다면, 아동은 진짜 괴물을 고를 것이다. 그렇지만 어려서부터 아동은 자신의 감정과 생각이 마치 진짜인 것처럼 그것들에 반응하기 시작한다. 생각들은 숙제를 하거나 비난할 때는 유용하지만, "충분히 훌륭해지기" 혹은 "충분히 강해지기"와 같은 생각들과 계속적으로 갈등하는 경우에는 덜 유용하다. ACT는 사적 사건들이 경험되는 이면의 맥락을 변경시키기 위해 작용하며, 순전히 문자적인 사건들로부터 지속적으로 생각하고 느끼는 과정으로 변화시키는데, 이것은 행동조절의 유연성을 증가시킨다. 인지적 탈융합 과정은 행동의 수용 가능성을 증가시켜야만 하고, 반대로 비문자적인 사건들을 수용하는 것은 더 쉽기 때문이다. 생각, 감정 및 신체감각을 존재하는 그대로 볼 것을 촉진시킬 수 있는 수행이나 연습들이 많이 있다. 다음 연습은 아동에게 유용할 수 있는 적극적인 접근법을 포함하고 있는데, 아동은 지시적인 훈련보다는 오히려 수행으로부터 더 잘 배우는 경향이 있기 때문이다. 이 연습을 '생각을 비행기에 태우기(Thoughts in Flight)'라고 부른다. 또한 이 연습은 수용과 맥락으로서의 자기(다음에 기술됨)와 같은 다른 ACT 과정들을 지지한다. 이 연습은 다음과 같이 소개될 수 있다.

> 우리는 학교에서 너를 괴롭히는 생각들을 가지고 간단한 게임을 해볼 거란다. 보통 생각들이 나타나기 시작하면 넌 그 생각들을 붙잡고 그것들과 싸우게 돼. 너는 정말로 그것들에게 말려들어 버리고 말지. 우리는 어떤 것을 해볼 거야 — 그것들을 없애버리려고 하는 게 아니고 — 약간 다르게 그것들을 가지고 놀아볼 거란다. 우리는 종이비행기들을 만들어서 그 비행기들에게 이름을 지어줄 건데, 이름은 너를 방해하는 생각들을 사용할 거야. 우리는 비행기 옆면에 그 생각들을 써볼 거란다.

치료자는 내담자에게 두 개의 비행기를 만들어 보게 한다. 그 다음 치료자와 내담자는 아동을 괴롭히는 생각이 무엇인지 결정하고, 그 생각들을 비행기의 옆면에 적는다. 그런 다음 아동에게 생각-비행기를 붙잡으려 하거나 계속해서 공중에 떠 있게 하려고 애쓰지 않은 채 비행기가 나는 대로 그냥 지켜보는 것이 할 일이라고 말해 준다. 치료자와 아동은 비행기를 가지고 놀 수 있고, 그것들을 방 주변으로 던질 수 있다. 이 연습은 아동이 자신의 생각들을 다르게 그리고 덜 위협적인 방식으로 바라보도록 해주어야 한다. 또한 그것은 수용을 촉진시키기 위해 변형시킬 수 있다. 예를 들어 아동에게 비행기를 (안전하게) 던질 수 있고, 아동은 그것들에 대항하여 싸우는 것과 반대로 무릎에 비행기들이 내려앉도록 내버려 두는 것을 비교할 수 있다. 그 다음 아동에게 좀 더 놀이를 할 건지, 생각-비행기들을 멈추게 할 건지 아니면 그냥 무릎에 비행기들이 내려앉도록 내버려 둘 것인지를 물어볼 수 있다.

'마음과 함께 산책하기(Taking Your Mind for a Walk)'(Hayes et al., 1999, pp. 162-163)라고 부르는 다음 연습은 아동을 대상으로 사용하는 경우 변경될 수 있다.

> 오늘 시작하기 전에 우리가 방 안에 있는 모든 사람들을 확인하는 것이 중요하단다. 나부터 세어 보니 모두 네 사람이 있구나 : 나, 너, 너의 마음 그리고 나의 마음. 우리의 마음들이 어떻게 방해하는지 그냥 주목해 보기로 하자. 이렇게 하기

위해 나는 우리가 조그마한 연습을 해보길 바란다. 우리 중 한 명은 사람이 될 거고, 나머지 한 명은 그 사람의 마음이 될 거야. 우리는 특별한 규칙을 사용하면서 밖으로 산책을 나갈 거란다. 그 규칙에서는 사람은 자신이 선택한 곳을 갈 수 있고, 마음은 그 사람을 뒤따라가야만 해. 마음은 기술하고 분석하고 격려하고 평가하고 비교하고 예측하고 요약하고 경고하고 등등 어떤 것에 대해서도 항상 말을 해야만 한단다. 사람은 마음과 말을 할 수 없어. 만일 사람이 마음에게 말을 하려고 하면 마음은 "네 차례가 아니야"라고 말을 해야만 해. 사람은 "마음을 쏟거나" 마음이 말하는 것을 그대로 할 필요 없이 마음이 하는 말에 귀 기울여야만 한단다. 대신에 사람은 마음이 뭐라고 말하건 간에 개의치 말고 자신이 선택한 갈 곳을 가야만 한단다. 적어도 5분 뒤에는 우리가 서로 역할을 바꿀 거야. 사람은 마음이 되고 마음은 사람이 되는 거지. 같은 규칙이 또 다른 5분 동안에도 적용될 거란다.

당장 치료자와 내담자는 클리닉 주변이나 가능하면 클리닉 밖을 산책할 수 있다. 치료자는 마치 자신이 내담자의 마음이거나 한 것처럼 내담자의 귀에다 대고 말을 한다. 둘이서 역할을 바꾸고, 아동에게 치료자를 위한 마음이 되게 한다. 이 연습은 내담자가 자신의 마음을 다른, 즉 덜 문자적인 방식으로 경험하게 해주어야만 한다.

현재에 존재하기

현재에 존재하는 것에 초점을 둔 연습은 일반적으로 주의 문제를 지니고 있는 아동들이나, 정서와 생각이 발생하여 그들의 행동에 영향을 미치고 있음을 인식하는 데 문제가 있는 아동들에게 특히 중요하다. 이러한 연습들의 기능은 내담자들이 생각하고 느끼고 상이한 감각들을 경험하고 있음을 알아차리는 것과, 환경 내에 그들에게 영향을 미치는 사건들이 존재하고 있음을 알아차리게 해주는 것이다. 자신의 사적인 사건들을 인식하는 것은 그것들의 존재에 반응하는 중요한 첫 단계이다. 이 절은 아동이 그들의 사적인 사건과 더욱더 잘 존재하도록 해줄 수 있는 다양한 연습들을 포함하고 있다.

치료자는 아동이 정말 좋아하는 사탕과 같은 특정 음식물을 가지고 있다가 아동이 평소에 먹는 것보다 약 열 배는 더 느리게 이 사탕 조각을 먹어 보라고 지시할 수 있다. 그 다음 치료자는 아동에게 사탕을 먹는 매 단계에 밀접한 주의를 기울여 보게 할 수 있다. 첫 번째 깨물어 본 다음 치료자는 다음과 같이 사탕의 모든 상이한 측면들을 기술해 보게 할 수도 있다 : 사탕을 먹는 게 어떠니? 손에서 어떤 느낌이 느껴지니? 입과 혀에서는 어떤 느낌이 들어? 사탕을 먹는 데 어떤 과정들이 포함되어 있니? 사탕을 깨물어 먹는 느낌이 어때? 사탕을 삼키는 느낌은 어떻지? 사탕 맛이 어때? 사탕을 먹는 것에는 아동이 이전에는 깨닫지 못했을 특질들이 많이 있을 것이다.

이 연습은 아동이 정말로 좋아하는 것들을 포함한 많은 상이한 활동들을 대상으로 수행될 수 있다. 많은 어린 아동들은 게임을 하거나 그네와 미끄럼틀을 타는 것을 좋아한다. 예를 들어 아동은 미끄럼틀을 내려오거나 두어 계단을 뛰어내릴 수 있고, 그렇게 하는 것에 포함된 상이한 느낌과 감각에 매우 밀접한 주의를 기울일 수 있다. 어떤 것을 뛰어내림으로써 배와 머리에서 어떤 느낌을 얻는다. 끝으로 아동이 주의를 기울이기 힘든 수업시간이나 기타 상황들에서 이와 같은 연습을 실천해 보도록 말해 주어야 한다. 예를 들어 아동에게는 교사가 수업을 하는 동안에 포함되는 모든 상이한 특질들에 주의를 기울이도록 지시할 수 있다. 아동은 교사가 글씨를 쓰는 방식, 입이 움직이는 방식, 손으로 무엇을 하는지 등에 주의를 기울여야 한다. 아동은 그것이 재미있다는 것을 발견할 수도 있고, 이러한 마음챙김 연습은 아동이 흔히 현재에 존재하지 않는 상황에서 발생하는 일에 더 많이 존재하도록 도와줄 것이다.

맥락으로서의 자기

맥락으로서의 자기는 사적인 사건들이 일어나는 장소, 조망 혹은 맥락으로 자기 자신을 경험하는 것을 말하며, 자기 자신이 이러한 사적 사건들이 되는 것(예 : 자기판단)으로 경험되는 "개념화된 자기"와는 반대된다. 맥락으로서의 자기는 개인의 경험들과 이러한 경험들을 경험하거나 자각하는 개인 사이의 구분을 이해하는 것이 필수적이다. 맥락으로서의 자기는 지시적인 틀을 조망 채택, 마음이론 및 감정이입 기술과 관련시키는 초기에 개관한 증거 때문에 아동을 대상으로 한 ACT 작업에서 그 중요성이 증가하고 있는 것으로 추측된다. 또한 맥락으로서의 자기는 아동이 문제가 되는 자기 자신의 개념화를 고수하고 있을 때 이에 대처할 유용한 과정이다. 예를 들어 아동은 스스로를 "불량배" 혹은 "반에서 쓸모없는 사람"으로 보면서, 자기에 대한 그러한 개념화를 지지해 주는 방식으로만 행동할 수 있다.

품행장애와 같은 어떤 외현화 장애에 있어서는 자기 또래의 조망을 채택할 수 있는 것이 아동에게 임상적인 이점이 될 수도 있다. 어떤 행동적 결함은 특정한 외현적 반응에 있는 게 아니라 오히려 관계적으로 반응하는 능력, 즉 고차적인 "인지적" 결함에 있다. 또 다른 사람의 조망을 취하는 데 필요한 관계적 가능성은 나-너, 여기-저기 및 지금-그때와 같은 "지시적인 관계"를 통해 변화될 수 있다. 만일 아동이 이러한 관계적 가능성을 지니고 있다면, 그 아동은 또 다른 사람의 입장에서 반응을 더 잘할 것이고, 그 결과 감정이입과 사회적 민감성을 더 크게 보여줄 것이다. RFT에서 도출된 기법들은 이러한 능력들을 훈련시키는 데 있어서 도움이 되는 것으로 밝혀졌다. 이러한 관계적 틀을 훈련시키는 데 필요한 절차들은 일반적으로 다음과 같이 간단하다 : 관계 조작자는 많은 자극들을 동반한 많은 맥락들에 걸쳐서 훈련받을 필요가 있고, 조작자는 자극들의 형식적인 특질에 기초해서는 안 되며, 결과적으로 그것을 일반화할 수 있어야 한다. 예를 들어 나-너라는 지시적인 틀은 "나"는 항상 유지되고 "너"는 변하는 많은 다른 사람들 사이에서 훈련되어야 한다. 많은 다른 사람들 사이에서 이러한 관계를 훈련한 후 내담자는, "너"는 공식적으로 절대적인 의미로는 정의되지 않지만 임의의 맥락에는 기초를 두고 있음을 배운다.

또한 내담자는 대화를 하는 다른 사람들에게 "나-너"라는 지시적인 틀을 적용하도록 훈련받을 수 있다. 많은 예들을 겪은 후 내담자는 "나"는 맥락 의존적이며 항상 내담자 자신을 언급하고 있는 것은 아님을 배운다. 일반화를 증가시키기 위해 이러한 틀은 또한 개나 고양이 같은 다른 동물이나 사람 그림에게도 적용될 수 있다. 마찬가지로 지시적인 틀의 유연성이 표적이 되어야 한다(예 : "만일 여기가 저기이고 저기가 여기라면, 여기는 무엇인가?"). 이러한 유형의 작업에 대한 경험적 지지가 존재한다(Heagle & Rehfeldt, 2006; Weil, 2007). 마찬가지로 관계적 능력에서의 결함은 또한 ADHD에서 한 역할을 한다고 제안되고 있다(Twohig et al., 출판 중). 예를 들어 ADHD를 지닌 아동은 자기통제 과제를 "이해하는 데" 필요한 관계적 능력에 결함이 있을 수 있다. 특히 동등성, 일시적인 (시간이나 유관성) 및 비교의 관계적 틀은 규칙을 이해하고 따르는 데 필수적이다. 유사한 훈련 절차가 ADHD를 지닌 아동을 대상으로 이러한 유형의 관계적 반응능력을 훈련시키는 데 사용될 것이다.

맥락으로서의 자기가 품행장애를 다룰 때 도움이 될 수 있는 두 번째 방법은 자신의 사적인 사건들을 자기 자신의 표상으로 보는 것에 대한 행동적 과다가 존재할 때이다. 아동이 그러한 사적인 사건들을 자신의 존재의 일부분으로 볼 때, 특정한 생각이나 감정을 내려놓기가 어려울 수 있다. 아동이 자신의 자부심과 자기 자신을 동일한 것으로 본다면, 아동의 "자부심"에 관하여 교사가 무엇을 하라고 말하기가 어려울 수도 있다. 따라서 그러한 느낌과 생각을 경험하기에 안전한 맥락을 창출할 필요가 있다. 상처 받을 수 없는 전인(whole person)으로서 현재에 존재한다는 이러한 항구적인 의미는 "위험한" 생각과 감정들이 안전하게 경험될 수 있는 맥락을 설정한다. 이것은 많은 아동들이 마치 감정이 아동의 행동에 대해 힘을 갖는 방식으로 개인과 감정들이 연결된 것처럼 "나는 화가 나" 혹은 "나는 단지 너무 많은 에너지를 갖고 있어"와 같이 그들의 생각과 감정을 말하는 방식에 의해 증명된다. 맥락으로서의 자기는 아동에게 생각과 감정이 개인 내부에서 일어나지만 그 개인을 정의하지는 않는 사건들로 생각과 감정을 경험하게 해 준다 — 그것들은 인생에서 일어나는 다른 모든 사건들과 마찬가지로 그저 오고 가는 사건들일 뿐이다. 그것들은 그날 하루를 통해 일어나는 다른 사건들보다 더 중요하지도 덜 중요하지도 않다. 아동은 이러한 생각이나 감정에 의해 정의되는 것이 아니며, 그것들은 전체의 일부분이다. 아동은 이러한 사건들을 상이한 방식으로 경험하도록 배운다. 이것은 내담자가 사건들을 덜 평가하고 그것들이 실제로 존재하는 그대로를 더 많이 경험하게 해준다. 이러한 연습은 마음챙김 및 명상 수행과 어떤 공통점을 공유하지만, 이러한 기술들은 아동에게 한 개인으로서 그의 특징들을 정의하는 것으로가 아니라 생각은 생각으로 그리고 감정은 감정으로 경험하도록 가르친다.

최근, 맥락으로서의 자기 훈련은 지시적인 틀의 유연성(예 : "만일 내가 너라면 나는 무엇을 보게 될 것인가?")에 초점을 두고 있지만, 다른 틀에 그 개념을 확대하기는 쉽다. 예를 들어 임상가는 내담자에게 자신이 원하는 것은 무엇이든지 말할 수 있도록 확신시키면서 치료자의 수많은 상이한 특질들을 기술해 보도록 요청할 수도 있다. 내담자는 남/여, 나이 든/어린, 부유한/가난한, 똑똑한/멍청한, 재미있는/지루한, 멋진/초라한 같은 논쟁 가능한 특질들이 무엇인지를 인식하게 도와줄 수 있다. 그 다음 치료자는 아동에게 자기 자신을 대상으로 유사한 특징들을 생각해 보도록 요구할 수 있다. 아동은 어린, 운동을 잘하는, 재미있는, 똑똑한, 인기 있는, 소녀 등과 같이 유사한 특질들을 생각해 낼 것이다. 치료자와 아동은 함께 남/여와 나이 같이 유지하려고 힘들게 노력할 필요가 없는 정체성들을 주목할 수 있고, 이것들을 "똑똑한"이나 "인기 있는"과 같이 애써 노력해야 할 것들과 대조해 볼 수도 있다. 임상가는 아동이 "똑똑한"과 "인기 있는" — 혹은 아동을 대상으로 한 것이라면 무엇이건 간에 — 에 대한 자기 개념을 지지해 주는 것들에 관해 말하도록 도와주어야 한다.

이 시점에서는 변화 가능한 개념들에 관한 유연성 훈련에 참여하는 것이 유용할 수 있다. 임상가는 이러한 특질들 각각이 긍정적 혹은 부정적인 방식으로 변화된다면 어떻게 행동할 것인가에 대해 아동과 역할 연습을 해볼 수도 있다. 특히 부정적인 방식을 대상으로, 그들은 아동이 때때로 이러한 개념에 모순되게 실제로 행동하는 방식들을 탐구할 수 있다. 요점은 자기 개념 행동들이 개념적으로 "꼭 달라붙어 있는" 경향이 있을 때조차 얼마나 유동적인지를 보여주는 것이다. 우리는 아동에게 특히 문제가 되는 핵심 개념들(예 : 강인한 남자, 나쁜 아들, 멍청한)로 돌아와서 그러한 특정 개념들이 없을 때조차 어떻게 그가 여전히 자기 자신으로 존재할 것인가를 아동과 함께 탐구해 볼 것을 제안한다. 특정한 자질들을 내려놓을 때도 여전히 그는 수천 가지 다른 가치의 속성들을 지니게 될 것이다. 결국 이러한 개념들은 그가 남자라는 것과 같은 방식에서의 그가 아니다.

가치

아동에게는 가족, 운동, 친구, 학교 등과 같이 중요한 것들이 많이 있다. ACT에서 가치는 개인이 관심을 갖는 삶의 영역들이다. 가치는 목표와는 다르다. 목표란 일반적으로 최종적인 성과를 지니는 일시적인 사건들이다. 반면에 가치는 개인에게 중요하고, 기꺼이 해보려고 하는 삶의 요소들이다. 이것은 힘든 감정과 생각을 경험하는 것과 같이 이전에 참석해 본 적이 있는 과정들에 의미를 부가하는 치료의 한 부분이다. 다음으로 이러한 이전의 ACT 과정들을 가치를 둔 행동들과 연관시키는 것은 그것들의 기능을 변경시킬 수 있다. 이것은 ACT에서 특정한 관계들이 표적이 되는 유일한 영역이다. 모든 다른 과정들에는 인지를 직접적으로 변경시키는 데 있어서 상당히 주의할 사항이 있다. 이것은 문자로 존재하는 것이 덜 문제가 되는 영역이다. 예를 들어 ADHD로 진단받은 아동은 학교에 출석하고 교실의 일원이 되는 것에 가치를 둘수도 있다. 하지만 그 아동이 자기 자리를 이탈하고 교실에서 소리 지르려는 충동을 행동화하는 것은 그의 가치들을 방해한다. 정서를 통제하는 시도가 어떻게 가치의 효과를 줄일 수 있는지 아동에게 상기시키는 것은, 정서를 통제하려고 하는 것보다 오히려 그 정서를 경험하는 것에 더 많은 보상을 줄 수 있다. 치료자는 아동에게 "수업시간 내내 의자에 앉아 있으면서 선생님이 너를 부를 때만 말하는 것이 너를 더 많이 교실의 일원이 되게 해주고, 모든 쉬는 시간을 즐길 수 있게 해줄 거야."라고 말해 줄 수도 있다. 그것은 아동에게 중요한 일을 할 기회를 방해하는 감정에서 비롯된 의자에서 벗어나려는 충동의 기능을 변화시킨다.

어떤 경우, 아동은 더 큰 가치들을 구체화하거나 접촉할 수 없을 것이다. 이것은 문제가 안 된다. 왜냐하면 각 아동은 발달상 상이한 위치에 있기 때문이다. 가치 작업은 기능적이므로 치료자들은 여전히 그것을 수행할 수 있고, 또한 유용하기도 하다. 내담자는 더 큰 가치들을 구체화시킬 수는 없지만, 휴식시간에 참여하거나 벌을 받지 않는 것에는 가치를 둘 수 있다. 이러한 관계들을 명료화하는 것은 수용과 보다 더 큰 과정들 사이의 관계를 명료화하는 것만큼 도움이 될 수 있다. 나중에 내담자가 더 큰 가치들을 구체화하는 작업을 할 수 있는 치료시간이 있을 것이다. 아동을 대상으로 가치 명료화 작업을 하는 경우, 선택한 인생 방향으로 움직이는 것으로 "가치두기"를 기술하는 것이 도움이 될 수 있다. 치료자와 아동은 아동이 선택한 인생 방향을 나타내는 영역에 관한 아동의 가치들을 글로 적은 "가치 나침반"을 함께 만드는 작업을 할 수도 있다. 예를 들어 최근에 한 내담자는 자신이 가족과 친구들에게 가장 큰 관심을 갖고 있다고 보고하였다. 그는 학교에서 말썽을 부리는 일은 어머니와의 관계를 해치며, 소리 지르고 공격하는 일은 우정을 해친다고 말하였다. 집에서 도움이 되는 것, 싸우거나 소리 지르지 않는 것, 그리고 학교에서 말썽 안 피우는 것은 어머니와의 관계를 더 좋게 하는 결과를 얻는다. 마찬가지로 소리 지르지 않고 더 많은 인내심을 갖는 것은 친구들과의 우정을 더 좋게 한다. 집에서 도움이 되는 것, 학교에서 잘 지내는 것과 같이 가치와 일치하는 행동목록은 싸우고 소리 지르는 것과 같이 가치와 불일치하는 행동목록과의 연합에서 쉽게 창출되었다. 자신의 가치들을 따르는 데 어떤 내적 장애물이 있는지 생각해 봤냐고 물었을 때, 그 아동은 자신이 화가 날 때 가치에 불일치하는 행동들에 참여했다고 말하였다. 그는 싸우고 소리 지르는 것이 종종 분노 감정을 통제하려는 시도임을 알도록 도움을 받았고, 하나의 대안으로서 수용이 제공되었다.

10대와 같이 좀 더 나이가 든 아동들을 대상으로 작업하는 경우, 고등학교 졸업을 상상해 보도록 요구할 수 있다. 내담자들은 눈을 감고 고등학교 졸업에 대한 두 가지 결과를 상상해 보도록 요구받을 수 있다 — 첫 번째는 지금 당장 자신의 인생을 어떻게 살아가고 있는지에 기반을 둔 것이고, 두 번째는 무엇이건 가능하고 그들이 정말로 원하는 졸업을 선택할 수 있는 세상에 기반을 둔 것이다. 또한 아동은 자신이 존경하는 사람들의 특질들과 자신이 그들과 더 많이 닮았으면 하는 방식들에 관해 이야기할 수 있다. 예를 들어 아동은 자신의 부모나 유명한 육상선수를 존경할 수도 있다. 치료자는 그 부모의 그러한 특질들을 기술해 보도록 요구하고, 아동에게 그러한 속성을 자신의 인생에서 어떻게 추구할 수 있는지 알게 도와줄 수도 있다.

행동 전념

행동 전념은 ACT의 다른 구성요소들을 수행하는 동안 자신의 가치와 일치하는 행동들을 선택하고, 그것에 참여하는 것을 포함한다. 이 치료 단계는 또한 "행동변화 단계"로 불리며, 보다 더 전통적인 행동변화 절차들이 활용되는 단계이다. 원래의 행동치료와 다른 점은 바로 모든 행동변화 절차들이 ACT 접근법으로부터 행해진다는 것이다. 내담자는 문제가 되는 생각들이 연습 동안 일어나는 경우, 그러한 생각과 감정들로부터 수용과 탈융합 수행을 배운다. 또한 이러한 절차들의 사용은 항상 내담자의 가치들과 연결되어 있다. 행동 유형들은 점점 더 커지며 발달할 것이고, 내담자의 레퍼토리는 외현적인 기술과 심리적 유연성 둘 다에 있어서 확장될 것이라고 추측된다.

연습과 행동 전념은 특정한 행동 문제에 따라 크게 다양해질 것이다. 연습에는 다른 타당화된 치료 프로토콜에 기인한 것들보다는 더 행동적으로 기반을 둔 치료 절차들을 사용하는 것, 혹은 적절하다면 아동에게 자신의 인생 영역들을 변화시키는 데 전념하도록 요구하는 것이 포함된다. 여기에는 다음과 같은 몇 가지 예들이 있다 : ADHD를 지닌 아동이 점점 더 오랜 기간 동안 수업시간에 앉아 있을 수 있었다. 반항성 장애를 지닌 아동이 평소에 그가 괴롭히는 또래에게 칭찬을 해주거나, 논쟁하지 않은 채 점점 더 오랜 시간을 지냈을 수도 있다. 품행장애 진단을 받은 아동이 마찬가지로 수용과 탈융합에 참여하면서 특정한 시간 동안 해로운 행동에 참여하지 않고 전념할 수 있었다. 예를 들어 행동적 전념을 하거나 가치에 기반을 둔 연습에 참여하는 경우, 아동에게는 "불편"을 개방적으로 경험하고, 그냥 존재하는 그대로의 생각과 감정으로 그의 생각과 감정들을 알아차리도록 격려해 줄 수도 있다.

결론

요약하면, 외현화 문제로 갈등하고 있는 아동을 대상으로 하는 경우, 임상가들이 사용할 수 있는 경험적으로 지지된 접근법들이 많이 있다. 이 장은 기능 평가에 기반을 둔 전통적인 행동치료들이 ACT에 기반을 둔 개념들과 아동, 보호자 혹은 둘 다를 대상으로 한 전략들을 통합시킴으로써 어떻게 보강될 수 있는지를 강조하였다. 특히 ACT는 외현화 문제의 유지에 기여하고 있는 것으로 연구가 제안하고 있는 몇몇 기제들을 표적으로 삼고 있는 것으로 보인다. 게다가 ACT 개념화로부터 파생된 방법들은 유관성 관리나 인지행동적 절차들 그 이상으로 보인다. 일반적으로 ACT는 사적인 사건들의 존재를 수용하도록 배우고, 사적 사건들이 존재하는 그대로 그것을 바라보며, 더 크게 가치를 둔 행동과 연관된 행동들에 참여하려고 전념하는 것을 포함한다. 이 접근법이 외현화 장애를 예방하거나 치료하는 데 경험적으로 유용한지 여부는 정교하게 잘 구성된 연구를 필요로 할 것이다. 이 장의 목적은 임상가와 연구자들이 이러한 접근법이 발달되고 검증될 수 있는 어떤 방식으로 나아가게 하는 것이었다.

참고문헌

Barnes-Holmes, Y., Barnes-Holmes, D., & Smeets, P. M. (2004). Establishing relational responding in accordance with opposite as generalized operant behavior in young children. *International Journal of Psychology and Psychological Therapy, 4,* 559–586.

Barnes-Holmes, Y., Barnes-Holmes, D., Smeets, P. M., Strand, P., & Friman, P. (2004). Establishing relational responding in accordance with more-than and less-than as generalized operant behavior in young children. *International Journal of Psychology and Psychological Therapy, 4,* 531–558.

Berens, N. M., & Hayes, S. C. (2007). Arbitrarily applicable comparative relations: Experimental evidence for a relational operant. *Journal of Applied Behavior Analysis, 40,* 45–71.

Berlin, K. S., Sato, A. F., Jastrowski, K. E., Woods, D. W., & Davies, W. H. (2006, November). *Effects of experiential avoidance on parenting practices and adolescent outcomes.* In K. S. Berlin & A. R. Murrell (Chairs), *Extending acceptance and mindfulness research to parents, families, and adolescents: Process, empirical findings, clinical implications, and future directions.* Symposium presented to the Association for Behavioral and Cognitive Therapies, Chicago, IL.

Blackledge, J. T., & Hayes, S. C. (2006). Using acceptance and commitment therapy in the support of parents of children diagnosed with autism. *Child and Family Behavior Therapy, 28,* 1–18.

Bond, F. W., & Bunce, D. (2000). Mediators of change in emotion-focused and problem-focused worksite stress management interventions. *Journal of Occupational Health Psychology, 5,* 156–163.

Brestan, E. V., & Eyberg, S. M. (1998). Effective psychosocial treatments for conduct-disordered children and adolescents: 29 years, 82 studies, and 5,272 kids. *Journal of Clinical Child Psychology, 27,* 180–189.

Burke, J., Loeber, R., & Birmaher, B. (2002). Oppositional defiant disorder and conduct disorder: A review of the past 10 years, part II. *Journal of the American Academy of Child and Adolescent Psychiatry, 41,* 1275–1293.

Cohen, D., & Strayer, J. (1996). Empathy in conduct disordered and comparison youth. *Developmental Psychology, 32,* 988–998.

Cole, P. M., Zahn-Waxler, C., Fox, N. A., Usher, B. A., & Welsh, J. D. (1996). Individual differences in emotion regulation and behavior problems in preschool children. *Journal of Abnormal Psychology, 105,* 518–529.

Coyne, L. W., & Wilson, K. G. (2004). The role of cognitive fusion in impaired parenting: An RFT analysis. *International Journal of Psychology and Psychological Therapy, 4,* 469–486.

Crick, N. R., & Dodge, K. A. (1994). A review and reformulation of social information-processing mechanisms in children's social adjustment. *Psychological Bulletin, 115,* 74–101.

Dahl, J., Wilson, K. G., & Nilsson, A. (2004). Acceptance and commitment therapy and the treatment of persons at risk for long-term disability resulting from stress and pain symptoms: A preliminary randomized trial. *Behavior Therapy, 35,* 785–802.

de Castro, B. O., Veerman, J. W., Koops, W., Bosch, J. D., & Monshouwer, H. J. (2002). Hostile attribution of intent and aggressive behavior: A meta-analysis. *Child Development, 73,* 916–934.

Dishion, T. J., & Andrews, D. W. (1995). Preventing escalation in problem behaviors with high-risk young adolescents: Immediate and 1-year outcomes. *Journal of Consulting and Clinical Psychology, 63,* 538–548.

Dougher, M. J., Hamilton, D., Fink, B., & Harrington, J. (2007). Transformation of the discriminative and eliciting functions of generalized relational stimuli. *Journal of the Experimental Analysis of Behavior, 88,* 179-197.

Eyberg, S. M., & Boggs, S. R. (1998). Parent-child interaction therapy for oppositional preschoolers. In C. E. Schaefer & J. M. Briesmeister (Eds.), *Handbook of parent training: Parents as co-therapists for children's behavior problems* (2nd ed., pp. 61–97). New York: Wiley.

Forman, E. M., Hoffman, K. L., McGrath, K. B., Herbert, J. D., Bradsma, L. L., & Lowe, M. R. (2007). A comparison of acceptance- and control-based strategies for coping with food cravings: An analog study. *Behaviour Research and Therapy, 45,* 2372-2386.

Gifford, E. V., Kohlenberg, B. S., Hayes, S. C., Antonuccio, D. O., Piasecki, M. M., Rasmussen-Hall, M. L., et al. (2004). Acceptance theory–based treatment for smoking cessation: An initial trial of acceptance and commitment therapy. *Behavior Therapy, 35,* 689–705.

Greco, L. A., & Eifert, G. H. (2004). Treating parent-adolescent conflict: Is acceptance the missing link for an integrative family therapy? *Cognitive and Behavioral Practice, 11,* 305–314.

Greco, L. A., Heffner, M., Poe, S., Ritchie, S., Polak, M., & Lynch, S. K. (2005). Maternal adjustment following preterm birth: Contributions of experiential avoidance. *Behavior Therapy, 36,* 177–184.

Greco, L. A., Lambert, W., & Baer, R. A. (in press). Psychological inflexibility in childhood and adolescence: Development and evaluation of the Avoidance and Fusion

Questionnaire for Youth. *Psychological Assessment.*

Gregg, J. A., Callaghan, G. M., Hayes, S. C., & Glenn-Lawson, J. L. (2007). Improving diabetes self-management through acceptance, mindfulness, and values: A randomized controlled trial. *Journal of Consulting and Clinical Psychology, 75*, 336–343.

Happe, F., & Frith, U. (1996). Theory of mind and social impairment in children with conduct disorder. *British Journal of Developmental Psychology, 14*, 385–398.

Hayes, S. C. (2004). Acceptance and commitment therapy, relational frame theory, and the third wave of behavior therapy. *Behavior Therapy, 35*, 639–665.

Hayes, S. C., Barnes-Holmes, D., & Roche, B. (Eds.). (2001). *Relational frame theory: A post-Skinnerian account of human language and cognition.* New York: Plenum.

Hayes, S. C., Luoma, J., Bond, F., Masuda, A., & Lillis, J. (2006). Acceptance and commitment therapy: Model, processes, and outcomes. *Behaviour Research and Therapy, 44*, 1–25.

Hayes, S. C., Masuda, A., Bissett, R., Luoma, J., & Guerrero, L. F. (2004). DBT, FAP, and ACT: How empirically oriented are the new behavior therapy technologies? *Behavior Therapy, 35*, 35–54.

Hayes, S. C., Strosahl, K. D., & Wilson, K. G. (1999). *Acceptance and commitment therapy: An experiential approach to behavior change.* New York: Guilford.

Hayes, S. C., Wilson, K. G., Gifford, E. V., Follette, V. M., & Strosahl, K. (1996). Emotional avoidance and behavioral disorders: A functional dimensional approach to diagnosis and treatment. *Journal of Consulting and Clinical Psychology, 64*, 1152–1168.

Heagle, A., & Rehfeldt, R. A. (2006). Teaching perspective-taking skills to typically developing children through derived relational responding. *The Journal of Intensive Early Behavioral Intervention, 3*, 8–34.

Huey, W. C., & Rank, R. C. (1984). Effects of counselor and peer-led group assertive training on black adolescent aggression. *Journal of Counseling Psychology, 31*, 95–98.

Hughes, C., Dunn, J., & White, A. (1998). Trick or treat?: Uneven understanding of mind and emotion and executive dysfunction in "hard-to-manage" preschoolers. *Journal of Child Psychology and Psychiatry and Allied Disciplines, 39*, 981–994.

Kazdin, A. E., Esveldt-Dawson, K., French, N. H., & Unis, A. S. (1987). Problem-solving skills training and relationship therapy in the treatment of antisocial child behavior. *Journal of Consulting and Clinical Psychology, 55*, 76–85.

Levitt, J. T., Brown, T. A., Orsillo, S. M., & Barlow, D. H. (2004). The effects of acceptance versus suppression of emotion on subjective and psychophysiological response to carbon dioxide challenge in patients with panic disorder. *Behavior Therapy, 35*, 747–766.

Lochman, J. E., Burch, P. R., Curry, J. F., & Lampron, L. B. (1984). Treatment and generalization effects of cognitive-behavioral and goal-setting interventions with aggressive boys. *Journal of Consulting and Clinical Psychology, 52,* 915–916.

Lochman, J. E., & Dodge, K. A. (1994) Social cognitive processes of severely violent, moderately aggressive, and nonaggressive boys. *Journal of Consulting and Clinical Psychology, 62,* 366–374.

Lonigan, C. J., Elbert, J. C., & Johnson, S. B. (1998). Empirically supported psychosocial interventions for children: An overview. *Journal of Clinical Child Psychology, 27,* 138–145.

Luciano, C., Becerra, I. G., & Valverde, M. R. (2007). The role of multiple-exemplar training and naming in establishing derived equivalence in an infant. *Journal of the Experimental Analysis of Behavior, 87,* 349–365.

Luoma, J. B., Hayes, S. C., Twohig, M. P., Roget, N., Fisher, G., Padilla, M., Bissett, R., et al. (2007). Augmenting continuing education with psychologically focused group consultation: Effects on adoption of group drug counseling. *Psychotherapy Theory, Research, Practice, Training, 44,* 463-469.

McCart, M. R., Priester, P. E., Davies, W. H., & Azen, R. (2006). Differential effectiveness of behavioral parent-training and cognitive-behavioral therapy for antisocial youth: A meta-analysis. *Journal of Abnormal Child Psychology, 34,* 527–543.

McHugh, L., Barnes-Holmes Y., & Barnes-Holmes, D. (2004). Perspective taking as relational responding: A developmental profile. *Psychological Record, 54,* 115–144.

Miller, G. E., & Prinz, R. J. (1990). Enhancement of social learning family interventions for childhood conduct disorder. *Psychological Bulletin, 108,* 291–307.

Murrell, A. R., Coyne, L. W., & Wilson, K. G. (2004). ACT with children, adolescents, and their parents. In S. C. Hayes and K. D. Strosahl (Eds.), *A practical guide to acceptance and commitment therapy* (pp. 249–274). New York: Springer.

Patterson, G. R., Reid, J. B., & Eddy, J. M. (2002). A brief history of the Oregon Model. In J. B. Reid, G. R. Patterson, & J. Snyder (Eds.), *Antisocial behavior in children: Developmental theories and models for intervention.* Washington, DC: American Psychological Association.

Perry, D. G., Perry, L. C., & Rasmussen, P. (1986). Cognitive social learning mediators of aggression. *Child Development, 57,* 700–711.

Rehfeldt, R. A., Dillen, J. E., Ziomek, M. M., & Kowalchuk, R. K. (2007). Assessing relational learning deficits in perspective-taking in children with high-functioning autism spectrum disorder. *Psychological Record, 57,* 23–47.

Reid, J. B., Patterson, G. R., & Snyder, J. (2002). *Antisocial behavior in children and adolescents: A developmental analysis and model for intervention.* Washington, DC: American Psychological Association.

Reyno, S. M., & McGrath, P. J. (2006). Predictors of parent training efficacy for child externalizing behavior problems: A meta-analytic review. *Journal of Child Psychology and Psychiatry, 47,* 99–111.

Seidman, L. J., Biederman, J., Faraone, S. V., Weber, W., & Ouellette, C. (1997). Toward defining a neuropsychology of attention deficit–hyperactivity disorder: Performance of children and adolescents from a large clinically referred sample. *Journal of Consulting and Clinical Psychology, 65,* 150–160.

Stormshak, E. A., Bierman, K. L., McMahon, R. J., & Lengua, L. J. (2000). Parenting practices and child disruptive behavior problems in early elementary school. *Journal of Clinical Child Psychology, 29,* 17–29.

Twohig, M. P., Hayes, S. C., & Berens, N. M. (in press). A contemporary behavioral analysis of childhood behavior problems. In D. W. Woods & J. Kantor (Eds.), *A modern behavioral analysis of clinical problems.* Reno, NV: Context Press.

Varra, A. A. (2006). The effect of acceptance and commitment training on clinician willingness to use empirically-supported pharmacotherapy for drug and alcohol abuse. Unpublished doctoral dissertation, University of Nevada, Reno.

Webster-Stratton, C., & Hammond, M. (1997). Treating children with early-onset conduct problems: A comparison of child and parent training interventions. *Journal of Consulting and Clinical Psychology, 65,* 93–109.

Weil, T. M. (2007). The impact of training deictic frames on perspective taking with young children: A relational frame approach to theory of mind. Unpublished doctoral dissertation, University of Nevada, Reno.

Werba, B. E., Eyberg, S. M., Boggs, S. R., & Algina, J. (2006). Predicting outcome in parent-child interaction therapy: Success and attrition. *Behavior Modification, 30,* 618–646.

Whelan, R., & Barnes-Holmes, D. (2004). The transformation of consequential functions in accordance with the relational frames of same and opposite. *Journal of the Experimental Analysis of Behavior, 82,* 177–195.

Wilson, K. G., & Hayes, S. C. (1996). Resurgence of derived stimulus relations. *Journal of the Experimental Analysis of Behavior, 66,* 267–281.

저자 주_
저자들은 이 분야의 임상 지식을 나누어 준 Lisa Coyne 박사에게 감사드린다.

제9장

청소년기의 수용, 신체상 및 건강

Laurie A. Greco, Ph.D., University of Missouri, St. Louis;

Erin R. Barnett, MA, University of Missouri, St. Louis;

Kerstin K. Blomquist, MS, Vanderbilt University;

Anik Gevers, BA, University of Missouri, St. Louis

많은 사람들이 자신의 신체상과 갈등하고 있고, 자신의 외모에 대하여 무언가 변화를 주고 싶어 한다. 불행히도 우리의 외모에 대하여 좋은 감정을 갖기란 남녀 모두 도달할 수도 없고 때로는 건강하지도 못한 매력 이상형을 추구하는 사회에서는 거의 불가능할 것이다. 최근 들어 대중매체는 여성에게는 극단적으로 마른 신체형을, 남성에게는 마른 근육질 신체를 미화하고 있다. 사회적 압력에 굴복함으로써 모든 체형과 사이즈의 남성, 여성, 소년 및 소녀들은 그들의 외모를 변화시키고 유지하는 데 큰 고통을 겪고 있다. 우리는 최신 유행 다이어트, 살 빼는 약, 운동과 건강 잡지, 가슴을 올려주는 브라, 단백질 셰이크, 스테로이드, 개인 트레이너, 그리고 지방흡입술에서부터 여성들에게는 유방 이식과 남성들에게는 가슴근육 이식에 이르는 의학적 절차들에 투자한다. 우리는 멋진 외모가 미래의 행복과 성공을 증진시켜 줄 거라는 생각에 매달린 채 열심히 노력한다. 그렇지만 이런 모든 힘겨운 노력에도 불구하고 우리는 진정으로 우리 자신과 신체에 대하여 더 나은 기분을 느끼는가? 더욱 중요한 것은 이러한 투자가 개인의 자유와 삶의 활력이란 측면에서 어떤 값어치가 있는가이다. 우리는 정신건강 전문가로서 사회가 원하는 매력 이상형을 성취하려는 이러한 쓸데없는 추구에서 오는 불필요한 고통을 감소시키기 위해 무엇을 할 것인가?

이 장에서 우리는 실제로 중요한 개인적 대가를 치루는 신체상과 갈등하는 여자 청소년들에게 잠재적으로 이익이 되는 접근법으로서 수용전념치료(ACT; Hayes, Strosahl, & Wilson, 1999)를 소개한다. 우리들 대부분은 이러한 갈등을 공유하고 있음에도 불구하고 신체 불만족은 전형적으로 청소년기에 시작되거나 강렬해지며, 이 발달 시기에 지각된 자기-가치와 가장 강하게 연합된다(Neumark-Szrtainer, 2005). 추정된 남자 청소년들 중 60%와 여자 청소년들 중 75%는 자신의 외모가 행복에 영향을 미친다고 믿고 있다(O'Dea & Abraham, 1999). 신체적 외모가 분명히 남녀 청소년 모두에게 중요하긴 하지만, 소녀들은 신체 불만족과 그것의 유해한 관련성에 더욱더 영향을 많이 받는 경향이 있다(Bearman, Presnell, Martinez, & Stice, 2006; O'Dea & Abraham, 1999; Urla & Swedbund, 2000). 이러한 이유들로 인해 이 장은 여자 청소년들에게 주로 초점을 두기로 한다. 우리는 섭식 및 체중과 관련된 문제들에 어떠한 경로가 가능한지를 제안하면서 신체상과 체중 관심사들을 발달적 틀 속에 놓는 것으로 시작한다. 그런 다음 ACT에서 임상적으로 관련된 과정들을 요약하고, ACT 관점으로 "신체상 문제"를 개념화한다. 마지막으로 우리는 건강 프로그램을 위한 ACT와 비만, 폭식증 및 폭식장애와 같은 심각한 임상적 문제들의 위험에 빠졌을 수도 있는 여자 청소년들을 위한 학교에 기반한 중재를 기술한다.

청소년기의 섭식 및 체중관련 문제

청소년기는 변천과 변화가 특징인 발달 단계이다 : 호르몬은 추상적 사고능력이 생겨나고 자율성과 독립심의 추구가 시작될 때 분출된다. 청소년들이 부모, 교사, 또래 및 사회의 가치들과는 상당히 다른 개인적 가치들을 확인하려고 애쓸 때 "나는 누구인가?", "사는 것 외에 내가 원하는 것은 무엇인가?"라는 질문들이 중심에 자리한다. 청년기에는 사회적 · 학문적 요구가 늘면서 현저한 적응 문제들을 비롯하여 불안, 우울 및 물질 사용이 증가한다. 이 장과 가장 많은 관련이 있는 신체 불만족과 섭식 병리는 청소년기에 발병의 절정을 이루며, 특히 소녀들 사이에서 만연한다(Bearman et al., 2006). 이것은 그리 놀라운 일이 아니다. 왜냐하면 젊은 여성과 소녀들은 주요 매체에 의해 공격적으로 표적이 되며, 도달할 수 없는 매력 이상형들에 노출되는 것은 초기 아동기에 시작되기 때문이다(Urla & Swedbund, 2000). 일곱 살 소녀들은 신체상에 대한 관심을 표현하며 가족, 또래, 매체 및 기타 외부 원인에 의해 매력 이상형들을 내재화하기 시작한다(Sands & Wardle, 2003; Thompson, Rafiroiu, & Sargent, 2003). 불행히도 최근의 마른 이상형에 이르고자 하는 노력이 여자 청소년들에게는 자기 파괴적인 전쟁이 될 수도 있다. 왜냐하면 그녀들은 사춘기 발달이라는 맥락에서 전형적으로 체중이 증가하고, 구조적인 신체 변화들(예 : 엉덩이의 퍼짐)이 나타나기 때문이다.

가능한 발달 경로

외모와 체중에 대한 사회적 기대와 규칙들을 받아들이는 여자 청소년들은 신체 불만족 및 이와 관련된 임상적 문제들의 위험에 빠질 수 있다(Eifert, Greco, & Heffner, 출판 중; Levine & Harrison, 2001). 섭식 병리의 발달 경로에 대한 연구는 날씬해야 한다는 사회문화적 압력이 신체 불만족과 부정적 정서성을 증가시킬 수 있음을 시사한다(Stice, 2001; Stice, Presnell, Shaw, & Rohde, 2005). 상당수 여자 청소년들은 다이어트를 하거나 다른 형태의 체중조절 행동에 참여하는 것으로 반응한다. 그렇지만 살을 빼려는 이러한 시도들은 다이어트하기, 과식하기, 다이어트 실패, 정서적 고통 및 비효과적인 정서조절의 시도라는 악순환을 가동시키면서 미래의 과식과 이어지는 체중 증가 삽화를 예언한다. 따라서 역설적으로 다이어트와 다른 형태의 체중조절은 과체중과 비만은 물론 폭식증 및 폭식장애와 같이 이와 연합된 섭식장애의 위험을 증가시킬 수도 있다(Stice, Shaw, & Nemeroff, 1998; Stice et al., 2005; Wardle, Waller, & Rapoport, 2001).

내수용기(interoceptive) 자각의 결함은 더 나아가 건강하지 못한 섭식과 체중조절 유형의 원인일 수 있다. 특히 섭식장애 경향이 있는 젊은 여성과 소녀들은 배고픔과 포만감에 대한 사고, 정서 및 신체감각을 포함한 다양한 유형의 사적 사건들 사이를 확인하거나 구분하는 데 어려움을 겪을 수 있다(예 : Leon, Fulkerson, Perry, & Early-Zald, 1995; Sim & Zeman, 2004, 2006). 결국 소녀들은 다음과 같이 섭식 관련 단서들에 무감각하거나 무반응을 나타낼 수 있다 : 배고플 때 먹거나 배가 부를 때 멈추는 대신에 섭식행동은 외적 자극(예 : 음식물이 존재함) 및 식욕과 관련 없는 정서경험들에 의해 조절된다. 또한 비만, 폭식증 및 게걸스럽게 먹기의 정서조절 모형들을 지지하는 증거가 있다. 이 모형들이 시사하는 바는 신체상과 체중으로 고민하는 소녀들이 지루함, 슬픔 및 공허한 느낌들과 같은 불편한 사적 경험들로부터 자신을 달래거나 주의를 돌리기 위해 음식을 사용할 수 있다는 것이다(예 : Greeno & Wing, 1994; Sim & Zeman, 2006; Stice, 2001).

요약하면, 섭식과 체중관련 문제를 지닌 소녀들은 아름다움과 체중에 관한 사회문화적 규칙들에 구속되어 있고, 사회적으로 규정된 매력 이상형을 추구하기 위해 헛된 체중조절 노력에 빠져 있을 수 있다. 이러한 소녀들 중 많은 이들은 내수용기 자각에 문제가 있고, 식욕 단서들에 무감각하며, 내적 불편감(예 : 체중조절에 대한 생각, 게걸스럽게 먹고 싶은 충동 및 죄의식)을 조절하려는 섭식 및 체중조절 행동을 사용한다. 우리의 경험으로 볼 때, ACT 접근법은 이러한 위험요인들 각각을 상세히 설명해 주고, 결과적으로 비만, 폭식증 및 폭식장애와 같은 심각한 건강 문제들과 연합된 발달 경로들을 상쇄해 줄 수 있다.

ACT 개관

ACT는 불안, 우울, 섭식장애, 물질 사용, 만성통증 및 사고장애와 같이 광범위한 임상 문제들을 보이는 아동과 성인들을 대상으로 성공적으로 사용되어 온 근거에 기반한 행동치료이다(Hayes, Luoma, Bond, Masuda, & Lillis, 2006 참조; 아울러 제5장, 제8장, 제11장, 12장 참조). 인구집단들과 현재의 관심사들에 걸쳐 있는 ACT 방법들은 인지적 융합과 경험적 회피의 증가라는 특징을 지닌 심리적 경직성을 약화시키기 위해 사용된다. 인지적 융합이란 사람들이 사적인 사건들(예 : 생각, 느낌, 이미지, 신체적-육체적 감각)을 현실의 실제적인 표상으로 오해하기 시작하는 경향성을 말한다. 우리의 언어 사용 능력은 생각과 느낌의 진행과정을 단순히 알아차리기보다는 사적 사건들의 내용에 우리를 융합(또는 구속)시킨다(Hayes et al., 1999). 적은 양이라 하더라도 인지적 융합은 경직성이란 싹을 틔우며, 내적 경험들의 본성을 다스리고 변경하고 회피하거나 통제하려는 시도와 함께 특정한 사적 사건들을 기꺼이 경험하지 않으려 하는 것, 즉 경험적 회피를 자라게 할 수 있다(Hayes & Gifford, 1997).

ACT 관점에서 보자면, 신체상에 대한 관심, 부정적인 자기 평가 및 이와 관련된 정서적 고통을 포함하여 모든 다양한 생각과 느낌을 경험하는 것은 정상적인 일이고 심리적으로 건강한 것이다. ACT에서 생각과 느낌의 내용은 "좋은/나쁜", "합리적인/비합리적인", "옳은/그른", "건강한/건강하지 않은" 등과 같이 어떤 절대적인 의미로 평가되지 않는다. 그 대신 사적 사건들은 우리의 남은 인생 동안 왔다가 가는 일시적인 내적 경험들로 간주된다. 사적 사건들은 얼마나 고통스럽고 원치 않는 것인지에 상관없이 그 자체로는 문제가 되거나 해로운 것이 아니다. 진짜 해로움은 우리의 장기적인 개인적 가치와 목표들을 손상시켜 가며 단기적으로는 안심시키는 식으로 반응하는 인간 존재로서의 경향성으로부터 비롯된다. 따라서 우리가 손과 발을 이용하여 반응하는 것과 같이 어떻게 반응할 것인가를 선택하는 것이 ACT에서는 궁극적인 중요성을 지니며, 이러한 선택은 고통스러운 사적 경험들이 우리의 삶에 영향을 미치게 될 정도를 좌우한다.

ACT에서 수용에 기반을 둔 방법들은 인지적 융합과 실효성 없는 수준의 경험회피를 약화시키기 위해 사용된다. 동시에 강한 가치는 효과를 발휘하고, 목표설정과 노출 같은 보다 전통적인 행동주의 절차들은 심리적 유연성을 증진시키는 데 필수적이다. 심리적 유연성이란 "의식적인 인간 존재로서 보다 충분히 현재 순간에 접촉하고, 그렇게 하는 것이 가치를 둔 목표에 도움이 될 때 행동을 변화시키거나 지속하는 능력"(Hayes et al., 2006, p. 7)이다. 어떤 다른 근거에 기반한 행동치료들과는 대조적으로 ACT의 핵심 목표는, 우리가 그 순간 어떻게 느끼든 간에 심리적인 유연성과 가치에 일치하는 행동을 증진시키는 것이다. ACT에서는 드러내 놓고 내적 경험들(예 : 불안, 우울, 신체상 관심)의 감소를 추구하지 않는다. 만일 내적 경험들이 감소한다면, 그것은 환영할 만한 그리고 종종 일시적인 치료 부산물로 간주된다.

"언어 질병"

불교와 같은 동양의 영적인 전통에서와 마찬가지로 ACT에서 언어는 인간의 고통에 대한 잠재성을 크게 증가시키는 양날을 가진 칼로 개념화된다(Hayes et al., 1999). 언어는 인간에게 괄목할 만한 발전적인 이점을 제공해 주고 있다. 예를 들어 인간은 복잡한 문제를 해결하고 기술을 진보시키고 어떤 다른 종들을 훨씬 능가하는 수준에서 미래 세대를 교육하는 방식으로 "언어를 사용"할 수 있다. 그렇지만 그중에서도 특히 이와 같은 언어능력은 우리로 하여금 우리 자신, 서로 각자, 우리가 살고 있는 세상을 비판하고 평가하고 비교할 수 있게 한다(사실 우리의 마음은 항상 이렇게 한다). 더 나아가 언어는 미래에 대해 걱정하고 과거 사건들을 반추하고 대부분 실효성이 없는 신념, 기대 및 규칙들을 공고하게 융합하는 우리의 능력에 연료를 공급해 준다. 불행히도 "언어 질병"은 광범위하게 퍼져 있으며, 사회-언어적 공동체 속에서 이와 함께 살고 있는 모든 인간에게 실질적으로 영향을 미치고 있다.

우리의 견해로 보자면, 우리가 연구 대상으로 삼은 소녀들은 우리 모두가 공유하고 있지만 서로 다른 방식들로 나타내거나 표현하고 있는 언어 질병으로 괴로워하고 있다. 우리가 진행하는 프로그램에 참여한 소녀들 대부분은 부정적인 자기 평가들, 여성적인 아름다움과 체중을 둘러싼 규칙들과 융합되어 있다(예 : "난 살을 빼야만 해", "마른 것이 아름다운 거야", "난 뚱뚱하고 가치가 없어", "살을 빼기 전까지는 내 인생이 형편없을 거야", "난 못 생겨서 마음에 들지 않아"). 이 소녀들은 종종 정서적 불편감을 줄여보려고 게걸스럽게 먹거나 체중과 관련된 생각들에 대한 반작용으로 다이어트를 하는 것과 같은 실효성 없는 형태의 경험적 회피에 참여하는 것으로 자신의 고통스러운 생각과 감정들에 반응한다. 게걸스럽게 먹는 것과 다이어트 하는 것은 과도한 인지적 융합과 경험회피의 반영이며, 이 둘 다는 도처에 퍼져 있는 언어

질병에 뿌리를 두고 있다.

청소년을 대상으로 한 작업

발전적으로 말해서, ACT 접근법은 특히 청소년들에게 잘 들어맞을 수 있다. 은유 및 경험적 연습과 같은 ACT의 임상적 방법들은 본질적으로 덜 교훈적이다. 그러므로 그 방법들은 복종하거나 반항하기가 더 어렵다. 우리가 함께 작업하는 청소년들 대부분은 개인적 책임, 가치 및 선택 — 이 모든 것은 정체성 형성과 자율성 및 독립의 추구와 같은 중요한 발달 과제들을 반영함 — 에 대해 분명한 초점을 두는 ACT를 환영하는 것으로 보인다(Greco & Eifert, 2004). 또한 청소년들은 급진적인 수용, 진솔성 및 보편적이거나 공유하는 인간성에 대해 ACT가 강조하는 바를 매우 잘 수용하는 경향이 있다. 이러한 목표를 위해 집단 지도자들은 우리 모두 고통을 겪고 있음을 인정한다. 그들은 자기 자신의 취약성 중 일부를 자기 개방하고, 회기에서 보여주는 "우리들 — 그들" 공식(예 : "우리들"은 겉보기에는 모든 것을 알고 있고 행복하고 어우르는 치료자들이고, "그들"은 문제가 있거나 장애가 있는 청소년)을 감소시키는 자발적인 노력을 함으로써 청소년의 고통을 정상화한다. 다양한 집단의 사람들과 함께 일하는 것도 고통을 정상화하고 타당화하는 데 유용할 수 있다. 왜냐하면 각양각색의 몸매와 사이즈, 배경을 지닌 소녀들은 자신이 이러한 보편적인 인간 갈등 속에서 서로 연결되어 있고 공유하고 있음을 깨닫기 시작하기 때문이다.

청소년들을 대상으로 작업할 때 그들의 수용능력과 발달적 관련성을 향상시키는 방식으로 임상 방법들을 적용하는 것이 중요하다. 예를 들어 건강 프로그램용 ACT를 진행할 때 집단 지도자들은 미디어 메시지들에 대해 비판적으로 생각하는 기술을 가르치기 위해 10대 잡지와 음악 비디오를 사용한다. 어른이 만든 지시를 사용하는 대신 은유와 시를 사용하여 중요한 ACT 원리들을 예시함은 물론 정서적 경험을 불러일으키고 강화시킨다. 마찬가지로 예술, 음악 및 운동과 같이 덜 언어적인 매체를 통해 청소년 자신들을 표현하는 프로그램으로 그들을 초대하기도 한다. 다음에 기술한 바와 같이 치료 맥락에서 특정한 용어를 수정하는 것도 도움이 될 수가 있다.

LIFE 연습

LIFE 연습은 회기 밖의 수행, 기술들의 일반화 및 계속적인 개인적 성장을 증진시키기 위해 프로그램 전반에 걸쳐 포함된다. Eifert와 Forsyth(2005)의 임상적 혁신에서 도출된 LIFE 약어는 "living in full experience(충분히 경험하면서 살아가기)"를 의미하며, 임상가들이 어떤 ACT 프로그램에서나 모델로 삼아 가르치고자 하는 것이다. 발전적으로 말하면, 회기 밖의 수행을 다음 주 회기에서 검토하게 될 "숙제"라기보다는 충분히 경험하면서 살아갈 기회로 개념화하는 것이 도움이 될 수 있다. 이에 대한 이유는 간단하다. 즉 청소년들은 항상 숙제를 부여받는다. 그들은 숙제를 했다는 표시를 받으려면 그것을 완성해야만 한다. 그렇게 하는 데 실패하면 어른의 비난과 부정적인 학습 결과가 기다리고 있다. 따라서 "숙제"를 부여하는 것은 집단 구성원들로부터 혐오적인 반응, 혐오적인 통제에 기반한 순종 혹은 심지어 불순종을 유발할 수도 있다. 말하자면 우리가 함께 작업하고 있는 소녀들 대부분은 LIFE 연습에 충실히 참여할 것을 선택한다. 참여를 촉진시키기 위해 우리는 활동들이 개인적으로 관련이 있고 의미 있는 장기적인 성과들(예 : 가치들)과 연관되어 있음을 확실히 하기 위해 맞춤형 연습을 권한다.

건강 프로그램용 ACT 개관

건강용 ACT는 다음의 위험요인들, 즉 신체 불만족의 증가, 신체 질량 지수(BMI) ≥ $25kg/m^2$, 게걸스럽게 먹는 삽화, 최근의 다이어트 시도, 그리고 금식, 구토 혹은 하제 사용과 같은 과격한 체중조절 행동 중 적어도 한 가지를 보이는 11~18세 소녀들을 위한 예방 프로그램이다. 특히 건강 프로그램용 ACT는 아직 완전히 임상적인 증후군을 드러내지는 않는 위험에 처한 소녀들을 위해 개발되었다. 우리는 임상적으로 비만(BMI ≥ 30)이거나 세 가지 주요한 섭식장애(식욕부진증, 폭식증 및 폭식장애) 중 어떤 진단 준거를 충족하는 청소년들을 위해 적절한 의뢰를 제공해 준다.

프로그램 형식과 목표

건강용 ACT는 학교장면에서 생겨났으며, 일반적으로 6~10회기로 구성된다. 회기 수는 각 집단의 특정한 요구에 맞춘다. 학교 행정가와 교사의 선호에 따라서 회기는 수업 중 혹은 방과 후에 주당 한 번 혹은 두 번 진행하며, 60~90분간 진행된다. 대부분의 집단은 두 명의 여성 공동 치료자들("집단 지도자들")로 구성되며, 비교적 나이가 비슷한 8~15명 소녀들이 참여한다. 이상적으로 말해서 집단 구성은 다양하며, 다양한 수준의 위험과 인종 및 사회경제적 배경들을 지닌 각양각색의 체형과 사이즈의 소녀들이 포함된다. 이것은 우리의 도시 학교에서는 가장 흔한 사례이며, ACT에서 근본적인 것이자 표적 인구집단과 더불어 효과적으로 작용하는 데 필수적인 보편적 혹은 공유하는 인간성의 의미를 창출해 내기 위한 무대가 된다.

건강용 ACT의 무엇보다 중요한 목표는 여자 청소년들에게 미래의 거의 바뀌지 않을 사회 ― 성역할 고정관념, 여성의 신체에 대한 객관화 및 종종 도달할 수 없는 마른 이상형을 증진시키는 사회 ― 에서 "자기 자신에게 충실성"을 지닌 채 살아갈 힘을 실어주는 것이다. ACT 임상모형에 권한부여라는 여성주의 원리를 통합시킴으로써 이 프로그램은 다음과 같은 일차적인 목표들을 지닌다 : (1) 성역할 고정관념, 외모 및 체중을 둘러싼 사회문화적 기대와 규칙들에 매달리는 것을 약화시킴, (2) 사적 경험에 대한 수용과 마음챙김을 강화시킴, (3) 건강한 생활양식 습관을 촉진시키는 동안 습관적이고 잠재적으로 해로운 소비 습관을 깨뜨림, (4) 소녀들에게 자신의 삶에 책임을 지고, 내적 및 외적 방해물과 상관없이 자신의 개인적 가치들과 부합하여 살아가도록 힘을 실어줌, 그리고 (5) 특히 심한 스트레스를 받는 경우와 실수를 한 경우 자기자비와 자신에 대한 용서를 증진시킴. 다음 절은 건강용 ACT의 핵심 측면들을 기술하고, 앞에서 언급한 목표들을 성취하기 위해 사용된 임상적 중재들의 예를 제공한다.

건강 중재를 위한 ACT

이 장이 고위험 소녀들에 대한 적용에 초점을 두고 있음에도 불구하고, 여기에 요약된 중재들은 우리의 연구와 남녀 인간 존재들을 대상으로 한 다른 사람들의 연구로부터 개작되었다. 이들 중 많은 이들은 의학적 장면과 보다 전통적인 외래 환자 클리닉에서 충분한 임상적인 증후군을 나타내고 있다. 우리는 신경성 식욕부진증으로부터 병적인 비만에 이르는 임상적 문제들을 나타내는 청소년과 젊은 성인을 대상으로 개인치료와 가족치료의 맥락에서 이러한 중재들을 적용해 왔다. 따라서 우리는 언어 질병으로 고통 받는 다양한 범위의 사람들을 대상으로 이러한 ACT 방법들을 사용하도록 격려한다.

심리 교육과 건강 증진

ACT와 여성주의 심리치료가 취하고 있는 인류평등주의에 일치하도록, 집단 지도자들은 프로그램의 교훈적인 부분을 다루는 동안 발생할 수 있는 "교사-학생"과 같은 위계적인 역할을 최소화하려고 의도적으로 노력한다. 소녀들의 신체상 및 체중과의 투쟁은 흔히 정보의 결여에서 기인하는 것이 아니다. 우리가 대상으로 한 많은 소녀들은 건강 교실 혹은 부모, 의사, 건강 잡지 및 텔레비전과 같은 2차 공급자를 통해 유사한 내용에 노출되어 왔다. 이러한 이유들로 인해 교육적인 내용은 프로그램에서 나중에 소개되고 단지 몇 회기들에서만 통합된다. 이 회기들에서 우리는 우선순위를 매기는데, 첫째는 보편적인 인간성과 치료과정이고, 둘째는 정보의 제공이다. 더 나아가 건강한 생활양식 목표들을 만들기 위한 개인적인 관련성과 동기를 증가시키기 위해 집단 지도자들은 건강관련 정보를 이미 확인된 개인 및 집단 가치들과 연결시킨다. 이런 방식으로, 우리는 어떻게 사는 것이 "옳은" 것인가에 대한 지시나 규칙들만 제시하지는 않는다. 교육 자료는 치료실에 있는 모든 소녀들과 관련된 내용이며, 건강, 웰니스 및 자기 돌봄과 관련된 개인적 가치들을 추구하는 데 방향을 제공해 줄 수 있다.

미디어를 비판적으로 생각하는 기술　　회기의 안과 밖에서 소녀들은 다른 사람들이 그들에게 판매한 메시지와 이미지들을 확인하는 연습을 한다. 이것은 음악 비디오, 광고 및 잡지와 주의 깊게 소비함으로써 이루어질 수 있다. 집단 구성원들은 젊은 여성과 소녀들을 향한 메시지는 물론 이러한 메시지들의 출처와 그 뒤에 숨어 있는 가능한 동기들을 깨닫는 것을 배운다. 미디어를 비판적으로 생각하는 연습은 창조적 무희망, 탈융합 및 마음챙김 중재(다음에서 기술함)와 결합하여 시행될 수 있다. 이런 방식으로, 소녀들은 동시에 사회적 이상형을 추구하는 대가를 확인하고, 성역할 고정관념, 아름다움 및 체중을 둘러싼 규칙들로부터 탈융합하며, 고통스러운 정서반응을 불러일으키는 미디어 이미지들에 노출될 때 비판단적인 자각을 실천할 수도 있다.

건강 증진　가치들에 일치하는 건강행동을 촉진시키기 위해 집단 구성원들은 서로 협동하여 다음과 같은 생각들을 생성하기 위해 노력한다 : (1) 건강한 음식 선택하기 (예 : 패스트푸드를 먹기보다는 균형을 잘 이룬 점심을 싸가기), (2) 영양학적인 필요에 맞추기(예 : 소다를 우유로 대체하기, 과일과 채소 섭취를 증가시키기), (3) 적당한 수준만 먹기(예 : 식사를 한 번 제공받는 양으로 제한하기), 그리고 (4) 적절한 신체 활동을 일상생활에 통합시키기(예 : 등교 시 걷거나 자전거를 타기, 집단 구성원들이나 다른 지지적인 또래들과 함께 "사회적 걷기"를 조직하기). 그 다음 건강 증진을 위한 기회가 회기 밖의 LIFE 연습이나 회기 내 활동으로 제공된다. 예를 들어 먹기 연습에 대한 마음챙김은 적절한 소비의 수행을 촉진하기 위해 회기 내에서 사용될 수도 있고, 집단 걷기는 신체적 활동과 가치들에 일치하는 건강행동을 설명해 주는 회기 내에서 조직될 수 있다.

창조적 무희망 : 헛된 투쟁을 내려놓기

창조적 무희망의 목적은 집단 구성원들에게 심리적인 통증과 경험적인 접촉을 하게 하고, 이러한 통증을 다루거나 통제하려는 노력의 실효성 혹은 비실효성을 경험하게 하는 것이다(Hayes et al., 1999). 집단 지도자들은 의도적으로 자기 자신을 인간의 고통 보트에 태우고, 수용, 취약성 및 이러한 공유된 인간의 경험들을 "소유하는 것"의 본보기를 보이기 위해 그들 자신의 고통스러운 경험들 중 일부를 자기 개방할 수도 있다. 예를 들어 집단 지도자는 슬픔과 고독감은 물론 "난 충분히 훌륭하지 못해"

와 같은 자신의 생각들과 갈등하고 있음을 함께 나눌 수도 있다. 보호 방패와 마스크 이미지를 활용하여 집단 지도자들은 그들 자신을 심리적으로 안전하게 지키기 위해 (혹은 보다 정확하게 안전이란 착각을 창출하기 위해) 그들이 "숨는" 방법들을 함께 나눌 수도 있다. 창조적 무희망 과정을 시작하는 한 가지 방법은 다음과 같다.

> 이곳에 있는 우리 모두는 마음을 다치는 것과 고통스러운 것이 어떠한지 알고 있습니다. 그리고 아직도 종종 우리의 고통을 숨기기 위해 얼마나 열심히 노력하고 있는지 알고 있습니다. 우리는 다른 사람들로부터 우리를 지키기 위해 우리의 "보호 방패"를 들고 있습니다. 우리는 우리의 "마스크" 뒤에 숨어 있기 때문에 다른 사람들은 우리의 진짜 모습을 볼 수 없습니다. 우리가 여러분 각자와 우리 자신들로부터 요구하고 있는 것은 실로 엄청나며, 아마도 끔찍할 수도 있습니다. "안전하게 남아 있기" 위해 싸우는 대신 우리는 이곳에 있는 모든 사람들에게 우리가 창조하려고 그렇게 애써 왔던 방패를 내려놓고 마스크를 벗어버리도록 요청합니다. 이것은 우리의 작업을 함께 하는 데 있어서 중요한 첫 단계이며, 많은 용기를 필요로 합니다. 그리고 고통스러운 경험을 스스로 공개하고 각자의 고통을 함께 나누는 것을 의미합니다. 우리는 아무런 이유 없이 여러분의 고통과 다른 사람들의 고통을 공개할 것을 요구하는 것이 아님을 확실히 하고자 합니다. 확실한 목적이 있습니다. 그것은 다름 아니라 우리가 여기에서 하게 될 힘든 작업은 100% 여러분, 여러분의 인생 및 여러분이 진실로 관심을 갖는 것, 즉 여러분의 가치들을 위한 것입니다. 우리가 오늘 함께 작업을 할 때, 우리 모두 열려 있고 안전한 환경을 창출할 책임이 있음을 기억하십시오. 이러한 일이 일어나려면 이곳에 있는 모든 사람의 비밀을 존중해 주는 것이 중요합니다. 이것은 이곳에서 말한 것은 무엇이건 간에 여기에 남겨 두어야 함을 의미합니다.

늪 은유(Hayes et al., 1999)를 사용할 때와 마찬가지로 창조적 무희망을 개인적 가치들과 인생 목적들에 연관시키는 것이 중요하다. 이 은유의 요점은 바로 우리가 아무런 이유 없이 냄새나는 늪 속으로 들어가 힘들게 걸어가기를 선택하지는 않는다는 것이다. 우리는 진실로 그렇게 할 일이 있는 경우, 즉 늪이 우리들 사이에 놓여 있고 그곳이 우리가 인생에서 가장 가고 싶어 하는(즉, 우리가 가치를 둔 방향) 곳인 경우에야 늪 속에 들어간다. 치료의 고통스러운 작업을 청소년들의 개인적 가치와 반복적으로 연관시키는 것은 프로그램에 기꺼이 참여하려는 그들의 자발성을 향상시켜 줄 수 있다.

고통스러운 내용을 확인한 후 청소년들은 그들의 고통과 불편을 경감시키고 다루거나 통제하려는 시도로 노력해 온 모든 것을 (평가하지 않은 채) 목록화하라는 요구를 받는다(예 : 자신을 고립시키기, 다이어트하기, 게걸스럽게 먹기, 운동하기, 쇼핑하기, 공부하기, 농담하기 혹은 술 마시기). 일단 "통제전략들" 목록을 만든 다음 청소년들은 고통스러운 생각과 느낌들을 통제하기 위해 노력해 온 장·단기 실효성을 확인한다. 우리가 함께 작업하는 소녀들 대부분은 이러한 전략들의 단기적인 이점, 즉 고통스러운 생각과 느낌들로부터 일시적인 위안을 확인할 수 있다. 또한 "멋져 보이는" 것을 갈구하는 것의 이점은 보잘 것 없고 단기적인 경향이 있으며, 어느 한순간 자기 자신에 대해 더 낫게 느끼는 것, 특정한 체중 감량 목표에 도달하는 것, 혹은 원하던 옷을 꼭 맞게 입을 수 있는 것을 포함할 수 있다. 이러한 일시적인 성공과는 대조적으로 경험적 회피와 통제의 대가는 크고 오래 지속되는 경향이 있다. 대부분의 소녀들은 그들의 통제 노력들이 얼마나 선의적이건 혹은 겉보기에 좋아 보이건 간에 근본적으로 실효성이 없고 자신의 인생을 희생할 수도 있다(글자 그대로 부분적으로는)고 결론 내린다.

창조적 무희망 원   창조적 무희망을 시행할 때, 우리는 칠판에 혹은 미래의 회기에 사용될 수 있는 큰 종이에(보다 선호함) 집합적인 갈등을 적으라고 제안한다. 그림 9.1에서 보여주듯이 임상가들은 큰 원을 그리고, 원 안에 적혀 있는 모든 것은 내적 경험 혹은 "피부 아래 세계(world beneath our skin)"를 반영함을 설명하는 것으로 시작할 수 있다. 재정적 곤란, 가족갈등 및 학업 문제와 같은 외적 갈등들은 "피부 밖(outside the skin)"의 외적 세계를 나타내는 원의 바깥에 적는다. 외적 갈등들이 제공되는 경우, 임상가들은 "네가 부모와 싸울 때 너는 어떤 생각과 느낌을 경험하니?"와 같은 질문을 함으로써 그 갈등들을 피부 아래의 세계에 연결할 수 있다. 치료과정을 통해서 우리는 창조적 무희망에서 수행한 작업으로 되돌아올 것을 권고한다. 새

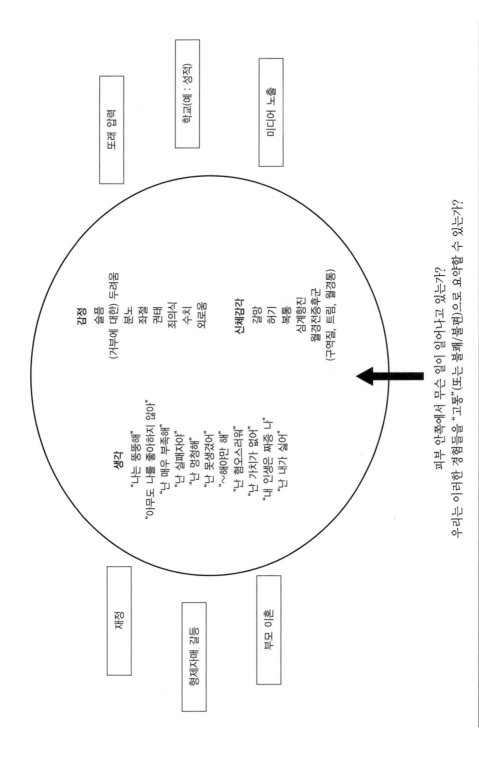

피부 안쪽에서 무슨 일이 일어나고 있는가?
우리는 이러한 경험들을 "고통"(또는 불쾌/불편)으로 요약할 수 있는가?

그림 9.1 창조적 무희망 보충자료 : 당신/우리는 엄마나 피부의 안쪽 및 바깥쪽 세계와 고군분투하는가?

로운 경험들을 공유하게 되면 임상가들은 그것들을 고통스러운 내용, 통제전략들과 이러한 전략들의 경험된 실효성의 목록에 첨가할 수 있다.

창조적 무희망 동안 시각적인 도움을 주는 원을 사용하는 것은 몇 가지 이점이 있다. 청소년의 갈등을 그림으로 그리는 것은 임상가와 청소년 모두 "문제"(예 : 과도한 융합과 경험적 회피)를 개념화하는 데 도움을 준다. 또한 창조적 무희망 원은 내수용기 자각을 증진시키고 변별 훈련을 용이하게 하기 위해 사용될 수 있다. 임상가들은 원 안에 목록화된 다양한 유형의 사적 사건들에 뚜렷하게 명칭을 붙일 수도 있다 (예 : "나는 뚱뚱해"는 생각이다, 슬픔은 느낌이다, 갈망은 위 부위에서 경험될 수 있는 신체적-육체적인 감각이다). 또한 창조적 무희망 원은 피부의 "안" 대 "밖"에서 일어나는 경험들 간의 구체적인 구분을 하는 데 사용될 수 있다.

당신은 반응-가능하다   프로그램 초기에 청소년들은 원 안에 위치한 사건들을 통제할 책임을 면하게 된다. 따라서 청소년들은 시작부터 피부 아래에서 일어나는 경험들을 더 이상 다루고 통제하고 조정할 책임이 없음을 배운다. 그렇지만 그들은 외부 세계에서는 100% 반응-가능하다(글자 그대로 "반응할 수 있다"). 원 안에서 목록화된 것들과 같은 사적 경험들이 자연스럽게 발생하는 것은, 우리가 그것을 좋아하건 싫어하건 간에 우리의 인생에서 일어나는 일임을 집단 지도자들은 강조한다. 따라서 내부에서 일어나는 전쟁(궁극적으로 이 전쟁은 자기 자신에 대항하여 일어남)에 에너지와 삶의 자원들을 빼앗기는 대신, 청소년들은 자신의 외현행동, 즉 자신의 손, 발과 입으로 행하기를 선택한 것에 대하여 직접적인 통제를 하는 것에 대해 개인적으로 책임지는 것을 배운다. 프로그램을 통해 소녀들은 인생의 의미 있는 분야들에서 "가치를 둔 발자국"을 창출할 기회를 가지게 될 것이다. 그렇게 하면서 소녀들은 진정으로 변화할 여지가 있는 인생 영역에서 외부 세계에 대한 노력의 방향을 바꾸어야만 한다.

LIFE 연습   회기 내에서 수행한 창조적 무희망에 대한 보충자료로 집단 지도자들은 소녀들에게 통제전략들을 언제, 어떻게 사용할지 그리고 이러한 전략들의 장 · 단기 결과들을 자기 탐지하도록 요구할 수 있다. 보호 방패들과 가면 연습도 회기 밖

LIFE 연습의 하나로 활용될 수 있다. 사회적 수용을 획득하고, 고통과 불편감으로부터 자신을 보호하고, 타인들로부터 도피하기 위해 사용할 어떤 형태의 보호 방패와 가면들을 지니도록 집단 구성원들에게 요구한다. 방패와 가면은 예술작품들을 사용하여 구성할 수도 있고, 혹은 집단 구성원들이 자신의 갈등을 상징하는 물건을 집에서 가져올 수도 있다. 우리는 때때로 "자발성 의식"을 행하는데, 그동안 우리의 작업을 통해 모두 함께 현재에 열린 마음으로 머무르기 위해 공적인 전념을 하면서 각 개인이 상징적으로 자신의 방패를 내려놓거나 가면을 벗는다. 또한 전념은 우리가 자신의 방패를 다시 들고 가면을 다시 쓰는 힘든 시기를 겪게 될 때 서로를 지지해 줄 수 있다.

인지적 탈융합 : 언어를 강등시키는 기술

인지적 탈융합 연습은 특정 맥락에서 언어의 문자적이고 평가적인 기능을 약화시킴으로써 과도한 융합을 파헤치기 위해 사용된다(Hayes et al., 1999). 생각을 하고 있는 사람과 생각의 내용 사이의 비판적인 구분을 예시하기 위해, 집단 지도자들은 즉시 "나는 내가 뚱뚱하다는 생각을 지니고 있다"("나는 뚱뚱하다" 대신에) 혹은 "내 마음은 내가 이것을 할 수 없다고 말하고 있어"("나는 이것을 할 수 없어" 대신에)와 같이 탈융합된 언어 사용의 본보기를 보여주거나 이를 격려하는 것으로 시작한다. 임상가들은 그것이 제공하는 고통스럽고 불쾌한 생각들에 대해 "너의 마음에 감사하기" 수행을 소개할 수도 있다. "나는 혐오스럽고 사랑스럽지 않아"라는 생각을 변화시키려고 도전하거나 노력하는 대신, 청소년은 단순히 그런 특정한 생각을 공유하는 것에 대하여 자신의 마음에 감사할 수도 있다. 집단 지도자들은 고통스러운 생각의 보편성을 인지하고 있고, 이것은 단순히 우리의 재잘거리는 마음들이 행하는 것 — 종종 우리의 입력이나 승인 없이도 끊임없이 내용을 생성함 — 임을 알고 있다.

좋은 소식은 우리의 "마음재료(mindstuff)"가 그것이 얼마나 고통스럽든지 간에 기껏해야 우발적이라는 것이다. 정말로 중요한 것은 우리가 이러한 사적 경험들에 반응하는 것을 어떻게 선택하느냐이다. 예를 들어 우리는 내적인 내용을 매우 심각하게 받아들이고 복종해야만 한다는 문자적인 진실로 취급할 수도 있다. 대안적으로 우리는 일시적인 손님으로 생각과 느낌들을 취급함으로써 덜 강제적인 것으로 그것들을 경험하는 것을 배울 수 있다. 불가피하게 이 손님들 중 일부는 원치 않은 손님들이거나 심지어 싫어하는 손님들일 것이다. 그렇지만 우리는 계속해서 그들을 환영할 수도 있다. 그렇게 함으로써 우리는 우리의 가장 고통스러운 생각과 느낌들조차 문자적으로 우리를 해칠 수 없고, 오히려 해로움에 대한 잠재성이 우리의 외현적인 반응으로부터 나와서 이러한 경험들을 통제하려고 시도함을 깨닫게 된다.

당신의 마음에 이름을 붙여라　집단 지도자와 청소년들은 즐거움을 초대하고 프로그램을 통해서 탈융합을 증진시키는 방식으로 자신의 마음에 이름을 붙인다. 우리의 유해한 마음들에 자신만의 이름을 붙이는 것은 고통스러운 내용에 관해 이야기하고 이와 관련시키는 재미있는 방법을 제공해 준다. 청소년들은 이 연습을 재미있어 하는 경향이 있다. 그리고 청소년들은 그들의 마음재료의 근원이 꽤 잘 알려진 개별적이고 외적인 실체로 취급되는 경우, 마음재료와 더불어 살아가는 자발성이 증가함을 보여줄 수도 있다. 집단장면에서는 자신의 마음에 이름 붙이는 과정과 결과 그 자체가 탈융합하는 것이고 즐거운 일일 수 있다. 우리가 가장 선호하는 마음 이름들 중 일부는 Captain Smash, Lizard Breath, the Joker 및 우리 자신을 나타내는 Ocerg, Nalp, Eneek, Princess가 있다. 내용이 얼마나 무서운가에 상관없이 우리가 누가 그 생각들을 제공하는지 알아차리게 되면 그 생각들은 갑자기 덜 강력해지고 덜 심각해지는 것 같다(예 : "Captain Smash가 다시 나타나서 내가 이 문제로 괴로워해서는 안 된다고 말해 주는군", "Ocerg는 내가 조깅을 하는 내내 나를 들볶아댔지. 난 길 옆에 그녀를 내버려두고 싶었지만 그녀는 나와 함께 있어야만 한다는 것을 알고 있어"). '마음과 함께 산책하기(Taking Your Mind for a Walk)' (Hayes et al., 1999; 제8장 참조)와 같은 다른 탈융합 연습은 Captain Smash, Ocerg와 함께 수행될 수도 있다. 이 연습을 하면서 청소년은 그들의 외적이고 재잘대는 마음이 무엇을 말하든지 간에 해야 할 것과 가야 할 곳을 선택하는 기술을 연습한다.

우유, 우유, 우유　청소년 집단에서 인기 있는 또 다른 탈융합 중재는 Titchener (1916)의 우유 연습인데, 이것은 우리가 한 단어에 붙어 있는 심리적 의미들이 그 단어의 다른, 보다 직접적인 속성들이 어떻게 약화될 수 있는지를 증명하기 위해 사용된다. 이 연습에서 집단 구성원들은 "우유"라는 단어를 재빨리 계속해서 반복하는데, 우유의 문자적 의미(예 : "하얗고 차갑고 크림 상태의 마실 것")가 재빨리 분해되고, "우유"의 직접적인 자극 기능이 더욱더 분명해질 때까지 그렇게 한다. 예를 들어 청소년은 우유를 재빠르게 반복할 때 이상한 새와 같은 소리를 만들어 내는 일련의 철자들로 "우유"를 경험하기 시작할 수 있다. 또한 그들은 이러한 우스운 소음들을 만들어 낼 때 어떻게 입술이 함께 닿는지를 알아차릴 수 있다. 이 연습은 중대한 정서적 고통을 불러일으키는 개인적으로 관련된 단어들이나 구절들(예 : "난 뚱뚱해", "실패자", "못생겼어")을 반복하는 것이다. 집단과 함께 작업할 때 우리는 종종 각 개인의 고통스러운 내용을 함께 반복하는데, 그것의 문자적인 의미가 특정한 생각과 갈등하고 있는 개인에게 있어서 사라질 때까지 한다. 단 한 번의 탈융합 회기의 말미에 집단 구성원들은 보다 융통성 있고 덜 문자적인 방식으로 그들의 고통스러운 생각들을 경험하기 시작할 수 있다. 생각들이 계속해서 고통을 불러일으킴에도 불구하고, 이제는 그 생각들을 재빨리 계속해서 반복할 때 침이 튀거나 킥킥거리게 만드는 그저 단순한 단어나 소리로 그것들을 경험하는 것이 가능하다. 이 연습은 청소년이 근본적으로 상이한 방식으로, 즉 호기심, 즐거움과 집착하지 않는 마음을 가지고서 원치 않는 생각 및 느낌과 상호작용하는 것을 배우는 미래의 탈융합 중재를 위한 무대를 제공해 준다.

뮤지컬 극장　　우리가 선호하는 집단 연습 중 하나로 청소년과 집단 지도자들은 개별적으로 그리고 협력하여 "고통의 뮤지컬"(과정의 명칭은 집단이 표현하는 주요 주제 및 내용에 맞게 고칠 수 있음)을 창조한다. 이 연습은 개인 각자가 악기를 선택하는 것과 함께 시작한다. 우리는 종종 수제 북, 마라카스(역자주 : 흔들어 소리 내는 리듬 악기로 보통 양손에 하나씩 가짐), 딸랑이, 탬버린과 심벌즈를 가져온다. 또 다른 선택은 참가자들이 예술품, 자연 재료 및 방에 있는 물건들을 사용하여 자기 자신의 악기를 만들어 내는 것이다. 악기 하나를 선택한 후 각자는 "나는 뚱뚱하고 가치가 없어"와 같이 갈등하고 있는, 특히 고통스러운 생각 하나를 확인한다. 그런 다음 집단 구성원들에게 이러한 생각을 표현할 율동과 음악을 생각해 내도록 요구한다. 그 다음 각자는 선택한 율동과 자세 및 음악 반주에 맞추어 자신의 고통스러운 생각을 노래한다. 집단의 크기에 따라 소녀들은 자신의 뮤지컬 안무를 짜기 위해 보다 작은 집단으로 나눌 수도 있다. 집단 전체가 다시 모일 때 각각의 소집단은 보다 큰 집단을 위해 자신들의 경험들을 서로 나누는 일에 그리고 (기꺼이 하고자 한다면) 자신들의 "상투적인 행위들"의 공연에 초대받는다.

Hayes와 동료들(1999)은 이 연습을 변형하여 기술하였는데, 그것은 집단 구성원들이 바보스러운 목소리로 고통스러운 생각들을 노래하거나 말하는 것이다. 예를 들어 청소년은 주정뱅이, 할머니, 도널드 덕, 오페라 가수 혹은 전화 교환수와 같이 "나는 내 자신을 증오해"라고 말하는 것을 차례로 해볼 수도 있다. 만일 짝을 지어서 혹은 보다 더 적은 집단으로 하는 경우, 우리는 선호하는 목소리 애니메이션 몇 가지와 더불어 개인적인 경험들을 공유하기 위해 다시 모여보게 한다. 이러한 연습들 고유의 바보스러움은 참가자들이 덜 문자적으로 얽매이지 않은 방식으로 자신의 생각과 느낌의 내용을 경험할 수 있게 해준다. 우리는 이와 같은 중재들을 치료 장면, 교수 세미나 및 전문가 워크숍에서 나이가 든 청소년과 성인들에게 사용해 오고 있다. 우리의 경험으로 볼 때 아동과 성인은 "고통의 뮤지컬"을 창조하는 걸 즐기는 듯하고, 즐겁고 비관습적이며 어떤 점에서는 해방의 방법으로 자신의 심리적 고통과 상호작용할 기회를 환영하는 것으로 보인다.

LIFE 연습   회기 외 연습에서 집단 구성원들은 젊은 여성과 소녀들을 목적으로 한 대중매체 속 메시지들을 확인한다. 이 메시지들은 음악 비디오, 텔레비전 프로그램, 상업 광고, 잡지 광고 등에 포함되어 있다. 연습과제 1에서 나타나듯이 소녀들은 이러한 메시지들의 출처는 물론 자신이나 그 나이의 다른 소녀들이 이 메시지로부터 도출된 규칙들(예 : "성공한 여성들은 아름답고 날씬해", "멋진 몸매를 가지려면 더 열심히 노력할 필요가 있어", "살을 빼야 다른 사람들이 나를 좋아할 거야")을 확인한다. 그런 다음 청소년들은 탈융합을 하기 전과 후 모두 이런 메시지들의 신뢰 가능성을 평정한다. 집단 지도자는 소녀들에게 연극적인 팔 동작을 하는 콘서트에서 이

지시 :

첫 번째(왼쪽) 칸에는 당신이 이번 주에 우연히 발견한 미디어 출처들을 기록하시오. 두 번째 칸에는 당신이 다양한 종류의 미디어를 통해 알게 된 메시지들이나 규칙들을 기록하시오. 세 번째 칸에는 이러한 메시지들을 들은 후 갖게 된 생각들과 느낌들을 기록하시오. 네 번째 칸에는 처음 당신에게 떠오른 생각과 느낌들이 얼마나 믿을 만한지 혹은 진실인지를 평정하시오. 다섯 번째 칸에는 그것들이 덜 심각하고 덜 강력해지도록 "단어들을 가지고 놀이"했던 것을 기록하시오. 마지막 칸에는 당신이 "단어들을 가지고 놀이"를 한 후 떠오른 생각과 느낌들이 얼마나 믿을 만한지 혹은 진실인지를 평정하시오.

미디어 출처	이러한 출처로부터 알게 된 메시지/규칙	이 메시지들을 듣고 난 후의 내 생각과 느낌들	신뢰 가능성 평정 1~100	덜 강력해지도록 단어들을 가지고 놀았던 방법들	신뢰 가능성 평정 1~100
Teen magazine	화장을 하면 더 예뻐진다. 남자들은 가슴이 큰 마른 여자를 좋아한다. 당신은 외모가 멋지지 않다면 행복할 수 없다.	내가 남자친구가 없는 건 놀라운 일이 아니야; 나는 못생겼어; 슬픔; 수치심; 외로움	85	생각들을 노래하기, 바보스러운 목소리로 "나는 못생겼어"라고 말하기, 정말 빠르게 몇 번이고 "실패자"라고 말하기	40

러한 메시지와 규칙들을 노래하거나, 과장하여 느리게 혹은 거울을 보면서 얼굴을 온통 찡그리면서 이러한 메시지와 규칙들을 말하면서 즐겁게 이것들의 내용과 상호작용할 것을 권장한다. 다음 회기에서 청소년들은 자신들의 탈융합 전략과 탈융합 전과 후의 내적 경험들을 서로 공유하게 된다.

마음챙김과 노출

마음챙김은 수용에 기반을 둔 방법과 과정으로서, 가장 단순한 형태로는 수용하고 자비심을 지니고 얽매이지 않은 방식으로 내적 경험과 외적 자극에 주의를 집중하는 것을 포함한다(예 : Baer, 2003). 건강 프로그램용 ACT에 있어서 마음챙김 방법들은 내수용기의 자각을 고양시키고, 사적 사건들의 수용을 증진시키며, 실효성 없는 행동 양상들(예 : 무료함을 느낄 때 즉석식품을 마음 놓고 소비하는 것, 정서적 불편감을 완화시키기 위해 폭식하는 것)을 파괴하기 위해 사용된다. 마음챙김은 오직 그 자체만 사용되기도 하고, 비판적인(그리고 종종 가장 고통스러운) 순간을 수용할 기회를 제공해 줄 노출 절차들과 함께 사용되기도 한다.

표적과 은유   처음 몇 회기 동안 마음챙김 중재들은 호흡, 소리, 냄새 및 촉감과 같이 비교적 부드러운 표적들(예 : 방 안의 온도, 공기 혹은 자신의 옷이 피부에 닿는 느낌, 등이 의자의 천과 어떻게 접촉하는지 등)에 초점을 둘 수 있다. 점차적으로 집단 지도자들은 보다 더 도전적인 경험들, 즉 생각의 내용과 지속적인 생각의 과정 및 이러한 경험들을 알아차리는 것을 의식하고 자각하는 "관찰자 당신"을 알아차리는 것(Hayes et al., 1999)으로 옮겨간다. 마음챙김과 노출에 관한 다른 표적들에 포함되는 것들로는 굶주림, 배부름, 갈망 및 게걸스럽게 먹고자 하는 욕구와 같이 먹는 것과 관련된 정서적 경험과 신체적 감각이 있다.

집단 지도자들은 종종 마음챙김 훈련을 용이하게 하기 위해 은유를 사용한다. 예를 들어 청소년은 면전에서 떠내려가는 거품들의 지속적인 흐름으로 생각과 정서를 경험하라는 지시를 받을 수 있다. 사적인 사건들이 발생하면, 그 사건들은 거품으로 대치되어 부드러운 호기심과 자비심을 가지고 관찰된다. 목표는 어떤 거품도 터뜨리지 않은 채 사적인 내용을 그저 알아차리는 것이다. 바라는 내용을 움켜쥐거나 붙잡으려고 시도하는 것은 마치 원치 않는 내용을 밀쳐 내거나 불어 내버리는 것과 같이 터뜨리는 결과를 낳을 것이다. 또 다른 제안은 자신의 주관적인 연구 문제를 관찰하기 위해 현미경을 통해 자세히 바라보는 호기심 많은 과학자의 은유를 사용하여 관찰자 시각을 소개하는 것이다. 비록 표본이 과학자에게는 중요함에도 과학자는 적당한 거리를 둔 채 철저하게 그것의 속성들을 관찰하고 기술할 수 있다. 과학자가 현미경을 통해 호기심을 갖고서 아메바를 관찰하는 것과 마찬가지로 청소년들은 관찰자 시각을 통해 자신의 경험을 알아차리라는 요청을 받을 수 있다. 자신의 주관적인 연구 문제에 관한 전문가가 되려는 과학자와 마찬가지로 청소년들은 규칙적인 마음챙김 수행을 통해 자기 자신의 경험 전문가가 되기 위해 노력한다(Greco, Blackledge, Coyne, & Ehrenreich, 2005).

마음챙김 소비　　앞에서 언급한 대로 신체상과 몸무게에 대한 관심을 지닌 젊은 여성과 소녀들은 종종 내수용기의 자각과 갈등하게 되고, 그 결과 굶주림 및 배부름과 같은 내적 단서들에 대한 무감각을 나타낸다. 게다가 우리 프로그램에 참여한 소녀들 대부분은 정서적 경험을 조절하기 위해 섭식 및 체중조절 노력을 한다. 먹기에 대한 마음챙김은 이러한 임상적인 쟁점들의 설명에 필수적이므로, 회기의 안과 밖 모두에서 규칙적으로 실천된다. 다른 ACT 방법들에서와 마찬가지로, 마음챙김 먹기를 가르치는 방식들은 상당히 다양하다. 생각들, 느낌들 및 배고픔, 배부름, 갈망, 욕구와 같은 섭식관련 경험들 간에 분명한 구분을 하려면 차별 훈련으로 시작하는 것이 유용할 수 있다. 관련된 식욕 단서들을 불러일으키기 위해 회기 동안 점심이나 간식을 먹을 수도 있다. 지속적인 마음챙김 수행을 통해 청소년들은 먹기 전, 먹는 동안 및 먹은 후에 상당한 내적 및 외적 자극들을 알아차리는 것을 배운다. 시작과 더불어 씹는 것과 삼키는 것의 신체적 감각은 물론 음식물의 재질, 냄새, 색깔, 모양, 온도 및 맛으로 주의를 돌릴 수 있다. 폭식에 대한 생각, 느낌, 배고픔 및 욕구와 같은 내적 경험들에 차례로 이름을 붙이고, 비판단적인 자각을 하면서 이것들을 관찰한다. 충동적으로 반응하는 대신 청소년들은 앉아서 호흡하면서 경험의 파도를 타는 것을 배운다.

거울 연습　　마음챙김의 또 다른 적용은 신체관련 노출 연습을 하는 동안의 내적 경험을 관찰하는 것이다. 거울 노출 연습은 전신 거울 혹은 학교 화장실에서 볼 수 있는 것과 같은 크기의 비교적 큰 거울을 사용하여 개별적으로 혹은 작은 집단으로 해볼 수 있다. 이 연습은 집단 구성원들에게 가장 높은 수준의 고통을 불러일으키는 신체 부위들(예 : 배, 엉덩이, 다리, 가슴)을 강조하면서, 오랫동안 자신의 외모 거의 모든 측면들을 관찰해 보게 하는 것을 포함한다. 우리 프로그램에 참여하는 소녀들에게 있어서, 이것은 종종 죄의식, 수치심, 자기 혐오감 및 지각된 부적절함과 같이 굉장히 어려운 유형의 심리적 고통과 (글자 그대로) 얼굴을 맞대게 하는 것을 의미한다. 이러한 이유로, 우리는 수용을 증진하고 청소년들의 고통경험에 위엄을 실어주기 위해 탈융합, 마음챙김, 자기자비 및 가치방법들을 통합할 것을 권고한다. 이것은 청소년들에게 보디수트(역자주 : 몸에 꽉 달라붙는 셔츠와 팬티가 붙은 여성용 속옷)나 체조복과 같이 "입기 두려운" 옷들을 입게 함으로써 노출 연습이 극에 달할 수도 있는 후반 회기에 특히 중요하다.

LIFE 연습　　집단으로 행해지는 모든 마음챙김 연습들은 집에서 하는 수행에 적용될 수 있다. 예를 들어 "마음챙김 소비" 개념은 가족과 또래에 의해 제공된 사회문화적 메시지와 규칙들, 그리고 대중매체 속 광고들을 포함하는 것으로 확대될 수 있다. 청소년들은 외부의 출처에서 비롯된 메시지들의 홍수에 놓여 있을 때 호기심 많은 과학자의 자세를 가정할 수 있다. 다른 마음챙김 중재들과 마찬가지로, 청소년들은 그 어떤 것을 따라 필수적으로 행동하는 일 없이 사적인 경험들은 물론 이러한 메시지들의 내용에 주의를 기울인다. 또 다른 예로서, 청소년들이 전신 거울 앞에서 완전히 벌거벗은 채 수용, 마음챙김 및 자기자비를 수행하는 식으로 집에서 하는 거울 연습은 배가될 수 있다. 청소년들은 거울 앞에 서서 신체 각 부분을 차례로 살펴보는 것으로 시작하여, 점차적으로 거울 앞에서 위아래로 뛰고 춤을 추는 것과 같은 보다 "위험하고" 즐거운 유형의 행동들로 옮겨갈 수 있다. 마지막으로 우리는 청소년들에게 프로그램 밖에서 집단 마음챙김 회기들을 조직하고, 그것에 주의를 기울이도록 격려한다. 이것은 다른 집단 구성원들과도 함께 할 수 있다. 비록 우리가 청소년들에게 그들의 인생에서 보다 더 영원한 지원을 해줄 수도 있는 가족과 친구들에게 마음챙김 기술들을 가르치도록 격려해 주고 있긴 하지만 말이다.

가치 확인과 명료화

청소년기 핵심 발달 과제의 일부를 고려할 때, 10대는 임상가들에게 있어서 가치에 기반을 둔 삶에 도움이 되는 수용을 촉진할 기회의 이상적인 창을 나타낸다(Greco & Eifert, 2004). 이러한 이유로 가치 작업은 첫 회기에 소개되며, 치료(그리고 인생) 과정 내내 지속된다. 프로그램을 소개할 때 집단 지도자들은, 우리의 중심 목표들 중 하나는 청소년이 선택한 가치들과 일치하는 인생을 살아가도록 그들을 지원하는 것임을 전달해 준다. 건강용 ACT는 신체상을 향상시키거나, 정서적 고통을 감소시키거나, 혹은 체중 감소를 추구하는 것이 아님을 명확히 하는 일이 중요하다. 대신에 이 프로그램은 청소년들에게 자신의 신체적 건강을 포함하여 자신의 인생에 개인적 책임을 지도록 가르친다. 본질적으로 집단 지도자들은 소녀들에게 그 순간 어떻게 느끼는지에 상관없이 자신의 개인적인 가치와 일치하여, 그리고 외부에서 행해지는 외적 압력에 반응하지 않은 채 살아가도록 힘을 실어주고자 한다. 우리와 함께 하는 청소년들은 프로그램에 참여하려는 자발성을 거의 한결같이 표현하는데, 비록 자신의 목표가 처음의 기대나 바람과 다를 때조차 그러하다.

가치두기의 본질　자신의 가치 혹은 "가치두기"를 확인하는 것, 그리고 이것과 일치하는 삶을 사는 것은 개인적인 책임감, 전념 및 선택을 필요로 하는 전 생애에 걸친 과정이다. '서쪽으로 가기(Going West)' 은유는 가치두기의 본질을 예시하기 위해 사용될 수 있다(Hayes et al., 1999). 중요한 의미로서 가치두기는 서쪽(혹은 당신이 선택한 방향)으로 가는 것을 선택하는 것과 같은 것이다. 우리는 며칠, 몇 달 혹은 몇 년 동안 서쪽을 여행할 수도 있다. 우리가 특정한 목적지나 목표에는 도달했을지라도 아직은 결코 진정으로 서쪽에 도달하지는 못한다. 우리가 선택한 방향의 길을 따라 더 멀리 이동하면서 한 걸음 더 걷는 것은 언제나 가능하다. 중요한 의미로서 가치는 우리가 개인적으로 선택한 방향을 나타낸다. 가치는 우리의 행동을 조직하는 것을 도와주기는 하지만 궁극적으로 도달하지는 못할 이정표로 기능한다. 가치의 또 다른 중요한 측면은, 우리는 결코 우리의 가치들에서 실패할 수 없다는 점이다. 만일 우리가 동쪽을 향해 나감으로써 실패했을 때조차, 우리는 항상 뒤로 물러나 서쪽을 향해 방향을 재설정한 후 또다시 걸어가는 것을 선택할 수 있다.

우리의 표지 이야기들을 내려놓기　　청소년기와 성인기에 많은 사람들은 다른 사람들과 심지어는 자기 자신에게 "진실"하려는 우리의 능력을 방해하는 사회적 압력과 강렬한 자기 의심을 경험한다. 프로그램을 통해서 집단 지도자와 청소년들은 사회적 수용을 넘어 자기 자신에 대한 진정성과 충실성을 선택하는 데 있어서 서로를 지지해 준다. 이것은 집단을 대상으로 고안된 의식과 같은 다양한 방법들로 행해질 수 있는데, 그러한 의식에서 모든 사람들은 상징적으로 자신의 가면을 벗고, 자신의 방패를 내려놓고, 자기 자신과 서로를 대상으로 무장을 해제한다. 의식과 기타 상징적 "커밍 아웃" 연습들은 인간으로서 지니는 고통, 취약성, 가치 및 꿈을 축하해주고 경의를 표하기 위해 사용될 수 있다. 다음은 우리가 함께 작업하는 우리 자신과 청소년들에게 계속해서 물어보는 유용한 질문들이다.

- 만일 우리가 타인이 칭찬해 주는 매력적인 이상형과 생활양식을 추구하는 것을 포기하고, 대신에 우리가 남에게 어떻게 보이는지 혹은 남들이 우리를 어떻게 판단할 것인지에 거의 관심을 갖지 않는 건강하고, 참되고 의미 있는 삶을 창조할 것을 선택한다면 어떻게 될까?
- 우리를 변화시키기 위해 그렇게 강한 요구를 하는 세계에서 우리는 얼마나 우리 자신에게 충실하면서 살아가는가?
- "중요한" 것과 "옳은" 것이 인간으로서의 우리의 중요성을 위험에 빠뜨리는 것을 의미할 때조차 우리는 그것을 기꺼이 내려놓을 것인가? 진정으로 갈망한 인생을 살기 위해 우리는 우리의 중요성을 기꺼이 내려놓고 위험에 빠질 것인가? 만일 대답이 아니오라면, 그동안에 우리가 얻는 것은 무엇이고 잃는 것은 또 무엇인가? 만일 대답이 예라면, 그동안에 우리가 얻는 것은 무엇이고 잃는 것은

또 무엇인가?

지속적인 연습을 하면서 집단 구성원들은 자신의 "표지 이야기(cover story)"(이 것은 아래에서 더 상세히 설명됨)를 내려놓도록 지지받는다. 그 결과 그들은 보다 충분히 자유롭게 상처를 주고 그리고 사랑할 수 있다. 청소년 각자는 자신의 개인적인 가치와 이러한 가치들을 불가피하게 동반하는 고통을 기술한 "인생 책"을 창조한다. 그림, 이미지 및 글로 쓴 이야기가 가치 있는 방향으로 움직여 가는 것을 방해하는 내적 방해물과 외적 방해물은 물론 자신의 고통과 가치를 묘사하는 데 사용될 수 있다. 내용이나 내부 사건들은 프로그램을 통해 회기 내에서 혹은 회기 밖 LIFE 연습들에서 점차적으로 구성될 수 있다. 또한 청소년들은 치료의 시작과 끝 부분에서 매우 상이한 두 종류의 책 표지를 창조할 기회를 갖게 된다. 첫 번째 표지는 청소년의 공적인 얼굴, 즉 타인이 볼 수 있도록 허용된 "표지 이야기"를 나타낸다. 두 번째 표지는 각자의 가장 심오한 가치와 고통의 본질에 대한 보다 개방적이고 진정한 시각을 반영한다. 치료의 말미에 청소년은 자신들의 책을 서로 공유하고, 보다 쉽고 보다 사회적으로 수용 가능하면서 동시에 아직은 진정성이 부족하고 삶을 약화시키는 표지 이야기들을 내려놓는 데 전념하는 것을 선택할 수 있다.

동전의 양면　우리는 거의 항상 우리의 고통 뒤에 있는 가치를 발견할 수 있다. 간단히 말해서, 만일 우리가 걱정을 하지 않는다면 그렇게 많은 고통을 받지 않을 것이다. 가치와 고통 간의 친밀한 연관성을 나타내기 위해, 청소년들은 현재의 인생 갈등을 상징하는 개인화된 "동전"(Follette & Pistorello, 2007)을 해석하라는 요구를 받는다. (이것은 손바닥만 한 크기의 원으로 자른 마분지나 미술 공작용 색판지를 사용하여 만들 수 있다.) 동전의 한 면에 집단 구성원들은 자신의 가장 고통스러운 내적 경험들, 즉 거부에 대한 두려움, 외로움 및 어울리지 못할 것이라는 생각들을 기술한다. 그런 다음 이 경험에 기저하는 핵심적인 개인적 가치들을 동전의 다른 면에 적는다. 예를 들어 청소년은 친근함, 친밀성, 상호 수용 및 존중에 대한 욕구의 특징을 갖는 강한 관계 가치들을 지니고 있을 수도 있다. 집단 지도자들은 동전이란 양면을 지니고 있으며, 다른 한 면 없이 동전이 이루어지는 것은 불가능함을 지적해 준다. 가치를 유지하는 일이 의미 있는 일이라면 고통을 위해 기꺼이 여지를 남겨둘 것인지를 청소년들에게 물어본다. 회기 밖의 LIFE 연습은 가치와 고통 둘 다를 불러일으키는 의미 있는 활동들에 참여하는 동안 양면의 동전을 지니고 있는 것을 포함할 수도 있다.

이와 관련된 연습에서, 집단 지도자들은 색인 카드의 한 면에 "그들을 따라다니며 괴롭히는" 어떤 것을 써보도록 요구한다. 이것은 오래도록 그들을 괴롭혀 온 고통스러운 생각, 그들이 행해 온 말할 수 없거나 수치스러운 어떤 것, 혹은 과거에 있었던 외상적 사건일 수 있다. 안내된 마음챙김 연습을 통해서 청소년들은 자신의 방패를 낮춰 들고, 가면을 벗고, 이러한 고통스러운 내용에 방어하지 않은 채 서 있도록 요구받는다(관련 음악이나 시가 이 연습의 정서적인 돌출을 강화하기 위해 사용될 수 있다). 일정 시간 동안(아마 10~15분 정도) 이러한 고통과 마주 앉은 후, 청소년들은 색인 카드의 다른 면에 이러한 지속되는 고통에 기저하는 가치(들)를 적는다. 집단 지도자들은 "당신이 진정으로 원하는 삶을 살기 위하여 당신은 무엇을 내려놓고, 여지를 두고, 공개할 필요가 있는가?"라고 물을 수 있다. 그 다음 수용방법 및 개인적 가치와 연관된 목표설정은 내려놓기, 여지 두기 및 공개하기의 과정을 촉진하는 데 사용될 수 있다.

LIFE 연습　　건강용 ACT의 주요 목표는 삶의 활력 및 가치와 일치하는 삶을 위해 수용을 증진시키는 것이다. 그 자체로 이 프로그램에 속해 있는 거의 모든 LIFE 연습들은 청소년이 개인적으로 선택한 가치들의 맥락에서 제시된다. 이러한 핵심 가치들 중 일부를 명확히 하기 위해 사용될 수 있는 두 가지 LIFE 연습들로는 '찬양 연습(Eulogy Exercise)'과 '가치 나침반 연습(Value Compass Exercise)'(Hayes et al., 1999; Heffner & Eifert, 2004)이 있다. 찬양 연습에서, 청소년은 자신의 인생을 대표한다고 여기는 것과 자신이 기억되기를 바라는 방법을 반영하는 자기 자신에 대한 찬양을 써보게 된다. 본질적으로 찬양은 청소년들이 선택한 유산이며, 자신의 가장 소중한 가치, 열정, 인생 목표 및 꿈을 나타낸다. 이러한 연습에 근거하여 청소년들은 인생 방향을 제공하는 가치 진술문들을 비롯하여 이러한 가치들을 실행할 수

인생에서 가치 있는 발자국 만들기

이번 주 내가 할 가치 있는 영역 :

_____

이 영역에 속하는 나의 가치

_____

_____

_____

나의 가치를 향해 나아가도록 내가 설정할 수 있는 목표	나의 가치와 목표들을 향해 나아가기 위해 이번 주에 내가 할 수 있는 것
1.	1.
2.	2.
3.	3.

그림 9.2에 나타난 가치 나침반 연습에서, 소녀들은 자신이 선택한 인생 방향을 확인하고 명료화한다. 이것은 시각적으로 가치 나침반을 그리고, 여행을 통해 일어날 수도 있는 내적 장애물과 외적 장애물들을 쓰는 것으로 해볼 수 있다. 마음챙김 및 탈융합과 같은 수용방법들은 내적 장애물에 응용될 수 있고, 가치에 기반을 둔 변화방법들은 외적 장애물을 설명하는 데 사용될 수 있다.

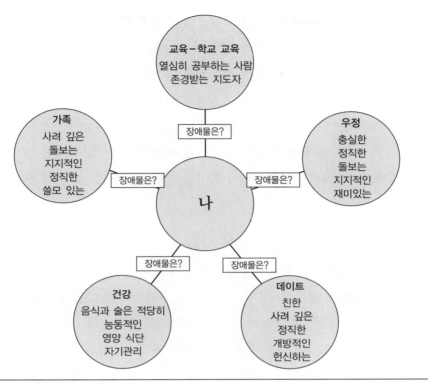

그림 9.2 가치 나침반 견본

있는 보다 특정한 목표와 구체적인 행동 단계들을 발달시킬 수 있다. 그 다음 집단 지도자들은 가치 있는 발자국 연습을 소개할 수 있다. 이 연습은 소녀들에게 한 주에 걸쳐 "가치 있는 발자국들"(혹은 가치들에 일치하는 행동)에 참여하도록 격려한다.

자기자비와 용서

신체상과 체중에 관심이 있는 소녀들은 흔히 수치심, 죄의식, 자기 혐오 및 자기 비난과 싸운다. 따라서 우리는 프로그램을 통해서 자기 자신을 향한 자비와 용서가 일어나도록 계획적인 노력을 한다. 앞에서 기술한 것과 같은 수용에 기반을 둔 방법들은 Kristin Neff(2003)가 다음과 같이 기술한 자기자비의 세 가지 측면을 증진시키기 위해 사용될 수도 있다 : (1) 특히 통증과 고통의 순간에 자기 자신을 향한 친절과 이해를 보이기, (2) 모든 인간 존재의 상호 연관성은 찬양되고 포용된다는 보편적 인간성을 창조하기, 그리고 (3) 마음챙김 수행을 통해 균형 잡힌 자각으로 고통스런 생각과 느낌을 취하기. 마찬가지로 수용방법들은 Hayes와 동료들(1999)이 개념화한 용서를 촉진하기 위해 사용될 수 있다. 어원적으로 "미리-주는 것"은 "이전에 왔던 것을 허용하거나 주는 것"을 의미한다. 본질적으로 자비와 용서는 우리 자신(그리고 타인들)의 고리를 풀어서 우리가 자유롭게 되는 것을 선택하는 것을 포함하는 자발성 행위이다. 자기자비와 용서 행위를 선택함으로써 우리는 우리의 고통을 일시적인 것으로 허용해 준다. 따라서 자기자비와 용서의 선물은 궁극적으로 우리 자신을 위한 것이다.

자비의 원 확장하기　　프로그램을 통해 우리의 가장 고통스러운 경험은 물론 사랑과 기쁨을 둘러싸고 있는 "자비의 원을 확장하기" 위하여 자비와 용서 중재들을 사용한다. Pema Chödrön(1997)의 작업을 개작한 눈 감기 연습을 하면서, 집단 지도자들은 청소년들에게 의자에 편안하게 앉거나 바닥에 눕도록 한다. 현재에 머무르면서 어떤 주의산만에 사로잡혀 있는 것에서 해방되도록 청소년들을 도와주기 위해 호흡에 대한 마음챙김을 사용한다. 일단 집단 구성원들은 심리적으로 현재에 머물면서 자신이 마음속 깊이 관심을 갖고 있고, 아마도 무조건적으로 사랑하고 있는 어떤 사람에 대한 상을 마음에 가져오라는 지시를 받는다. 이 사람에 대한 상이 분명해지면, 청소년들에게 이 사랑하는 사람의 행동으로 말미암아 실망했거나 상처를 받았던 때를 기억해 보라고 한다. 그들은 사랑하는 사람이 자신을 배신했거나 실망시켰거나 혹은 자신에게 크게 실수했을 때를 기억할 수도 있다. 집단 구성원들은 자신의 정서 경험과 함께 앉아서 또다시 호흡에 초점을 둔다. 숨을 들이쉴 때마다 청소년들은 상처와 사랑하는 사람을 자신의 가슴에 불어넣는다. 그들은 숨을 내쉴 때마다 자신의 가슴을 확장시키는데, 점차적으로 사랑과 상처 둘 다를 위한 공간을 만들어 간다. 이 연습은 천천히 이루어지며, 다른 사람들, 즉 친구, 지인, 적 그리고 최종적으로 자기 자신을 대상으로 반복된다. 치료 시작 시 많은 소녀들은 자기 자신에게 마음을 여는 것에 가장 큰 어려움을 겪는다고 기술한다. 그런 식으로 이 연습은 종종 반복되며, 다른 자기자비와 용서 연습들과 혼합되어 이루어진다.

자기를 대상으로 한 연습에 시선두기   Hayes와 동료들(1999)의 작업을 개작한 연습을 하면서, 청소년들에게 손거울 속에서 시선 접촉을 하면서 자기 자신과 마주 앉도록 요구한다. 이 연습을 하는 대부분의 시간 동안(일반적으로 5~8분 지속함), 청소년들은 자기 자신을 완전히 개방하여 현재에 머물려는 의도로 침묵 속에 정좌한다. 이러한 연습을 하는 처음 1분 혹은 그 이상 동안 집단 지도자들은 자기 수용과 관련된 시를 읽어 주거나 청소년들에게 다음과 같이 눈에 보이지 않는 사람을 알아차리도록 요구함으로써 자기 연관성의 과정을 촉진시킬 수 있다.

> 아마도 난생 처음으로, 눈에 보이지 않는 어마어마한 인간이 존재한다는 사실에 주목할 수 있는지 보세요. 그곳에는 기쁨과 슬픔이 어떤 느낌인지를 알고 있는 인간, 깊이 사랑하고 고통스러워하는 것이 어떤 것인지를 알고 있는 인간이 존재합니다. 어떤 점에서 그 사람은 인생의 모든 불행을 벗어나기 위해 자살을 생각해 본 적이 있을 수도 있습니다. 그리고 아직 그 사람은 … 눈에 보이지 않는 곳에서 당신을 뒤돌아보고 있습니다. 이 사람이 비탄과 슬픔, 행복과 기쁨 같은 모든 것들을 통해 당신을 지켜봐 오고 있다는 엄청난 사실과 당신이 연관될 수 있는지 보세요. 그 사람은 아직 여기에서 바로 지금 당신과 함께 앉아 있습니다. 당신이 할 수 있는 한 최대로 눈에 보이지 않는 곳에 있는 그 인간, 바로 이 사람과 연관된 채로 머물러 있도록 하세요. 만일 이 사람을 숨기거나 회피하고자 하는 당신 자신을 발견한다면, 부드럽고 사랑스럽게 방패를 내려놓고, 가면을 벗고, 거울 속에 있는 사람과 함께 지금 당장 여기로 당신 자신을 데려오세요.

충성스러운 군인   집단 지도자들과 청소년들이 프로그램을 통해 앞으로 나아감에 따라 낡은 통제전략으로 되돌아가고 있는 자신들(어떤 점에서 그리고 어떤 형태로)을 발견할 것이다. 우리는 낡아빠진 방패를 들고 낡은 가면을 쓰고 있는 우리 자신을 실시간으로 본다. 이제 차이점은 바로 우리가 은신처들을 완전히 알아차렸고, 그곳 삶의 무익함과 고통을 경험해 왔다는 것이다. 우리의 평가하는 마음은 "지금쯤은 더 잘 알고 있어야만 해"라고 재빠르게 지적하려고 한다. 과실과 실수가 불가피한 이런저런 순간에는 자기자비와 용서가 필수적이다.

'충성스러운 군인(Royal Soldiers)' 은유(Plotkin, 2003)는 청소년들이 싸울 준비를 하고서 손에 방패를 들고 있는 자기 자신을 (한 번 더) 발견하게 될 때 자기자비와 용서를 불러일으키기 위해 사용될 수 있다. 집단 지도자들은 바다 한가운데서 배가 좌초되고 비행기가 사고를 당한 후 고립된 섬에 갇혔던 세계 2차 대전의 일본군인들 이야기를 들려준다. 이 군인들 중 많은 이들은 오랫동안 발견되지 못하였다. 일부는 전쟁이 끝난 지 몇 달 혹은 몇 년이 될 때까지도 발견되지 못하였다. 마침내 군인들이 발견되었을 때 그들은 이 전쟁에서 싸울 준비를 위해 무기를 들었고, 여전히 조국을 위해 완전히 죽을 준비가 되어 있었다. 이미 전쟁은 끝났고 일본이 패망했음을 들은 후에도, 일부 군인들은 전쟁을 계속하는 상태로 남아 있었다. 일본인들은 이 군인들의 귀향을 환영하고 깊은 감사를 표현하였다. 군인들의 충성스러운 헌신에 공개적으로 존경을 나타냈고, 그 다음 지역사회 내에서 또 다른 존경스러운 지위를 부여하였다.

우리 모두는 정말로 적절하고, 우리 인생의 어떤 지점에서 우리를 안전하게 해주는 충성스런 군인들, 즉 자기를 보호하는 행동방식들을 갖고 있다. 집단 지도자들은 그런 안전행동들(예 : 스스로를 고립시키기, 완전히 무시하기, 똑똑하게 행동하기, 아무도 모르게 모습을 감추기, 돌보지 않는 체하기, 타인들에게 의존하기)을 확인함으로써 청소년들을 도와준다. 어떤 경우에는 이러한 익숙한 행동들을 청소년이 안전을 유지하기 위해 일정 기간 동안 싸워온 충성스러운 군인들로 배역을 바꿔주는 것이 유용할 수도 있다. 이러한 행동들이 더 이상 가치 있는 목적들로 기능하지 못하는 경우, 청소년은 친절하게 자비심을 갖고서 전쟁이 끝났음을 그들의 군인에게 말해준다. 그 다음 그들의 안전을 위해 오랫동안 열심히 복무해 온 군인들에게 깊은 감사를 표현한다. 상징적으로 혹은 의식을 거행하면서 집단 구성원들은 군인들에게 경의를 표할 수도 있고, 그들에게 보다 기능적인 지위를 다시 부여해 줄 수도 있다. 재임명 과정에서는 군인의 노력이 해롭지 않고, 사실 계속해서 유용하며, 가치 있는 목적들에 유용하다는 맥락을 확인하는 것이 중요하다. 다음 예는 이러한 과정에 대한 간단한 예이다.

15세의 Julia는 중요한 관계 가치로 용서를 확인하였고, 그녀가 관계에서 위협받고 상처 입거나 거부당할 때마다 사람들을 밀어냈던 10년 동안의 내력을 기술하였다. Julia는 이 유형을 자신의 가치와 상반되는 것으로 인식하였고, 그녀가 또다른 사람을 자신의 인생에서 밀어낼 때마다 죄책감과 자기 혐오감을 경험하였다. 치료자는 치료를 하면서 가능한 충성스러운 군인들을 확인하려고 Julia와 함께 작업하였다. 그들은 한때 매우 보호하는 기능을 했던 "밀어내는 군인"을 함께 발견하였다. 이 군인은, 그녀가 아버지에 의해 반복적으로 괴롭힘을 당했던 아동기에 Julia를 지켜주었다. 이 맥락 안에서 밀어내기는 꽤 적응적이었다. 즉 밀어내기는 더 이상의 해로움으로부터 그녀의 안전을 지켜주었다.

9년이 지난 지금, Julia는 아버지와 최소한의 접촉을 하고 있지만 여전히 사람들(특히 그녀와 가장 가까운 사람들)을 밀어내고 있다. 치료자의 안내에 따라 Julia는 여러 해 동안, 소위 말하는 전쟁이 끝난 후에도 충성스러운 군인이 그녀의 안전을 위해 싸워 왔음을 깨달았다. Julia가 취약하고 보호가 필요한 시기에 그녀의 안전을 지켜주었던 그 군인에게 가슴에서 우러난 감사를 표현했을 때 자기자비 수행이 도입되었다. 재임명 과정에서 Julia는 그녀의 충성스러운 군인이 유용한 목적들을 위해 계속해서 사용된 특수한 상황들(예 : Julia가 아버지와 상호작용할 때, 그녀가 낯선 사람에 의해 시사되는 표시들을 무시할 때, 그녀가 일군의 지인들로부터의 괴롭힘 그리고/혹은 또래의 압력에 반응할 때)을 확인하였다.

LIFE 연습　충성스러운 군인 은유가 회기에서 소개되며, 지속적인 LIFE 연습을 계속한다. 군인들을 확인하고 존경을 표하고 재임명하는 전 과정은, 집단 구성원들에게 이미지를 그림으로 그리게 하거나 그들의 군인을 나타내는 사물들을 가져오게 함으로써 상징적으로 이루어질 수 있다. 또한 청소년들은 매우 필요한 시기에 안전을 지켜준 충성스러운 군인들에게 가슴에게 우러나온 감사함을 담은 편지를 써보는 것을 선택할 수도 있다. 청소년들은 편지에서 전쟁은 끝났고, 이제는 안전하며, 싸움을 멈출 때임을 자비심을 갖고서 설명할 수 있다. 어떤 집단 구성원들은 자신의 방과 외부에 군인들을 위한 특별한 물리적인 공간을 창조함으로써 그들에게 경의를 표하고 재임명하는 것을 선택한다. 예를 들어 한 여자 청소년은 자신의 가장 완고한 군인들을 위해 그녀 방에 "신성한 구석"을 만들었다. 이 구석에 그녀는 회기 내에 자신이 쓴 감사 편지들과 함께 그녀의 충성스러운 군인들을 나타내는 이미지와 사물들을 전시하였다. 임상가와 청소년의 입장에서 보면 사소한 창의성으로도 우리의 충성스러운 군인들과 함께 작업할 수 있는 방법들은 많다.

결론

이 장을 통해 우리는 ACT 조망에서 섭식 및 체중관련 문제들을 개념화하였고, 신체상과 체중 관심사를 지닌 여자 청소년들을 위한 학교에 기반을 둔 프로그램을 기술하였다. 건강 프로그램용 ACT에서 볼 때, ACT의 핵심적인 임상적 방법들은 다음과 같이 사용된다 : (1) 성역할 고정관념, 외모 및 체중을 둘러싼 사회문화적 기대와 규칙들에 대한 집착을 약화시키기, (2) 사적 경험들의 수용과 마음챙김을 고양시키기, (3) 소비에 대한 습관적이고 잠재적으로 해로운 유형들을 깨뜨리기, (4) 가까운 장래에 변할 것 같지 않은 문화 속에서 자기 자신에게 충실한 삶을 살아가도록 소녀들에게 힘을 실어주기, 그리고 (5) 자기 자신에 대한 자기자비와 용서를 증진시키기. 이 장이 여자 청소년들과 함께 작업하는 데 어떤 안내를 제공하고, 이 분야에서 부가적인 임상적 혁신을 자극하는 것이야말로 우리가 희망하는 바다.

우리의 또 다른 희망은, 이 작업이 섭식병리학과 체중 문제의 발달, 유지 및 치료에 있어서 경험적인 세밀한 조사와 잘 설계된 연구를 제공해 주는 것이다. 예를 들어 신체상과 체중으로 갈등하고 있는 아동과 청소년들에게 있어서 ACT 과정의 본질과 역할을 연구하는 것은 중요한 일일 것이다. 인지적 융합과 경험적 회피가 여자 청소년들 사이의 신체상 관심사와 건강하지 못한 섭식 유형들 간의 연결을 중재한다는 증거는 이미 존재하고 있다(Greco & Blomquist, 2006). 게다가 건강용 ACT의 예비 연구가 현재 수행되고 있다. 만일 결과들이 유망하다면, 필수적인 다음 단계는 ACT 관계물의 영향력을 실제 통제 집단 및 "최고의 수행" 접근법들과 비교하는 대단위 임상 시행을 수행하는 일이 될 것이다. 마지막으로, 정신건강 전문가들은 더욱더 많은 청소년들이 혜택을 입을 수 있도록 효과적인 행동건강 프로그램들을 정규 학교 프로그램과 커리큘럼으로 실시하는 장기적인 목적과 함께 정책 입안자 및 행정가들과 파트너를 이루는 일이 필수적이다. 비만 및 이와 관련된 건강 상태와 연합된 높은 금전적인 지출 및 사망률과 결부되어, 서구 사회에서 놀라울 정도로 비만이 유행하는 점에 비추어 볼 때, 이것이야 말로 중요한 미래 방향으로 여겨진다.

참고문헌

Baer, R. A. (2003). Mindfulness training as a clinical intervention: A conceptual and empirical review. *Clinical Psychology: Science and Practice, 10*, 125–143.

Bearman, S. K., Presnell, K., Martinez, E., & Stice, E. (2006). The skinny on body dissatisfaction: A longitudinal study of adolescent boys and girls. *Journal of Youth and Adolescence, 35*, 229–241.

Chödrön, P. (1997). *When things fall apart: Heart advice for difficult times.* Boston: Shambhala Publications.

Eifert, G. H., & Forsyth, J. P. (2005). *Acceptance and commitment therapy for anxiety disorders: A practitioner's treatment guide using mindful acceptance and values-based behavior change strategies.* Oakland, CA: New Harbinger.

Eifert, G. H., Greco, L. A., & Heffner, M. (in press). Accept, choose, and take action to move beyond the struggle with eating disorders. In J. Kanter (Ed.), *Behavior disorders from a contemporary behavioral perspective.* Reno, NV: Context Press.

Follette, V. M., & Pistorello, J. (2007). *Finding life beyond trauma: Using acceptance and commitment therapy to heal from post-traumatic stress and trauma-related problems.* Oakland, CA: New Harbinger.

Greco, L. A., Blackledge, J. T., Coyne, L. W., & Ehrenreich, J. (2005). Integrating acceptance and mindfulness into treatments for child and adolescent anxiety disorders: Acceptance and commitment therapy (ACT) as an example. In S. M. Orsillo & L. Roemer (Eds.), *Acceptance and mindfulness-based approaches to anxiety: Conceptualization and treatment* (pp. 301–324). New York: Springer.

Greco, L. A., & Blomquist, K. K. (2006, November). Body image, eating behavior, and quality of life among adolescent girls: Role of anxiety and acceptance processes in a school sample. In K. S. Berlin & A. R. Murrell (Cochairs), *Extending acceptance and mindfulness research to parents, families, and adolescents: Process, empirical findings, clinical implications, and future directions.* Paper presented at the Association for Behavior and Cognitive Therapies, Chicago, IL.

Greco, L. A., & Eifert, G. H. (2004). Treating parent-adolescent conflict: Is acceptance the missing link for an integrative family therapy? *Cognitive and Behavioral Practice,* *11,* 305–314.

Greeno, C. G., & Wing, R. R. (1994). Stress-induced eating. *Psychological Bulletin, 115,* 444–464.

Hayes, S. C., & Gifford, E. V. (1997). The trouble with language: Experiential avoidance, rules, and the nature of private events. *Psychological Science, 8,* 170–175.

Hayes, S. C., Luoma, J. B., Bond, F. W., Masuda, A., & Lillis, J. (2006). Acceptance and commitment therapy: Model processes and outcomes. *Behaviour Research and Therapy, 44,* 1–25.

Hayes, S. C., Strosahl, K. D., & Wilson, K. G. (1999). *Acceptance and commitment therapy: An experiential approach to behavior change.* New York: Guilford.

Heffner, M., & Eifert, G. H. (2004). *The anorexia workbook: How to accept yourself, heal suffering, and reclaim your life.* Oakland, CA: New Harbinger.

Leon, G. R., Fulkerson, J. A., Perry, C. L., & Early-Zald, M. B. (1995). Prospective analysis of personality and behavioral vulnerabilities and gender influences in the later development of disordered eating. *Journal of Abnormal Psychology, 104,* 140–149.

Levine, M. P., & Harrison, K. (2001). Media's role in the perpetuation and prevention of negative body image and disordered eating. In J. K. Thompson (Ed.), *Handbook of eating disorders and obesity* (pp. 695–717). Hoboken, NJ: John Wiley.

Neff, K. D. (2003). Self-compassion: An alternative conceptualization of a healthy attitude toward oneself. *Self and Identity, 2,* 85–102.

Neumark-Sztainer, D. (2005). *"I'm, like, so fat!" Helping your teen make healthy choices about eating and exercise in a weight-obsessed world.* New York: Guilford.

O'Dea, J. A., & Abraham, S. (1999). Onset of disordered eating attitudes and behaviors in early adolescence: Interplay of pubertal status, gender, weight, and age. *Adolescence, 34,* 671–679.

Plotkin, B. (2003). *Soulcraft: Crossing into the mysteries of nature and the psyche.* Novato, CA: New World Library.

Sands, E. R., & Wardle, J. (2003). Internalization of ideal body shapes in 9-12-year-old-girls. *International Journal of Eating Disorders, 33,* 193–204.

Sim, L., & Zeman, J. (2004). Emotion awareness and identification skills in adolescent girls with bulimia nervosa. *Journal of Clinical Child and Adolescent Psychology, 33,* 760–771.

Sim, L., & Zeman, J. (2006). The contribution of emotion regulation to body dissatisfaction and disordered eating in early adolescent girls. *Journal of Youth and Adolescence, 33,* 219–228.

Stice, E. (2001). A prospective test of the dual pathway model of bulimic pathology: Mediating effects of dieting and negative affect. *Journal of Abnormal Psychology, 110,*

124–135.

Stice, E., Presnell, K., Shaw, H., & Rohde, P. (2005). Psychological and behavioral risk factors for obesity onset in adolescent girls: A prospective study. *Journal of Consulting and Clinical Psychology, 73,* 195–202.

Stice, E., Shaw, H., & Nemeroff, C. (1998). Dual pathway model of bulimia nervosa: Longitudinal support for dietary restraint and affect-regulation mechanisms. *Journal of Social and Clinical Psychology, 17,* 129–149.

Thompson, S. H., Rafiroiu, A. C., & Sargent, R. G. (2003). Examining gender, racial, and age differences in weight concern among third, fifth, eighth, and eleventh graders. *Eating Behaviors, 3,* 307–323.

Titchener, E. B. (1916). *A textbook of psychology.* New York: MacMillan.

Urla, J., & Swedbund, A. C. (2000). The anthropology of Barbie: Unsettling ideals of the feminine body in popular culture. In L. Schiebinger (Eds.), *Feminism and the body* (pp. 391–428). New York: Oxford University Press.

Wardle, J., Waller, J., & Rapoport, L. (2001). Body dissatisfaction and binge eating in obese women: The role of restraint and depression. *Obesity Research, 9,* 778–787.

제3부

수용과 마음챙김을 더 큰 사회적 맥락에 통합시키기

제10장

마음챙김 양육 : 귀납적인 탐색 과정

Robert Wahler, Ph.D, Katherine Rowinski, BS;

Keith Williams, BS, University of Tennessee, Knoxville

효과적인 양육이란 그 부모의 자녀에 대한 객관적인 관찰 연구로 시작하는 것이 당연한 것처럼 보인다. 아동의 행동과 말은 지켜보고 경청하는 부모에게 사건들을 표본 추출하여 해석한 다음 어떻게 반응할지 결정하도록 요구하는 자극들의 흐름과 같다. 따라서 유능한 부모는 폭넓은 돌봄 레퍼토리를 지니고서 자녀가 행동할 때 필요로 하는 돌봄을 제공해 줄 수 있어야 한다. 적절한 돌봄을 전달하는 일은 아동이 제공하는 무수한 자극들에 대해 짧은 혹은 긴 시간에 걸쳐 부모가 내리는 결단에 달려 있다.

아동 행동과 말의 중요성에 대해 부모가 내린 결정은 보통 "반응성(responsiveness)" 혹은 "민감성(sensitivity)"(Bakermans-Kranenburg, van IJzendoorn, & Juffer, 2003; Kochanska, 2002)이란 용어로 표현되며, 이것은 적절한 부모 반응으로부터 부적절한 부모 반응에 이르는 차원을 말한다. 반응을 잘하고 민감한 부모는 아동의 친사회적인 행동과 말에 사회적 강화 유관성을 지속적으로 제공하고, 아동의 반사회적 반응에는 분명한 한계를 지음으로써(예 : 경고와 타임아웃) 이러한 능력을 보여준다. 그럼에도 불구하고 수많은 이유들로 인해 "올바른 일을 하는" 부모의 능력은 아동, 상황 및 시간에 걸쳐 유지되기가 어렵다. 부모라면 대부분 이러한 문제를 즉시 이해할 것이다(Holden, 1988; Wahler & Dumas, 1989). 사실, 기능을 잘하는 아동-부모 두 사람의 관계에 대해 Holden과 Miller(1999)가 실시한 메타분석은 부모 반응성/민감성이 매우 상황 특수적이긴 하지만, 시간에 걸쳐서 다소 안정적임을 발견하였다. 다시 말해서 비록 환경에서 변화가 일어날 때(예 : 친구가 왔을 때, 식료품점에서, 가족 휴가 동안) 일시적으로 멈추기는 하였으나, 이 유능한 부모들은 일반적으로 이 능력을 계속 사용하였다. 다음으로 부모가 적절하게 반응하는 노력을 산산조각 내는, 훨씬 더 변화를 예측할 수 없는 환경에서 살아가는 것이 어떤지를 상상해 보라(Dumas et al., 2005).

반응성/민감성을 배우고 유지하는 과정은 효과적인 양육을 이해하는 것은 물론 자신의 아동과 의견이 잘 맞지 않는 부모들을 위한 임상 전략을 개발하는 데도 중요하다. 이 장은 아동 행동에 적절한 반응을 부모가 습득하고 유지하는 데 적용할 "마음챙김" 구성개념을 탐구한다. 마음챙김은 환경을 포함하여 자신의 신체감각, 느낌 및 생각으로부터 생겨난 자극들의 지금-여기 흐름을 관찰하는 데 필요한 객관성의 상태이다(*Clinical Psychology : Science and Practice*, Fall 2004, pp. 230-266에서 마음챙김에 대한 개관과 논평 부문을 참조). 알다시피, 마음챙김 양육을 가르치는 것은 광범위한 유형의 아동-부모 간 사회적 상호작용에 대한 부모의 객관적인 판단뿐만 아니라 각 사회적 상호작용에 대한 객관적인 판단을 필요로 한다. 따라서 우리의 임상 전략은 부모들을 도와 아동이 다양한 반응을 하기 전과 후 부모들 자신의 특정한 행동과 말을 연구하고, 이러한 아동-부모의 사회적 교환의 역사적인 유형을 연구하는 것이다. 앞의 전략은 행동주의 부모훈련(behavioral parent training, BPT)을 통해 수행되는 반면, 나중 전략은 "이야기 재구성 치료(narrative restructuring therapy, NRT)" — 부모로 하여금 현재와 오래된 과거의 가족 상호작용에 대한 이야기 보고들의 일관성을 증진시켜 주는 수단 — 라는 새로운 절차를 사용한다. 우리는 특정한 사회적 상호작용과 이 상호작용 유형들의 이야기 보고들에 대한 부모의 객관적인 연구를 증진시키기 위해 마음챙김 명상을 활용한다.

테네시 대학교에 있는 우리의 양육 클리닉은 행동장애 아동을 위해 도움을 구하고 있는 저임금 어머니들을 위해 서비스를 제공하고 연구하는 곳이다. 우리에게 의뢰되어 오는 사람들 대부분은 의뢰 아동들과의 만성적인 어려움과 함께 사회적 고립 및 대가족이나 남자친구와의 갈등을 포함한 다양한 원인의 일상적인 스트레스를 가지고 있는 싱글맘들이다. 이 아동들은 전형적으로 8~10세 사이의 소년들이며, 이들 대부분은 반항성 장애(oppositional defiant disorder, ODD)의 준거를 충족시키고 있다.

우리 클리닉 서비스는 행동주의 부모훈련과 이야기 재구성 치료에 마음챙겨 참여하는 것을 포함한 치료 프로토콜에 어머니들이 기꺼이 따르는 대가로 무료이다. 어머니와 아동들은 주 1회 비디오로 녹화되는 클리닉 회기에 참여하는데, 이 회기는 어머니용 30분짜리 이야기 재구성 치료(NRT) 경험과 어머니와 아동을 위한 30분짜리 행동주의 부모훈련(BPT)으로 나누어진다. 또한 어머니들은 기저선 단계, 치료(BPT와 NRT) 단계 및 추적조사 단계의 6개월 동안 반복된 간격으로 자기보고형 검사를 완성한다.

이러한 이중 치료 전략에서 사용되는 어머니의 마음챙김 참여는 우리가 만든 명상 수행을 포함하고 있는데, 그것은 Baer(2003), Bishop 등(2004) 및 Kabat-Zinn (1994)이 개관한 것과 유사하다. 우리 버전의 목적은 어머니들이 자신의 인생사를 말할 때 자신의 과거 경험에 대한 객관적인 탐구를 고양시켜 줄 뿐만 아니라 아동과 함께 하는 지금-여기 놀이방 경험에 대한 어머니들의 객관적인 주의를 이끌어 내는 것이다. 전자의 목적은 "개인이 유사하다고 생각한 것들 사이의 차이점과 상이하다고 생각한 것들 사이의 유사성을 발견하도록 이끌어 줄 수 있는 개방적이고 창의적이며 개연성 있는 마음상태"(Langer, 1993, p. 44)라는 Ellen Langer의 마음챙김 개념에 기반을 두고 있다. 어머니가 주의를 기울여 이야기하는 방식에 이 정의를 적용함으로써 우리는 그녀의 설명이 상세하고 잘 조직화되기를 바랐다. 그렇지만 Wahler, Rowinski 및 Williams(2007b)가 클리닉에 의뢰된 21명 어머니들의 기저선 이야기에 대한 최근의 분석에서 발견했듯이, 이 이야기들은 빈약하게 조직되었고 특정 사건들은 빠져 있었다. 이 어머니들은 아동들과의 사회적 상호작용에 대해 거의 객관적인 관찰을 하지 못하는 것과 마찬가지로 집에서 시간에 따라 일어나는 경험들을 개관하는 기술도 결여되어 있다. 보통 마음챙김 명상이 자신의 지금-여기 경험에 대한 개관을 증진시켜 주는 중재로 고려되고 있는 한, 우리 또한 마음챙김 명상이 자신의 이야기를 재구성하게 하는 데 중요한 이런 특수한 자서전적 기억들을 어머니들이 회상하는 것을 증진시키는 데 도움이 됨을 발견하였다. Hayes와 Shenk (2004)는 현상에 대한 그들 자신의 기능적 맥락주의 견해를 포함하여 마음챙김에 대한 절차적, 이론적인 개념들에 관한 최근의 다양성을 지적함으로써 이러한 유용성 쟁점에 무게를 두고 있다. 그들이 말한 바와 같이 "중요한 것은 일상의 언어와 인지를 둘러싼 사회/언어적 맥락에 의해 정상적으로 발달되지 않은 새로운 행동들을 학습할 수 있는 맥락을 창조하는 것이다"(p. 253). 이 진술은 Langer(1989) 견해의 핵심이자 행동주의 부모훈련과 이야기 재구성 치료의 첫 단계에 대한 우리의 견해를 담고 있다.

이어지는 작업은 대부분의 부모 마음과 밀접한 마음챙김 과정, 즉 자녀 돌봄과 가족생활에 대한 이야기를 하는 것을 통해 반응을 잘하고 민감한 양육, 부모의 자서전적 기억들, 마음챙김 명상, 반응성/민감성에 대한 고찰에 관한 연구결과들을 조각조각 이어 붙이는 것이다. 우리는 부모들이 자신과 아동이 무엇을 하고 있는지에 대하여 정말로 신선한 시각을 갖게 될 수도 있는 새로운 학습 맥락을 창출함으로써 이러한 "조각들"이 아주 잘 들어맞음을 주장할 것이다. 그런 다음 우리는 이러한 시각을 부모훈련에 응용해 보는 우리의 초기 시도를 기술하고자 한다. 마음챙김이 양육이나 부모훈련 연구의 일부라는 출판 연구가 부족하다는 점에서 보면, 이 장은 아직 미숙하다. 그렇지만 마음챙김에 대한 수많은 연구들이 있고, 다양한 절차들을 수행한 성인들은 상당히 많은 이득을 얻어 왔다(Baer, 2003; Hayes & Wilson, 2003; Kabat-Zinn, 2003; Masuda, Hayes, Sackett, & Twohig, 2004; Segal, Williams, & Teasdale, 2002; Wells, 2002). 이 모든 연구들은 내담자의 안녕감이 마음챙김으로 인해 증진되었다는 점에 있어서 일관적인 지지를 보여준다. 안녕감이 개인적 변화에 대한 성인의 허심탄회한 숙고를 포함하고 있음을 가정할 때, 마음챙김은 실제로 자녀 돌봄에 있어서 부모의 반응성/민감성을 촉진시킬 수 있을 것이다.

관점의 문제

반응을 잘하고 민감한 부모의 능력은 자녀 및 자녀와의 관계에 대한 개인적 관점을 공식화하는 능력과 상관이 있다(Aber, Belsky, Slade, & Crnic, 1999; Coyne, Low, Miller, Seifer, & Dickstein, 2007; Kochanska, 1997; Koren-Karie, Oppenheim, Dolev, Sher, & Etzion-Carasso, 2002; Slade, Belsky, Aber, & Phelps, 1999). 이러한 "관점들"은 부모의 부모-자녀관계에 대한 견해를 포함한 사회적 교류와 함께 자녀 행동을 기술해 보도록 요청받은 부모가 제공한 언어적 요약이다. 이 연구의 대상이 된 일차적 부모는 어머니들이며, 어머니들의 언어적 요약은 정서적 내용과 조직을 알아보기 위해 평정된다. Slade 등(1999)은 보다 긍정적인 정서를 지니고 더 잘 조직된 관점을 생성한 어머니들이 자신의 아기에게 더 반응을 잘하고 민감한 경향이 있음을 나타내면서, 기쁨-즐거움/일관성 차원이 관찰된 자녀양육을 가장 잘 예측한다고 밝혔다. 마찬가지로 Coyne 등(2007)과 Koren-Karie 등(2002)은 어머니 각자의 영아와 유아들에 대한 반응을 잘하고 민감한 돌봄을 지수화했을 때 일관성 있고 풍성한 요약이 그녀들의 감정이입을 반영해 줌을 발견하였다. 이러한 상관적 연관성은 Oppenheim, Goldsmith 및 Koren-Karie(2004)에 의해 행동 문제를 지닌 미취학 아동들의 입장에 맞춰 어머니들의 정확성과 상세함을 향상시키는 중재 노력에서도 발견되었다. 기저선부터 중재 후까지 향상된 정도는 아동 행동 문제의 측정치들과는 반대로 변화하였다.

　다음으로 아동 및 어머니와 아동의 관계의 질에 대해 잘 구조화되고 상세한 요약을 제공하는 어머니의 능력은 상호작용을 관찰하는 동안 동시성(synchrony)을 산출하는 능력과 분명한 관련이 있는 것으로 보인다. 이러한 어머니의 관점이 아동을 돌본 최근 경험과 초기 경험의 회상에 바탕을 두고 있음을 가정하면, 관점을 어머니들의 자서전적인 기억들을 요약한 것으로 간주하는 것이 이치에 맞는 것 같다. 아동 양육에 대한 면담 질문(Aber et al., 1999) 또는 아동 양육 삽화 비디오테이프를 어머니들에게 보여줌으로써(Koren-Karie et al., 2002) 기억을 촉진시킬 수 있지만, 요약된 내용과 그 내용의 조직화를 제공하는 것은 어머니들에게 달려 있다.

성인에 대한 임상 문헌에서 보면, 지나치게 일반적인 기억들, 특히 부정적인 정서와 관련된 기억들을 회상하는 경향성은 임상적 문제들과 상관을 보인다(Brittlebank, Scott, Williams, & Ferrier, 1993; Mackinger, Pachinger, Leibetseder, & Fartacek, 2000; Peeters, Wessel, Merckelbach, & Boon-Vermeeren, 2002; Raes et al., 2006; Williams, 1996). 이것은 민감한 양육에도 적용할 수 있을 것 같다. 만일 어머니의 자서전적인 기억들이 매우 지나치게 일반적이라면, 자신의 인생 경험에 대해 이야기 관점을 구성하는 노력은 상황의 특성들에 대한 일관성이나 관련성의 결여와 관련된다. 인생 이야기의 "장(chapter)"(예 : "내 아이와 함께 살아가기")을 형식으로 나타내는 능력은 이 이야기의 요점을 지지해 주는 시간적 형태로 특정한 사건들을 조직할 것(예 : "내 아이는 확신이 부족하다")을 요구한다.

우리 클리닉에 의뢰된 어머니들은 지나치게 일반적인 기억들을 보여주고 있는 것으로 보인다. 다음은 클리닉에 의뢰된 한 어머니의 "내 아이와의 생활"을 보여준 이야기이다.

> 말했다시피 힘들어요. 아이는 대부분 자기식대로만 해서 내가 설 자리가 없어요. 아이는 자기가 원하는 것을 원하고, 난 내가 할 수 있는 모든 곳을 찾아보게 되죠. 그 애는 귀여워요. 하지만 그 애가 원하는 곳이 어디인지 누가 알겠어요. 아이 아빠도 같은 식이에요. 그래서 정말이지 내가 할 일이 별로 없어서 지쳐요.

더 할 말이 있는지 그녀에게 묻자, 그녀는 "아니오, 그게 다예요"라고 말했다.

대조적으로 자신의 양육 문제에 관해 말해 달라는 말을 들은 한 비임상 지원자는 다음과 같이 회상하고 있다.

> 음, 난 작년 여름에 Jimmy가 망사문을 발로 차 구멍을 내서 정말로 나를 화나게 했던 그날을 기억해요. 난 화가 나서 셔츠 자락을 잡고서 엉덩이를 때려 주었어요. 아이가 울었고, 나도 울었어요.

"내 아이와의 생활"에 대해 물어보자, 그녀는 다음과 같이 말했다.

> 그건 정말 어려운 일이에요. 하지만 난 그걸 좋아하죠. 우리 애는 ADD예요. 그래
> 서 매일 아침 약을 먹이죠. 하지만 그 애의 흥분행동에는 그다지 효과가 없는 거
> 같아요. 그 애와 난 서로 눈을 똑바로 마주 쳐다보죠. 그리고 우리 모두는 그날 하
> 루가 어떻게 돌아갈지를 알죠. 어제 내가 그 애의 머리 위에 손을 대고 있는 동안
> 그 애가 말했어요. "엄마, 난 그냥 엄마와 같이 있고 싶어요!" 그 애의 눈은 별처럼
> 빛났고, 난 그 애를 꺼안았어요. 오전에는 내내 그 애의 상태가 좋았지만 그것은
> 얼마 가지 못할 것임을 알았고, 물론 그랬어요. 그게 바로 당신에게 이야기해 줄
> Jimmy의 모습이에요.

첫 번째 이야기에서는 특별하게 발생한 일이 없기 때문에, 사건들이 이 어머니의 설명과 얼마나 일치하는지 우리는 제대로 알 수 없다. 두 번째 어머니는 무슨 일이 일어났는지에 대한 세부사항을 발생한 순서대로 분명한 그림을 그리며 알려주고 있다. 어머니들의 이야기에 기반을 둔 관점들에 대해 Van IJzendoorn(1995)이 수행한 메타분석에 따르면, 자신의 경험에 관하여 보다 간단하게 세부적으로 그리고 순서대로 이야기해 주는 어머니들은 자신의 유아와 영아를 돌볼 때 더욱더 적절하게 반응하는 경향이 있다.

마음챙김 명상과 효과적인 양육

정신건강은 자기(self)와 이 사람의 사회적 환경을 이루는 타인을 포함하고 있는 개인의 전인적인 "적합성(fit)" 관점에 의해 가장 잘 정의된다고 Nirbhay Singh(2001)은 주장해 왔다. Singh에 따르면, 삶의 과제란 자신의 강점이 타인의 강점과 보조를 맞추는 "적합도(goodness of fit)"를 찾는 것이다. 보다 최근에 Singh과 동료들(2006)은 자폐아를 둔 세 명의 어머니들에게 마음챙김 명상을 훈련시킴으로써 이러한 "적합도"를 발견하도록 하기 위해 이 모형을 사용하였다. 중다 기저선 설계에서 어머니 각자는 마음챙김의 철학과 수행에 관한 12주 과정을 완성하였고, 부모훈

련은 아무도 받지 않았다. 결과는 마음챙김 수행 단계를 통하여 기저선과 비교할 때, 어머니들의 양육 만족에서 괄목할 만한 증가를 보여주었다. 게다가 아동들의 가정 내 행동에 대한 객관적 관찰 측정치들은 적어도 1년에 걸쳐 주별로 관찰한 결과 불순 종, 공격 및 자기 손상에 있어서 기저선과 비교할 때 분명한 감소를 보였다. 훨씬 더 최근에 Singh 등(출판 중)은 네 명의 어머니와 그들의 발달장애 자녀를 대상으로 이 실험적 분석을 반복·확장하였다.

어머니들에 의해 제공된 사회적 유관성은 두 연구 모두에서 측정되지 않았으므로, 마음챙김 명상이 어머니들의 반응을 잘하고 민감한 양육을 강화시켰는지 여부를 우 리가 알 방법은 없다. Singh 등(2006)은 다음과 같이 추론하였다 : "이러한 긍정적 인 변화는 행동을 특별하게 변화시키는 일련의 기술을 배우는 것보다 오히려 마음챙 김을 한 사람이 자신의 환경에 속한 사건들을 진술하는 방식을 변형한 것으로부터 나오는 것 같다. 비록 마음챙김 훈련이 이러한 변형 효과를 산출하는 정확한 방식은 앞으로 수행할 연구들을 대상으로 해서만 확실히 결정될 수 있음에도 불구하고, 수 많은 가능성들을 고려해 볼 수 있다(p. 174)".

그러한 가능성 중 하나는 Singh의 마음챙김 훈련의 "변형" 효과에 대한 견해에서 강조된다. 이 용어는 마음챙김이란 생활 사건에 대한 자신의 관점에서 일어나는 체 계적인 변화와 동등하다는 Hayes와 Shenk(2004) 및 Langer(1989)의 개념을 받아 들이고 있는 것으로 보인다. Langer는 Singh의 어머니들이 이전에 그들의 양육 경 험을 요약하는 데 사용했던 목록들을 밝힐 수 있었다고 말할 수도 있다. 그리고 Hayes와 Shenk는 어머니들이 그들의 언어화된 관점의 언어적 맥락을 분해했다고 말할 수도 있다. 만일 그러한 변형이 일어난다면, 아마도 이러한 효과는 아동을 포함 하여 어머니들의 심리사회적 경험에 대한 자신의 관점의 측정치들로 나타날 수도 있 을 것이다. 이것은 마음챙김 명상이 환자들에게 보다 구체적이고 덜 과잉 일반화된 기억들을 회상하게 해주는 성인 임상 연구의 발견(Williams, Teasdale, Segal, & Soulsby, 2000)에 의해 더 그럴듯해 보인다. 왜냐하면 아마도 그들은 마음챙김 명상 의 수용하고 비판단적인 특질에 기인하여 부정적인 사건들의 처리를 덜 회피하는 경 향이 있기 때문이다(Kabat-Zinn, 2003).

부모들이 아동과 협조적인 관계를 맺고 있을 때조차 그러한 동시성의 유지는 잘 확립된 양육 수행에 맡겨질 수 없다. 이러한 수행들이 가장 잘 이루어지려면 환경의 변화와 아동의 성장에 잘 맞추어 조정되어야만 한다(Holden & Miller, 1999). 유능한 부모들은 그들의 수행을 어떻게, 언제 그리고 어디에서 할 것인가에 융통성이 있어야만 하는데, 이는 그들이 덜 노력을 들이는 자동성 과정을 쉽게 신뢰할 수 있을 때 그들의 민감성/반응성을 다소 보유하고 있어야 함을 의미한다. 아마도 규칙적인 마음챙김 명상은 그들의 융통성을 지켜줄 것이며, 그들의 아동-돌봄 관점의 일관성을 강화시켜 주기조차 할 것이다. 후자의 강화가 일어난다면, 부모들은 Singh(2001)이 기술한 "적합도"를 확보하기 위해 그들의 수행을 수정하는 것을 포함하여 자신의 효과적인 양육을 유지하는 것이 더 쉬워질 것이다.

이것은 Jean Dumas(2005)가 "마음챙김 기반 부모훈련"을 위한 제안에서 취한 접근법이다. 명상을 수행한 부모들은 낡은 습관을 털어버리고, 재평가할 기회를 잡으며, 자신의 아이들을 효과적으로 양육하는 데 필요한 것을 배우는 게 가능할 수 있다. 지속적인 수행은 Dumas가 진술한 대로 "자동성은 우리의 사회적, 정서적 기능의 통합부분이자 우리의 상호작용에 대한 주요한 안내자이다(Bargh & Chartrand, 1999). 그렇지만 마음챙김 수행은 우리가 누구이고 어떻게 살아가는지에 대해 규칙적으로 현황을 점검하고, 습관의 틀 속에서 인생을 보내는 것을 피하는 데 필수적"(pp. 789-790)이므로 필요하다.

행동주의 부모훈련이 충분하지 않은 경우

행동주의 부모훈련에 대한 메타분석에서, Bakermans-Kranenberg 등(2003)은 행동주의 부모훈련만으로도 부모의 반응성/민감성과 안전한 부모-아동 애착을 향상시킬 수 있음을 보여준다. 더 나아가 Schwartzman과 Wahler(2006)는 부모훈련을 위한 유관성 관리에 대한 문서 자료를 재분석하였다. 그리고 그들은 이야기 관점을 지닌 어머니들이 통제 집단 어머니들보다 점진적으로 더 많은 일관성을 보이게 되었고, 부모훈련 단계 동안 자신의 아동들과 더 많이 반응하고 민감하였으며, 이야기 일관성에서의 변화는 부모의 반응성/민감성에서의 변화들과 정적으로 상관되어 있음을 발견하였다. 부모들의 마음챙김에 대한 어떤 측정치들도 얻지 않았으며, 명상은 중재 패키지의 일부가 아니었다. 그렇다면 왜 부모와 임상가들은 마음챙김 명상과 이야기 재구성으로 고민을 해야만 했는가?

그 대답은 바로 행동주의 부모훈련만으로는 항상 충분하지는 않다는 것이다. 행동주의 부모훈련은 모든 가족들에 대하여 영속적인 효과를 갖지 못하며(Cavell & Strand, 2002; Serketich & Dumas, 1996), 부모들의 반응을 제대로 하지 못하고 민감하지 못한 양육을 지지하는 병리적인 과정은 아동-부모 상호작용을 통해 생성된 사회적 유관성보다 더 광범위한 것으로 보인다(Wahler, 2007). 부모 수행(예 : 반응성/민감성)과 아동-부모관계의 질 사이에는 커다란 "전달 차이"가 존재한다(van IJzendoorn, 1995). 메타분석은 부모-아동 애착 관계 내 변량의 약 1/3만이 어머니의 반응성/민감성과 관련됨을 보여주고 있다(Fearon et al., 2006; van IJzendoorn, 1995).

아동-부모관계는 아동 기질에 의해서도 영향을 받는 것처럼 보인다(Crockenberg & Acredolo, 1983; Leerkes & Crockenberg, 2003). 유아와 아동의 기질에 대한 어머니들의 평정은 공정한 관찰자들의 평정과 기껏해야 겨우 중간 정도의 상관을 보일 뿐이다(Bates, 1980; Hubert, Wachs, Peters-Martin, & Gandour, 1982). 이것은 어머니들의 성격 특성에 기인하며(Vaughn, Taraldson, Cuchton, & Egeland, 2002) 그리고 자기 아동들의 부정성과 긍정성에 대한 어머니들의 지각은 상황 특수적이기 때문에(Hane, Fox, Polak-Toste, Ghera, & Guner, 2006) 어머니들은 이러한 아동 효과의 잠재적인 영향을 인식하지 못할 수도 있음을 시사한다.

어머니가 사회적 유관성을 제공함에 있어서 주기적으로 반응을 잘하고 민감하기는 하지만 아동 기질의 광범위한 영향력은 깨닫지 못하는 시나리오를 상상해 볼 수 있다. 예를 들어 아동의 기질이 충동성을 포함하고 있다고 가정해 보자. 이런 종류의 반응은 민감한 훈육과 아동의 목적지향적인 행동을 정적 강화하는 어머니의 적절한 유관성 관리를 통해 감소할 것이다. 만일 기질 때문에 아동이 우발적인 충동성 신호를 계속 보낸다면, 어머니는 자신의 유관성 관리 전략이 효과적이지 못하다고 잘못

생각할 수 있다. 결과적으로 그녀는 낙담하여 더 이상 새로 획득한 민감하고 반응을 잘하는 양육 수행을 유지하려고 노력하지 않을 수 있다. 행동주의 부모훈련과 함께 한 우리의 경험에서 이런 종류의 딜레마는 흔한 일이다.

이것은 클리닉에 의뢰된 부모들이 자기 아이의 기질에 대해 보다 더 객관적인 관점을 얻도록 도움을 주는 것이 중요함을 강조한다. 그 밖에도 그것은 부모가 "해서는 안 될" 아동의 행동 문제들에 직면했을 때, 부모가 그 과정을 유지하는 것이 어렵다는 것을 증명해 줄 것이다. 이 말은 12년 전 자신의 열 살 된 딸과 함께 행동주의 부모훈련에 잘 참여했던 우리 클리닉의 한 아버지가 한 말이었다. 그와 딸은 "이 이혼한 아버지와 딸 사이의 격렬하고 빈번한 논쟁"을 걱정스러워한 딸의 소아과 의사에 의해 의뢰되었다. 접수 면담 동안 둘 다 상대방을 비난했는데, 딸은 아버지가 "결코 귀 기울여주지 않는다"고 진술했고, 아버지는 "이 애는 자기 일은 자기가 다 알아서 한다고 생각한다"라고 진술하였다. 행동주의 부모훈련에서 그들의 상호작용에 대하여 집에서 찍은 비디오테이프를 둘 다 보고 들었으며, 임상가의 지도를 통해 이러한 불평들을 정확히 지적해 내는 데 목적을 두었다. 아버지는 더 나은 경청자가 되고, 딸은 아버지를 "쥐고 흔드는 일"을 그만둔다는 일반적인 계약에 둘 다 동의하였다. 임상가는 아버지에게 논쟁을 억제하기 위해 타임아웃을 사용할 책임을 부여하였다. 또한 아버지에게는 경청자로서의 임무가 부여되었는데, 그 목적은 딸이 상세히 말하도록 간단히 자극해 줄 매일의 "이야기 회기"를 정하는 것이었다. 집에서 비디오테이프를 녹화하는 것은 이러한 기술들을 가르치기 위한 매주 클리닉 회기의 주요 부분이 되었다.

아버지와 딸의 성격에 대한 기저선 검사에서, 아버지의 수동적인 성질과 딸의 주장적인 성질을 나타내는 일관적인 증거가 있었다. 따라서 우리가 알기로 아버지와 딸은 그들의 기본 기질과 일치하지 않는 사회적 전략들을 배우려는 것으로 기대되었다. 그럼에도 불구하고 아버지는 타임아웃 전략을 잘 수행하였다. 딸에 의하면, 그도 그녀의 또래 상호작용과 가정생활에 관한 그들의 대화에 진정으로 관심을 갖는 것으로 보였다. 집에서 녹화한 비디오테이프들은 논쟁의 감소, 아버지와 딸 사이의 상호적인 반응을 잘하고 민감한 교환들이 증가되었음을 보여줌으로써 이러한 자기보고들과 일치하였다.

행동주의 부모훈련을 마친 후 3개월간 집에서 찍은 비디오테이프들은 아동-부모 동시성이 조금 감소하는 정도의 주기적인 논쟁을 보여주었지만, 이러한 문제 유형은 여전히 기저선 수준 아래에 있었다. 그렇지만 두 사람의 개별적인 자기보고는 일치하지 않았는데, 아버지는 덜 만족했음을 기술한 반면 딸은 만족을 유지했다고 기술하였다. 임상가가 상세한 설명을 듣기 위해 아버지에게 전화했을 때, 그는 떨떠름하게 딸의 지속된 향상을 언급하면서도 다음과 같은 말을 하였다. "나는 여기에 많은 노력을 들이고 있어요. 그리고 그래서는 안 될 그 애의 태도가 여전히 존재하고 있어요. 이 모든 작업이 끝난 후에도 안 될 거예요." 딸의 태도에 대해 질문했을 때 아버지는 그의 걱정의 출처를 어찌 확인해야 좋을지 몰랐지만 "당신도 아시다시피 그 애는 자기 엄마와 너무나도 닮았어요"라고 논평하였다.

임상가가 심화 회기를 진행하기 위해 우리 클리닉으로 다시 돌아올 것을 권하자, 그 아버지는 현재의 양육 계획을 변화시키기 위해 전부인과 대화하는 과정에 있다고 말하면서 그렇게 하기를 거절하였다. 본질적으로 그는 딸과의 접촉을 격주로 제한함으로써 이러한 "불일치"에 대처할 수 있다는 희망으로 딸의 어머니에게 거주 보호를 제공하기로 결정하였다. 우리는 이 가족과 더 이상의 접촉을 갖지 못하였다.

명상 그리고 부모들의 관점을 재구성하기

아마도 우리는 행동주의 부모훈련에서 수행한 작업의 결실을 보다 충분히 평가하도록 이 아버지를 도와줄 수 있었을 것이다. 비록 그는 딸과의 관계에서 진전을 보기는 하였지만, 딸과 함께한 가정생활의 질로 인해 괴로움을 겪었다고 우리에게 분명히 말하였다. 그를 괴롭히고 있었던 것은 오직 다음과 같은 추측을 순순히 받아들이는 것이다 : 딸의 주기적인 주장(즉, 그녀의 기질)? 그녀의 어머니와의 유사성? 편부로서의 그의 위치? 그의 수동적인 성질(즉, 그의 기질)? 우리가 이제 문헌을 통해 이해하고 있는 것의 맥락에서 이 사례를 돌이켜 보면, 우리는 이 아버지가 그의 개인적 경험들에 새로운 시선을 갖도록 도와주었어야만 했다.

이 "새로운 시선"은 귀납적인 시선, 즉 개인의 기억, 감정, 생각, 신체감각 및 즉각적인 환경적 사건들에 대한 객관적인 점검을 허용하도록 탐색자의 판단이 중지된 탐색 과정이다. 우리의 가설에 의하면, 마음챙김 명상이란 부모들이 이러한 객관적인 점검을 할 수 있는 한 가지 방법이다. 이 장의 끝부분에서 우리가 언급했듯이 마음챙김 명상은 이 수행 이면의 철학을 이해하고 규칙적으로 수행을 한 부모에게는 일반화된 효과가 있는 것으로 보인다(예 : Singh et al., 2006; Singh et al., 출판 중). 우리가 이런 일반화 과정에 대해서 많이 알지는 못하지만, 마음챙김 명상은 자녀양육에 대한 부모들의 만족에서는 물론 아동의 행동 문제에서 개선을 유발하는 것으로 보인다. 우리는 아동에 대한 부모들의 이야기 관점에 중점을 두어 과정 고찰을 제공하였다. 명상은 "변형" 효과를 지닌다는 Singh의 고찰을 빌려 온 우리는 이러한 효과들이 부모 각자의 이야기 관점의 구성 내에서 발생한다고 가정하고 있다. 관점이 더욱 일관성 있고 특수할수록 서술자의 민감성/반응성은 향상되는 것 같다.

마음챙김 명상은 환경적 감각들과 사적인 감각들(기억, 생각 및 감정 등) 모두에 대한 부모의 판단을 일시적으로 중단시키는데, 이것이 바로 마음챙김의 효과라고 우리는 생각한다. 이러한 새로운 귀납적 시각을 가정하면, 특정한 사건들이 그것들의 범주적 의미를 벗어버릴 때 모든 감각들은 가까이에서 검토되며, 그 결과 각각을 새로운 것으로 보게 된다. 따라서 Williams 등(2000)이 설명했듯이, 명상은 우울한 경향이 있는 성인들에게 그들의 반추적 사고 속에 포함된 범주적 의미들 대신 특정한 기억들을 끌어내도록 해준다(Raes et al., 2006). 이런 특정한 기억들은 새로운 것이고 초기 의미들에 의해 방해받지 않기 때문에 부모들은 자녀들과의 삶에 대한 관점을 재구성할 기회를 갖는다. 만일 그들이 기억했던 사건들의 특수성을 유지하는 방식으로 그렇게 한다면, 그리고 이 사건들이 일관성 있는 이야기들로 조직된다면, 이러한 "새로운 시각"에는 민감하고 반응을 잘하는 양육이 동반될 것이다.

마음챙김 명상은 명상가에게 모든 경험들에 대한 판단을 중단시키므로 연역적인 사고로부터 귀납적인 사고로의 이동은 과거의 경험들은 물론 지금-여기를 포함한다. 만일 우리가 행동주의 부모훈련과 마음챙김 명상을 통하여 앞에서 언급했던 아버지를 도왔다면, 그는 전부인의 기질을 지닌 딸의 기질과 자신의 반대 기질에 대한 비교와 더불어 딸의 주장적인("으스대는") 행동과 말에 대한 판단을 중단할 수 있었을 것이다. 부모가 이러한 "초심자의 마음"을 택할 때 변화하는 것 같은 모든 경험들을 충분히 처리하는 것은 바로 이러한 자발성(willingness)이다.

물론 귀납적인 사고는 보통 사건들이 발생하는 이유에 대한 가설들을 우리가 형성할 때 종결된다. 그 다음 우리는 더욱 효율적으로 대답을 찾기 위해 우리가 안내하는 연역법의 힘을 사용한다. 그렇게 함으로써 우리는 "왜 자녀양육은 그렇게 힘든 일인가?"와 같은 우리의 의문에 대해 더 이상 생각할 필요가 없다. 일단 대답을 얻고 나면 탐색은 끝나고, 환경적 상황들이 변한다 할지라도 그것들은 더 이상 주목받지 못한다 — 우리의 습관이 자동화되었을 때와 상당히 유사한 방식으로(Dumas, 2005).

만일 마음챙김 명상이 부모들을 귀납적 사고로 되돌리게 해줄 수 있다면, 부모는 자녀와의 삶에 대한 그들의 이야기 관점에 관해 새로운 의문을 가져야만 할 것이다. 자신의 관점에 대해 놀라워하는 이러한 호기심과 자발성은 아마도 규칙적인 명상에 의해 유지될 수 있을 것이다. "내 아이와 함께하는 삶"에 대한 부모의 관점을 유능한 청자의 안내를 통해 직접적으로 재구성하는 일도 가능하다(Schwartzman & Wahler, 2006). 명상이 성인들에게 특정한 자서전적 기억들을 끌어내게 해 줄 수 있음(Williams et al., 2000)을 우리가 알게 된 후 이야기 재구성 치료의 첫 번째 중요한 단계가 탄생하였고, 이 과정은 이러한 기억들을 일관성 있는 이야기로 조직하는 목적을 지닌 청자 길잡이를 통해 유지될 수 있었다.

본질적으로 우리는 자녀양육 수수께끼를 기술하고 있다. 마음챙김 명상은 마음챙김을 하는 부모에게 자신의 특정한 경험들을 이러한 "신선한 시각"으로 볼 수 있게 해줌으로써 범주적 기억, 애매모호한 생각 및 미분화된 감정을 풀어주는 것으로 여겨진다. 그렇지만 이야기 재구성 치료는 부모들에게 직관 혹은 보다 의도적인 재구성 노력(이야기 재구성)을 통해 새로운 관점을 형성하게 해준다. 새로운 관점은 다음과 같은 점에서 축복이자 저주이다 : 그것은 새롭게 형성되기 때문에 최근의 상황들과 관련이 있고 부모의 민감하고 반응을 잘하는 돌봄을 안내한다. 만일 새로운 관점이 자녀양육 안내만큼 효과를 잘 거둔다면 그 부모는 그것의 구성에 대해 마음챙김을 할 필요가 없어지고, 그것의 기능은 곧 자동화될 것이다. 아동과 환경은 변화한다는 기본적인 전제를 명심하여 모든 부모들은 자신의 관점을 업데이트하기 위해 귀납적인 탐색 과정에 반복적으로 되돌아올 필요가 있다. 자신들의 관점을 업데이트할 수 없거나 하지 않을 부모들은 자녀양육에서 겪는 다양한 정도의 고통을 다시 경험하게 된다. 일부는 고통이 만성화되는 경우 전문가들의 도움을 받을 필요가 있다.

임상적 과정 : 마음챙김, 이야기 재구성 치료 및 행동주의 부모훈련

고통을 겪는 어머니들을 대상으로 한 우리의 임상 연구에서는 이야기 재구성 치료 원리들(Wahler & Castlebury, 2002)을 마음챙김 명상 및 행동주의 부모훈련과 결합시킨다. 접수 면담은 네 가지 질문들로 구성되어 있으며, 처음 두 가지 질문은 다음과 같이 아동에 대한 어머니의 관점을 청취하는 것과 관련된다 : (1) "아동을 우리 클리닉에 데리고 온 이유는 무엇입니까?", (2) "아동과 함께 지내기가 어떻습니까?" 다음 두 가지 질문은 다음과 같이 더 오래된 과거에 관해 어머니에게 말하게 한다 : (3) "아동이 더 어렸을 당시 부모로서 어떠했는지에 대해 기억나는 것은 무엇입니까?", (4) "당신의 부모와 함께한 삶에서 기억나는 일은 무엇인지 말해 주세요." 어머니가 네 가지 이야기 "장(chapter)" 각각을 마무리하고 난 후 덧붙이고 싶은 말이 있는지 물어본다. 면담은 비디오로 녹화되고, 글로 옮겨 적으며, Wahler, Rowinski 및 Williams(2007a)의 매뉴얼에 따라 통일성을 이루기 위해 평정된다. 또한 어머니는 마음챙김, 양육 양식, 개인적 변화에 관한 통찰 및 아동의 문제에 대한 견해를 측정하는 질문지들을 완성한다.

다음으로 임상가는 6개월의 기간에 걸쳐 이루어지는 이러한 매주 한 번 행하는 서비스의 연구 성격은 물론 우리의 무료 임상 서비스를 개관한다. 처음 세 번의 회기는 기저선이며, 놀이방 상호작용과 어머니의 인생 이야기에 대한 그림을 우리가 얻을 것임을 어머니에게 말해 준다. "이야기"는 임상가가 접수 면담에서 사용한 것과 동일한 네 가지 질문을 물어보는 30분간의 회기에서 격려되며, 더 이상의 안내 질문은 없다. 이 회기에 뒤이어 곧바로 부모-아동 두 사람은 30분의 놀이방 회기에 참여한다. 이 놀이방 회기는 비구조화되어 있으며, 임상가는 거기에 참여하지 않는다. 어머니에게는 놀이방을 집으로 생각하고 그녀가 선택하는 아무 방식으로나 아동과 상호작용하도록 말한다.

이야기 재구성 치료("인생 이야기")와 놀이방 회기는 비디오로 녹화된다. 기저선 비디오테이프들은 어머니의 이야기를 위해 글로 옮겨 적고, 놀이방 비디오테이프들은 표준화된 관찰 부호들(Cerezo, 1988)을 통해 15초 간격으로 관찰되고 부호화된다. 부호들은 칭찬, 비난, 이해 및 명령과 같은 일반적인 어머니의 반응들과 함께 특정한 친사회적, 중성적 및 반사회적인 아동의 반응들을 반영한다. 아동과 어머니 부호들은 매 시간 간격으로 점수화되므로 우리는 아동의 건설적인 행동은 물론 파괴성과 어머니의 적절한/부적절한 양육을 수량화할 수 있다(적절한 어머니 반응의 백분위는 민감하고 반응을 잘하는 양육의 지표를 구성함).

네 가지 질문 후에 이루어진 어머니 이야기를 글로 옮긴 것은 그녀의 인생 이야기에서 네 가지 기저선 "장"으로 간주된다. 각 장은 Wahler, Rowinski 및 Williams(2007a)에서 정의한 대로 일관성의 여섯 차원상에서 평정된다. 결과 프로파일은 핵심 사항, 사건, 조직화, 지향점, 내적 상태 및 인과관계의 일관성을 반영하면서 5점 리커트 척도상에서 각 차원을 기술해 준다. Wahler, Rowinski와 Williams(2007b)가 수행한 클리닉에 의뢰된 21명의 어머니들을 대상으로 한 최근 연구에서 보여주듯이, 그들의 기저선 이야기들은 애매모호한 사건들, 빈약한 조직화 및 인과관계를 고려하지 않음에 있어서 주목할 만하다. 이 이야기들의 가장 일관성 있는 측면은 핵심 사항(즉, 이야기를 하는 이유)이다.

아동-어머니 상호작용과 어머니의 이야기 일관성 프로파일에 대한 기저선 그림은 임상가의 이야기 재구성 치료와 행동주의 부모훈련의 사용을 알려줄 것이다. 물론 행동주의 부모훈련의 목표는 어머니의 민감성/반응성을 향상시키는 것이고, 이야기 재구성 치료의 목표는 그녀의 개인적 이야기의 일관성을 향상시키는 것이다. 이러한 공동 중재를 시작하면서 임상가는 어머니의 기저선 이야기 중 가장 일관성 있는 부분, 즉 그녀의 아동 돌봄 장의 핵심 사항을 이야기 재구성 치료 회기 동안 그녀와 함께 검토한다. 핵심 사항은 그녀가 이야기를 하는 이유로서, 왜 그녀는 아동을 클리닉에 데려왔는가 그리고 이 아동과 함께 사는 것은 어떤가와 같은 것이다. 임상가는 기저선 회기 동안 그 핵심 사항을 언급하면서 어머니가 사용한 구문, 문장 및 단어를 자주 인용한다. 한 어머니는 "난 내 아들 Toby가 하라는 대로 하는 것 같아요"란 문장을 사용하였다.

임상가는 어머니의 특정한 사건들에 대한 인출을 용이하게 하기 위해서 이러한 범주 기억("난 그가 하라는 대로 해요")에 어머니가 마음챙겨 초점을 두도록 하는 데 목적이 있다. 명백하게 임상가는 범주의 예들을 간단히 물어볼 수도 있다(예 : "그가 하라는 대로 하는 예 몇 가지를 말해 주세요"). 그렇지만 이런 식으로 관련 기억들을 발견하려고 접근하는 것은 어머니와 임상가로 하여금 이러한 범주에 일치해야만 하는 사건들(즉, 아동의 강제적인 행동과 말들)에 대해 논리적인 토론을 하게 만든다. 반면에 어머니를 이완시켜서 그 범주를 시각화하도록 돕는 것은 탐색 과정에서 그녀의 자유로운(때로는 비논리적인) 연상들을 격려한다. 다시 말해서 우리는 어머니가 선택한 범주 기억하에서 분류된 사례들의 범위를 알고자 하며, 어머니들도 이를 알게 되기를 원한다.

우리의 마음챙김 명상 버전은 어머니에게 호흡에 주의를 기울이게 하고, 그녀의 신체 · 정서 · 정신적 감각들이 마음속에서 자유롭게 떠오르게 하는 것과 같은 Kabat-Zinn(1994)의 절차 중 일부를 포함하고 있다. 그 다음 우리는 그녀가 다른 감정, 생각 및 기억들에게 열려 있는 문이 있기라도 한 것처럼 범주적 언어표현을 시각화하도록 요구한다("당신의 마음속에서 떠오르는 대로 그냥 말하세요"). 명상의 이러한 측면은 Langer(1993)의 마음챙김 견해와 더 유사하다. 왜냐하면 우리의 초점은 지금-여기보다는 오히려 과거 사건들에 있기 때문이다. 우리는 이 어머니가 선택한 범주, 즉 "그는 나에게 자기가 하라는 대로 하라고 해요" 아래에서 분류된 사건들의 전체 범위를 그녀에게 검토해 보게 한다. 그 결과 그녀는 "유사하다고 생각한 것들 사이의 차이점과 상이하다고 생각한 것들 사이의 유사성을 발견하도록 이끌어 줄 수 있는 개방적이고 창의적이며 개연성 있는 마음상태"(Langer, 1993, p. 44)를 창출할 수 있다. 물론 만일 그 어머니가 "곤경"에 처해 있고, 기억나는 사건들을 반추하거나 신체적 이완을 하지 못한다면, 우리는 그녀에게 호흡에 다시 초점을 두게 하고 신체 · 정서 · 정신적 감각들이 다시 한 번 그녀의 마음을 통해 자유롭게 떠다니게 해줄 수 있을 것이다.

어머니들은 자신의 이야기 속에 아동에 관해 언급한 이러한 핵심 사항들의 예들을 인용하는데, 인용된 특정 사건들이 매우 광범위하여 우리는 물론 어머니들도 깊은 인상을 받았다. 우리가 인용한 그 어머니는 "나는 어제 플레이스테이션을 내게서 뺏어가는 Toby를 보며 그가 하는 말을 들을 수 있어요. 그는 나를 개새끼라고 불렀고 내 손에 침을 뱉었어요. 난 울면서 걸어 나갔어요"라고 말을 시작하였다. 이후에 그녀는 전남편에 대한 비슷한 기억을 지적했다 : "내가 전남편에게 그가 떨어뜨린 감자칩을 주으라고 말하자 그는 현관문에서 맥주병을 던졌어요."

상상을 하게 되자 하나의 범주 우산 아래에서 다양한 특정 사건들이 광범위하게 떠올랐고, 이것은 그 어머니는 물론 임상가를 혼란스럽게 하였다. 이 특정 범주에 대하여 그녀가 마음챙김 탐색해 본 결과, Toby에 대한 이 장의 일관성을 향상시키기보다는 오히려 감소시킨 예들이 산출되었다. 이야기 재구성 치료의 과제는 그 어머니가 이 사건들을 조직화하고, 이제는 그녀에게 그저 스쳐가는 것처럼 보이는 어떤 사건들을 그 순간 동안 내려놓고, 그녀가 현재 장과 관련 있다고 여기는 사건들을 풍성하게 하도록 격려하는 것이다. 풍성함은 그녀가 시간과 장소, 생각과 감정, 그리고 인관관계에 대한 견해(사건들이 일어난 이유)를 덧붙일 때 일어난다.

장이 일관성을 지니게 되면, 임상가는 그 어머니가 핵심 사항에 속하지 않는다고 믿었던 사건들(예 : 맥주병 사건)에 대해 이후에 생각해 보도록 요구할 것이다. 그녀는 이 사건이 Toby에 대한 범주 기억을 마음챙김 탐색할 때 일어났음을 회상한다. 임상가는 "그것이 핵심 사항에 속합니까 아니면 속하지 않습니까?"라고만 간단하게 물어본다. 질문으로 장을 재구성한 후 대부분의 어머니들은 Langer(1993)의 말, 즉 "상이한 생각들 속에서 유사성을 그리고 유사한 생각들 속에서 차이점을 알아내는 것"(p. 44)에 통찰을 갖게 되었음을 우리는 발견했다. 이 어머니는 전남편과의 삶이 Toby의 문제와 관련이 있기는 하지만, 그것은 "또 다른 이야기"라고 대답하였다. 따라서 새로운 범주 기억에 대한 그 어머니의 자발적인 표현을 통해서 아니면 먼 과거(즉, 아동이 어렸을 때, 부모들과의 삶)에 대해 그녀가 기저선 장에서 사용한 말들을 임상가가 회상해 낸 것을 통해서 또 다른 핵심 사항이 떠오를 수 있다. 이 어머니는

"난 Toby와 내가 똑같이 닮았다고 말하는 전남편을 계속 생각하고 있어요. 그것이 냉정을 잃게 해요"라고 말하였다.

　새로운 장은 그 어머니와 임상가가 다른 범주 기억들에 대한 그녀의 마음챙김 탐색을 도입함으로써 시작된다. 물론 이러한 다른 범주 기억들은 이전에 기술했던 명상 과정을 통해 귀납적으로 생성된 사건들을 포함하고 있는 새로운 장들의 핵심 사항이 된다(예 : "좋아요, 이제 당신 둘이 똑같이 닮았다고 말하는 그를 시각화하고 그의 말을 들어보세요. 다른 감정, 생각 및 기억들에게 문을 열어보세요. 당신의 마음에서 떠돌아다니는 대로 그냥 그들에게 말하세요"). 그녀의 첫 번째 회상은 "우리가 결혼한 날 밤 잘 준비를 하고 있는 그를 볼 수 있어요. 그는 웃고 있었고, 한 손으로는 Toby의 침대를, 그리고 다른 한 손으로는 나를 가리키며, '지배욕이 강한 당신 두 사람들 사이에서 나를 위한 공간이 있기를 바랄게'라고 말했어요"였다.

　다른 특정한 사건들이 그녀의 마음챙김 탐색에 뒤따라 재빨리 일어났고, 이것들 중 하나는 그녀를 너무 흥분시켰으므로 그녀와 임상가는 처음의 명상 과정으로 되돌아갔다. 그녀는 "난 이 버섯 공장에서 감독자로 일을 했어요. 몇 년 전 어린 직원들 중 한 명이 내게 '당신은 우리에게 어떤 방식으로 일을 하라고 말을 해요. 하지만 우리가 그렇게 하도록 내버려 두지도 않죠. 당신은 항상 당신 방식대로만 해요!'라고 했어요"라고 말하였다. 어머니는 이 이야기 재구성 치료 회기에서 평정을 되찾은 후 다음과 같이 말했다. "지난주 Toby에게 거부만 하고 있는 내 모습을 보고 들을 수 있어요. 난 그에게 만화책들을 정리하라고 했고, 그 애는 그렇게 하기 시작했어요. 믿을 수 없지만 난 그 애가 만화책들을 놓는 장소를 바꾸기 시작했어요. 그는 만화책 더미를 걷어찼고, 그 후 우리는 끔찍했어요. 아시겠어요? 그 어린 직원(직장에서)과 Earl(전남편)이 옳았어요. 난 해고되어 마땅한 망할 감독자예요!"

　어머니와 임상가는 이 특별한 장의 일관성을 향상시켰고, 그 후 그녀는 Toby와 함께한 삶을 다룬 첫 번째 장과의 유사성에 주목하였다. 그녀는 "난 Earl, 그 어린 직원 그리고 Toby에게 똑같은 짓을 한 거였어요. 난 책임을 지는 방법을 알고 있기는 하지만 수다스러움을 관둘 수가 없어요. 난 그들에게 잔소리를 하고, 그 다음 그들은 또 내게 잔소리를 하죠. 그게 바로 Toby가 내게 그가 하라는 대로 하게 만들어 놓은 방식이에요"라고 말하였다.

30분간의 놀이방 회기가 끝난 후 곧이어 30분간의 마음챙김/이야기 재구성 치료 회기가 이어짐을 명심하라. 기저선 놀이방 회기들을 통해 어머니와 아들 간의 부호화된 상호작용은 그녀의 반응 중 평균적으로 약 70%에 이르는 민감하고 반응을 잘 하는 양육을 보여주었다(우리가 가진 자료에 의하면, 자원자 어머니들 규준은 약 90%임). Toby의 행동은 장난으로 가득했고, 어머니에 대한 요구와 그녀의 지시를 따르기를 거부하는 것이 태반이었다. 이러한 반사회적인 행동과 말은 그의 반응 중 약 15%에 달했다(자원자 아동을 대상으로 한 우리의 규준은 5%임). 어머니들이 "아동과 함께하는 삶"의 보다 일관성 있는 관점으로 자신의 이야기 장을 재구성할 때 행동주의 부모훈련을 시작한다. 이 어머니의 범주 기억들에 대한 마음챙김 탐색을 통해 회상된 특정 사건들 중 일부는 초기의 놀이방 회기로부터 나온 것들이므로 임상가와 어머니는 각각의 이야기 재구성 치료 회기의 결론에 도달할 즈음 양육을 위한 계획을 세울 수 있다.

이 어머니의 첫 번째 행동주의 부모훈련 회기는 "그 애는 나에게 자기가 하라는 대로 하라고 해요"라는 그녀의 범주 기억에서 파생된 사건들에 기반을 두었다. 이 기억에 대해 마음을 챙겨 탐색을 하는 동안 그녀가 인출한 특정 사건 한 가지는 이것이었다. "우리는 친구들과 함께 동물원에 갔어요. 내가 코끼리에 대해 그들에게 말하고 있을 때 그는 계속해서 나를 방해했어요." Toby는 기저선 동안 그에게 말하는 어머니의 논평이나 설명을 주기적으로 방해했기 때문에, 임상가가 그린 행동계획의 윤곽은 만일 그가 방해하면 어머니가 타임아웃을 의도적으로 사용할 것을 경고하고, 만일 Toby가 또다시 그녀를 방해하면 타임아웃이 뒤따르게 되리라는 것이었다. 이 계획은 이야기 재구성 치료 회기가 거의 끝나갈 무렵에 논의되었다. 놀이방 회기 동안 Toby는 방해를 했고, 그녀는 그에게 입 다물고 5분간 칸막이 뒤에 앉아 있게 하였다. 하지만 그녀 또한 Toby가 침묵하고 있는 동안 그에게 잔소리를 하였다. 물론 Toby는 침묵을 깨뜨렸고 잇달아 서로 간에 논쟁이 벌어졌으며 그는 칸막이를 두드려댔다.

이 회기 이후 어머니와 임상가 사이에 짧은 대화를 나누면서 어머니는 타임아웃에 대한 의심을 드러냈고, Toby의 방해에 대해서는 그에게 말해 주어야만 한다는 신념을 표현하였다. 다음 이야기 재구성 치료 회기에서도 논의는 계속되었고, 재검토를 하였으며, 범주 기억인 "전남편과의 삶"에 대해 마음챙김 탐구를 하면서 정점에 이른 상태로 "Toby와의 삶" 장의 일관성을 향상시켰다. 이어진 행동주의 부모훈련 회기는 Toby가 그녀를 방해하는 경우 타임아웃과 침묵을 다시 사용하는 것에 대해 어머니가 동의하는 것으로 시작되었다. Toby는 어머니를 방해하였고, 그녀가 행한 일은 지난 행동주의 부모훈련 회기 때보다 더 나아진 것이 없었다. 그가 타임아웃 상태에 있고 그녀가 잔소리를 하지 않는 동안 그녀는 비디오테이프상에서 화가 난 듯 보였고, 타임아웃 칸막이에 나무 블록 하나를 던졌다. 이것으로 인해 Toby는 그녀에게 소리를 지르게 되었고 논쟁은 거세졌다. 임상가가 놀이방으로 들어갔고, 그 회기는 끝났다. 놀랍게도 어머니는 Toby와 임상가 둘 다에게 미안해하였다.

어머니가 집에서 일어난 Toby와의 "만화책 정리" 사건과 함께 "버섯 공장" 사건을 생각해 낸 것은 바로 "전남편과의 삶"에 대해 그녀가 지속적으로 마음을 챙겨 탐구하는 동안이었다. 물론 그녀는 "난 해고되어 마땅한 망할 놈의 감독자예요"라는 더욱더 큰 핵심 사항을 구성함으로써 두 개의 장을 연결하였다. 이 이야기 재구성 치료 회기의 결론에서 그녀는 임상가에게 "난 놀이방에서 Toby와 함께 무엇을 해야 할지를 알아요"라고 말하였다. 실제로 그녀는 Toby의 방해에 뒤따른 단 한 번의 타임아웃 삽화를 잘 해결하였다. Toby 또한 5분간 침묵하였고, 둘의 관계는 상당히 협조적이었다.

다음 3개월간의 이야기 재구성 치료 회기를 통해 어머니는 범주 기억들에 대해 마음챙김 탐구를 함으로써 생각해 낸 무수한 특정 사건들과 그녀의 이야기들을 재구성하는 데 제공된 임상가의 도움으로 그녀의 초기 삶과 보다 최근의 삶에 대한 수많은 새로운 장을 발달시켰다. 그 어머니의 행동주의 부모훈련 회기는 Toby의 요구들, 빈정대는 말, 그의 또래관계에 대한 관심을 검토할 때 그가 보여준 친사회적 흥미에 초점이 맞추어졌다. 어머니의 놀이방 전략들은 이야기 재구성 치료 회기들로부터 나왔으며, 거기에는 그녀가 놀이방에서 전략들을 어떻게 사용할 것인지에 대한 임상가의 안내가 포함되었다. 어머니와 그녀의 아들은 잘 해냈다.

우리 클리닉에서 이루어진 한 달에 한 번씩 모두 세 번의 추적조사 방문 동안, 어머니는 계속해서 그녀의 다양한 인생 이야기 장들을 상세히 설명하였고, 그녀의 장들을 연결해 주는 핵심 사항들을 발견하였다. 그녀의 전체 일관성 평정치는 기저선에서는 5점 리커트 척도상 2점이었는데, 세 번의 추적조사 방문에서는 평균적으로 거의 4점이었다. 그녀의 놀이방 민감성/반응성 점수는 기저선에서는 70%였는데, 추적조사 방문들에서는 약 85%였다. Toby의 반사회적 점수는 기저선에서는 15%였는데, 추적조사에서는 3% 이하로 줄었다. 이러한 세 번의 월별 방문은 임상가가 오직 네 가지 기저선 질문만 물어보고 난 뒤 만일 어머니가 더 덧붙일 것이 있으면 말하도록 한다는 점에서 기저선 방문과 비교된다. 어머니-아동 상호작용을 위한 놀이방 회기는 구조화되어 있지 않았다. 세 번의 회기 후 어머니는 접수 면담에서 완성했던 것과 동일한 자기보고 질문지를 다시 완성하였다.

결론

우리의 임상 연구는 우리들 자신의 경험적 연구들(Schwartzman & Wahler, 2006; Wahler, Rowinski, & Williams, 2007b)보다는 연구 문헌과 이론에 대한 이전의 개관에 의해 더 많은 정보를 제공받고 있다. 우리는 클리닉에 의뢰된 어머니들의 양육, 마음챙김 및 다음 몇 달간의 이야기 일관성 사이의 기대된 기저선 연합의 상관적 증거를 제공하기를 희망한다. 우리는 우리의 사례 연구들에서 동일한 측정치들을 계속 사용하므로 이러한 반복 측정치들에 대한 시계열 분석은 우리의 주관적 인상에 대하여 보다 깊이 있는 상관적 증거를 제공해 줄 수 있다.

우리는 이제 막 기술한 사례 연구에서 개관한 바와 같이 우리의 임상 패키지에 대한 경험적 증거를 제공하기에는 아직 갈 길이 멀다. 고통을 받고 있는 어머니들과 마찬가지로 고통을 받고 있는 아동들을 대상으로 이 전략을 활용하고자 하는 임상가들을 위해 우리는 우리의 경험에 근거한 다음의 여덟 가지 사항을 남기고자 한다.

1. 클리닉에 의뢰된 어머니들은 양육과 기타 인생 경험에 대한 개인적 이야기들을

말하고 싶어 한다.

2. 만일 임상가가 어머니들의 이야기 일관성 향상을 도와준다면, 이러한 이야기들은 임상가의 부모훈련 전략을 효과적으로 안내해 줄 수 있다.

3. 이야기 장을 임상적으로 재구성하는 일은 임상가가 흔히 범주 기억으로 표현되는 핵심 사항을 청취해 주는 경우에 아주 쉽게 시작된다.

4. 특정한 이야기 사건들은 범주 아래에서 요약된다. 하지만 어머니의 범주에 대한 언어표현은 완전한 요약을 거의 불가능하게 한다. 예를 들어 "내 아이는 나를 자기가 하라는 대로 하라고 해요"라는 범주 기억/핵심 사항 또한 양육이나 해당 아동과 관련 없는 사건들을 포함하였다.

5. 마음챙김 명상은 어머니의 특정 사건들에 대한 인출을 끌어내기 위해 선택한 전략이며, 이러한 사례들을 직접적으로 끌어내는 것과는 대조를 이룬다. 후자 전략 역시 특정한 사건들을 끌어내기는 하지만, 어머니는 범주적 언어표현에 적합하지 않은 것들은 생략해 버리는 경향이 있다. 이러한 앞뒤 일관성이 없는 사건들은 새로운 장들이 오래된 장들과 부분적으로 겹친다는 것을 증명하는 데 유용한 지표가 된다.

6. 어머니가 자신의 최근 장을 재구성하는 과정에 참여할 때 새로운 핵심 사항이나 최근 핵심 사항의 확장이 일어날 것이다. 새로운 장들이 발달되고, 그것들은 결국 오래된 장들과 연결된다.

7. 특정한 장 사건들은 어머니와 아동 사이의 비구조화된 놀이방 상호작용 동안에 반드시 일어난다. 만일 놀이방에서 일어나는 일들(사건들)이 행동주의 부모훈련의 표적이라면, 그 어머니는 그 사건들 역시 자신 이야기의 일관성 있는 맥락에 놓여 있는 경우에 더욱 협조적인 태도를 보이는 경향이 있다.

8. 만일 어머니가 관심을 보이는 경청자들에게 자신의 이야기를 계속해서 말한다면, 그 이야기는 일관성을 지니고 있어야만 한다. 이야기를 재구성하는 일은 그녀의 인생 상황이 변화하기 때문에 필요한 것으로 보일 것이다. 그녀는 그렇게 해줄 유능한 경청자의 도움을 이따금씩 필요로 할 것이다.

참고문헌

Aber, J. L., Belsky, J., Slade, A., & Crnic, K. (1999). Stability and change in mothers' representations of their relationship with their toddlers. *Developmental Psychology, 35,* 1038–1047.

Baer, R. A. (2003). Mindfulness training as a clinical intervention: A conceptual and empirical review. *Clinical Psychology: Science and Practice, 10,* 125–143.

Bakermans-Kranenburg, M. J., van IJzendoorn, M. H., & Juffer, F. (2003). Less is more: Meta-analyses of sensitivity and attachment interventions in early childhood. *Psychological Bulletin, 129,* 195–215.

Bargh, J. A., & Chartrand, T. L. (1999). The unbearable automaticity of being. *American Psychologist, 54,* 462–479.

Bates, J. E. (1980). The concept of difficult temperament. *Merrill Palmer Quarterly, 26,* 299–319.

Bishop, S. R., Lau, M., Shapiro, S., Carlson, L., Anderson, N. D., Carmody, J., et al. (2004). Mindfulness: A proposed operational definition. *Clinical Psychology: Science and Practice, 11,* 230–241.

Brittlebank, A. D., Scott, J., Williams, J. M., & Ferrier, I. N. (1993). Autobiographical memory in depression: State or trait marker? *British Journal of Psychiatry, 162,* 118–121.

Cavell, T. A., & Strand, P. S. (2002). Parent-based interventions for aggressive, antisocial children: Adapting to a bilateral lens. In L. Kucynski (Ed.), *Handbook of dynamics in parent-child relations* (pp. 395–419). Thousand Oaks, CA: Sage.

Cerezo, M. A. (1988). Standardized observation codes. In M. Herson & A. S. Bellack (Eds.), *Dictionary of behavioral assessment techniques* (pp. 442–445). New York: Pergamon.

Clinical Psychology: Science and Practice, (Fall 2004), pp. 230–266.

Coyne, L. W., Low, C. M., Miller, A. L., Seifer, R., & Dickstein, S. (2007). Mothers' empathic understanding of their toddlers: Associations with maternal depression and sensitivity. *Journal of Child and Family Studies, 16,* 483–497.

Crockenberg, S., & Acredolo, C. (1983). Infant temperament ratings: A function of infants, of mothers, or both? *Infant Behavior and Development, 6,* 61–72.

Dumas, J. E. (2005). Mindfulness-based parent training: Strategies to lessen the grip of automaticity in families with disruptive children. *Journal of Clinical Child and Adolescent Psychology, 34,* 779–791.

Dumas, J. E., Nissley, J., Nordstrom, A., Smith, E. P., Prinz, R. J., & Levine, D. W. (2005). Home chaos: Sociodemographic, parenting, interactional, and child correlates. *Journal of Clinical Child and Adolescent Psychology, 34,* 93–104.

Fearon, R. M., van IJzendoorn, M. H., Fonagy, P., Bakermans-Kranenburg, M. J., Schuengel, C., & Bokhorst, C. L. (2006). In search of shared and nonshared environmental factors in security of attachment: A behavior-genetic study of the association between sensitivity and attachment security. *Developmental Psychology, 42,* 1026–1040.

Hane, A. A., Fox, N. A., Polak-Toste, C., Ghera, M. M., & Guner, B. M. (2006). Contextual basis of maternal perceptions of infant temperament. *Developmental Psychology, 42,* 1077–1088.

Hayes, S. C., & Shenk, C. (2004). Operationalizing mindfulness without unnecessary attachments. *Clinical Psychology: Science and Practice, 11,* 249–254.

Hayes, S. C., & Wilson, K. G. (2003). Mindfulness: Method and process. *Clinical Psychology: Science and Practice, 10,* 161–165.

Holden, G. W. (1988). Adults' thinking about a child-rearing problem: Effects of experience, parental status, and gender. *Child Development, 59,* 1623–1632.

Holden, G. W., & Miller, P. C. (1999). Enduring and different: A meta-analysis of the similarity in parents' child rearing. *Psychological Bulletin, 125,* 223–254.

Hubert, N. C., Wachs, T., Peters-Martin, P., & Gandour, M. J. (1982). The study of early temperament: Measurement and conceptual issues. *Child Development, 53,* 571–600.

Kabat-Zinn, J. (1994). *Wherever you go, there you are: Mindfulness meditation in everyday life.* New York: Hyperion.

Kabat-Zinn, J. (2003). Mindfulness-based interventions in context: Past, present, and future. *Clinical Psychology: Science and Practice, 10,* 144–156.

Kochanska, G. (1997). Mutually responsive orientation between mothers and their young children: Implications for early socialization. *Child Development, 68,* 94–112.

Kochanska, G. (2002). Mutually responsive orientation between mothers and their young children: A context for the early development of conscience. *Current Directions in Psychological Science, 11,* 191–195.

Koren-Karie, N., Oppenheim, D., Dolev, S., Sher, E., & Etzion-Carasso, A. (2002). Mother's insightfulness regarding their infants' internal experience: Relations with maternal sensitivity and infant attachment. *Developmental Psychology, 38,* 534–542.

Langer, E. J. (1989). *Mindfulness.* New York: Addison-Wesley.

Langer, E. J. (1993). A mindful education. *Educational Psychologist, 28,* 43–50.

Leerkes, E. M., & Crockenberg, S. C. (2003). The impact of maternal characteristics and sensitivity on the concordance between maternal reports and laboratory observations of infant negative emotionality. *Infancy, 4,* 517–539.

Mackinger, H. F., Pachinger, M. M., Leibetseder, M. M., & Fartacek, R. R. (2000). Autobiographical memories in women remitted from major depression. *Journal of Abnormal Psychology, 109,* 331–334.

Masuda, A., Hayes, S. C., Sackett, C. F., & Twohig, M. P. (2004). Cognitive defusion and self-relevant negative thoughts: Examining the impact of a ninety year old technique. *Behaviour Research and Therapy, 42*, 477–485.

Oppenheim, D., Goldsmith, D., & Koren-Karie, N. (2004). Maternal insightfulness and preschoolers' emotion and behavior problems: Reciprocal influences in a therapeutic preschool program. *Infant Mental Health Journal, 25*, 352–367.

Peeters, F., Wessel, I., Merckelbach, H., & Boon-Vermeeren, M. (2002). Autobiographical memory specificity and the course of major depressive disorder. *Comprehensive Psychiatry, 43*, 344–350.

Raes, F., Hermans, D., Williams, J. M., Beyers, W., Eelen, P., & Brunfaut, E. (2006). Reduced autobiographical memory specificity and rumination in predicting the course of depression. *Journal of Abnormal Psychology, 115*, 699–704.

Schwartzman, M. P., & Wahler, R. G. (2006). Enhancing the impact of parent training through narrative restructuring. *Child and Family Behavior Therapy, 28*, 49–65.

Segal, Z. V., Williams, J. M. G., & Teasdale, J. D. (2002). *Mindfulness-based cognitive therapy for depression: A new approach to preventing relapse.* New York: Guilford.

Serketich, W. J., & Dumas, J. E. (1996). The effectiveness of behavioral parent training to modify antisocial behavior in children: A meta-analysis. *Behavior Therapy, 27*, 171–186.

Singh, N. N. (2001). Holistic approaches to working with strengths: A goodness-of-fit wellness model. In A. Bridge, L. J. Gordon, P. Jivanjee, & J. M. King (Eds.), *Building on family strengths: Research and services in support of children and their families* (pp. 7–16). Portland, OR: Portland State University, Research and Training Center on Family Support and Children's Mental Health.

Singh, N. N., Lancioni, G. E., Winton, A. S., Fisher, B. C., Wahler, R. G., McAleavey, K. M., et al. (2006). Mindful parenting decreases aggression, noncompliance, and self-injury in children with autism. *Journal of Emotional and Behavioral Disorders, 14*, 169–177.

Singh, N. N., Lancioni, G. E., Winton, A. S., Singh, J., Curtis, W. J., Wahler, R. G., et al. (in press). Mindful parenting decreases aggression and increases social behavior in children with developmental disabilities. *Behavior Modification.*

Slade, A., Belsky, J., Aber, J. L., & Phelps, J. L. (1999). Mothers' representations of their relationships with their toddlers: Links to adult attachment and observed mothering. *Developmental Psychology, 35*, 611–619.

van IJzendoorn, M. H. (1995). Adult attachment representations, parental responsiveness, and infant attachment: A meta-analysis on the predictive validity of the Adult Attachment Interview. *Psychological Bulletin, 117*, 387–403.

Vaughn, B. E., Taraldson, B. J., Cuchton, L., & Egeland, B. (2002). The assessment of infant temperament: A critique of the Carey Infant Temperament Questionnaire.

Infant Behavior and Development, 25, 98–112.

Wahler, R. G. (2007). Chaos, coincidence, and contingency in the behavior disorders of childhood and adolescence. In P. Sturney (Ed.), Functional analyses in clinical treatment. Burlington, MA: Elsevier.

Wahler, R. G., & Castlebury, F. D. (2002). Personal narratives as maps of the social ecosystem. Clinical Psychology Review, 22, 297–314.

Wahler, R. G., & Dumas, J. E. (1989). Attentional problems in dysfunctional mother-child interactions: An interbehavioral model. Psychological Bulletin, 105, 116–130.

Wahler, R. G., Rowinski, K. S., & Williams, K. L. (2007a). Rating the personal narratives of parents. University of Tennessee, Knoxville. Unpublished paper available from the first author.

Wahler, R. G., Rowinski, K. S., & Williams, K. L. (2007b, March). Clinic-referred mothers' monitoring capabilities: Mindfulness and narrative coherence? Paper Symposium, Society for Research in Child Development Conference, Boston.

Wells, A. (2002). GAD, metacognition, and mindfulness: An information processing analysis. Clinical Psychology: Science and Practice, 9, 95–100.

Williams, J. M. (1996). Depression and the specificity of autobiographical memory. In D. Rubin (Ed.), Remembering our past: Studies in autobiographical memory (pp. 244–267). New York: Cambridge University Press.

Williams, J. M., Teasdale, J. D., Segal, Z. V., & Soulsby, J. (2000). Mindfulness-based cognitive therapy reduces overgeneral autobiographical memory in formerly depressed patients. Journal of Abnormal Psychology, 109, 150–155.

제11장

소아과 1차 진료에
수용전념치료를 통합하기

Patricia J. Robinson, Ph.D.,
Mountainview Consulting Group, Inc., Zillah, Washington

소아과 1차 진료에서 수용전념치료(ACT)를 사용하는 일은 임상가에게 수용전념치료 전략들을 실천하는 방식과 사용에 대해 상당한 개작을 요구한다. 수행의 성공은 서비스 전달과 새로운 동료들과의 생산적인 관계의 발달에 필요한 새로운 맥락을 얼마나 능숙하게 설명하는가에 달려 있다. 1차 진료 행동 건강(primary care behavioral health, PCBH) 모형(Robinson & Reiter, 2007)은 행동주의자가 1차 진료만의 독특한 기회에 지속적인 초점을 두도록 돕는다. 1차 진료에서 아동 진료 실무자들을 이끌어주는 가치는 새로운 임상적 전략들을 개발하는 데 그리고 세부사항들을 실천하기 위해 개작하는 데 필요한 영감을 주는 최상의 원천이다. 이 가치들은 PCBH 사명의 기초가 되는데, 이것은 넓은 의미로 보면 아동의 건강을 증진시키고, 그들이 활력 넘치는 삶을 살아갈 수 있는 마음과 몸 그리고 영혼을 지닌 성인으로 자라게 해주려는 바람이다. 이 사명을 추구하기 위해 행동주의자는 출생부터 성인기에 이르는 환자들의 건강을 보호하고 증진시키는 서비스를 더 잘 전달하려는 노력으로 1차 진료 제공자들을 상담하는 팀 주자로서 일을 한다.

이 장에서 저자는 1차 진료 장면을 소개하고, 인지적 융합과 경험적 회피가 아동·청소년들과 그들의 의학적 및 행동 건강 진료 제공자들 사이의 보편적인 만남에서 어떻게 작용할 수 있는가에 대한 사례를 제시하고자 한다. 또한 이 장은 아동 및 그들의 가족과 잠재적인 장기적 1차 진료 제공자들 간의 상호작용에서 사용할 수용전념치료 핵심 과정들을 설명한다. 이 장은 비용이 많이 들어가는 아동 비만이라는 건강 문제를 위해 인구집단에 기반한 진료 프로그램에서 수용전념치료를 사용하는 것을 소개하는 것으로 끝을 맺는다. 1차 진료에서 수용전념치료 접근법의 명세서를 내놓기 전에 수용전념치료와 수용전념치료 관점에 대한 중요 용어들을 간략하게 소개하기로 한다.

간략한 수용전념치료 소개

수용전념치료(Hayes, Strosahl, & Wilson, 1999)는 인간 고통의 문제들을 과학에 근거하여 설명하는 접근법이다. 수용전념치료의 목표는 개인들이 심리적 유연성을 더욱더 많이 개발하게 해주는 것이다. 신체적 유연성과 마찬가지로 심리적 유연성은 유동성, 움직임의 보다 큰 범위 혹은 행동의 보다 넓은 범위, 상해와 스트레스에 대해 보다 더 많은 탄력성이라는 특징을 지닌다. 심리적 유연성은 가치 있는 방향의 설정과 시간에 따라 이러한 방향을 향해 지속적으로 움직일 것을 요구한다. 공통적인 문화 규칙들(예 : "의사들은 내 아이를 정상으로 만들어 놓을 수 있어야 한다")을 매우 열렬히 받아들이는 사람들은 유연성이 덜하고, 신체 및 정신적으로 고통에 훨씬 더 취약한 경향이 있다.

다른 중요한 수용전념치료 과정으로 경험적 회피와 인지적 융합이 있다. 경험적 회피는 회피가 효과가 없고, 아마도 보다 더 심각한 문제를 유발할 때조차 개인적인 경험들(생각, 감정, 감각 등)을 회피하거나 통제하려는 시도를 포함한다. 예를 들어 생명을 위협하는 자동차 사고를 경험한 아동은 부모가 아동에게 실망하여 "아기"가 되는 것에 대해 심하게 꾸짖을 때조차도 밤에 부모와 함께 자려고 함으로써 그 사고 기억들을 회피하려고 할 수 있다.

인지적 융합은 우리가 마치 글자 그대로 사실이기나 한 것처럼 우리의 사적인 경험들(생각, 정서, 이미지, 감각)에 집착할 때 발생한다. 그 어린 소녀가 사고 순간, 죽어 가는 어머니에 대한 생각과 이미지를 경험했다고 가정해 보자. 글자 그대로 사실로 받아들이는 경우, 그 어린 소녀는 자신의 고통스런 사적인 경험을 (적어도 일시적으로는) 스스로 제거하려는 경험적 회피를 보이기 시작할 수도 있다. 어머니가 죽는다는 그 어떤 생각도 경험적 회피를 자극할 수 있으며, 특정 회피행동들이 널리 나타날 수도 있다(예 : 학교에서 일어나는 복통은 아동 어머니로 하여금 일찍 데리러 오게 함, 공격적인 행동으로 인해 교실에서 추방됨으로써 지겨운 역사 수업을 회피하게 됨).

경험적 회피와 융합에 대한 대안은 수용과 탈융합이다. 수용과 탈융합은 그동안 회피해 왔던 삶의 고통스러운 측면들에 "숨쉴 수 있는 여유"를 만들어 준다. 가치들을 확인하는 일은 전형적으로 단기간에만 효과를 보이는 회피 유형들을 지속하는 것보다 훨씬 더 큰 중요성을 지니는 행동 방향을 제시해 준다. 마음챙김 수행은 수용을 개발하고, 시간이 흘러감에 따라서 가치가 유발한 행동을 촉진하는 데 주요한 역할을 한다.

소아과 1차 진료

수용전념치료와 다른 제3물결 행동치료를 소아과 1차 진료에 통합시키기 위해 내딛는 핵심적인 첫 단계는 1차 진료의 사명, 제공된 서비스의 성질, 서비스를 제공하는 사람들 및 행동 서비스를 통합하는 일의 장애물을 이해하는 것이다. 이 절은 이러한 주제들을 간단히 소개한다. 보다 깊이 있는 정보를 얻으려는 독자들은 다른 출처들을 찾아보길 바란다(Robinson & Reiter, 2007; Strosahl & Robinson, 2007; Gatchel & Oordt, 2003).

1차 진료의 사명

1996년 국립 아카데미 의학연구소(Institute of Medicine of the National Academies)가 제안한 1차 진료의 정의는 다음과 같다. "1차 진료란 대다수의 개인적인 건강진료(health care) 요구들을 다루고 환자들과의 지속적인 협력을 개발하며 가족과 지역사회의 맥락에서 종사하는 임상가들이 통합적이고 접근 가능한 건강진료 서비스들을 제공하는 것"(Donaldson, Yordy, Lohr, & Vanselow, 1996. p. 32)이다. 이 종합적인 정의가 시사하는 바, 1차 진료란 건강진료 전달의 기초이며, 강한 제공자-환자 관계에서 절대적인 역할을 함을 강조한다. 소아과 1차 진료의 방향은 아동, 청소년 및 그 가족들을 향해 있다. 목적과 사명은 질병을 막고, 출생부터 성인기로 들어갈 때까지 소아과 환자들의 건강을 유지해 주는 것이다. 이것은 필수적으로 소아과 1차 진료 제공자는 사회의 어린 구성원들을 지원해 주는 가족 및 지역사회의 건강과도 관련되어 있음을 의미한다.

소아과 1차 진료 서비스

미국 대부분의 지역사회에서 1차 진료는 건강진료 체계에 등록하는 아동의 첫 번째 사항이며, 성인기를 통하여 받게 되는 건강진료 서비스를 위해 지속적으로 초점을 두는 사항이다. 환자들은 1차 진료에서 아동 건강 검사, 예방주사, 건강 증진과 질병 예방, 상담, 환자와 부모 교육 및 급·만성 질환의 진단과 치료를 포함한 전반적인 서비스들을 받는다. 이러한 많은 환자-제공자 방문 맥락들은 일반적으로 아동의 건강을 증진시키기 위한 비옥한 토대인데, 특히 의학 및 행동 진료가 통합되고 행동 기술이 체계 쟁점들에 적용되는 경우에 그러하다.

소아과 1차 진료팀

제공자와 스태프 구성원들로 이루어진 팀이 1차 진료 서비스를 전달한다. 소아과 1차 진료팀의 구성원으로는 소아과 의사와 가정의학과 의사, 간호 실무자 혹은 의사 보조자와 같은 중간급 제공자들이 포함된다. 심리학자가 1차 진료 장면에서 일하는 경우에는 1차 진료 제공자 집단의 구성원이 된다. 소아과 1차 진료 구성원에는 간호사들과 간호조무사들이 포함된다. 단 한 번의 방문에서 환자들은 전형적으로 두세 명의 팀 구성원들로부터 서비스를 받는다. 환자들은 단독으로 진료하는 곳, 일부 건강 유지 조직과 지역사회 건강센터에서 볼 수 있는 것과 같은 다중적인 제공자들이 있는 클리닉을 포함하여 다양한 장면에서 팀 서비스에 접근하게 된다.

행동 건강 서비스들을 1차 진료에 통합하면서 받는 도전

소아과 1차 진료 서비스는 전형적으로 길어야 5~30분 걸리는 간단한 상호작용이다. 오늘날 소아과 1차 진료 제공자들이 자신의 진료소를 경제적으로 유지하려면 하루에 아동과 청소년 약 30명은 진료해야 할 필요가 있다. 그들은 전형적으로 클리닉에서 시간의 90%를 환자 진료에 사용하므로 주중 8시간 중 432분 혹은 7.2시간을 직접적인 환자 진료 서비스에 관여한다. 하루에 평균 30명의 환자들과 접촉한다고 가정하면, 전형적인 업무 속도는 각 환자를 맞아들이고 진단하고 치료하고 교육하고 상담하는 것은 물론 차트를 완성하고 검사 처방을 내고 처방을 쓰거나 전달하는 데 약 14분 걸릴 수 있다.

생산성의 압력에 더하여 소아과 진료 제공자들은 수많은 문제들에 대해 "폐렴-항생제" 치료를 기대하고 온 부모들의 기대를 맞추려고 애쓴다. "그는 나를 미치게 해요. 그 애가 약을 먹어야 한다고 생각하세요?" "그녀는 방에만 있고 집안일을 하려 하지 않아요. 항우울제가 도움이 될 거라고 생각하세요?" "그는 잠을 못 자요. 잠들게 할 뭐 좀 줄 수 있어요?" 소아과 1차 진료는 철학적으로 생물심리 모형에 기반하고 있다. 그렇지만 "기적의 약" 접근법과 시간 제약의 충돌은 환자와 제공자 모두에게 생물심리적인 상호작용보다는 오히려 생물의학적인 상호작용을 하도록 압력을 가하고 있다.

환자와 제공자들에 대한 스트레스는 쉽게 감지할 수 있으며, 우호적인 방식으로 상호작용을 끝마치기는 하지만 아동과 그 가족에게 장기적인 건강행동 변화가 일어나도록 지원해 주지 못할 계획을 개발하는 것으로 결론 짓는 일이 흔하다. 대신에 가족들은 의료진과 함께하는 상호작용을 포함한 경험적 회피 유형들을 발달시킬 수도 있다. 취약한 가족들은 종종 신체화나 내과적으로 아픈 친척들, 약물남용 문제나 가정폭력의 가족사, 긴장된 부모-아동관계 및 우울과 불안을 동반한 세대 간 문제와 같은 다양한 문제들을 갖고 있다. 그런 고위험 가족들은 심각한 질병행동을 드러내고, 1차 진료 제공자들이 평가할 필요성을 느끼는 애매한 신체적 호소를 한다. 다음으로 부모들은 자녀를 위해 부가적인 방문을 할 수도 있고, 제공자는 모든 의학적 가능성들을 계속 찾는다. 이런 불행한 일련의 사건들은 여러 해 동안 이어질 수도 있다.

1차 진료 행동 건강 모형과 수용전념치료

1990년대 연구자들은 행동주의자를 1차 진료팀의 자문위원으로 정의한 통합 진료 모형을 눈여겨보기 시작하였다(Strosahl, 1997, 1998; Robinson, Wischman, & Del Vento, 1996). 이 모형은 1차 진료 행동 건강 모형으로 알려지게 되었다. 고차 수준 통합의 관점에서 볼 때 행동주의자의 주요 고객은 환자라기보다는 오히려 1차 진료 제공자였다. 짧은 20~30분 접촉으로 환자들과 상담하고, 제공자들에게 핵심 개념과 공통적인 중재들을 가르침으로써 행동주의자는 1차 진료 환자들 사이에서 행동 서비스에 대한 요구를 맞춰주는 일에서 더 많은 성공을 경험하기 시작하였다. 수용전념치료 전략은 이런 초기 노력들 속에서 현저하게 등장하였고(Robinson, 1996), "1차 진료용 수용전념치료(ACT-PC)"라는 용어가 1차 진료에서 사용될 핵심 수용전념치료 전략의 변형을 보여주기 위해 개발되었다. 이 변형은 수용전념치료 전략들을 비행동주의적 1차 진료 제공자들에게 보다 더 명료하게 해주었고, 1차 진료의 시간 요구에 맞추어 주었다. 초기 연구들은 1차 진료 행동 건강 모형은 더 나은 임상적 성과, 비용 효과성 및 환자 만족과 관련이 있음을 제시하였다(Katon et al., 1996). 따라서 획득한 힘을 통합하고, 스태프-모형 건강 유지 조직으로부터 전 미국에 걸쳐 있는 군대와 지역사회 건강센터까지 확대하려는 움직임이 있었다. 1차 진료 행동 건강 모형은 재빨리 서비스들 통합을 위한 절대적 기준이 되었다(Strosahl & Robinson, 2007; Strosahl, 1996a, 1996b; Gatchel & Oordt, 2003). 1차 진료 행동 건강 모형의 사명은 직접적으로 환자 진료를 제공할 뿐만 아니라 효과적인 행동 중재를 전달하기 위해 1차 진료 제공자들에게 힘을 실어줌으로써 1차 진료 체계 내에서 건강진료의 전달을 향상시키는 것이다.

1차 진료 행동 건강 모형에 따라 일을 하는 경우, 행동주의자는 공통적으로 행동건강자문가(behavioral health consultant, BHC)로 불리는데, 그 이유는 이 용어가 임상 수행에서 자문하는 성격을 적절히 강조하고 있고, 행동주의자와 1차 진료 제공자들에게 지속적으로 그러한 성격을 생각나게 해주기 때문이다. 『행동 자문과 1차 진료 : 서비스 통합을 위한 안내서(*Behavioral Consulting and Primary Care : A Guide to Integrating Services*)』(Robinson & Reiter, 2007)는 행동건강자문가 실무를 시작하는 법, 1차 진료에서 일하는 데 필요한 핵심 능력, 그리고 그 장면에서 요구하는 사항들을 갖추기 위해 실무 양식들을 적용하고 1차 진료팀의 의사와 다른 구성원의 실무 습관에 영향을 주는 데 필요한 실제 도구들에 관한 자세한 정보를 제공한다.

수용전념치료와 기타 맥락적 심리치료들은 1차 진료 실무에 특히 잘 들어맞는다(Robinson & Reiter, 2007). 수용전념치료의 토대는 1차 진료 행동건강 모형의 철학과 잘 맞는데, 이 철학은 진단보다는 오히려 환자 기능에 직접적으로 주목한다. 경험적 회피와 인지적 융합은 어떤 환자들 사이의 불필요하고 값비싼 서비스의 사용에서 그리고 다른 환자 집단들 사이에서 요구되는 진료의 과소 활용에서 현저하게 나타나기 때문에 수용전념치료 원리와 전략은 1차 진료에서 필요한 체계-수준 변화들을 가능하게 해주고 있다(Robinson & Hayes, 1997).

몇몇 예는 진료를 과다 사용하고 또 과소 사용하는 소아과 환자들과 가족들 사이의 경험적 회피의 진행과정을 독자에게 제공해 줄 것이다. 심리적 고통을 신체화하는 경향이 있는 가족들은 흔히 1차 진료에서 과잉 사용하고 만족을 하지 못한 환자 집단이다. 인생의 초창기에 아동은 신체 호소를 통해 심리적 고통을 표현하는 것을 배울 수 있다. 그 다음 그들의 부모는 불쾌한 내적 사건들을 위해 가능한("위험한") 신체적 설명에 대해서 관심을 표현할 수 있다. 이런 취약한 환자들이 갖고 있는 두통은 제공자들에게 값비싼 정밀검사와 다양한 약물치료 시도를 해보게 할 수 있는데, 이것은 흔히 이익보다는 부작용을 더 많이 보고한다. 연속선의 다른 끝에는 과체중 아이를 둔 비만한 부모가 건강진료 전문가의 부정적인 평가와 비난을 회피하기 위해 생의 첫 1년간 받아야 할 초기 소아 건강검진을 회피할 수도 있다. 예를 들어 이 부모는 방문이 고통스럽고 그들이 지금껏 해온 일들(예 : 아이와 자신의 고통을 줄이기 위한 노력으로 아이에게 과도하게 먹이는 것)을 전혀 수용해 주지 않을 것을 두려워할 수도 있다.

1차 진료용 수용전념치료는 필수적으로 환자와 보다 더 짧은 시간의 상호작용을 요하는 1차 진료 제공자들과 행동건강자문가들이 1차 진료용 수용전념치료를 사용하는 것을 지원해 주기 위해 핵심 수용전념치료 전략에 변형을 가했다. 수용전념치료는 원래 한 시간 이상 걸리는 환자 맥락에서 개발되었지만, 기본원리와 전략은 광범위한 접촉기간이나 환자와 제공자 간의 진행 관계를 반드시 필요로 하지는 않는다. 수용전념치료 전략의 순서가 치료의 중요한 측면임을 제안하는 증거는 없으며, 1차 진료를 받는 모든 환자들이 진료를 받는 동안 수용전념치료의 모든 핵심 전략을 경험할 필요도 없다. 1차 진료용 수용전념치료는 5분이건 30분이건 간에 행동건강자문가가 환자의 요구를 충족시키고 상호작용에 이용할 수 있는 적절한 양의 시간을 선택하도록 지원한다. 실제로는 10분 접촉에 적합한 수용전념치료 중재를 사용할 것을 강조하는데, 왜냐하면 이것은 행동건강자문가 서비스에 의뢰되지 않은 환자들에게 의사들이 가장 많이 배워서 사용하는 중재이기 때문이다. 종종 행동건강자문가 혹은 의료진이 수용전념치료 연습을 환자에게 제안하고 친한 친구나 친척을 대상으로 그것을 실시해 보도록 권하는 것이 가장 좋은 효과를 낸다. 우리는 교육적인 유인물을 광범위하게 사용하며, 수용전념치료 개념을 그림으로 표현한 것들을 소아과 환자, 가족 및 1차 진료 제공자들이 잘 받아들임을 발견하였다. 수용전념치료 중재들을 전달하고 1차 진료 제공자들을 가르치는 데 사용된 그림 표현의 예가 이 장의 후반에 제시되어 있다.

1차 진료용 수용전념치료는 1차 진료 환경에서 실행할 수 있도록 수용전념치료 프로토콜에 다른 변화를 줄 것을 권장한다. 예를 들어 노출에 근거한 치료에 대한 환자의 동의를 권유하지 않으며, 대신에 의뢰된 환자에게 부가적인 고통이 있을 가능성이 있음을 서비스를 소개하는 일부분으로서 상담 초기에 간단히 언급해 준다. 여기에 이것을 소개하는 예가 있다.

> 안녕하세요. 저는 Dr. Jones입니다. 저는 이 클리닉에 있는 다른 의사들이 환자 돌보는 것을 돕고 있지요. 제 전문 분야는 아이들과 가족들이 건강과 삶의 질을 높이는 방법을 찾도록 도와주는 것입니다. 오늘 우리는 당신의 의사가 탐구하고자 하는 문제를 보게 될 것입니다. 10분이나 15분 정도 함께 이야기한 후 저는 당신과 의사에게 몇 가지 권고사항을 전해 줄 겁니다. 제가 당신에게 제공하는 생각들을 가지고 당신이 무엇을 할지는 오로지 당신에게 달려 있습니다. 당신의 인생 경험은 아마도 단기적인 문제해결은 그 효과가 오래 지속되지 않으며, 우리가 삶의 질을 높이기 위해 행하는 변화들이 우리에게 불편함을 준다는 것을 알려줄 것입니다.

끝으로, 1차 진료용 수용전념치료는 환자 집단과 건강진료 체계의 다양한 측면에 초점을 두는 건강진료 프로그램에 수용전념치료 개념을 융합시키는 방식을 제시하고 있다. 다음 절은 1차 진료 행동 건강 모형을 수행하는 것과 1차 진료용 수용전념치료 방법을 사용하는 방법에 대한 지침을 제시해 준다.

1차 진료 행동 건강 모형을 수행하는 것과 1차 진료용 수용전념치료 방법을 사용하는 것에 관한 지침

1차 진료용 수용전념치료를 수행하는 데 다음과 같은 세 가지 중요한 지침이 있다 : (1) 필요한 시기에 가능한 많은 환자들에게 가장 강력한 행동 중재를 제공할 것, (2) 1차 진료 제공자가 행동건강자문가 서비스의 1차 소비자인 곳에서 자문 역할을 택할 것, 그리고 (3) 작업 활동들을 전통적인 사례중심의 관점보다는 오히려 인구집단에 기반한 건강진료 제공자의 눈으로 볼 것.

필요한 시기에 환자들에게 근거에 기반한 진료를 전달하기

1차 진료 행동 건강 모형에서 행동건강자문가는 "모든 방문자를 다 진료하는" 만능

선수로 정의한다. 이 말은 행동건강자문가가 근무하는 날은 클리닉에서 가장 나이 어린 환자와 가장 나이가 많은 환자를 포함하는 것을 의미한다. 이러한 요구는 다른 연령 집단은 배제한 채 동일한 연령 집단만을 강조한 수련을 받은 행동건강자문가에게는 스트레스가 될 수 있다. 모든 가능한 조건과 연령 집단을 대상으로 한 경험적으로 지지된 치료의 숙달보다 더 중요한 것은, 1차 진료 동료들로부터 배우는 것과 "급하게" 근거에 기반한 접근들을 배우는 것에 행동건강자문가가 전념하는 일인데, 이것은 1차 진료 장면에서 일할 때의 특징이다.

1차 진료 장면에서는 행동 서비스에 대한 요구가 상당하므로, 행동건강자문가는 가능한 한 많은 환자와 가족들까지 서비스를 확대하도록 진료 양식에 변화를 줄 필요가 있다. 진료 양식에서 도전할 만하고 필요한 변화로는 한계가 분명한 짧은 방문, 사후 방문 계획의 감소, 그리고 행동변화 계획의 계속적인 지지를 위한 1차 진료 제공자에 대한 믿음이 있다. 행동건강자문가는 전형적으로 환자들을 15~30분 정도 만날 것이다. 전형적으로 8시간 진료하는 날에는 12~15명의 환자를 볼 것이다. 행동건강자문가가 환자들을 집단 방문의 맥락에서 만나는 날에는 이 수가 30 혹은 40번의 접촉으로 상승할 수 있으며, 이 모든 것은 차트에 기록해야 한다. 평균적으로 행동건강자문가는 진료 후 두세 번 정도 사후 방문을 받는다. 그렇지만 보다 집중적인 접촉은 과체중 아동이나 임신성 당뇨가 있는 임신 여성과 같은 특정한 집단을 위한 집단 서비스를 통하여 가능하다.

행동건강자문가는 광범위한 심리사회적 면담을 포함하는 전형적인 진단에 초점을 둔 면담을 수행하기보다는 오히려 제공자와 환자가 분명히 밝힌 의뢰 문제에 대한 탐색에 한정한다. 예를 들어 1차 진료 제공자는 학교 출석에 관한 상담을 위해 10대를 의뢰할 수도 있고, 행동건강자문가는 그 환자가 흡연하고 있음을 발견할 수도 있다. 제시간을 유지하고 환자-제공자 관계에서 제일 중요한 것을 존중하려면, 행동건강자문가는 학교 출석에 초점을 둘 필요가 있다. 그렇지만 행동건강자문가는 제공자가 환자와 함께 흡연에 대해 이야기해 보라는 권고사항을 차트에 기록할 수 있고, 환자를 특정한 건강 위협행동을 표적으로 삼는 자문에 의뢰할 수도 있을 것이다.

1차 진료 제공자 :

의뢰 문제/질문/관심사 기능분석 :

표적행동(빈도, 기간) :   선행사건 :   결과 :

회피된 감정/생각/감각 :

회피전략(단기 및 장기 결과 포함) :
1.
2.

중요한 인생 가치 :

가치를 둔 방향의 관점에서 회피전략들의 실효성 :

마음챙김 기술 :

건강한 생활양식 행동 :
  – 가족   – 친구
  – 학교/학점   – 직장/경력
  – 수면/운동   – 약물/알코올/음식의 오용

계획 : [예 : 환자는 매일 어머니와 함께 '하늘에 떠 있는 구름(Clouds in the Sky)' 연습을 수행할 것이다.]

권고사항 :

환자/가족에게 : [예 : 가족은 매주 가족 모임에서 가치 초점을 향상시키기 위해 '심장을 통과하라(Pass the Heart)' 게임을 수행할 것이다.]

1차 진료 제공자에게 : (예 : 2주 동안 당신과의 추적조사에서 권고된 연습/게임들을 환자와 가족에게 요구하거나 지원해 주시오.)

그림 11.1 초기 행동주의적 건강 상담 방문을 위한 면담 보기판

면담 보기판(template)(그림 11.1 참조)을 사용하는 것은 행동건강자문가가 의뢰 문제의 기능분석을 완료하고, 환자의 최근 대처 전략들이 효과적으로 실행되고 있는지를 평가하는 데 도움이 될 수 있다. 제시간을 지키는 것과 그날 하루 동안 의뢰된

것들을 위해 준비할 것으로는 시간-효과적인 면담뿐만 아니라 진행 중인 지원을 제공하기 위해 환자를 가능한 한 빨리 제공자에게 돌려보내는 자발성이 요구된다. 의사와 스태프들을 위해 수용전념치료와 다른 행동 중재를 사용자 친화적인 형식으로 설명할 능력이 없다면, 행동건강자문가는 환자들을 더 자주 다시 보게 될 것이고, 아마도 행동건강자문가의 스케줄에서 그날의 자국들을 제거해야 하는 함정에 빠질 것이다.

많은 새로운 행동건강자문가들은 환자들이 진료를 마치는 데 평균 네 번 이하의 접촉으로는 어렵다는 것을 발견한다. 그러므로 행동건강자문가는 이러한 통계치를 탐지하고, 진료를 평가하고 구체화하는 데 이 통계치를 사용할 필요가 있다. 일부 고위험 환자들은 추적조사를 세 번 이상 받아야 하지만, 많은 이들은 단 한 번의 자문 혹은 단 한 번의 추적조사를 동반한 초기 면담만으로도 이익을 얻는다. 문제가 있는 상황(예 : 부모로부터의 분리 시기 이후 배변훈련 기술에서 보이는 아동의 퇴행)에 특정 기술(예 : 마음챙김)의 사용을 배우는 데 초점을 둔 단 한 번의 방문이 필요한 모든 것일 수도 있다. 일반적으로 행동건강자문가는 심도 있는 중재가 필요한 경우에만 환자를 다시 오게 한다. 만약 그렇지 않으면, 의료 제공자와 마찬가지로 행동건강자문가는 단지 필요한 경우에만 차후에 다시 방문할 수 있도록 환자를 격려한다.

자문 역할을 가정하기

1차 진료에서 행동건강자문가의 역할은 자문가의 역할이다. 이것은 행동건강자문가에게 제공자와 환자 및 환자 가족 사이의 관계가 제일 중요함을 인정하고, 이를 지속적으로 존중해 줄 것을 요구한다. 많은 가정 주치의들이 아기를 분만시키기 때문에 이 관계는 흔히 출생 시부터 시작되었다. 따라서 1차 진료 제공자는 흔히 환자와 가족에 대한 정보를 상당히 많이 가지고 있고, 행동건강자문가는 이러한 정보를 잘 이해하고 사용한다. 대부분의 가족은 그들의 진료에 행동건강자문가가 일시적으로 참여하는 것에 대한 제공자의 권고를 받아들이는 경향이 있다. 가족들은 1차 진료 제공자들이 행동변화가 전문 분야인 1차 진료팀의 또 다른 구성원을 만나도록 아동과 부모에게 요구함으로써 의뢰를 할 때 가장 잘 받아들이는 것 같다.

자문가로서 행동건강자문가는 환자와 소아과 1차 진료 제공자 모두에게 권고사항을 제공한다. 행동건강자문가가 되는 일 가운데 더욱더 흥미로운 도전들 중 하나는 (수용전념치료 중재를 포함한) 권고사항들을 전달하는 방법을 찾는 것이며, 그래야 권고사항들이 명료하고 제공자가 광범위한 현재와 미래의 환자들에게 중재를 적용하는 방법을 이해하는 데 필요한 깊이를 지니게 된다. 예를 들어 행동건강자문가는 사회적으로 불안한 7학년생에게 그녀의 다양한 생각들(그녀의 사회 기술, 매력 등에 관한 것)을 갖고 있도록 가르칠 수 있다. 그녀는 한 그릇의 스프 속에 들어 있는 야채들을 지켜보면서 다음과 같이 할 수도 있다 : (1) 야채들이 떠다니는 것을 단지 지켜보기만 할 것, (2) 그녀의 마음이 야채들을 어떻게 평가하는지에 주목할 것(내가 예쁘다고 생각하는 것은 "좋은 생각이야", 감자는 "좋아", 내 목소리가 떨리는 것은 "나빠", 오크라는 "끔찍해"), 그리고 (3) 스프/마음을 계획된 사회적 상호작용으로 다루지 않은 채 존재하는 그대로 내버려둘 것. 명료성 요구와 깊이에 대한 필요성 사이의 균형에 도달하기 위해 행동건강자문가는 1차 진료 제공자들에게 다양한 교육기회를 제공해 줄 필요가 있다. 물론 이러한 침투적인 상호작용은 의뢰된 환자에 관한 특정한 짧은 피드백을 제공함으로써 시작한다. 이상적으로 이러한 피드백은 환자가 행동건강자문가에 의뢰되어 만나는 날 주어지게 되는데, 이유는 이때가 제공자를 가르칠 최적의 순간이기 때문이다.

또한 행동건강자문가는 요구사항들을 전달하고 수용전념치료 중재에 대해 1차 진료 제공자들을 가르치기 위해 차트 기록을 사용할 수 있다. SOAP 형식, 즉 주관적이면서 객관적인 평가 계획(subjective objective assessment plan)은 1차 진료에서 공통적이며, 행동건강자문가는 이 형식을 시작점으로 사용하고, 기록하는 길이는 한 페이지로 한정해야만 한다. 간략해야만 제공자가 그 기록을 읽게 된다. "계획" 부분의 특수성은 행동건강자문가가 소개한 중재의 영향을 지원하고 확장시킬 제공자의 능력을 증진시켜 준다. 그림 11.2는 SOAP 기록의 한 예이다.

많은 의료 제공자들은 차트 기록에 언급된 특정 중재들에 관한 설명을 요구할 것이다. 여전히 행동건강자문가가 부가적인 훈련을 제공하는 것이 흔히 유용하므로 제공자들은 그들의 환자 상호작용에 행동 기술을 융통성 있게 적용하는 것을 배운

주관적(subjective) : Dr. Ramos-Diaz는 이 여덟 살 난 라틴계 남아를 수면 문제와 외상적 스트레스 증상들에 관한 자문을 위해 의뢰한다. 엿새 전 환아는 댄스홀에서 안전요원이 발사한 목표가 빗나간 테이저 총에 등을 맞는 사고를 당하였다. 환아는 부모들이 춤을 추고 있는 동안 출구 근처의 테이블에서 형과 놀고 있었다. 그는 응급 치료를 위해 병원으로 실려 갔고, 이제 육체적으로는 회복되었다. 사고 후 그는 집 밖을 나가면 과잉경계를 하게 되었고, 안전요원이나 경찰관을 보면 고통스러워하였다. 잠들기가 어려워졌다. 환아는 악몽을 꾸며 밤마다 깨어났고, 그중 어떤 것은 사고에 관한 것임을 보고하고 있다. 환아는 사고에 대해 말하길 원하지 않으며, 복통에 기인한 사고와 "그냥 기분이 안 좋아서" 학교를 이틀 결석하였다. 환아는 학교와 친구 만나기를 좋아하는 평균 이상의 학생이다. 그는 부모, 형, 교사, 친구들과 잘 지낸다. 그는 천식이 있다.

객관적(objective) : 환아의 어머니는 오늘 소아과 증상 체크리스트(Pediatric Symptom Checklist)를 완성하였다. 총점 21점은 의미 있는 심리사회적 기능장애를 시사한다. 환아는 방문 내내 장난감을 가지고 놀았고 사고에 대한 질문에 대한 대답은 고개를 끄덕이는 것으로 한정했다.

평가/계획(assessment/plan) : 수면 문제, 외상적 스트레스 증상들. 환아와 어머니는 현재 순간을 경험하기 위한 기술을 향상시키기 위해 '과거-현재-미래(Past-Present-Future)' 연습과 과잉경계를 감소시키기 위해 '넝마 인형 이완(Rag Doll Relaxation)' 연습을 배웠다. 그들은 이 연습들을 매일 몇 번씩 하게 될 것이다. 잠자리에서 그들은 '넝마 인형' 절차를 수행할 것이며, 어머니는 필요하다면 환아의 등을 가볍게 마사지해 줄 것이다. Dr. Ramos-Diaz는 환아를 일주일 내에 진료하고, 복통이 있을지라도 학교는 계속 나갈 것을 지지하도록 권고한다.

그림 11.2 SOAP 기록의 예

다. 수용전념치료와 다른 행동주의 기법을 제공자들과 공유하기 위해서 부가적으로 점심시간을 이용한 프레젠테이션과 글로 적은 재료들을 제공할 수 있다. 대부분의 소아과 의사들은 심도 있는 설명과 흔히 사용된 중재의 예를 제공해 주는 한 장짜리 뉴스레터를 환영할 것이고, 많은 의사들은 수용전념치료에 관한 짤막한 장들을 읽을 것이다. 일단 기초에 정통하면, 1차 진료 제공자들은 진료 맥락에 특히 잘 들어맞는 새로운 은유의 출처가 될 것이다. 수용전념치료에서 경험적 기회를 제공하는 훈련 프로그램들은 1차 진료 제공자와 스태프에게 수용전념치료 개념들을 깊이 있게 이해시켜 주고, 수용전념치료 전략들을 사용할 능력을 향상시켜 줄 수 있다.

인구집단 건강 모형에서의 실제

인구집단에 기반한 진료의 원리는 1차 진료 행동 건강 모형의 이론적 근거 중 많은 부분의 기초를 이루고 있으며, 그것들 대부분은 1차 진료 장면을 시작하는 행동건강자문가들에게는 새로운 것이다. 전통적인 정신건강 치료의 전형적인 사례 모형은 인구집단 건강 모형과는 다른 목표를 가지고 있다. 인구집단에 기반한 진료는 늘어나는 만성질환 관리의 문제는 물론 예방 및 급성 진료에 대한 체계적인 접근을 촉진시킨다(Lipkin & Lybrand, 1982). 예를 들어 이 모형에 근거한 중재들은 특정한 중재 프로토콜을 전달하도록 행동건강자문가에게 의뢰할 목적으로 특정 문제(집과 학교에서의 행동 문제)를 지닌 인구집단의 구성원들(예 : ADHD를 지닌 6~12세 아동)을 더 잘 확인해 주는 선별 절차를 사용하도록 제공자들에게 알려준다. 대안적으로 인구집단 건강 프로그램은 관련 의학적 문제들(오토바이–자동차 상해)의 발생을 낮추기 위해 특정 인구집단(10대)에게 교육 정보(예 : 알코올과 약물 사용의 건강 위험, 안전벨트 사용)를 전달할 필요가 있다. 큰 충돌을 빚는 문제들(예 : 주의력 결핍 장애와 행동장애를 지닌 10대와 그 부모 사이의 관계 문제)을 위한 프로그램 또한 인구집단에 초점을 두는 것이 도움이 된다.

인구집단에 기반한 진료의 특징은 선택된 소수에게 집중적인 서비스를 제공하기보다는 오히려 많은 수의 인구집단 구성원들이 이용할 수 있는 제한된 수의 서비스를 제공해 주는 접근이다. 집중적인 전문 중재는 소수의 확인된 개인들에게는 의미 있는 도움을 제공해 주지만, 인구집단 중 도움을 필요로 하는 대다수의 개인은 확인되지도 도움을 받지도 못하고 있다. 또한 이러한 개인들은 인구집단에 대한 건강 부담을 증가시키고, 가치 있는 건강진료 자원들을 고갈시킨다. 따라서 인구집단에 기반한 접근법들은 많은 사람들을 조금 향상시키는 것이 인구집단의 전반적인 건강을 향상시킬 수도 있다는 희망을 지님으로써 보다 제한된 방식으로라도 인구의 더 많은 구성원들이 혜택을 볼 수 있도록 시도한다. 근본적으로 이 접근법은 가능한 한 많은 사람들이 한정된 건강진료 자원을 사용하여 이익을 얻을 수 있는 가장 적절한 방법을 고안해 낼 수 있는 연구를 한다.

1차 진료용 수용전념치료 인구집단 프로그램은 종종 특정한 표적 인구에 관해 제공자들에게 특정 지식을 전달해 주는 "임상적 통로"가 될 수 있다. Robinson(2005)은 1차 진료의 공통적인 문제들에 관하여 인구집단에 기반한 진료 개시의 설계를 위한 보기판을 제안하고, 1차 진료에서 우울증 문제에 적용하는 예를 제공하고 있다

(Robinson, 2003). 『1차 진료로서의 행동 건강 : 효과성을 넘어 유능성으로(*Behavioral Health as Primary Care : Beyond Efficacy to Effectiveness*)』(Cummings, O'Donohue, & Ferguson, 2003) 또한 이 주제에 대해 유용한 정보를 제공해 주고 있고, Rivo(1998)는 인구 진료에 대한 간결한 요약을 제공해 준다.

환자와 가족을 위한 1차 진료용 수용전념치료 자문 서비스

저자는 특정한 소아과 1차 진료 인구집단에 대한 초점을 개발하고 유지하기 위한 제안을 하면서 이 장을 결론짓고자 한다. 수용전념치료 전략과 개념은 아동, 가족 및 소아과 제공자들에게 성과를 증가시켜 줄 만한 잠재성을 지니고 있다. 그렇지만 수용전념치료가 제안한 기법들은 시간 제약과 제공자들 간의 다양한 관심 수준을 고려하는 방식으로 채택하여 적용할 필요가 있다. 이 목록은 행동건강자문가가 1차 진료에서 수용전념치료를 상상력이 풍부하고 효과적인 방식으로 사용하도록 여섯 가지 원리들을 제공한다. 소아과 1차 진료에서 수용전념치료 재료들을 창출하고 적용하기 위해 다음 원리들을 사용할 수 있다.

1. 광범위하게 적용할 수 있는 재료 개발하기
2. 휴대용 재료 개발하기
3. 15분 이하로 설명하고 사용할 수 있는 재료 개발하기
4. 수용전념치료 중재를 제공자에게 명료하게 해주는 재료 개발하기
5. 개인 및 집단장면에서 활용되는 재료 개발하기
6. 수용전념치료 관점을 반영하고 상황에 적당한 개념 측정하기

하나 이상의 예가 원리들 각각을 예시하기 위해 다음에 제공되어 있다. 소아과 1차 진료에서 수용전념치료를 가장 잘 변형시킨 자료들은 행동건강자문가와 소아과 제공자 사이의 협조적인 노력으로부터 나오며, 이 절에서 제공된 예들은 팀워크에서 발달되었다.

광범위하게 적용할 수 있는 재료 개발하기

1차 진료에서는 시간이 별로 없다. 그리고 모든 가능한 현재 호소들에 대해 각각의 유인물을 사용하는 것은 바쁜 스케줄 속에서 현재에 머무르려는 행동건강자문가의 노력을 방해할 것이다. 또한 1차 진료 제공자들은 모든 내용을 담고 있는 최소한의 유인물만을 사용하고자 한다. 우리는 이 준거를 충족시켜 줄 '사람 윤곽과 성(Human Shell and the Castle)' 유인물을 만들었다(연습과제 1 참조). 미리 그림이 그려져 있는 유인물들은 그림 접근을 지원해 줄 수도 있고, 제공자와 환자는 그림의 도움을 받아 대부분의 수용전념치료 핵심 과정들을 배울 수 있다. 다음 설명은 '사람 윤곽과 성' 사용법에 대하여 열 살 소년과 대화를 나눈 내용이다.

좋아. 이 남자의 이름은 Swallow(아이가 제일 좋아하는 비디오게임 캐릭터 이름)라고 가정해 보자. 너처럼 그 사람은 별로 좋아하지 않은 이 모든 생각들을 머릿속에 가지고 있어. 그것들을 여기에 써보자[I절 : 원치 않는 생각과 감정들]. Swallow가 이러한 생각들을 할 때 어떨 거라고 너는 생각하니? (이 질문은 아동의 경험적 회피행동들을 정의하려고 하는 것이다.) 이것들을 여기에 써보자[II절 : 회피하는 방법들 : 효과?/대가?]. 우리는 이것들에 대해 잠시 이야기를 나눌 거야. 다시 말해서 네가 그것들이 원하는 방식으로 하고 있는지를 찾아보려고 시도하는 거지.

이제 '마음, 신체 및 영혼의 성(Castle of the Mind, Body, and Spirit)'을 보도록 하자. 이것은 최고의 희망과 꿈이 살고 있는 성과 같은 거란다. 꿈과 희망은 인생에서 정말로 중요한 것들이야. 친구를 사귀는 것, 가족들과 잘 지내는 것, 배우는 것, 탐구하는 것처럼 말이야. 너와 Swallow를 위한 성에 속해 있는 것들을 너는 어떻게 생각하니? 여기에 그것들을 적어보자[III절 : '마음, 신체 및 영혼의 성'].

이제 이 길을 보면서, 그것을 Swallow가 성까지 데려다 주는 길로 생각해 보자. 때때로 이 상자의 여기 위에 있는 것들 중 몇 가지[II. 회피하는 방법들]가 튀어나와 길을 막을 거야. 이것들 각각을 살펴보고, 그것들이 너를 위해 이렇게 하는지를 결정해 보자. X를 하는 것은 5분이나 10분처럼 짧은 시간에 Swallow에게 효과가 있니? 긴 시간 동안 이것을 하는 것의 대가는 무엇이지? (행동건강자문가는 길을 막을 수 있는 각 항목에 대한 환자의 반응을 계속해서 기록한 다음 각각의 단기 및 장기 효과를 요약한다.)

그런데 그것은 여기에서 복잡한 상황처럼 보인단다(왜냐하면 어떤 유형의 회피는 효과가 있지만, 어떤 것들은 그렇지 않다는 것이 보편적인 경우이기 때문이다). 상황이 이와 같은 경우 Swallow가 성을 향해 여행을 떠나기는 어렵지. 그는 길에 있는 장애물 중 어떤 것들에 의해 함정에 빠져서 성에 도달하려는 노력을 계속하지 못할 수도 있어. 내게 좋은 생각이 있단다. 모든 것을 빙 둘러서 원을 그려보자. 왜냐하면 그것은 다소간 너 — 소년, 길, 길의 장애물, 그리고 성 — 이기 때

연습과제 1 ···▶ 사람 윤곽과 성

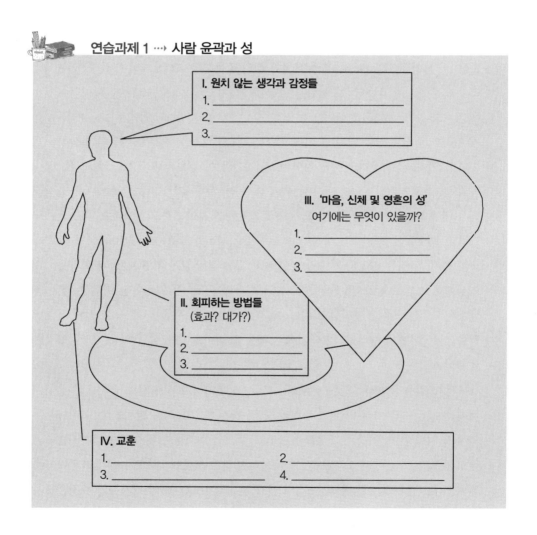

I. 원치 않는 생각과 감정들
1. _____
2. _____
3. _____

III. '마음, 신체 및 영혼의 성'
여기에는 무엇이 있을까?
1. _____
2. _____
3. _____

II. 회피하는 방법들
(효과? 대가?)
1. _____
2. _____
3. _____

IV. 교훈
1. _____   2. _____
3. _____   4. _____

문이지. (행동건강자문가는 전체 그림을 빙 둘러서 원을 그린다.) 그 다음 난 불쾌한 생각, 감정 및 길의 장애물이 있다고 해도 성까지 너와 Swallow가 갈 수 있게 해주는 내가 생각하는 교훈들을 말해 줄게. 우리는 그것들을 이 페이지의 아래에 적을 것이고, 난 오늘 너에게 교훈 하나를 가르쳐 줄게.

행동건강자문가는 이야기 속 특수사항들을 아동에게 적용할 수 있다. 가능하면 행동건강자문가는 아동의 경험에 대한 자발성을 키워주고 원치 않는 사적 사건들을 탐구하기 위해 제일 좋아하는 캐릭터를 사용할 수 있다. 또한 행동건강자문가는 아동에게 적합하도록 연습에 이름을 부여할 수 있다. 가능한 예들에는 용기 있는 아이, 용감한 소년 및 유 고 걸(You Go Girl)이 있다.

'사람 윤곽과 성'의 변형은 '왕관 쓴 아이(Child with a Crown)' 연습(연습과제 2 참조)이다. 그림은 단순히 왕관을 쓴 인간 형상이다. 행동건강자문가는 왕관은 아동을 위한 안내자로서 도움을 줄 수 있는 보석들을 지니고 있다고 아동에게 알려주는 것으로 시작할 수 있다. 그 보석들은 학교와 집에서 최고의 순간을 맞고 싶을 때 아동이 원하는 것이 무엇인지를 시각화하도록 아동을 안내하는 것을 돕는다. 행동건강자문가는 I절 "내 왕관에는 무슨 보석들이 있나요?"에서 보석들을 나타내는 단어나 문구를 쓸 수 있다. 그 다음 행동건강자문가는 아동이 자신의 머릿속에 있는 것, 아동이 없애거나 무시하고 싶은 생각과 감정들을 말로 표현해 보게 할 수 있다. 행동건강자문가는 II절 "내가 싫어하는 생각과 감정들은 무엇인가요?"에서 아동의 반응을 기록한다. 시간이 허락된다면, 행동건강자문가는 아동을 III절 "나는 어떻게 그것들을 회피하나요?"에 대답하는 것으로 옮겨갈 수 있고, 아마도 아동을 어떻게 통제가 어떤 경우에는 효과가 있고 또 다른 경우에는 효과가 없는지(우리가 얼음조각을 손에 들고 있으면서 그것이 녹지 않게 하려고 할 때와 같이)에 대한 논의에 참여하게 할 수 있다.

행동건강자문가는 또한 원치 않는 사적 사건들에 대한 더 많은 자발성과 수용을 아동이 발달시키기 위해 자발성 전략을 사용할 수도 있다. 예를 들어 행동건강자문가는 아동과 행동건강자문가가 머리에서 생각이나 이미지를 가져와서 그것을 손으

연습과제 2 ⸱⸱⸱⸱➡ 왕관 쓴 아이

I. 내 왕관에는 무슨 보석들이 있나요?

1. _____
2. _____
3. _____

II. 내가 싫어하는 생각과 감정들은 무엇인가요?

1. _____
2. _____
3. _____

III. 나는 어떻게 그것들을 회피하나요?

1. _____
2. _____
3. _____

IV. 어떻게 나는 왕관 속 보석들을 빛나게 할 수 있을까요?

1. _____
2. _____
3. _____

로 부드럽게 잡은 채 어떻게 손이 이것을 느끼는지, 그리고 심장과 머리도 역시 어떻게 이것을 느끼는지를 지켜보도록 제안한다. 그런 자발성 연습에서 행동건강자문가와 아동은 "손 안에 쥔 생각"에 대하여 그들의 현재 생각과 감정을 교대로 나누어 볼 수 있다. 또한 행동건강자문가는 아동에게 보석들이 매일 더 밝게 빛나게 해줄 수도 있는 것에 대한 논의로 아동을 참여시킬 수 있다(그리고 IV절 "어떻게 나는 왕관 속 보석들을 빛나게 할 수 있을까요?"에서 나온 반응들을 기록한다). '사람 윤곽과 성'에서 했듯이, 행동건강자문가는 수용을 모델링하는 하나의 방법으로 아동, 원치 않는 사적 사건들 및 교훈들(혹은 아동이 배우는 데 동의한 기술들)을 빙 둘러 원을 그린다.

휴대용 재료 개발하기

유인물은 1차 진료 제공자들이 수용전념치료를 지속적으로 배우고 적용하는 것을 도와줄 수 있다. 그렇지만 유인물은 작업의 흐름을 느리게도 할 수 있다. 행동건강자문가들은 그날에 만나야 할 환자들과 함께 재빨리 검사실을 나왔다 들어갔다 하며, 항상 유인물에 접근할 준비가 되어 있지 못할 수도 있다. 게다가 또 제공자들은 심리적 중재로부터 이익을 얻을 수 있는 아동을 대상으로 유인물을 사용할 시간이 없거나 이를 기억할 수 없을 수도 있다. 최상의 방법은 가능하면 필요한 순간에 진료를 하는 장소에서 가용한 재료들을 만들어 낼 수 있는 방식으로 수용전념치료 중재를 지원해 줄 재료들을 설계하는 것이다. 예를 들어 종이로 된 검사실 테이블 커버나 처방 용지에 '왕관 쓴 아이'와 '사람 윤곽과 성'을 그려볼 수 있다. 이러한 재료들을 그리는 것은 아동에게 세부사항들(예 : 키가 얼마나 큰지, 얼굴 표정은 어떠한지, 머리 색깔은 무엇인지)을 그려보도록 하면서 제공자가 아동을 참여시킬 기회를 제공해 준다.

덧붙여, 행동건강자문가와 1차 진료 제공자는 환자들에게 중요한 개념들을 설명해 주기 위해 검사실 재료들을 사용할 수 있다. 예를 들어 행동건강자문가는 문제가 되는 방식으로 화를 표현하는 청소년에게 융합의 개념을 설명해 주기 위해 컴퓨터 위에 그런 사람의 코를 가진 사람을 그릴 수도 있다. 행동건강자문가는 환자가 학교에서 또 다른 학생을 때리려고 할 때 컴퓨터 스크린이 무슨 말을 할 것인지를 그에게 물어볼 수 있다. 탈융합 기법을 가르친 후, 행동건강자문가는 화면에 쓰인 위의 질문에 대한 아이의 반응과 함께 열린 노트북을 들고 있는 아동의 그림을 그릴 수 있다. 이러한 그림 교수법 보조물들은 클리닉을 방문하는 사이사이에 무엇을 수행할 것인지를 환자들에게 상기시켜 주는 재료로 제공될 수 있다. 또한 시간이 별로 없는 제공자들은 행동건강자문가가 사용한 중재를 지원할 준비를 하도록 그림 보조물들을 사용할 수 있다.

15분 규칙을 유지하는 재료 개발하기

처음 방문에서 행동건강자문가는 맥락적 면담을 위해 약 10분, 기능분석을 수행하고 중재를 개발하는 데 15분을 사용한다. 맥락적 면담의 목적은 환자들의 근본적인 어려움을 이해하기 위해 환자들 인생의 한 조각을 얻는 것이다. 여기에는 그들이 어디에 살며, 누구와 살고, 어느 학교에 다니고, 그들이 경험하는 것이 무엇이고, 여가시간에 하는 즐거운 일이 무엇이고, 친구들과의 경험 및 건강보호 행동들의 레퍼토리에 대한 질문이 포함된다. 시간 압력을 받을 때 행동건강자문가는 맥락적 면담에 할당된 부분을 포기한 채 기능분석과 중재로 곧바로 나아간다. 추적조사 회기에서, 행동건강자문가는 전형적으로 환자를 30분은커녕 15분이나 20분 만난다. 그러므로 모든 수용전념치료 재료들은 15분 이하 내에서 사용될 필요가 있다. 또한 15분 보충 버전을 개발하는 것이 현명한데, 이유는 제공자들에 의해 수행되는 경우가 더 많기 때문이다.

'소아과 황소의 눈-1차 진료(Pediatric Bull's-Eye-Primary Care)'(그림 11.3 참조)는 기능분석과 중재를 통합하는 수용전념치료 중재와 1차 진료 제공자를 위한 15분 버전이 가능한 예이다(Lundgren & Robinson, 2007). 이것은 매우 융통성 있는 접근법이며, 아동과 10대들을 대상으로 한 것처럼 쉽게 부모들에게도 사용될 수 있다. 이 접근법에서 행동건강자문가는 황소의 눈을 그리고 (혹은 대안적으로 그림 11.3의 것과 비슷한 미리 그려진 형태를 사용함), 다트판의 중앙은 아동의 가장 소중한 꿈이라고 설명한다. 그것이 무엇인지에 관해 몇 줄 기록한 후, 행동건강자문가는 아동이나 청소년에게 어떤 종류의 일들(예 : 다트판으로부터 빗나가 구부러진 화살표나 다트)이 다트가 황소의 눈을 맞추지 못하게 만들었는지를 말하게 하고 이것들을 기록한다. 그 다음 행동건강자문가는 다트판을 향해 똑바로 날아간 직선 화살표들에 기록된 세 가지 목표 중 한 가지를 택해 환자를 참여시킬 수 있다. 이 접근법은 환자에게 진전을 탐지하게 해주며, 환자와 가족이 소아과 1차 진료 제공자와 함께 다시 확인하게 되는 진료에서 연속선을 제공해 준다. 다음 대화는 공포 영화를 시청한 후 잠자리에 드는 것을 두려워하는 일곱 살 난 소녀와 함께 '소아과 황소의 눈'을 사용하는 것을 설명해 주고 있다.

행동건강자문가 : 다트판을 본 적 있니? 그것은 다른 원보다 더 큰 원들이 여러 개
　　　　　　　　있는 거야. 중앙은 황소의 눈이라고 부르는데, 그것은 네가 다트

게임을 할 때 가장 큰 점수를 얻게 되는 부분이지. 다트판의 중앙이 너의 인생에서 가장 소중한 경험과 꿈들을 나타낸다고 가정해 보자. 정말로 네가 관심 있는 게 무엇이지?

아동 : 글쎄요. 저는 숫자를 잘 세고 싶어요.

행동건강자문가 : 좋아. 난 그것을 여기에 적을게. 또 너에게 중요한 것이 뭐가 있을까? 중앙을 막 벗어난 원에 알맞은 것 말이야.

아동 : 친구 사귀는 거?

행동건강자문가 : 그건 나에게 아주 중요한 일처럼 들리는구나. 여기에 그것을 적을게.

행동건강자문가는 이런 방향으로 서너 개의 가치들을 확인하려는 노력을 계속한다. 그런 다음 행동건강자문가는 아동에게 이 순간 아동이 추구하고자 하는 것을 확인하기 위해 아동에게 물어볼 수 있다. 이 특별한 환자는 "수를 잘 세는 것"을 선택하였다.

행동건강자문가 : 좋아, "수를 잘 세는 것"이 이제 우리의 방향이야. 너를 다트판으로부터 벗어나 곡선을 그리게 만드는 것이 무엇이라고 생각하니?

아동 : 전 다트들을 잘 던지지 못하는 거죠? 아니면 다트에 무슨 문제가 있을 수도 있고요.

행동건강자문가 : 왜 그렇게 생각하는지 궁금한 걸?

아동 : 전 그다지 강하지 않아요. 전 피곤해요.

행동건강자문가 : 왜?

아동 : 전 괴물들이 무서워서 잠을 잘 못 자요.

행동건강자문가 : 괴물들은 무섭지. 괴물들이 생각날 때 넌 어떻게 하니?

아동 : 엄마 방으로 가요, 하지만 엄마는 그냥 절 침대로 돌려보내요.

행동건강자문가 : 괴물들이 생각날 때 침대에 누워 있으면서 안심하기가 어렵겠구나.

아동 : 그래요. 그건 끔찍해요. 그렇게 할 수 없어요. 그래서 전 엄마 방문 옆 마루에서 잠을 자요. 하지만 거기에서도 무서워요.

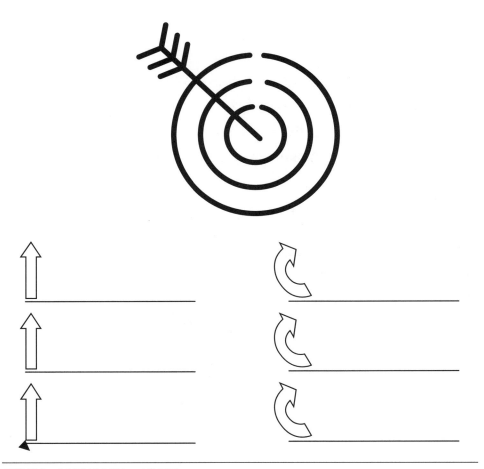

그림 11.3　소아과 황소의 눈-1차 진료

　그 다음 행동건강자문가는 괴물들과 회피전략의 실효성에 대한 더 자세한 사항들을 추적하려는 입장을 취한다. 오히려 재빨리 행동건강자문가는 "네가 숫자 세기를 더 잘 할 수 있도록 괴물들을 얼마나 두려워하고 있는지 알아볼 생각이 있니?"라고 물어볼 수 있다. 아동이 기꺼이 그러겠다고 하면, 행동건강자문가는 밤에 괴물 이미지의 기능을 변화시켜 줄 새로운 기술들을 아동이 개발하는 것을 도와줄 수 있다. 예를 들어 행동건강자문가는 괴물들을 때때로 진정시켜 줄 필요가 있고, 밤 동안에 괴물들이 조용히 잠을 자도록 아동이 도와줄 방법들을 확인하는 데 있어서 아동의 도움이 필요함을 제시해 줄 수 있다. 아동은 괴물들에게 노래를 불러주거나 이불을 덮어줄 수도 있을 것이다. 또는 아동이 그저 "쉬… 조용히…"라고 말한 뒤 자신이 제일 좋아하는 자장가를 부드럽게 불러줄 수도 있을 것이다. 행동건강자문가는 세 가지 가치들, 세 가지 회피전략들 및 하나의 목표를 확인해 줄 시간이 있긴 하지만, 바쁜 의학적 제공자는 그저 가치 하나, 회피전략 한 가지 및 목표 하나를 확인해 줄 수도 있다. 두 가지 상황 모두에서 제공자는 더 잘 휴식하고 학교에서 잘 해내는 방향으로 환자를 이끌어 갈 기술을 가르치게 될 것이다.

명료한 재료 개발하기

수용전념치료 중재들을 명료하게 하는 것은 수용전념치료 개념에 대한 많은 숙달과 소아과 1차 진료 제공자들의 이해를 요구한다. 이 생각은 핵심 과정을 이끌며, 제공자들이 이 과정에 친숙하도록 해준다. 예시 사례들을 동반한 핵심 과정에 대한 간략한 목록은 이 과정들을 이해할 수 있게 해주며, 제공자가 부가적으로 독창성을 발휘하도록 격려한다. 이러한 예 한 가지는 청소년에게 성을 찾아가는 데 필요한 도구들로 여행가방을 꾸리도록 제안함으로써 그 청소년과 함께 '사람 윤곽과 성'을 사용하기로 선택한 1차 진료 사용자이다. 멋진 묘사와 예리하지만 간단한 중재들은 제공자들이 그 개념들을 가지고 놀고 그것들을 심층적으로 확대하도록 격려한다. 그 제공자의 혁신에 대한 반응으로 행동건강자문가는 황소 눈 그림을 가지고 다트 가방에서 사용할 잠재적인 다트 도구들의 목록을 개발하였다. 이 목록은 다음과 같이 수용전념치료의 핵심 개념들 대부분을 포함하고 있다.

- **다트 바구니**는 자발성 개념과 계획적인 삶을 살아가면서 그것을 활용하는 역할에 대하여 환자와 가족들에게 가르치기 위한 은유로 적당하다. 자발성 바구니는 환자에게 회피 유형들을 인식시키고, 관찰자 자기를 개발하게 하고, 현재에 머무르는 것을 배우게 하고, 가치들을 명료하게 하고, 가치 있는 방향을 선택하게 하는 다양한 다트들로 채워져 있다.
- **지금-여기 다트**는 아동이 통제전략과 자발성 사이의 차이를 알게 해주는 닻으로서 적당하다. 지금-여기 다트를 사용함으로써 아동은 지금-여기에 머무르

기 위해 의도적으로 호흡을 들이마시고 내쉬는 것을 배운다.

■ **보석 다트**는 가치 명료화 작업을 나타내기 위해 사용된다. 융합과 회피 유형이 일상생활의 과정 동안 일어날 때 환자와 가족은 "지금 당장 나에게 길을 알려줄 어떤 가치를 선택하는가?"와 같은 질문들을 하는 것을 배울 수 있다.

■ **'난 널 지켜보고 있어' 다트**는 계획된 노출 과제 동안 경험되는 불쾌하고 심지어는 고통스러운 내적 사건들을 수용하는 기술과 관련된다. 이것은 마치 놀란 강아지를 안아주는 것처럼 환자와 가족들에게 이 힘든 경험들을 친절하게 껴안고, 계획된 행동 방침을 유지하도록 가르치는 것이다.

■ **'바나나는 다트다' 다트**는 행동건강자문가에게 융합과 탈융합을 가르쳐 줄 수 있다. 이것은 생각과 감정들이 다트를 너무 세게 끌어당겨서 다트를 던진 이가 자신이 다트를 지니고 있다는 것을 잊어버리는 것이다. 또한 행동건강자문가는 문제시되지 않는 규칙들을 따르는 것 대 자신의 경험에 맞추는 것이라는 아이디어를 내놓을 수 있다. 환자들은 생각이 생각임 — 단어들을 모아놓은 것 — 을 배운다. 생각은 언제나 우리에게 인생의 길에서 눈을 떼지 못하게 하며, 우리는 이러한 일이 일어날 때 주목할 필요가 있다. 우리가 우연히 배우는 규칙들(예 : "바나나는 다트다")은, 우리가 그 규칙들을 덜 믿는다면 할 수 있는 던지기를 하지 못하게 할 수도 있다. 때때로 고통스러운 상황을 빠져나가는 유일한 방법은 자신의 직접적인 경험에 주의를 가까이 기울이는 것이다. "바나나는 다트다"를 생각할 때조차 다트를 하나 집어들어 과녁을 향해 던지는 것이 가능하다.

■ **'휘몰아치는 빗속에서' 다트**는 전념행동을 나타낸다. 행동건강자문가는 때때로 다트 던지기는 매우매우 어렵다고 설명해 줄 수 있다. 그 다음 행동건강자문가는 환자와 가족에게 비가 퍼부어 눈에 물이 흐를 때조차 다트판과 던지기에 초점을 유지하는 방법을 확인시켜 줄 수 있다.

개인과 집단에게 사용될 수 있는 재료 개발하기

1차 진료에서 인구집단에 기반한 진료 초점을 유지하는 것의 중요성을 가정하면, 집단과 계층은 언젠가는 행동건강자문가 수행에서 중요한 역할을 한다. 처음에 행동건강자문가는 "오는 사람 모두"를 진찰하는 데 초점을 둔다. 하지만 그 다음에는 인구집단과 그 인구집단의 구성원들이 선택한 행동들을 상술하는, 서로 협동하여 개발한 경로들을 포함하는 것으로 재빨리 수행을 확대해 나간다. 이 행동들에는 행동건강자문가가 이끄는 계층이나 집단에 환자를 참여시키는 것이 포함된다. 예를 들어 한 경로는 제공자들이 당뇨가 있는 소아과 환자들과 그 가족들에게 행동건강자문가가 가르치는 월별 지지 집단과 교육 수업에 의뢰하도록 제안할 수도 있다. 대안적으로 행동건강자문가는 그 제공자의 패널에 속하는 환자들에게 집단 의료 진료를 제공할 목적으로 1차 진료 제공자와 함께 월별 수업을 이끌 수도 있다. 수업에서 마음챙김과 같은 수용전념치료 중재들은 명상의 이점과 부작용을 평가하는 것과 더불어 초점과 집중력 향상을 위해 사용될 수 있다. 집단이나 계층은 행동건강자문가의 거래 도구들을 더 많이 배울 기회를 제공자들에게 주며, 개인 상담과 집단 방문의 맥락에서 사용된 재료와 방법들 간에 겹치는 것이 있을 때 이 도구들을 배우도록 가장 많이 권장된다. 예를 들어 '황소의 눈' 접근은 개별적인 아동과 청소년, 부모, 가족 집단 및 서로 알지 못하는 환자 집단을 대상으로 좋은 효과를 보여주고 있다.

실행 가능한 도구들을 사용하여 수용전념치료 개념 측정하기

1차 진료에서 측정은 전문 진료에서보다는 덜 중요하다. 1차 진료에서 가장 중요한 규칙은 바로, 측정은 실행 가능해야 한다는 것이다. 이것은 간호조무사가 측정을 실시하고 점수 매기는 데 5분 이상 걸리지 않음을 뜻한다. 건강과 관련된 삶의 질을 간단히 측정하는 것은 1차 진료 행동 건강의 사명과 일치하고 수용전념치료에 민감할 수도 있다. 측정치들로 무엇을 선택하건 간에 비교가 가능하도록 모든 행동건강자문가 방문에서 측정치들을 획득하는 것이 중요하다. 환자들이 진전을 이룰 때 행동건강자문가는 기능상 얻은 것들에 대한 지속적인 지원을 위해 1차 진료 제공자에게로 환자를 되돌아가게 할 필요가 있다.

1차 진료용 수용전념치료 인구집단 건강 프로그램

이전에 언급한 바와 같이 인구집단에 기반한 건강진료는 행동건강자문가의 작업에서 핵심적인 초점을 제공한다. 인구집단에 초점을 둔 1차 진료용 수용전념치료 프로그램들을 개발하기 위한 여덟 가지 지침은 다음과 같다.

1. 아동, 청년 혹은 가족들의 인구집단에 대한 공통 관심사를 지닌 동료 집단을 형성하기
2. 관심 있는 인구집단과 그 집단에 대한 최근의 건강진료 접근을 기술하기
3. 표적 인구집단의 건강 쟁점에 영향을 미치는 잠재적인 수용전념치료 과정을 기술하고, 건강 성과를 향상시킬 수도 있는 수용전념치료 전략들을 확인하기
4. 표적 인구집단의 구성원들을 체계적으로 확인하기 위한 방법을 설계하기
5. 표적 인구집단의 확인된 구성원들을 추적하고 성과를 평가하는 방법을 선택하기
6. 표적 인구집단에서 파생된 표본으로 최근 실제의 성과를 평가하기 위해 선택된 측정치들을 사용하기
7. 특정한 임상장면에서 실행할 수 있고 건강보호 자원들을 더 잘 사용하는 것으로 여겨지는 최근 실험실과 임상적 증거에 근거한 1차 진료용 수용전념치료 중재를 설계하기
8. 요구된 변화들이 계속 일어나는 동안 성과들을 이행하고 탐지하기

이 절에서는 프로그램을 창출하는 데 있어서 위의 단계들을 사용하는 예시를 들기 위해 아동기 비만의 예방에 관한 쟁점들을 사용하고 있다. 이 문제는 큰 영향을 지니고 있고, 대부분의 소아과 제공자들에게 있어서 강한 관심사이기 때문에 선택되었다.

자신의 나이에서 신체 질량 지수(BMI)의 백분위 95를 초과하는 아동과 청소년들은 비만으로 간주된다(Ogden, Flegal, Carroll, & Johnson, 2002). 2004년 체력단련과 스포츠에 관한 대통령 자문위원회(President's Council on Physical

Fitness and Sports)는 모든 아동과 청소년 중 15% 이상이 비만임을 보고하였는데, 이것은 약 9백만 명에 달하는 숫자였다. 게다가 2~5세 아동의 10%는 과체중이었다. 이 숫자는 25년 전에 확인했던 비만 아동과 청소년 수의 거의 세 배에 달한다(Ogden et al., 2002).

비만 아동은 청소년기와 성인기를 통해 비만이 될 더 큰 위험이 있다. 비만 아동은 심혈관 질환, 뇌졸중, 신장 문제, 수족 상실 및 시력 상실을 포함한 수많은 건강 문제들(Hannon, Rao, & Arslanian, 2005)과, 삶의 질과 심리사회적 기능의 저하(Williams, Wake, Hesketh, Maher, & Waters, 2005)에 걸릴 위험이 있다. 북아메리카에 있는 소아 당뇨 센터들은 아동기 비만의 증가와 관련이 있는 2유형 당뇨 유병률의 놀라운 증가를 보고해 왔다(Botero & Wolfsdorf, 2005). 아동기 비만을 예방하려는 시도가 절박하게 요구되고 있는데, 왜냐하면 그러한 시도는 많은 아동의 건강을 증진시키고 비만과 관련된 다양한 의학적 문제를 치료하는 비용을 줄일 수 있기 때문이다(Wilson, 1994; Yanovski & Yanovski, 2003).

아동기 비만의 예방

이 절에서 저자는 1차 진료 장면에서 수용전념치료를 견지하는 진료를 전달하고 평가하기 위해 8단계를 기술하고 있다. 다음에 기술된 모형은 광범위하게 적용할 수 있다. 그렇지만 아동기 비만은 커다란 대중적인 건강관련성을 제공하는 예로서 사용되고 있다.

1단계 : 공통 관심사를 지닌 동료 집단을 구성하기　　비만에 대한 앞의 간단한 문헌 검토와 참고문헌 목록은 저자가 행동건강자문가 서비스를 제공한 워싱턴 주에 있는 한 클리닉(Yakima Valley Farm Workers Clinic으로 시골 지역에서는 큰 클리닉임)에서 제공자들에게 분배되었다. 게다가 요구는 임상적 아동기 비만 예방(Clinic Childhood Obesity Prevention, C-COP) 위원회에 회원으로 가입하는 데 커다란 관심을 지닌 사람들에 의해 이루어졌다. 소아과 의사 두 명, 간호사 두 명, 그리고 행동건강자문가가 임상적 아동기 비만 예방 위원회의 구성원이 되는 데 관심이 있었다. 그 클리닉의 간호 관리자인 간호사 중 한 명은 위원회의 의장직을 맡는 데 동의하였다.

2단계 : 관심 있는 인구집단과 그 인구집단에게 최근 접근법을 기술하기　임상적 아동기 비만 예방 위원회를 구성한 후 우리는 고위험 집단에 포함시킬 준거를 개발하기 위해 임상적 경험과 경험적 연구를 활용하였다. 우리는 나이, 성별, 인종 및 건강 위험 행동과 같은 부모 특성들을 고려하였다. 우리는 또한 표적이 된 인구집단의 구성원들이 전형적으로 받고 있는 서비스들을 정의하는 연구를 개발하였다. 결과적으로 내린 결정은 다음과 같은 방식으로 고위험 인구를 정의하는 것이었다.

> 12개월까지 아동을 신체적으로 건강한 아동으로 키우고, 비만 아동의 부모가 되는 데 요구되는 다음의 위험요인들 중 두 가지 혹은 그 이상에 긍정을 표시한 어머니들 : (1) 히스패닉 혹은 아프리카계 미국인으로 인종 혹은 민족 확인, (2) 12개월 된 아동을 임신하기 전에 비만, (3) 임신 중 혹은 현재 흡연, (4) 12개월 된 아동이 태어난 첫해 동안 평균적으로 일주일에 10시간 이상 일을 함, 그리고 (5) 12개월 된 아동에게 두 달 못되게 젖을 먹임.

우리는 이러한 위험요인들이 미래에 새로운 아동 비만 사례들을 확인하는 데 얼마나 잘 예언해 주는지는 모르고 있다. 그렇지만 문헌은 이러한 요인이 건강 쟁점에 대해 지원과 코칭을 필요로 하는 어머니들을 확인하게 해줄 것임을 시사한다(Salsberry & Reagan, 2005). 어머니들이 보다 훌륭한 건강보호 행동을 제공하고 모델이 되어줄 때와 같이 어머니들의 생활양식 행동에서 나타난 아주 작은 개선만으로도 아동에게는 이로울 수 있다.

조사 결과들은 이러한 어머니들이 우리의 클리닉에서 받아 온 서비스의 양과 유형에 있어서 의미 있는 변이성(variability)을 시사하였다. 어떤 제공자들은 아동의 신체 건강검진에서 요구하는 질문 그 이상을 물어볼 것을 지적한 반면, 대부분의 제공자들은 그렇지 않았다. 극소수는 문헌에서 제안한 위험 질문들을 했고, 대부분은 아동이 과체중일 경우에만 영양 상담을 제공하였다.

3단계 : 관련 수용전념치료 과정과 전략을 기술하기　행동분석 관점에서 비롯된 수용전념치료 중재는 어머니들이 먹기, 과식하기 및 앉아 있으려는 행동들에 조건형성되어 온 내·외적 요인들을 확인하게 해줄 수 있다. 어머니들은 가치 명료화 연습을 통해 건강의 질과 초기 아동기와 청소년기에 성장할 때 자기 자신과 아이들에게 원하는 신체 유형에 관해 도움을 받을 수 있을 것이다. 가치에 대해 초점을 두는 것, 그리고 내적 사건들(예 : 부정적인 평가에 대한 두려움, 수치심)과 외적 사건들(예 : 다른 사람들로부터의 비판, 아이의 우는 행동)을 마음챙김하고 수용하는 데 필요한 더 강력한 기술들을 지닌 어머니들은 자신의 일상생활에 영향을 주고 비만을 생성하는 집안 환경에 지속적으로 변화를 주는 과식과 앉아 있으려는 행동들(흡연 포함)의 고리를 더 잘 끊을 수 있는 것으로 보인다. 수용전념치료 관점에서 과체중의 치료는 (감정과 같이) 방아쇠를 당기는 요인들의 맥락과 건강하지 않은 행동들의 기능(예 : 스스로를 진정시키고 지루함을 줄이려는 어머니의 과식, 갈등을 회피하고 부모와 아이의 고통을 완화시키기 위해 아동에게 과도하게 먹이기)에 초점을 두는 것을 포함할 수 있다.

4단계 : 표적 인구집단 구성원들을 체계적으로 확인하기 위한 방법을 설계하기   선별과 환자 확인 과정의 "어떻게", "언제" 및 "누가" 측면을 명료화하는 것이 중요하다. 우리의 프로그램에서는 다음과 같은 방법 진술을 사용하였다.

> 간호 스태프는 12개월짜리 대상 아동 건강검진을 시작할 때 비만 위험 질문들을 하고, 이를 채점하는 것을 훈련받을 것이다. 긍정적인 선별 결과가 나오는 경우, 보조자는 행동건강자문가에게 무선호출을 한다. 행동건강자문가는 아동 건강검진의 맥락 동안 초기 중재를 제공할 것이다. 보조자는 전자 의료 차트에 위험 평가 결과를 나타내는 차트 노트를 기입하고, 이러한 결과를 1차 진료 제공자에게 언어로 보고할 것이다.

5단계 : 성과를 평가하고 추적하는 방법을 선택하기   많은 1차 진료 클리닉들은 등록을 도와주는 전자 의료 기록을 보유하고 있는데, 이 기록은 특정한 환자 인구집단에 대한 성과를 향상시키려는 지속적인 노력을 지원하는 인구집단 목록들이다. 임상적 아동기 비만 예방 위원회는 아동기에 아기가 비만해질 위험에 놓인 어머니들에 대해서 등록하도록 결정하였다. 이 등록은 아동과 어머니의 BMI, 어머니 흡연 및 어머니가 주당 일하는 시간을 포함한 중요한 위험 변인들의 수를 추적할 수 있게 해준다. 우리는 또한 몇몇 수용전념치료에 특정적인 과정 측정치들(즉, 두 문항으로 된 가치 명료화 측정치, 두 문항으로 된 가치 일관성 측정치 및 세 문항으로 된 마음챙김 측정치)은 물론 권장된 네 번의 방문을 차트로 기록하고 있다. 이러한 자료들은 환자의 1년에 한 번 아동 건강검진의 한 부분으로 수집될 수도 있다.

6단계 : 표적 인구집단으로부터 도출된 표본으로 최근 수행의 성과를 평가하기 위해 선택된 측정치들을 사용하기   1차 진료용 수용전념치료에 대한 더 많은 정보를 획득하기 위해 위원회는 중재를 받지 않는 표적 인구집단으로부터 환자들의 작은 표본을 무선적으로 선택한다. 그 다음 선택된 측정치들을 1차 진료용 수용전념치료보다는 오히려 표준적인 "보편적인 치료"를 받은 사람들에 대한 성과를 평가하기 위해 이러한 환자들에게 실시한다. 임상적 아동기 비만 예방 위원회는 보편적인 치료를 받기 위해 12개월짜리 대상 아동 건강검진에서 긍정적인 상태로 선별된 12명의 환자들을 선택하기로 결정하였다. 이 환자들은 6개월 후에 평가되었고, 평가 후 1차 진료용 수용전념치료 중재에 대한 전적인 참여를 제공하였다. 이러한 접근법은 위원회가 중재의 초기 영향에 대한 더 많은 정보를 획득하게 해주었다.

7단계 : 실행 가능하고 더 나은 건강진료 자원의 사용을 나타내는 것으로 보이는 1차 진료용 수용전념치료 중재를 설계하기   융합과 경험적 회피가 섭식, 활동 수준 및 스트레스에 대한 반응과 관련된 행동 유형에서 드러나는 것으로 추정되기 때문에 네 번의 방문 중재와 행동건강자문가가 수행한 1년에 한 번 추적조사 전화는 다음과 같이 설계되었다 : (1) 환자의 마음챙김 기술 사용을 증가시키기, (2) 양육과 건강관련 가치들의 명료화를 증가시키기, 그리고 (3) 그녀가 개인적으로 선택한 가치들과 일치하는 행동에 환자가 참여하는 비율을 증가시키기.

8단계 : 필요한 대로 계속적인 변화를 주는 동안 성과를 이행하고 탐지하기   6단계에서 언급한 바와 같이 임상적 아동기 비만 예방 위원회는 아동 건강검진을 위해 클리닉에 환자와 환자 어머니가 방문할 때 1년에 한 번을 기반으로 측정치들을 얻으려고 계획하였다. 또한 새로운 프로그램을 시작하기 전 12개월에서 18개월 동안 1년째 아동 건강검진을 받은 아동 집단에 대한 진료와 관련된 비용을 살펴보고, 첫 1년 동안 이 프로그램을 받은 집단과 비용을 비교하기로 결정하였다. 그 계획은 새로운 서비스를 전달하는 것의 비용이 의료 서비스 사용을 감소시킴으로써 차감되는지를 알아보기 위해 첫해에 걸친 의료 서비스의 비용을 살펴보는 것이었다.

결론

1차 진료는 수용전념치료 치료자들에게 소아과 환자들과 그 가족들을 위한 건강 성과를 향상시켜 줄 많은 기회들을 제공한다. 서비스들은 개인 자문으로부터 특정 소아과 인구집단의 모든 구성원들을 위한 진료를 향상시키는 프로그램의 개발에까지 이른다. 대부분의 아동과 젊은이들이 결코 행동건강 서비스 전문가를 찾아가지는 않지만, 거의 100%가 1차 진료 서비스를 받으러 간다. 많은 사람들에게 영향을 주는 데 가치를 둔 수용전념치료 치료자들은 1차 진료를 받은 내력을 고려하고자 할 수도 있다. 물론 이것은 도전적인 일이다. 장면의 제약은 수행 양식에 대한 의미 있는 요구로 옮겨 가며, 대부분의 새로운 행동건강자문가들은 일부 변화와 갈등을 겪는다. 그렇지만 1차 진료에서 아동들에게 서비스를 제공하는 데 참여한 수용전념치료 치료자들의 공동체가 있고(이 공동체는 점점 증가하고 있음), 이 치료자들은 거기에서 새로운 행동 서비스 제공자들을 지원하며 안내하고 있다.

 참고문헌

Botero, D., & Wolfsdorf, J. I. (2005). Diabetes mellitus in children and adolescents. *Archives of Medical Research, 36*, 281–290.

Cummings, N., O'Donohue, W., & Ferguson, K. (Eds.). (2003). *Behavioral health as primary care: Beyond efficacy to effectiveness.* Reno, NV: Context Press.

Donaldson, M. S., Yordy, K. D., Lohr, K. N., & Vanselow, N. A. (Eds.). (1996). *Primary care: America's health in a new era.* Washington, DC: National Academies Press.

Gatchel, R. J., & Oordt, M. S. (2003). *Clinical health psychology and primary care: Practical advice and clinical guidance for successful collaboration.* Washington DC: American Psychological Association.

Hannon, T. S., Rao, G., & Arslanian, S. A. (2005). Childhood obesity and type 2 diabetes mellitus. *Pediatrics, 116,* 473–480.

Hayes, S. C., Strosahl, K. D., & Wilson, K. G. (1999). *Acceptance and commitment therapy: An experiential approach to behavior change.* New York: Guilford.

Katon, W., Robinson, P., Von Korff, M., Lin, E., Bush, T., Ludman, et al. (1996). A multifaceted intervention to improve treatment of depression in primary care. *Archives of General Psychiatry, 53,* 924–932.

Lipkin, M., & Lybrand, W. A. (Eds.). (1982). *Population-based medicine.* New York: Praeger.

Lundgren, T., & Robinson, P. (2007). *The BULLI-PC: Bringing value-driven behavior change to primary care patient education materials.* Manuscript in preparation.

Ogden, C. L., Flegal, K. M., Carroll, M. G., & Johnson, C. L. (2002). Prevalence and trends in overweight among US children and adolescents. *Journal of the American Medical Association, 288,* 1728–1732.

President's Council on Physical Fitness and Sports. (2004). Seeing ourselves through the obesity epidemic. *Research Digest, 5,* 1–8.

Rivo, M. L. (1998). It's time to start practicing population-based health care. *Family Practice Management, 5,* 37–46.

Robinson, P. (1996). *Living life well: New strategies for hard times.* Reno, NV: Context Press.

Robinson, P. (2003). Implementing a primary care depression critical pathway. In N. Cummings, W. O'Donohoe, & K. Ferguson (Eds.), *Behavioral health as primary care: Beyond efficacy to effectiveness* (pp. 69–94). Reno, NV: Context Press.

Robinson, P. (2005). Adapting empirically supported treatments to the primary care setting: A template for success. In W. T. O'Donohue, M. R. Byrd, N. A. Cummings, & D. A. Henderson (Eds.), *Behavioral integrative care: Treatments that work in the primary care setting* (pp. 53–72). New York: Brunner-Routledge.

Robinson, P., & Hayes, S. (1997). Psychological acceptance strategies for the primary care setting. In J. Cummings, N. Cummings, & J. Johnson (Eds.), *Behavioral health in primary care: A guide for clinical integration.* Madison, CT: Psychosocial Press.

Robinson, P., & Reiter, J. T. (2007). *Behavioral consultation in primary care: A guide to integrating services.* New York: Springer.

Robinson, P., Wischman, C., & Del Vento, A. (1996). *Treating depression in primary care: A manual for primary care and mental health providers.* Reno, NV: Context Press.

Salsberry, P. J., & Reagan, P. B. (2005). Dynamics of early childhood overweight.

Pediatrics, 116, 1329–1338.

Strosahl, K. (1996a). Primary mental health care: A new paradigm for achieving health and behavioral health integration. *Behavioral Healthcare Tomorrow, 5,* 93–96.

Strosahl, K. (1996b). Confessions of a behavior therapist in primary care: The odyssey and the ecstasy. *Cognitive and Behavioral Practice, 3,* 1–28.

Strosahl, K. (1997). Building primary care behavioral health systems that work: A compass and a horizon. In N. A. Cummings, J. L. Cummings, & J. N. Johnson (Eds.), *Behavioral health in primary care: A guide for clinical integration* (pp. 37–68). Madison, CT: Psychosocial Press.

Strosahl, K. (1998). Integrating behavioral health and primary care services: The primary mental health model. In A. Blount (Ed.), *Integrated primary care: The tuture of medical and mental health collaboration* (pp. 139–166). New York: W. W. Norton.

Strosahl, K., & Robinson, P. (2007). The primary care behavioral health model: Applications to prevention, acute care and chronic condition management. In R. Kessler (Ed.), *Case studies in integrated care.* Manuscript in preparation.

Williams, J., Wake, M., Hesketh, K., Maher, E., & Waters, E. (2005). Health-related quality of life for overweight and obese children. *Journal of the American Medical Association, 293,* 70–76.

Wilson, G. T. (1994). Behavioral treatment of childhood obesity: Theoretical and practical implications. *Health Psychology, 13,* 373–383.

Yanovski, J. A., & Yanovski, S. Z. (2003). Treatment of pediatric and adolescent obesity. *Health Psychology, 13,* 373–383.

| 제12장 |

학교에서 수용을 장려하는 행동자문가의 역할

Leslie J. Rogers, MA, University of Mississippi;
Amy R. Murrell, Ph.D., University of North Texas;
Catherine Adams, MA, University of Mississippi;
Kelly G. Wilson, Ph.D., University of Mississippi

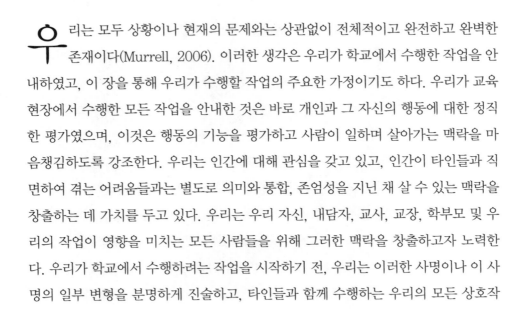

우리는 모두 상황이나 현재의 문제와는 상관없이 전체적이고 완전하고 완벽한 존재이다(Murrell, 2006). 이러한 생각은 우리가 학교에서 수행한 작업을 안내하였고, 이 장을 통해 우리가 수행할 작업의 주요한 가정이기도 하다. 우리가 교육현장에서 수행한 모든 작업을 안내한 것은 바로 개인과 그 자신의 행동에 대한 정직한 평가였으며, 이것은 행동의 기능을 평가하고 사람이 일하며 살아가는 맥락을 마음챙김하도록 강조한다. 우리는 인간에 대해 관심을 갖고 있고, 인간이 타인들과 직면하여 겪는 어려움들과는 별도로 의미와 통합, 존엄성을 지닌 채 살 수 있는 맥락을 창출하는 데 가치를 두고 있다. 우리는 우리 자신, 내담자, 교사, 교장, 학부모 및 우리의 작업이 영향을 미치는 모든 사람들을 위해 그러한 맥락을 창출하고자 노력한다. 우리가 학교에서 수행하려는 작업을 시작하기 전, 우리는 이러한 사명이나 이 사명의 일부 변형을 분명하게 진술하고, 타인들과 함께 수행하는 우리의 모든 상호작용에서 이러한 이상들을 엄밀히 고수한다. 이러한 가치들을 유지하면서, 이 장은 아이들과 그들을 지원하는 사람들을 구분할 것이고, 교육 현장에서 이러한 환경과 조망을 가꾸어 갈 것이다. 우리의 목적은 개인과 맥락에 대한 풍부한 평가를 촉진시키는 것과 다루기 힘든 내담자들과 작업할 때 그리고 교사, 학교 행정가 및 부모들을 훈련시킬 때 보다 효과적으로 수용과 마음챙김에 기반을 둔 기법을 심어주기 위해 알아차림을 확대하고 임상적 기술들을 증진시키는 것이다.

학교 맥락의 민감성

학교에서 우리가 작업을 시작하려고 했을 때 다른 사람들은 우리 일의 어려움에 대해 경고하였다. 그들은 우리가 목격하게 될 섬뜩한 상태들과 우리가 만나게 될 끔찍한 사람들에 대해 말해 주었다. 우리는 곧 그들의 말이 옳았음을 알게 되었다. 심리적으로 현재에 머물면서 이러한 조건에 대한 우리의 생각, 평가, 정서 및 판단을 견제하기는 어려운 일이었다. 우리가 자문했던 학교에서는 가난과 박탈의 항구적인 잔재들이 남아 있었다. 벽에 곰팡이가 피어 있는 교실에서 배우는 아이들을 보는 일이나, 물자(공급품)가 불충분하고 벌레와 쥐가 기생하는 교실에서 자문하는 일이 흔히 있었다. 어떤 아이들에게는 점심식사가 그날의 유일한 식사였다.

자문가로서 이런 비참한 조건을 목격한 후에는 슬픔에 빠지기 쉬웠다. 우리는 이런 슬픔에 대한 반응으로서 그러한 맥락의 모든 측면들을 충분히 검토하거나 평가하지 않은 채 그 환경의 어떤 한 측면을 외면하거나 변화시키기를 원했다. 때로 우리는 외면하였다. 때로 우리는 아이들과 그 가족들을 위해 더 많은 자원들을 모아주고자 우리의 모든 자유시간을 쏟아붓고 싶은 유혹도 느꼈다. 이것은 임상가인 우리에게 고상한 과제처럼 보였다. 사실 가난에 처한 상태를 해결해야 할 분명한 필요성이 있었다. 그렇지만 그것은 우리의 주요한 임무는 아니었다. 우리는 이러한 일에 참여하면서 우리가 진정으로 주의 깊지 못했음을 깨달았다. 우리는 내담자를 치료하는 대신 오히려 우리 자신의 원치 않는 생각과 정서를 약화시키는 일에 주의를 기울이고 또 그렇게 하려고 했던 것이다.

우리는 또한 곧 재빨리 자원들을 모으고 체계를 바꾸려는 시도가 개인과 그들의 상황에 대한 이해를 촉진시키지 못함을 발견하였다. 또한 이러한 반응은 개인과 그들의 환경에 대해 우리가 잘못된 결론을 이끌어 내도록 하였는데, 그 이유는 우리의 자료가 불완전했기 때문이었다. 결국 우리의 행동계획들은 효과가 없었고, 이러한 전반적인 접근법은 임상가로서 우리가 선택한 가치들과도 일치하지 않았다. 경험을 계속하면서 우리는 변화 요구에 근거한 질문들보다는 오히려 아동과 맥락들에 대한 올바른 이해와 보다 폭넓은 자각을 가져다준 임상적으로 관련된 질문들을 우리 스스로에게 하기 시작하였다. 우리는 다음과 같은 질문을 하는 것 그리고 우리 자신, 교사, 행정가 및 부모에 대한 질문을 하는 것이 맥락에 참여하거나 앞서 말한 것과 같은 시나리오대로 내담자들과 작업할 때 도움이 됨을 발견하였다.

- 이 안에 어떤 다른 사물이나 대상이 있는가?
- 아동이나 맥락에 대해 우리가 놓치고 있는 어떤 다른 부분이 있는가?
- 이 아이는 자유시간에 무엇하는 것을 좋아하는가?
- 아이가 가장 좋아하는 색은 무엇인가?
- 아이의 꿈은 무엇인가?
- 기분 좋은 날 아이의 피부 속은 어떠한가? 기분 좋지 않은 날은 어떠한가?

이런 질문들을 하면서 우리는 마땅히 그러해야 한다고 생각했었던 대로가 아니라 있는 그대로 맥락을 철저히 이해하고 평가하기를 촉진시키려고 노력하였다.

우리는 학교장면에 있는 사람들을 이해하려는 목표를 달성하기 위해서, 사람이란 자신의 인생에서 나아가고자 하는 방향으로 나아가는 데 필요한 모든 것을 가지고 있다고 가정하였다. 각 아동, 교사 또는 부모와 상호작용하기 전 우리는 그들이 전체적이고 완전하며 완벽한 존재이며, 그들을 그에 따라 다루어야 함을 스스로 상기하였다. 우리가 임상가로서 수행하는 작업은 내담자들이 원하는 학문적이고 개인적인 방향으로 나아가도록 도와주는 것이었다. 사람들은 모두 전체적이고 완전하고 완벽하다고 이해되고 이렇게 다루어지는 맥락에 전념하여 작업을 할 때 우리는 놀라운 일이 일어남을 발견하였다. 불복종하던 아이들이 공부에서 뛰어난 소질을 보였다.

전에는 아동을 돕는 데 저항적이었던 교사나 교장들이 치료계획에 적극적으로 동참하기 시작하였다. 마음챙김 전략이 교사들에게 소개된 후 특별한 학생들에 대한 교사의 과대평가가 줄어들었음을 목격하였다. 자녀와 그 자녀의 학업 성취를 과도하게 처벌하거나 관여하지 않던 부모들이 더욱더 지지적으로 되었다. 자신의 관심사나 가치에 대해 의견을 나누지 않았던 아동들이 그것들을 말로 표현하기 시작하였다. 반면에 사람들을 상처 입고 비효율적이고 화내고 판단하고 중요하지 않은 존재로 다루는 경우, 그들은 전형적으로 물리적 혹은 심리적으로 떠나갔으며, 어떤 식으로는 보복을 하거나 우리가 예상한 대로 행동하였다.

전체적이고 완전하며 완벽한 자세

사람들이 전체적이고 완전하며 완벽한 존재라고 인정받고 대접받는 맥락을 창출하면, 그들이 굉장한 어떤 일을 해낼 가능성은 크게 증가한다. 사람들은 자신을 책임지고 믿어줄 때 자신의 불리한 조건을 문제 삼지 않는다는 사실을 우리는 발견하였다. 학교에서 이러한 일이 일어날 가망성을 증가시키기 위해, 우리는 남들이 요구하거나 마땅히 해야만 한다고 생각해 왔던 것에 대한 판단과 평가를 계속 옆으로 밀쳐놓아야만 했다. 또한 우리는 반복적으로 다른 사람들에게 자신의 세계 속에서 살아가는 것이 어떠한 것인지를 가르쳐 주도록 요청했다. Brown과 Ryan(2003)의 마음챙김 정의에 따라, 우리는 현재 경험의 특정한 측면에는 민감해지고, 그것을 변화시키려는 시도는 하지 않으면서 현재의 경험에 우리 자신을 맞추기 위해 지속적으로 노력하였다. 한 가지 경험의 모든 측면에 마음챙기고, 이에 참여하는 일은 때로 우리에게 매우 도전적인 일이었다.

늘 진화하고 있는 학교 맥락에서, 이러한 가정을 훈련하고 작동시키는 일은 때로 매우 힘든 일이었다. 행동계획들이 중도에서 포기되었다. 어떤 교사들은 과도하게 비판적이었고, 그들이 교육하려고 애쓰는 아이들을 두려워하기조차 하였다. 우리의 아동 내담자들은 자신의 치료계약을 지탱하지 못하였다. 교사와 내담자 모두의 다양한 요구들을 제대로 만족시키는 일은 자문가를 완전히 지쳐 떨어지게 하거나 좌절시킬 수 있다. 때때로 우리는 지나치게 엄한 교사들이 은퇴하거나, 우리의 아동 내담자들이 고통에서 벗어날 수 있는 일정 수준의 영성적 혹은 행동적 자각을 하기를 우리 자신이 바라고 있음을 알게 되었다. 대신에 우리는 학교 체계 내에서 임상가 역할을 하는 것은 어렵기도 하거니와 거의 불가능하다는 현실에 놓이게 되었다. 우리는 교사, 부모, 아동 혹은 학교 체계가 우리의 치료계획에 협조해 주고 따르기만 한다면, 우리의 작업에서 스트레스를 받지 않을 것이라고 생각해 왔다.

1948년 B. F. Skinner는 학교 체계나 인간을 다루는 어떤 맥락에서나 우리가 경험하게 될 것의 예를 미리 제공해 주었다. 아래에 인용한 대로 그는 학교에서 우리가 겪는 갈등을 정확하게 기술하고 있다.

> 가능한 한 솔직히 말하는 것, 이게 바로 내 자신의 방식이다. 나는 그것을 "통제"라고 표현한다. 인간 행동의 통제… 내가 초기 실험연구를 하던 시절, 그것은 지배해야만 할 광적이고 이기적인 욕망이었다. 예측이 어긋났을 때 내가 느꼈던 분노를 기억하고 있다. 나는 실험 피험자들에게 "행동해, 제기랄! 하기로 되어 있는 대로 행동하라고!"라며 소리를 지를 수도 있었다. 결국 나는 피험자들이 항상 옳다는 것을 깨달았다. 그들은 항상 행동해야만 하는 대로 행동했다. 틀린 것은 바로 나였다. 내가 예측을 잘못했던 것이다(Skinner, 1976, p. 271).

여기에서 Skinner는 유기체가 살아가고 배우고 가르치는 맥락 내에 존재하는 유기체와 유기체의 행동에 대한 풍부한 식견을 표현하고 있다. Skinner의 인용문에 대해 우리가 내린 해석은 바로, 유기체의 모든 행동은 주어진 맥락 내에서 전체적이고 완전하며 완벽하다는 것이다. 우리가 하는 작업의 일부는 학생, 교사 및 임상가를 이러한 조망으로 보아야 함을 확신하는 것이다. 행동은 본질적으로 기능적이며, 유기체의 특정한 욕구들을 만족시키는 맥락에서 수행된다. 다음으로 이러한 행동은 때로 좌절되고 혼란스러워질 수도 있다. 또한 그 행동은 원하던 결과를 달성하는 데 효과가 없을 수도 있다.

자문을 할 때 우리는 Skinner의 인용문, 특히 "하기로 되어 있는 대로 행동하라!"는 말을 명심한다. 우리는 다른 사람의 행동을 변화시키고 싶어 함을 깨닫는다. 임상가이건 자문가이건 교사이건 간에, 우리는 모든 것을 다른 사람의 행동에서 변화를 일으키게 하는 것과 관련시킨다. "만일 그 교사가 내 행동계획을 따르기만 한다면", "그 교사는 이 아이에게 잘못하고 있다", "그 교사 혹은 교장은 이해조차 못하고 있어", "가엾은 내 내담자", "내담자가 그의 행동계획을 따르게 내버려 두세요", "이건 너무 힘들어", "내담자가 다시 어려움을 겪게 하지 마세요", "이 아이는 교육이 불가능한 애야", 그리고 "난 그만두겠어!"와 같은 생각들은 학교장면에서 교육·심리적 서비스를 제공하는 경우에 우리가 경험했고, 우리가 생각했던 진짜 생각들이다. 때로 우리는 교사를 침묵시키거나 그가 틀렸음을 증명하는 일을 하였다. 때로 우리는 아동 내담자들에 대한 교사의 심리적 경험을 변화시키기 위해 노력하였다. 우리는 만일 교사들이 자격 있는 정신건강 전문가의 렌즈를 통해 정신병리를 보게 된다면, 또 다른 아동들을 하찮은 행동에 대해 또다시 과대평가하거나 퇴학시키지 않으리라는 희망을 가지고 교사들을 "교육"시키려고 하였다. Skinner처럼 교사들과의 반복적인 시도 학습을 통하여, 사실 잘못된 예측을 하고 있었던 것은 바로 우리였음을 발견하였다. 교사와 행정가, 그들이 생활하며 일해 온 맥락에 대한 그들의 마음을 변화시키도록 설득하는 게 우리의 행동계획과 자문의 목적이었다. 우리는 그들로 하여금 아동 내담자에 대하여, 우리에 대하여, 심리학에 대하여 다르게 생각하게 하려고 노력하였다. 교사들이 자신의 경험에 대한 마음을 변화시키는 데 실패했을 때, 우리는 그들에게 우리의 관점을 더 열심히 강요하려고 애썼고, 우리는 그들을 "비방"하거나 간단하게 포기하였다. 부정, 곤궁, 자원 고갈로 곪아터진 교육 체계에서 우리의 선택 중 그 어떤 것도 성공하지 못하였다. 우리의 초창기 실수에서 배운 것들을 토대로, 우리는 교사들의 경험에 대한 교사의 언어적 보고들을 우리의 행동과 치료계획에 통합할 자료로 다룰 필요가 있음을 깨달았다. 우리는 우리가 도움이 되기 위해 사람들이 필요로 하는 모든 것을 그들이 가지고 있는 것처럼 그들을 대하기 시작하였다. 다시 말해서 우리는 사람들을 전체적이고 완전하며 완벽한 존재로 대하기 시작하였다.

사람들을 전체적이고 완전하고 완벽하게 대하는 일은 엄청나게 어려웠다. 특히 사람들이 끔찍한 내력을 가지고 있거나, 우리로 하여금 그들이 상처 입고 부족하고 결여되어 있는 존재로 생각하게 만드는 방식대로 행동하는 경우에 그러하였다. 이러한

"상처 입은" 인간 행동들에 부응하여 우리와 다른 사람들(예 : 교사, 부모, 행정가, 학교 상담자)은 종종 이에 일치되게 반응했음을 알게 되었다. 우리는 상처 입힐 일을 피했다. 우리는 스스로를 방어했다. 우리는 그들의 나쁜 생각이나 기억들을 없애기 위해 노력함으로써 그들의 고통을 경감시키려는 시도를 하였다. 우리는 때로 경청하는 일을 그만두었다. 이러한 도피 기제는 궁극적으로 거의 좋은 효과를 내지 못했으며, 그 상황을 다루는 데 도움이 되어 왔을 수도 있는 환경의 중요한 측면들을 빠뜨리는 원인이 되었다.

내담자들에게 초점을 두는 대신 우리는 스스로를 유능하고 가치 있게 보이려는 시도를 하며 시간을 보냈다. "공정한 세상 가설(just world hypothesis)"에 따르면, 사람들(임상 자문가 포함)은 좋은 일은 좋은 사람에게 일어나고 나쁜 일은 나쁜 사람에게 일어난다는 믿음을 그릇되게 고집하는 경향이 있다(Fiske & Taylor, 1991). 이 가설과 부합되게 우리는 "좋은 사람이 되기 위해" 노력하는 데 많은 노력을 기울였다. 우리는 오직 유능하고 가치 있고 좋은 사람들만 다른 사람들에 의해 존경받고 잘 대접받는다는 잘못된 믿음을 갖고 있었다. 그리고 우리가 능력이 부족하거나 다른 사람들에 의해 상처를 입었다고 느낄 때 우리는 그 상황을 바꾸기 위한 노력에 많은 시간을 들이며, 적대적인 사람으로부터 스스로 거리를 두게 되었다. 우리는 스스로를 향상시키거나 변화시킴으로써 불쌍한 대접을 받는 일이 다시는 일어나지 않을 것으로 믿었다.

이렇게 지속적으로 수정하는 일과 자기 개념 및 표상에 정성을 들이는 일은 대가를 치렀다. 그것은 우리의 사회적 상호작용과 학교에서 일을 하는 우리의 능력을 방해하였다. 지속적으로 유능성과 가치에 투사하는 시도는 맥락에 참여하는 능력과 다른 사람의 고통과의 상호작용을 줄였다. 우리는 직접적인 맥락 내 유관성에 효과적으로 반응하기보다 오히려 우리 자신이나 타인의 무가치, 부적절함 혹은 우리들, 교사, 학생, 부모 또는 행정가가 어떻게 살아야 하는지 또는 어떻게 행동해야 하는지를 다룬 각본에 대한 우리의 부정적인 생각들에 행동주의적으로 반응하였다.

이런 식으로 반응하는 것이 전체적이고 완전하고 완벽함을 양성하는 것을 방해했음을 우리는 깨달았다. 사람들은 자기 자신의 유능성 행동으로 유능성을 투사함으로써 우리의 시도에 반응하였다. 자문가인 우리가 현란한 기술적 언어를 활용하여 우리가 얼마나 똑똑한지를 한 교사에게 보여주었을 때 그 교사 또한 같은 식으로 반응하고 있음을 우리는 알아차렸다. 그녀는 자신의 권위를 주장하거나 자신이 정확하게 업무를 처리하고 있는 이유를 우리에게 증명하고자 시도하였다. 이러한 상호작용은 비효과적일 뿐만 아니라 임상가의 학교 내 주요 직무로부터의 이탈이었다.

자문가로서 우리는 교사, 아동, 부모 혹은 행정가를 도와주기 위해 거기에 있었던 것이다. 우리가 할 일은 우리의 똑똑함을 드러내는 일도 아니었고, 우리의 소질을 다른 사람들에게 확인시켜 주는 일도 아니었다. 우리의 경험이 시사하는 바에 의하면, 만일 우리가 "전문가"로서 우리 자신을 보호하려는 욕구를 기꺼이 제거한다면 교사들과 내담자들이 앙갚음을 하거나 떠나거나 서투른 행동을 하는 일이 줄어들 것이다. 개인에게 수용하고 마음챙기는 자세를 취함으로써 우리는 동맹을 형성하는 일과 혐오적인 상황에서 희망했던 임상·교육적 행동의 본보기가 되는 일이 더 쉽다는 것을 발견했다. 우리가 내담자 행동, 교사의 고통 또는 행정가의 불만에 대한 반응으로 개방적이고 수용하는 자세를 취할 때 우리의 치료계획이 보다 더 개방적으로 받아들여진다. 혐오적인 인지와 정서를 유발한 맥락에서 교사, 내담자, 행정가 및 부모에게 가장 큰 이득을 주기 위해, 임상가로서 우리는 우리 자신과 타인들을 기꺼이 더 많이 수용해야만 했다. 이러한 유형의 수용하는 자세를 본받는 일은 심각한 문제를 지닌 아동들을 더 많이 수용하도록 우리가 함께 일하는 학교 사람들에게도 가르쳐 왔다.

안전행동에 참여하기

Hayes(2004)는 수용이란 억압하는 동안 흔히 떠오르는 안전행동을 사용하지 않은 채 개인이 생각, 감정 및 신체감각을 직접적으로 기꺼이 경험하는 현 순간의 경험을 적극적이고 비판단적으로 받아들이는 것이라고 제안한다. 원치 않는 경험들을 억제하려는 노력으로 우리는 종종 안전행동에 참여했고, 교사, 내담자, 행정가 및 다른 임상가들도 같은 방식 —세련됨을 투사하기, 바쁘게 움직이기, 냉담하게 행동하기, 사람들의 문제를 고쳐줌으로써 사람들을 변화시키려 하기, 입 다물고 있기, 우리 자신이나 남들의 능력을 부인하기, 마치 우리가 무언가 부족하기라도 한 것처럼 우리 자신과 다른 사람들을 대하기, 그리고 보다 쉬운 과제를 선택하기 — 으로 행동하는 것을 목격하였다. 이런 모든 행동은 우리 자신이나 우리가 관심을 갖는 사람들을 고통스러운 생각, 감정 또는 혐오적인 사회적 상호작용으로부터 격리시키는 데 기여하였다. 대부분 우리는 그것들이 상처 입었다는 느낌이나 결핍되었다는 느낌을 회피하기 위해 개인이 사용했던 전술임을 깨달았다. 때로 어떤 맥락에서는 이러한 안전행동에 참여하는 것이 적응적이었고 목표를 달성하는 데 필요하였다. 예를 들어 다음과 같은 예를 보자.

> 당신이 아동의 사회적 기술을 향상시켜 주는 초등학교 체육관에 있음을 상상해 보라. 당신은 체육관 저쪽에서 당신이 모르는 한 유치원 교사가 반 아이들을 이끌고 체육관을 가로질러 걸어가고 있음을 주목한다. 스무 명의 아이들이 그녀 뒤에서 한 줄로 조용히 걷고 있고, 똑바로 줄을 맞추려고 최선을 다하고 있다. 체육관 구석에서 갖가지 색 전구들로 빛나는 크리스마스 트리를 발견하기 전까지는 그 집단과 함께하는 데 온 정신을 쏟고 있는 한 어린 소년이 줄 맨 끝에 있다. 입을 쫙 벌린 채 그 소년은 흥분과 순수한 경이로움으로 멈춰 서서 그 트리를 바라본다. 당신은 경외심을 지닌 채 어떻게 어린아이들이 그런 순수한 황홀감을 갖고서 사물을 찬미하는지 생각하면서 그 아이를 쳐다본다. 얼마나 완벽한 순간인가… 그 아이는 당신이 왜 아이들과 함께 일하는지를 흐뭇하게 되돌아보게 해준다 — 그 아이의 교사가 끼어들 때까지는. 그녀는 그 아이가 뒤떨어져서 자신의 진행을 방해했음을 깨달았다. 줄을 멈추게 한 후 교사는 그 소년에게 걸어가서 혼내기 시작한다. 당신은 체육관을 가로질러 그 아이에게 소리를 지르는 교사의 소리를 들을 수 있다. 그녀는 재빠르게 질문들을 퍼부어대며 그 아이에게 명령한다, "너는 왜 줄을 벗어났지? 왜? 대답해. 너는 우리들을 기다리게 했어! 어서 대답해." 그 아이는 놀라서 말도 못하는 것처럼 보인다. 그는 대답을 못한다. 그 교사는 아이에게 소리를 지르면서 당신을 쳐다본다.

당신은 분노로 끓어오르지만 아무 말도 못하고 있다. 대신에 당신은 자신의 얼굴이 무표정하고 중립적이기를 조용히 기도한다. 당신이 이러한 상황에 있었더라면,

이때 당신은 안전행동에 빠져 있다. 학교 맥락 내 자문가인 당신은 교사와 학교 행정가와의 반복적인 상호작용으로부터 항상 당신이 자유롭게 느끼는 대로 그리고 다른 사람들에게 아무런 제한 없이 말할 수 없음을 배웠다. 어떤 외적인 분노 표현도 당신이 여기에서 하는 일을 하려면 억제될 필요가 있다. 당신은 교사와 업무 계약을 한 것이 아니라 내담자와 사회기술 계약을 한 것이다. 여기에서 억제와 안전행동에의 참여는 적응적이다. 당신은 내담자와 함께하는 회기를 줄이지도 교사와 언쟁을 하지도 않았다. 만일 당신이 분노를 말로 표현한다면 상황은 악화될 것이고 학교 행정가는 얼굴을 찌푸릴 것이다.

곤란한 상황은 안전행동들이 "해야만 한다"로 발생하는 경우이다. 우리는 이것을 "해야만 한다 질병"이라고 부른다. 알코올 중독을 지닌 사람들은 원치 않는 심리적 혹은 생리적 고통을 피하기 위해 마셔야만 한다. 강박장애를 지닌 사람들은 원치 않는 생각이나 감각을 피하기 위해 숫자를 세고 깨끗이 하고 동일한 행동을 한다. 치료자인 사람들은 전문가가 "되어야만 한다." 그들은 똑똑해야만 한다. 그들은 고통으로부터 내담자를 구해야만 한다. 그들은 내담자를 도울 수 없다는 심리적 고통을 피하기 위해 일을 더 잘 해야만 한다. 이 모든 사례들은 높은 수준의 행동적 경직성이란 특징을 지닌다.

이제 당신이 중학교의 치료자임을 상상해 보라. 교사와 한 내담자가 당신의 사무실로 걸어들어 온다. 당신의 새로운 의뢰인은 12세 아프리카계 미국 소녀이다. 그녀가 교사와 함께 사무실로 걸어들어 오는 순간 그녀가 당신과 함께 그곳에 있는 것을 두려워하고 있음을 당신은 알아차린다. 소녀는 나가려고 하지만 교사가 그녀 어깨를 잡고서 당신이 그녀를 도와주기 위해 거기에 있다고 안심시킬 때 당신은 자신의 생각이 옳음을 확신한다. 둘만 남게 되자 소녀는 당신 앞에 앉아서 재빨리 바닥을 응시한다. 소녀는 눈에 띄게 떨고 있고, 당신은 눈물이 떨어지는 것을 본다. 당신은 소녀를 놀라게 할까 봐 움직이지 않는다. 대신에 당신은 자신이 누구이며, 왜 여기에 있는지를 그녀에게 말하기 시작한다. 소녀는 아무 말도 하지 않고 계속 떨고 있으며, 또 눈물이 떨어진다. 당신은 이 어린 소녀가 이 안에서 겪는 고통을 느낄 수 있다.

그 후 소녀는 쳐다보지도 않은 채 "난 정말로 기분 나빠요. 정말로 정말로 정말로 기분 나빠요. 선생님이 이것이 나에게 좋을 거라고 말씀하셨어요. 하지만 더 좋아지게 할 수 있는 것은 아무것도 없어요"라고 말한다. 그런 다음 소녀는 괴롭다고 말한다. 그녀는 기억할 수 있는 이후로 마약을 사기 위해 어머니가 자신을 남자들에게 팔았다고 말한다. 지난달 보건복지부(Department of Human Services)가 이 사실을 알게 되었고, 결국 소녀와 여동생을 떼어놓았다고 말한다. 그 후로 여동생을 보지 못했고, 미칠 듯이 여동생이 보고 싶다고 말할 때 소녀의 눈물이 얼굴을 타고 흐른다. 소녀는 왜 그들이 여동생을 만나지 못하게 하는지 이해하지 못한다. 여동생은 그녀의 전부였다. 소녀는 두 살 때 한 남자가 뜨거운 구부러진 쇠꼬챙이로 찔렸던 것과 두들겨 맞았던 것과 때로는 엄마와 함께 방에서 낯선 남자들에게 성폭행 당했던 것을 이야기한다.

그 어린 소녀가 자신의 이야기를 하는 동안 당신은 "어떤 어린이도 이런 경험을 당해서는 안 돼", "어떻게 해결해 줘야 하나?", "어떻게 해야 하지?"와 같은 생각들을 경험한다. 당신은 어떤 더 이상의 세부사항도 듣기를 원치 않는다. 이 이야기는 당신을 메스껍게 만들고 있으며, 만일 당신이 끔찍스러움을 느낀다면 이 아이를 더 나아지게 만들 수 없다. 당신은 각각의 세부사항을 들은 후 "모든 게 다 괜찮아질 거야"라며 아이를 안심시키기 시작한다. 그 후 아이는 더 크게 울기 시작한다. 소녀는 입을 다물어 버린다. 당신은 직업상 하는 대로 서둘러 무엇이 잘못되었는지 물어본다. 당신은 소녀가 다음에 무엇을 말할지 두려워한다. 소녀는 더 크게 울기 시작하며, "하지만 난 괜찮지 않아요. 모두들 내가 괜찮을 거라고 말해요. 하지만 난 괜찮지 않다구요. 당신도 다른 사람들이랑 똑같아요. 당신은 날 이해하지 못해요"라고 말한다. 당신은 생각한다, 아이쿠!

여기에서 혐오적인 내용을 안심시키고 경청하지 않는 것과 같은 안전행동에 참여하는 것은 당신이 작업을 수행하는 것과 당신이 내담자를 위해 하고자 했던 변화를 제공하는 것을 방해하였다. 회기 후 당신의 마음은 질주하고, 당신은 스스로에게 묻는다. "만일 내가 소녀의 말을 듣지 않고 소녀의 피부 안에서 무슨 일이 일어날지 모른다면 누가 그렇게 하지?" 평가를 하면서 당신은 이 아이의 세계에 있는 어느 누구도 소녀가 하는 말이 너무 고통스럽고 들어주기가 힘들기 때문에 경청하지 않음을 깨닫는다. 그렇지만 임상가로서 당신은 내담자의 피부 안에서 일어나고 있을 일을 들어주는 데 실패한 또 한 사람이 되기를 원하는가? 만일 당신이 소녀의 말을 들어주지 않는다면 그녀는 훨씬 더 고립감을 느낄 뿐만 아니라 당신도 소녀가 살고 있는 맥락의 중요한 측면들을 놓치게 될 것이다. 당신의 치료나 행동계획은 얼마나 정확할 것인가? 만일 당신이 소녀의 사례에 대한 당신의 평가에 고착되어 내용을 놓친다면 당신은 어떤 종류의 변화를 그녀에게 제공해 줄 수 있는가?

앞의 두 시나리오에서 안전행동의 사용은 서로 다른 기능을 하였다. 첫 시나리오에서 안전행동은 회기의 목표와 학교 내 작업에 걸맞게 임상가를 도와주었다. 언쟁을 회피하는 것은 임상가에게 그 내담자와 함께 계속해서 작업하도록 허용하였고, 교사와의 미래 동맹에 잠재적인 손상을 끼치지 않게 하였다. 두 번째 시나리오에서 안전행동은 임상가에게 내담자의 혐오적인 언어 내용의 보고로부터 다소 동떨어지게 하는 느낌을 갖게 하였다. 혐오적인 언어 내용으로부터 동떨어지는 것이 항상 반드시 나쁘거나 비효과적인 전략은 아니다. 그렇지만 이 맥락에서 임상가는 내담자에게 그녀의 말을 들어주겠다는 헌신을 약속하였다. 안전행동이 목표 달성을 촉진시킬 것인가의 여부를 제대로 결정하기 위해서 임상가들은 자신의 행동이 자기 자신과 내담자들을 위해 했던 헌신이나 계약과 일치하는지 여부를 맨 먼저 결정해야만 한다. 둘째로 임상가는 비효과적인 안전행동은 기꺼이 포기해야만 한다.

어려운 상황에서 안전행동을 포기하기 : 맥락 설정하기

우리 의견에 의하면, 포기해야 할 첫 번째 안전행동 중 하나는 "과장해서 행동하기"이다. 이 행동은 놀리는 것을 포함하며, 대개 무능력감이나 공포감(우리는 "주눅 들기"라고 부름)을 숨기려는 의도에서 비롯되었다. 호언장담과 현학적인 기술적 전문 용어를 사용하는 것은 사람들이 종종 비슷하게 반응하는 맥락을 창출한다. 교사들에게 기술적인 심리학적 전문 용어로 말하게 되는 경우, 그들은 전형적으로 지능적으로 자신의 요구를 주장하거나("과장하기") 또는 허공을 멍하니 응시한 채 동의하며 고개를 끄덕임("관심 없음")으로써 반응한다. 교사들은 임상가/자문가가 말하는 내용에 주의를 기울이는 대신 자기 자신의 안전행동에 행동적으로 반응하는 것이다. 이러한 안전행동에는 흔히 자문가가 그들을 미치게 하고 화나게 하고 어리석게 만들고 두려워하게 하고 불확실하게 할 때, 경청하지 않고 관심두지 않은 채 바쁜 모습을 보이는 것이 포함된다. 이러한 유형의 상호작용 후 교사들은 특정 내담자에 대한 전반적인 내용과 우리가 충족시키려고 노력하는 행동계획의 세부사항들을 포함하여 종종 우리가 말했던 내용을 반복할 수 없었다. 이것은 교사들이 우리 내담자들에게 서비스를 제공하고 우리의 치료계획을 실현하는 데 반드시 필요하다면 중요한 일이다. 따라서 우리의 작업에서는 다른 태도를 취한다.

교사들이 자문가와 내담자 모두에 대한 그들의 경험에 대하여 개방적이고 정직한 대화를 기꺼이 하려는 맥락을 창출하는 것은 다음과 같은 몇 가지 이유들 때문에 중요하다. 첫째, 임상가는 사람들에게 영향을 미치는 일을 한다. 교사들의 삶을 어렵게 함으로써 우리는 직업적 사명에 반하는 일을 하게 된다. 둘째, 임상가는 흔히 어려운 과제인 치료계획과 행동관리를 보조해 주도록 교사들에게 요청한다. 의사소통은 개방적이고 정직할 필요가 있다. 교사는 행동계획에 대한 결정적인 피드백을 솔직하게 줄 수 있음을 느낄 필요가 있다. 셋째, 임상가 혹은 임상가 주위의 상황이 부정적인 정도는 교실 혹은 교사-학생관계에 미칠 것이다. 따라서 만일 교사가 당신의 행동계획을 수행하면서 얼마나 당신을 싫어하는지에 대해 생각하고 있다면 그것은 서비스를 받는 아동에게 영향을 미칠 것이다.

우리는 이러한 부정적인 영향을 몇 차례 목격해 왔고, 인상관리 전략을 줄일 때 정보를 전달하는 것이 보다 더 효과적임을 이제 우리가 알게 되었으므로 이 장에서는 기술적인 전문 용어를 사용하지 않는다. 많은 사람들이 읽게 될 책에서 지나치게 지적이고 현학적으로 보이는 경우, 그렇게 하는 것은 문외한들과 다른 정신건강 전문가들에게 이 기술을 가르치는 방식과 맞지 않을 것이다. 이러한 대화를 계속하면서 우리는 좌절, 단점 및 성공에 대해 솔직하게 말하고자 한다. 이런 경험들은 상호 배타적인 것이 아니라 서로 공존할 수 있다는 것을 당신과 교사 및 부모들에게 보여주는 첫 단계이다. 이런 자세를 취하는 것은 효과적으로 의사소통하는 방법과 정신병리에 대해 생각하는 방법은 물론 가망성 없는 상황에서 예외를 기대하는 방법을 학교 내 사람들에게 가르치는 첫 단계이다.

목적을 가지고 확인하고 재구성하기

이론적 관점에서 우리의 사명을 모형화하고 확실히 진술함으로써 우리는 이러한 재료를 가지고 상호작용하는 경우, 우리에 대한 당신의 기대와 당신의 행동을 조형하려고 시도할 것이다. 우리는 당신이 우리가 소개한 맥락을 고려하고, 우리 자신의 행동뿐만 아니라 학교에서 서비스를 받는 사람들이 하는 행동의 가능한 기능들을 고려하기를 바란다. 첫째, 학교 행정가, 아동 혹은 교사와 어떤 접촉도 하기 전에 자문의 목적에 대해 깊이 생각할 필요가 있다. 종종 교사와 상호작용하기 전 우리는 다양한 감정과 생각을 기대해 왔다. 그런 감정은 한 번 이상 정학당하거나 처벌 받은 아동에 대한 분노로부터 아동이 현재 경험하고 있는 가정 혹은 사회적 상황에 대한 슬픔에까지 이른다. 우리는 흔히 행동계획의 목적을 적절하게 충족시키지 못하는 교사들과 아동 내담자들에 대해 부정적인 생각을 가지고 있었다. 우리가 이러한 생각들과 감정들을 억누르려고 한 경우, 교육적 맥락 내 유관성들을 알아차리는 능력이 손상되었다.

그러므로 부정적인 경험이 올라오는 경우, 우리 스스로 더 좋은 느낌을 가지려고 노력하기보다는 오히려 우리는 우리 자신에게 집중한다. 우리는 맨 먼저 왜 우리가 학교에서 일하고 있는지를 스스로에게 상기시킨다. 우리는 부정적인 감정과 혐오적 인지를 가치를 나타내는 중요한 자료로서 다룬다. 학교에 가기 전 우리는 왜 우리가 그 학교에 가는지, 왜 우리가 특정한 아동에게 서비스를 제공하는지 혹은 심지어 우리가 왜 그 분야에서 일하는지에 관한 질문들을 스스로에게 던진다. 이러한 질문들은 안전행동에 참여하거나 우리의 유능성을 증명하는 것과는 다른 목적을 위해 학교에 왔음을 상기시켜 주는 기능을 한다. 결국 대부분의 행동자문가들은 앞의 질문들에 대해 "훌륭하게 보이기 위해서" 또는 "모든 것에 대해 공정해지기 위해서"와 같이 대답하지는 않을 것이다. 우리는 똑같은 방식으로 다른 사람들의 부정적인 내용을 다루고, 동일한 질문을 한다. 대부분의 임상가와 교사들은 "다른 사람들을 돕기 위해서"라고 대답할 것이다. 우리 자신에게 집중한 후 우리는 작업을 하기 시작한다. 학교 스태프들과 초기 상호작용을 하면서 우리는 왜 우리가 학교에 있는지를 설명한다. 또한 우리는 우리와 함께 어떤 작업을 하게 될 것인지, 그리고 이 과정의 좋은 측면과 나쁜 측면 모두를 기술한다. 지난 카드들을 테이블 위에 배열해 놓음으로써 우리는 어떻게 우리와 함께 상호작용할지를 다른 사람들에게 가르칠 뿐만 아니라 어려운 내용 및 개인들(예 : 자문가, 행정가, 부모, 학생)과 상호작용하기 위해 그것들을 우리가 가르치기 시작한다.

교사와 자문가의 안전행동으로 단기적 복귀

당신이 하는 일이 중요한 듯이 행동하는 것은 교사가 치료계획에 관해 자문가에게 솔직할 가능성을 증가시킨다. 때때로 안전행동에 대한 우리의 논의에서 언급했듯이 교사들은 행동계획을 이행하는 데는 동의할 것이지만 뒤이어 철저히 따르는 데는 실패할 것이다. 결국 학생은 처방된 서비스를 받지 못하게 된다. 이러한 유형의 의사소통 행동을 모델링하는 것은 교사가 자문가와 솔직하게 의사소통할 수 있는 맥락을 설정하며, 이것은 보다 효과적인 치료계획을 이끈다. 새 교사, 자문가 혹은 부모를 만나는 첫날, 우리는 다음과 같이 말할 수 있다.

> 안녕하세요. 저는 Bess입니다. 저는 치료자예요(학교구에서 맡은 역할을 기술함).
> 저는 카운티 사무국(혹은 대체 의뢰처)에서 의뢰 받았어요. 당신의 교실에 어려움
> 을 지닌 아이가 있다는 말을 들었습니다.

우리는 잠시 쉬면서 교사의 끄덕임과 같은 언어적 또는 신체적 반응을 기다리는 것이 유용함을 발견하였다. 만일 자문가가 반응을 기다리지 않거나 교사의 동의를 받지 않으면 작업 계약이 형성되지 않는다. 작업 계약은 성공에 필수적이다. 계약을 하지 않으면, 교사는 치료계획을 효과적으로 실행하지 못하거나 그것을 해치는 방향으로 작업할 수 있음을 우리는 발견하였다. 만일 교사가 동의하고 즉시 어려움을 설명하기 시작하면, 임상가는 교사가 자신의 관심사를 표현한 후 부드럽게 멈추도록 하거나 교사가 반응하는 동안 잠시 쉴 수도 있다. 만일 교사가 다급하게 말을 재촉하면, 우리는 너무 빠른 말에 반응하는 것을 회피하려고 시도한다. 이런 식으로 반응하

는 것은 양측 모두 너무 빨리 말하는 것을 지속시킬 뿐임을 우리는 발견하였다. 대신에 우리는 느리고 예의 바른 방식으로 반응하도록 제안한다. 임상가는 교사나 상황에 대한 어떤 불쾌한 감정이나 인지를 알아차릴 수도 있을 것이다. 만일 교사가 말하는 것을 멈추게 할 절박한 필요성이나 교사의 마음을 변화시킬 의도가 있다면, 심호흡을 한 다음 "교사에 대한 나의 반응이 내 자신의 고통을 줄이기 위한 의도인가?"라고 물어보기를 제안한다. 그런 다음 우리가 아동에 관한 자료를 수집하기 위해 여기에 있음을 상기한다. 교사는 아동과 자기 자신 둘 다에 대한 자료를 우리에게 제공하고 있다. 교사는 평가되어야 할 아동 맥락의 또 다른 부분이다. 가능하면 교사가 말을 늦출 때까지 침묵한 채로 이 자세를 유지하는 것이 현명하다. 만일 교사가 말을 늦추지 않는다면, 우리는 교사에게 멈추도록 한 다음 그녀의 관심을 타당화시켜 준다. 또한 교사의 보고가 아동에 대해 혐오적이거나 과도하게 가혹하다면, 우리는 교사가 자신의 경험을 끝까지 이야기하려는 것을 막는다. 교사의 보고는 아동을 치료하고 도와주기 위한 자료들이다. 만일 교사가 반복해서 동일한 좌절감을 보고한다면, 우리는 "그가 대단히 좌절하고 있음을 알겠어요. 저는 당신을 도울 수 있는 일이라면 뭐든지 하겠어요"와 같이 반응할 수 있다. 만일 교사가 더 많은 불평을 하며 반응한다면, 우리는 그녀가 무슨 말을 하는지 알아들었음을 교사가 느낄 때까지 반복해서 관심을 표현해 줄 수 있다. 우리는 다음과 같이 말해 줄 수도 있다.

> 무엇보다 먼저, 저는 도움을 주기 위해 여기에 있음을 우선 알려드리고 싶어요. 때로 아이들과 함께 일을 하다 보면 더 나아지기 전에 더 악화되는 경우도 있어요. 그렇지만 저는 확신하건대 정말, 정말 당신을 위해 열심히 일할 거예요. 또한 저는 아이를 위해서도 정말, 정말 열심히 일할 거예요. 때로는 말을 들어주는 것이 행동이나 치료계획보다 앞섭니다. 저는 우연찮게 당신을 화나게 할 수도 있어요. 그것은 제가 원해서는 아닙니다. 언제건 제가 하는 일이 마음에 들지 않는다면, 또는 당신이 동의하지 않는다면, 저에게 말해 주세요. 이 교실은 당신의 영역이며, 저는 그 점을 존중할 겁니다. 만일 제가 당신의 학급(또는 학교)에 맞지 않는 계획을 세우고 있거나 당신을 화나게 한다면, 그것은 소용없는 일을 만들어 낼 가능성이 있으므로 제게 말씀해 주십시오. 저는 잘 할 수 있음을 약속드립니다. [다음 문장

은 당신 자신의 취약점 혹은 당신이 다른 누군가와 함께 작업했을 때 당신에게 주어진 보편적인 불만들을 말할 수도 있다.] 저는 때로 제 자신을 충분하게 설명하지 못하고 준비된 말이 아니면 하지도 않는 편입니다. 그래서 만일 당신이 저를 따라오는 데 어려움이 있다면 그것은 아마도 제 탓이지 당신 때문만은 아닙니다. 여기서 변화를 가져오기 위해서라면 필요한 일은 무엇이건 하겠습니다. 우리가 함께 일할 수 있으리라 생각하십니까? 무엇을 도와드릴까요? 이 아이를 위해 제가 해야 할 일이 무엇이라고 생각하십니까?

사람들이 자신을 드러내는 또 다른 보편적인 방식은, 적어도 전문가가 그 자리를 떠날 때까지는 상이한 견해를 유지하거나 자신의 믿음과 반대되는 태도로 행동하는 것이다. 교사들은 때로 이렇게 한다. 교사들에게 있어서 전문가들은 교장, 학교 운영회원, 정신건강 자문가와 같은 권위적인 인물이다. 다시 말해서 전문가는 그들을 평가하거나 그들의 작업에 어떤 유형의 영향력을 미치는 사람들이다. 교사들은 임박한 상호작용에 대해 부정적인 기대를 지니고 있을 수도 있고, 행동이나 치료계획에 대해 화가 나 있을 수 있으며, 혹은 자문가에게 찬성하지는 않지만 부정적으로 평가되는 것에 대한 두려움에 대해 아무 말도 하지 않을 수도 있다. 결국, 평가받는 것을 좋아하는 사람은 아무도 없다. 당신이 누군가에 의해 평가받았던 마지막 순간에 대해 생각할 시간을 좀 가져 보자. 이러한 질문들을 스스로에게 물어보라.

- 평가한 사람은 누구였는가?
- 그들은 무엇에 대해서 당신을 평가했는가?
- 피드백을 받기 위해 사무실 안으로 걸어 들어가는 기분이 어땠는가?
- 당신이 피드백을 받는 동안 어떤 생각이나 걱정이 떠올랐는가?

임상가 혹은 정신건강 자문가로서 당신은 스스로에게 물어볼 수 있다. "왜 교사들은 내가 그들을 어떻게 생각하는가에 대해 두려워하는가? 그들은 내가 자신들의 상사가 아님을 알고 있다." 그런 가정을 하는 당신이 옳다. 그렇지만 교사들이 흔히 우리에게 보고하길, 외부의 도움을 받기 위해 아동을 의뢰할 당시 그들은 마치 자신들이 실패하였고, 이제 아동, 동료 교사 및 행정가들에게 실패를 공공연하게 인정하는 것으로 느낀다고 하였다. 아동을 의뢰하기 전 대부분의 교사들은 아동을 학습 측면에서 도와주거나 문제가 되는 교실 행동을 감소시키기 위해 다양한 중재들을 해보았을 것이다. 그들은 그 아동을 위해 최선의 노력을 하였지만, 거의 진전이 없었다. 이러한 "실패"의 결과로 행동 혹은 심리 전문가가 피드백을 제공하기 위해 왔으며, 이것은 교사의 임무를 더욱더 힘들게 할 위험성을 지닌 채 잠재적으로는 교실을 통제할 수도 있다.

안전 촉진에 있어 자문가의 역할

도움을 요청하는 사람이 당신을 어떻게 지각할 것인지를 고려할 필요가 있다. 우리는 사회적 혹은 업무상 상호작용을 잘 해냈다고 생각하지만 정작 다른 사람들은 우리와 의견이 다르다는 것을 나중에 발견하게 되는 일이 얼마나 많은가? 당신은 누군가가 당신의 도움을 원했다고 생각했지만, 당신이 먼저 도움을 제공한 것에 대해 그 사람이 화를 냈음을 나중에 알게 되었다. 혹은 훨씬 더 심각한 일은 당신의 노력이 도움이 되지 않았다는 사실이다. 그 뒤 당신은 "어떻게 내가 그것을 놓칠 수 있었지? 내 도움이 쓸모없고 효과 없고 환영받지 못할 일인지를 어떻게 내가 몰랐을까?"라고 생각하고 있는 자기 자신을 보게 될 것이다. 인간으로서 우리는 자신의 노력과 타인 행동을 지각함에 있어서 흔히 귀인 오류를 범한다. 예를 들어 교사가 교육이 불가능하고 미쳐 있고 정신병적이며 어리석은 아이에 관해 논평을 하는 경우, 임상가인 우리는 그 교사에 대하여 성향적 추론(예 : 그 교사는 보잘것없고 악질이고 도움이 안 된다)을 하려고 할 수도 있다. 융통성 없이 행동하고 있는 우리는 그 교사를 실제로 보잘것없고 악질이고 도움이 안 되는 사람으로 취급함으로써 그에 대한 우리의 판단에 반응할 수도 있다.

사회심리학에서는 사람들이 타인의 행동 의도나 성격을 오해하는 예들을 많이 제공하고 있다. 인간으로서 우리는 맥락이나 사회적 상호작용의 가치 있는 측면들을 종종 간과한다. 임상가인 우리는 학교에서 우리가 무엇을 보는가 그리고 타인들이 우리를 어떻게 보는가에 영향을 미치는 변인들을 알아차리는 것이 필수적이다. 일단 사람들이 특정한 기대나 의견을 지니게 되면, 그들은 그것에 맞춰 우리를 대한다. 설상가상으로 한 번 사람들이 사람, 상황 또는 환경에 관해 마음을 정하게 되면, 그들의 매일매일의 행동과 일과에 관여하는 한 그 마음을 바꾸기란 꽤 어려운 일이다 (Kenrick, Neuberg, & Cialdini, 2005). 우리가 상호작용하는 모든 과제나 사람에 관해 숙고하거나 깊이 생각하면서 불필요한 시간을 낭비하는 대신, 우리는 학습 내력, 사회적 각본 및 기대들로부터 획득한 정보를 가지고서 어떤 한 사람의 성격에 관한 궁금증을 해소한다. 사람, 상황 및 사물에 대한 이러한 기대는 우리의 행동을 매일같이 이끌어 준다. 결국 우리는 다른 사람, 다른 장소 혹은 다른 사물에 대한 가치 있는 자료를 놓치게 되며, 우리는 그에 걸맞게 사람들을 대한다.

우리의 기대와 타인의 기대가 우리의 상호작용에 어떻게 영향을 미칠 수 있는지 인지하는 것이 중요하다. 사람들을 그들에 대한 타인의 부정적 혹은 긍정적인 기대에 걸맞게 대하는 경우, 그 기대를 뒷받침하는 방식으로 반응하는 경향이 있다 (Rosenthal, 2002). 이러한 기대 효과는 성인, 아동 및 동물을 대상으로 한 교육적 혹은 비교육적인 다양한 장면에 걸쳐 400여 편 이상의 연구에서 증명되었다(Gurland & Grolnick, 2003; Rosenthal, 2002). 교육 환경에서 수행된 연구들은 교사 기대가 교실장면에서 아동들의 수행에 효과적이었음을 증명하였다(예 : Rosenthal, 2002; Madon et al., 2001; Weinstein, Marshall, Sharp, & Botkin, 1987; Raudenbush, 1984).

개인들이 긍정적 혹은 부정적인 기대를 유지하는 맥락은 다양한 요인들에 의해 영향을 받는다(Harris & Rosenthal, 1985). 이 연구에서 떠오른 한 변인은 교육 풍토에 관한 것이었다. 보다 더 긍정적인 풍토에서 교육 받은 학생들은 보다 나은 성과를 보였음이 메타분석을 통해 드러났다. 과제 지향과 비판은 학생 성과에 거의 기여하는 바가 없었다(Harris & Rosenthal, 1985). 미소와 같은 비언어적 행동들, 신체적 접근을 보다 더 가까이 하기, 상호작용을 더 오래하기, 더 자주 상호작용하기, 빈번한 시선 접촉, 언어적 칭찬 및 덜 부정적인 풍토를 만들어 내기는 개인과 그들의 사회적 상호작용에 대한 부정적인 기대의 유해한 영향을 뛰어넘기에 충분한 긍정적인 성과를 위해 필요한 것으로 밝혀졌다(Harris & Rosenthal, 1985). 학교에서 교사가 아동이 성공한 것으로 기대하는 경우, 교사는 더 자주 미소를 짓고, 더 밀접하게 상호작용하며, 아동의 수행을 칭찬할 것이다. 이것은 이번에는 아동의 수행에 긍정적으로 영향을 미친다. 교사 기대가 학생 성과에 미치는 영향을 가정하면, 전체적이고 완전하며 완벽함을 촉진시킬 필요가 있다. 다음에 기술한 상황은 상호작용에 영향을 미치는 부정적인 기대의 예이다.

> 당신은 Johnson 교사와 함께 작업을 하고 있는데, 그는 David란 아이와 상호작용하는 데 어려움을 겪고 있다. David는 반항적인 학생으로, 주 호소 문제는 공격과 공부 거부이다. 교실에서 David는 흔히 Johnson 교사와 또래들을 향해 적대적인 논평을 한다. Johnson 교사는 다양한 행동계획과 상담을 포함한 다양한 중재를 시도해 보았다. 이러한 중재들은 David의 행동이나 Johnson 교사의 좌절을 막아주는 데 도움이 되지 못했다. 당신이 도착하자 Johnson 교사는 David가 교육 불가능하며 교육을 받는 데 관심이 없다고 보고한다. Johnson 교사는 당신에게 말하길, 그는 David를 무시하는 데 최선을 다하고 있고, 그가 퇴학당하는 건 시간 문제라고 한다. 행동들의 감소는 Johnson 교사와 David 사이의 상호작용 빈도를 줄이고 있다. David의 교실 내 과제와는 동떨어진 행동이 증가하였고, 그의 학업 수행은 줄어들었다. Johnson 교사는 관련 학업 성공 행동들의 조형에 더 이상 도움을 주지 않고 있다. Johnson 교사와 이야기를 나누고 David를 관찰한 후, 당신은 David가 그런 행동을 하는 원인이 주의라는 결정을 내린다. 당신은 Johnson 교사에게 David 문제의 근원은 본질적으로 비성향적이며, 자연스러운 환경 지원, 학습 과제와 비학습 과제 모두에 주의를 기울여 주는 행동계획으로 도움을 받을 수 있으리라고 제안한다.

앞에서 언급한 기대에 대한 발견과 관련하여 치료자와 내담자 간의 작업 동맹의 질이 치료 성과에 영향을 주는 것으로 밝혀졌다(Martin, Garske, & Davis, 2000). 자신의 치료자와 훌륭한 작업 동맹을 맺는 것은 대단하지는 않으나, 심리치료 성과에서 일관적인 예언인으로 밝혀져 왔다(Horvath & Symonds, 1991; Martin, Garske, & Davis, 2000). 혼합된 임상 표본에서, 초기에 치료자와 맺는 내담자의 동맹은 심리치료 성과의 향상과 관련이 있었다(Barber, Connolly, Crits-Christoph, Gladis, & Siqueland, 2000). 또한 작업 동맹은 교사의 직업 만족도 그리고 정서 및 행동장애로 고통 받고 있는 아동과 계속 작업할 것인가에 대한 교사의 선택에 영향을 미친다(George, George, Gersten, & Groesnick, 1995). 교육장면에서의 행정적 지원은 직업 자연 감소율과 직업적 고통 모두를 줄이는 것으로 밝혀졌다(Billingsley, 2004; George et al., 1995). 또한 George 등(1995)은 자신의 직업을 그만둔 교사들이 부모와 지역사회 기관들로부터 지원을 훨씬 덜 받는 것으로 지각했음을 발견하였다. 학교의 조직적인 특성과 조건을 연구하는 Ingersoll(2001)이 수행한 보다 최근의 연구결과는 전반적인 교사 자연 감소율이 다음과 같은 변인들, 즉 행정적 지원, 학생 훈육 문제, 의사결정에 대해 제한된 제공 및 보다 더 적은 정도이긴 하지만 더 낮은 임금에 대한 개인적인 경험에 의해 영향 받았음을 제안하였다. 기대, 작업 동맹 및 행정적 지원이 다양한 전집과 그들의 수행에 대해 지니는 강력한 영향을 가정하면, 정신건강 실무자가 교육장면에서 다른 사람들과 함께 상호작용할 때 이러한 변인들에 주의를 기울이는 것이 매우 중요하다.

그러므로 교사, 행정가, 아동이 서로 영향을 미치는 맥락에 대한 전체적인 이해를 발전시키는 일이 필수적이다. 맥락을 주의 깊게 탐색하려는 우리의 요구와 걸맞도록 자문을 할 때 우리는 다음과 같은 질문의 첫 세트를 스스로에게 던진다.

- 지금 당장 이 교사의 입장이 되어 보는 것은 어떤가?
- 만일 우리가 학생에 대해 똑같이 느낀다면 똑같은 방식으로 반응할 것인가?
- 만일 우리가 좌절한다면 어떻게 할 것인가?
- 우리는 그 아이에게 소리를 지를 것인가?
- 우리의 행동 반응은 무엇일까?
- 지금 당장 이 행정가의 입장이 되어 보는 것은 어떤가?
- 같은 상황에서 같은 방식으로 반응할 것인가?
- 지금 당장 이 아이의 입장이 되어 보는 것은 어떤가?
- 교사를 이런 식으로 바라볼 것인가?
- 만일 우리가 교사가 전제적이라고 생각한다면 어떻게 할 것인가?

또한 우리는 학교에서 접촉하게 되는 어떠한 다른 사람들에 대해서도 이와 똑같은 질문을 한다.

최근의 교육 맥락을 이해하기

전통적으로 학교의 유일한 목적은 아이들을 교육하는 일이다. 아동의 주요한 교육 제공자인 교사는 일반적인 교육 커리큘럼을 가르치도록 훈련받았고, 반면에 이러한 교육 커리큘럼은 특별한 교육 서비스가 필요한 발달장애가 있는 아동에 대해서는 제대로 적용되지 못해 왔다. 2002년 '낙오학생방지법(No Child Left Behind Act)'과 최근의 정신건강 유행 경향의 결과로서 교사들은 과밀집되어 있고 일손이 부족한 학교와 교실에서 근무하면서 종종 그들이 훈련받은 영역 이상에 해당하는 일을 하도록 요구받고 있다. 이것은 교실에서 수많은 문제를 야기해 왔고, 아동과 교사 모두가 직면한 스트레스원의 원인이 되었다.

아동의 정신건강에 대한 공중위생국장 회의의 보고에 따르면, 학교는 아동을 위한 국가의 일차적인 정신건강 보호 제공자임이 밝혀졌다(U.S. Public Health Service, 1999). 아동의 약 70%가 교육체계를 통해 정신건강 서비스를 받고 있다(Burns et al., 1995). 아동 다섯 중 한 명, 즉 미국 내 청소년의 21%(U.S. Public Health Service, 1999; Lahey et al., 1996)가 진단 가능한 정신장애 혹은 중독장애의 진단 준거에 부합된다는 점을 고려하면, 교육자들과 학교 행정가들 앞에는 매우 큰 요구사항이 놓여 있다고 볼 수 있다. 아동이 25명인 교실에서는 잠재적으로 DSM-IV 장애의 어떤 유형에 속하는 준거에 부합되는 아동이 다섯 명 존재한다. 교사들에게 전혀 익숙하지 않은 정신과적 장애도 상당히 많으며, 어떤 장애들(예 : 주의력 결핍/과잉행동 장애, 정서 장애 및 특정 공포증)은 아동기에 꽤 흔하고, 아동들 사이에서 표현되는 양상은 매우 다양하다. 따라서 교사들은 그에 대한 훈련을 약간 받았거나 혹은 전혀 받지 않은 상태에서 매우 여러 가지 방식으로 수업도 가르치고 교실도 관리할 막대한 책임을 지고 있다.

낙오학생방지법이 있기까지 학교 체계를 통해 정신건강 서비스를 제공하는 일은 당면한 교실 맥락에 아주 적은 영향을 미쳤을 뿐이고, 교사들에게는 거의 영향을 못

끼쳤다. 낙오학생방지법이 통과됨으로써 그 법은 아동의 능력 장애와는 무관하게 모든 아동의 학업 성취에 대한 교사와 학교의 책임을 증가시켰다. 교사와 행정가는 이제 모든 아동이 학업적으로 충분한 수준에서 배우고 있음을 증명하도록 요구받고 있다. 또한 학교와 교사는 얼마의 비용이 들건 간에 필요 충분한 학업적 지원을 제공해야만 한다. 학교가 제공하는 지원은 표적이 되는 행동적 어려움으로부터 성취 지향적인 심리적 어려움들에 이르기까지 다양하다. 이러한 문제 영역들을 조정하는 일은 주의력 결핍/과잉행동 장애(ADHD)로 진단된 아동에 대한 검사시간의 확대로부터 행동·정서적 폭발을 억제하는 데 일대일 지원을 하는 일까지 다양하다.

또한 낙오학생방지법은 교실에도 영향을 끼쳤다. 이제 많은 교실들이 통합에 기반한(inclusion-based) 모형으로 변화되었는데, 이 모형으로 보면 특수교육을 받는 아동들은 정규 교육에 등록한 아동들과 함께 교육을 받는다. 추가적으로 특수교육에 등록한 아동들은 이제 똑같은 시험을 치르고, 정규 교육을 받는 또래들과 비교하여 전형적으로 같은 양의 공부를 하게 된다. 누가 이러한 서비스를 필요로 하는가를 결정하는 일은 이제 아동이 교실에서 성공하기 위해 심리적으로 또는 행동적으로 무엇을 필요로 하는지를 인지하고 확인하는 교사와 학교의 능력에 주로 달려 있다. 비록 교사들이 아동 교육의 전문가이긴 하지만, 그들은 종종 심리적 능력장애에 대한 훈련이나 지식이 적거나 거의 없다. 그러므로 학교와 교사들은 학업적 성공을 확신하기 위해 적절한 행동이나 치료계획을 고안하게 될 때면 종종 어찌할 바를 모르게 된다.

학교에서 우리는 종종 교사들이 특수교육을 받는 아동을 특수교육을 받지 않는 또래들과 똑같이 대하기 힘들어함을 발견하였다. 대신에 교사들은 능력장애가 있는 아동은 결핍되어 있거나 결여되어 있어서 정규 교육 교실에 속하지 못한다고 믿으면서 너무 관대한 행동을 하고 있을 수도 있다. 때때로 우리는 교사들이 이러한 아동들을 보다 더 자비롭게 다루고, "만일 그들이 내가 아는 것을 알 수만 있다면, 모든 게 잘 될 거야"라고 생각하기를 바라 왔다. 그렇지만 우리의 관점에서 보면, 왜 교사가 그러한 아동이나 진단을 두려워하는지 이해가 된다.

당신이 전에 맨 처음 만났던 내담자에 대해 생각해 보라. 그를 만나기 위해 걸어 들어갈 때 어땠는가? 당신은 어떤 생각이나 걱정이 들었는가? 상담실에 앉았을 때 어떤 느낌이 들었는가? 당신은 걱정스러웠는가? 내일 경계선 성격장애가 있는 아동이 당신의 상담실에 오기로 되어 있으며, 당신은 그 아동에게 한 시간 동안 수학을 가르친 다음, 시험을 보고 교정을 해주기로 되어 있음을 상상해 보라. 당신은 어떤 느낌이 드는가? 만일 당신이 5일 동안 매일 한 시간씩 이렇게 해야 한다면 어떨 것 같은가? 지금 당신은 어떤 생각과 느낌이 드는가? 만일 당신이 일주일에 5일, 하루에 6시간씩 여섯 과목(예 : 영어, 수학, 철자법) 중 네 가지를 아동에게 가르쳐야 한다면 어떠할 것인가? 1년에 9개월, 일주일에 5일, 하루에 6시간씩이라면 어떨까? 이제 그 상황에 대해서 어떤 느낌이 드는가? 또한 이 내담자는 9개월이 끝날 즈음 평균 혹은 그 이상의 학업 수준을 지녀야만 하며, 낙오학생 방지법 때문에 당신이 그 아동에게 가르치도록 되어 있는 여섯 과목에서 그 아동이 실패할 수 없음을 우리는 당신에게 상기시킬 것이다. 만일 그 아동이 실패한다면 당신의 상사와 아동의 부모는 당신과 면담할 것이다. 이제 어떤 생각이 떠오르는가? 어떤 걱정이 드는가?

이제 우리는 당신이 교사라고 상상해 보도록 할 것이다. 교사의 입장에 서보는 것은 어떠한가? 현재 맥락에서 어떠한 요구가 생기는가? 이러한 요구에 당신은 어떻게 반응할 것인가? 전형적으로 우리는 교사를 좌절시키는 교실 앞에 우리 자신이 서 있는 것을 상상한다. 우리는 그들이 평소대로 행동하는 것을 지켜보면서 교실을 바라볼 때 무슨 일이 벌어지는지 스스로에게 물어본다. 임상가인 우리는 좌절하는가 혹은 교사와 똑같이 느끼는가? 만일 그렇다면, 우리는 이러한 걱정을 감소시켜 줄 계획이나 일련의 권고사항들을 수립할 것이다. 만일 우리가 교사에게 말하기 어렵다면, 그의 고통을 가장 잘 줄여주는 것이 무엇인지 교사에게 물어볼 수도 있다. 우리는 교사에게 "당신 학급에 대해 화가 나거나 좌절하거나 흥분했을 때 어떻게 제자리를 지킬 수 있습니까?" 그리고 "어떻게 당신은 매일매일 다시 되돌아올 수 있지요?"와 같이 물어볼 수도 있다. 이러한 질문에 대해서 우리는 교사의 자기보고에 근거하여 교사가 매일 교실에 나오도록 하기 위한 강화물을 제공하는 계획을 수립한다. 예를 들어 만일 교사가 "나는 변화를 가져오기를 원했어요"라고 대답하면, 우리는 교사에게 그의 교실을 둘러보게 하고, 특정 아동에게 불가능했던 변화를 가져온 예를 지적해 보도록 요구할 수 있다. 만일 교사가 아동에게 변화를 가져온 예를 생각할 수 없다면, 우리는 전형적으로 "우리는 어떻게 이 교실에 변화를 가져올 수 있을까요? 우리가 이렇게 하는 데 필요한 것은 무엇인가요?"와 같은 질문을 한다.

> 당신이 정규 교육을 받는 4학년 학급의 담임교사라고 상상해 보라. 당신 학급에는 25명의 아이들이 있다. 수업 첫날 당신은 출석부를 받는다. 25명 아동 중 네 명은 상이한 심리적 문제와 학습 문제를 이유로 조정이 필요하다. 이 네 명 중 세 명이 받은 진단에 대해서 당신은 전혀 아는 게 없다. 학년이 끝날 무렵이면 이 아동들은 평균 혹은 그 이상의 학업 수준에 도달해야만 한다. "제발 이 아이가 약물치료를 받고 있기를!", "한 해 동안 내가 어떻게 이 모든 아이들에게 요술을 부릴 것인가?"와 같은 생각들이 당신의 마음속에서 일어난다. 당신은 그 자리에 선 채 교실에 있는 얼굴들을 둘러보며 "그 아이들은 누구일까? 내가 어떻게 그 애들을 도와줄까?"를 궁금해한다.

교사에게 있어서 특수교육을 받는 아이들과 그렇지 않은 아이들 모두의 요구를 만족시켜 주는 일은 감당하기 어려운 과제로 여겨질 수도 있다. 어떤 교사들은 환경적 지원의 결여에 대해 걱정하고, 자신의 행동 레퍼토리에 대한 의심을 경험하며, 압도당하는 느낌을 갖는다. 그렇지만 우리는 변화를 가져오기 위해 "의무의 요구를 넘어서서 그리고 그 이상으로 사랑하기" 때문에 장애가 있는 아동들을 더 많이 맡기를 소망하는 교사들과도 함께 일해 왔다. 이러한 예는 특정한 맥락(예 : 교실)에서 경험이 있는지에 관해 교사들에게 물어볼 필요가 있음을 강조한다. 자문가인 우리도 역시 우리가 서비스를 제공하는 아동, 행정가 및 부모와 함께 이렇게 한다. 개인이 상이한 맥락에 상이하게 반응할 때 물어보는 일은 중요하다.

이제 우리는 여전히 출석부를 바라보면서 자신의 학급 앞에 서 있는, 앞서 언급한 교사를 당신에게 상상해 보도록 한다. 바로 그날 자문가가 걸어 들어와서 또래와 다른 성인들을 대상으로 주의 추구 행동에 어려움이 있는 ADHD 아동을 위한 행동계획을 내민다. 행동자문가는 그 계획이 ADHD를 지닌 대부분의 아동들을 대상으로 실시해 봤기 때문에 꽤 간단한 일이라고 생각한다. 자문가는 간단히 그것을 교사에게 설명한 후 자리를 뜬다. 당신은 그 교사가 어떻게 느낄 것이라고 생각하는가? 우리는 이 점을 다음에서 고려할 것이다.

교사들과 효과적으로 작업하기

앞의 시나리오에서 그 교사를 도와주기 위해, 자문가는 교사를 지원하면서 동시에 아동과도 작업을 해볼 수 있다. 아동과 직접적으로 관련되건 혹은 간접적으로 관련되건 간에, 교사의 요구를 맞추어 줄 때 행동계획이 저절로 수립된다는 것을 우리는 발견해 왔다. 교사들에게 바람직하지 않은 행동, 경험 혹은 생각에 대해 수용하고 마음챙기는 것을 가르치는 데 시간을 투자하면, 그들은 흔히 계획을 작성하여 우리에게 내놓는다. 교사들은 아동 정신병리에 대한 우리의 반응을 모방한다. 하나의 이점으로서 교사들은 심리 · 행동적 문제들에 관해 마침내 우리와 유사하게 생각한다. 그들은 아동 내담자들의 행동화 행동에 기여하거나 이를 증가시키는 교실 행동을 하는 것을 보다 쉽게 그만둘 것이다. 교사들은 자연스러운 지원을 해줄 환경을 어떻게 평가하는지 그리고 그들 자신의 행동과 학생들의 행동 모두에 대해 적절한 기능분석을 어떻게 수행하는지를 배울 것이다. 이런 식으로 서비스를 제공하는 것은 교사의 장기적인 행동변화를 이끌어 주며, 동시에 학교에서 아동에게 심리적 서비스를 제공하는 데 있어 가장 효과적인 방법임을 우리는 발견하였다. 교사와 함께 작업할 때, 우리는 교사 행동의 기능을 결정하는 데 충분한 시간을 사용하고, 교사의 강화도 평가한다. 다음과 같은 질문들을 우리 자신에게 던져 보는 것이 특히 효과가 있다.

- 그 교사의 주된 학생 훈육방법은 무엇인가?
- 왜 이 특정한 방법을 사용하는가?
- 그 교사의 훈육방식에 우리가 할 수 있는 어떤 유형의 중재가 가장 적합한가?

우리는 여전히 아동들을 개별적으로 만난다. 그렇지만 우리는 아동이 서비스를 전달 받을 가능성을 높이기 위해, 처음에는 교사와 다른 학교 스태프들과 함께 작업한다. 훈육 실제는 종종 우리의 계획을 방해하였다. 만일 교사가 아동에 관해 게시(write up)하거나 자주 벌을 준다면, 그 아동은 학교란 혐오스러운 장소이므로 학교에 나올 가능성이 유의미하게 더 적을 것이다. 한 특정 학교에서는 학교 출석이 매우 혐오스러워서 많은 학생들이 무단으로 결석하였다. 너무 많은 무단결석생으로 인해 그 학교는 "인터폰으로 학생 호출하지 않기" 정책을 실시하였다. 만일 행정가나 교사가 학생을 찾을 경우, 사무실에서는 그것이 수업을 상당히 방해할 것이므로 그 학생 호출을 거절한다. 제명과 신체적 처벌 또한 우리의 아동 내담자들의 치료를 방해하였다. 아동들이 벌로써 찰싹 맞기라도 한 날이면, 우리의 아동 내담자들은 우리와도 이야기하려고 하지 않았는데, 그 이유는 우리도 역시 "무슨 일 있었니?"라고 물어보는, 그들 인생의 또 다른 어른 중 한 명일 뿐이기 때문이다. 만일 행동이나 치료계획이 학교 내 아동에게 효과가 있으려면, 혐오적인 교사나 행정가의 행동이 어떤 기능을 하는지 이해할 필요가 있다.

한 작은 시골 남부의 읍내에 위치한 중학교에서 자문하고 있는 상황을 상상해 보라. 당신은 Smith라는 여교사의 전화를 받는다. 그녀는 맹세컨대 언젠가는 연쇄살인범이 될 열두 살 난 Noah라는 소년이 있다고 보고한다. Smith 교사에 의하면, Noah는 모두 검은색만 걸치고, "분노한" 음악을 듣고, 교사의 요구에 순종하지 않는다. Noah와의 불쾌한 경험의 증거로, Smith 교사는 그가 지난달에만 무려 여덟 번이나 게시되었다고 말한다. 그녀가 Noah에 대해 이야기할 때, 당신은 그녀가 눈에 띄게 그와 그의 가족에게 화가 나 있음을 알 수 있다. 그녀는 Noah의 형편없는 교실 행동과 수행에 관해 매우 화가 나 있다. 다음 15분 동안 그 교사는 당신에게 Noah의 구제 불가능한 특정 예들을 늘어놓는다. 교사를 방문한 후 당신은 Noah의 기록을 검토한다. Smith 교사는 여덟 번의 게시 중 복장규정 위반을 이유로 여섯 번 게시했음이 기록 검토에서 드러난다. 복장규정 위반은 구두끈을 묶지 않은 것으로부터 제대로 셔츠를 집어넣지 않은 것까지 포함되어 있다. 일곱 번의 게시 중 세 번에 대해서 당신은 Noah가 이러한 복장규정 위반을 이유로 신체적으로 처벌받았음(예 : 찰싹 맞음)을 알게 되었다. 기록을 검토한 후 당신은 다른 선생님들과 면담을 한다. Noah의 다른 선생님들과 면담을 하는 동안 당신은 그들 모두 Noah를 Smith 교사 수업을 제외하고는 모든 수업에서 잘 해내고 있는 영리하고 호감이 가고 우수한 학생으로 보고했음을 알게 된다. Noah의 선생님들은 Smith 교사가 그를 너무 힘들게 하며, 단순히 "그 애를 좋아하지 않고, 그 애를 게시할 이유만 찾고 있다"라고 보고한다. 기록 검토와 교사 면담을 한 후 당신은 Smith 교사와 다시 이야기한다. 당신은 부드럽게 다른 교사들은 Noah를 힘들어 하지 않으며, 보고들은 주로 복장과 관련된 어려움이지 반드시 행동은 아니라고 그녀에게 말해 준다. 당신이 그녀를 도와주기 위해 무슨 일을 할 수 있는지 물어본다. 그녀는 "아무것도 없어요"라고 퉁명스럽게 대답하며 나가 버린다.

이와 같은 상황에서, 우리는 다음 중 한 가지 혹은 어떤 조합을 하려고 시도하면서 Smith 교사가 말하는 것의 직접적인 내용에 반응하려고 해 왔다. 그러한 시도로는 (1) Smith 교사가 우리의 도움이 필요함을 그녀에게 확신시키기, (2) 그녀가 Noah를 대하는 데 있어서 비합리적이라고 우리가 생각한다는 점을 그녀가 알도록, 심지어 우회적인 논평마저 첨가하여 Smith 교사에게 간결하고 퉁명스럽게 맞받아쳐서 반응하기, (3) 그 자리를 떠난 다음 Smith 교사 앞에서 완벽한 행동을 해보이도록 Noah와 함께 작업하기, 또는 (4) 그 자리를 떠난 다음 행정부서에 호소하기가 있다. 하나의 대안으로 우리는 Smith 교사가 자기 행동의 기능을 수행하고 결정하는 맥락을 분석할 수도 있다. 우리는 도피, 주의 추구 혹은 감각 자극이나 실체 획득이라는 가능한 기능들을 고려한다. 우리는 이러한 기능들을 다루게 될 행동이나 치료계획을 고안함으로써 그녀의 게시 행동을 줄이려고 시도한다.

우리가 즉각적으로 교실에 들어가서 Noah를 위한 행동계획을 고안하는 것보다 이러한 기능들을 다루어줄 때 Smith 교사의 불평이 훨씬 줄어들게 될 것임을 우리는 경험을 통해 알고 있다. 만일 필요하다면, 이후에 우리는 Noah를 위한 행동계획을 고안해 볼 수도 있다. 그렇지만 교실에 처음 들어갈 때 우리는 항상 교사가 필요로 하는 것이 무엇인지 또는 무엇이 가장 좌절되는 일인지, 그리고 그 이유는 무엇인지 물어본다. 분명히 Smith 교사는 Noah가 무슨 행동을 하건 간에 그를 게시할 것이다. 구두보고와 서면보고 모두에 의해 증명되듯이, Smith 교사는 Noah가 "부적절하게 옷을 입고 다른 아이들과는 다르게 보인다" ― 이것은 그녀에게 위협을 줄 수도 있다 — 는 것에 더 화를 내고 있다. Smith 교사의 보고행동은 위협받는다는 느낌에 대한 반응이자 원치 않는 자극(Noah의 옷차림을 둘러싼 불편함)으로부터 그녀를 도피시키는 기능을 한다. 따라서 자문가로서 우리는 도피행동(예 : 학생들을 게시하거나 추방하기)에 대한 선행사건들(예 : 판단, 불편감)을 주목하면서 Smith 교사와 시간을 보내볼 수도 있다. 우리가 잠정적으로 세운 가설에 의하면, Smith 교사는 아마도 크고 작은 행동들에 대해서 학생들을 보고하는 도피 유지 행동에 관한 내력을 지니고 있을 것이다. 우리는 그녀의 게시 기록을 검토하고, 어떤 유형의 행동이나 학생이 그녀를 가장 성가시게 하는지 물어본다. 덧붙여 우리는 학생과 그녀의 일을 강화시키는 것이 무엇인지 그녀가 알고 있는지 물어본다.

다시 말해서 우리가 할 일은 Smith 교사가 무엇을 위해 애써 노력하고 있는지를 밝히고, 그 다음 그녀에게 강화를 주고 있는 계획도 고안하는 것이다. 동시에 우리는 또한 Smith 교사의 문제가 된 도피행동(예 : 그를 교무실에 보내는 것)을 감소시키기 위해서 그녀가 Noah와 지금까지와는 다르게 상호작용하도록 일러준다. 우리는 이렇게 하기 위해서 Smith 교사에게 맥락 변인들과 아동의 행동에 대한 그것들의 영향에 주의를 기울이도록 가르치고, Smith 교사와 함께 Noah가 하는 행동의 기능에 대해서도 가설을 세운다. 이 특수한 사례에서, Noah가 교실에 들어올 때 Smith 교사가 주목하는 맥락의 유일한 측면은 그의 복장이다. 여기에서 우리는 보다 광범위한 맥락에서 Noah에 대한 이해를 발달시키기 위해 Noah의 복장과 관련되지 않은 질문들을 한다. "당신은 그가 제일 좋아하는 색깔이 무엇이라고 생각하는가?", "당신은 그가 그런 유형의 옷을 입었다고 비난받은 적이 있을 거라고 생각하는가?"와 같은 질문들을 해볼 수 있다.

이러한 방식으로 Smith 교사와 작업하는 것은 몇 가지 이점이 있다. 첫째, 그녀의 관심사를 직접적으로 다룬다. 당신은 그 학생이 자신의 행동계획을 따르기를 기다릴 필요도 희망할 필요도 없다. 둘째, Smith 교사와의 기능분석을 수행하는 과정을 통해서 우리는 그녀가 다른 학생들을 바라볼 때 나타내면 좋을 바람직한 행동을 모델링하고 가르치고 있다. 궁극적으로 우리는 교사들과 학교에서 우리가 함께 작업하는 사람들이, 모든 행동은 기능적이라는 점에서 아동은 전체적이고 완전하고 완벽한 존재로 이해할 수 있기를 원한다.

결론

어떤 맥락에서는 개방적이고 수용하는 자세로 개인과 그들의 행동을 이해하는 일은 종종 임상가로서 취하기도 훈련하기도 어려운 일이다. 그렇지만 이러한 일이 불가능하지는 않다. 자기 자신의 행동과 행동이 작용하는 맥락에 주의를 기울임으로써 임상가는 더욱더 정확한 치료와 행동계획을 발달시키고, 심리적인 어려움들에 어떻게 접근하고 치료할지를 모델링해 줄 수도 있다. 이러한 자세를 취할 때 교사, 부모 및 행정가가 심리적 역기능을 유의하게 더 이해하고 아동을 더 잘 도와줄 수 있는 방식으로 반응하는 경향이 있음을 우리는 발견하였다. 바람직하지 않은 행동이나 바람직하지 않은 학생은 전체적이지도 완전하지도 완벽하지도 않으며 변화되거나 제거되어야만 한다는 것이 학교장면에서 폭넓게 받아들여지고 있다면, 이러한 이해를 가르치는 일은 중요한 일이다. 임상가로서 우리가 증상행동이나 증상제거 전략에 관여하는 경우, 우리는 실제로 잘못된 행동과 결함 있는 시각을 계속 유지하게 된다. 학생, 교사, 임상가, 내담자, 부모 및 행정가는 말로 인정을 하건 하지 않건 간에 언제 그들이 이런 식으로 대접받는지를 안다. 우리의 행동은 외현적이건 암묵적이건 간에 우리의 진정한 의도를 전달한다. 학교에서 아이들은 매일 추방되고 정학당하고 비효과적으로 처벌받고 무시당한다. 교사들은 잔소리를 듣고 무시당하고 해고당한다. 결국 그들은 자신을 이런 식으로 대한 사람들에 걸맞게 반응할 것이다.

우리는 독자들에게 학교에서 일을 하게 되는 경우 아동, 교사, 부모 및 행정가가 하는 행동의 기능에 주목해 볼 것을 요구한다. Skinner와 우리의 임상적 자세에 기저하는 가정을 유지한 채로 학교에서 일어나는 모든 행동은 그것이 혐오적이건 매력적이건 간에 존재하는 그 자체로 다루어진다. 이러한 관점으로 행동과 심리적 어려움을 이해하고 다루도록 교사, 행정가, 임상가 및 부모를 훈련시키는 일은 수용과 마음챙김 기법을 활용하고자 한다면 반드시 필요하다.

참고문헌

Barber, J. P., Connolly, M. B., Crits-Christoph, P., Gladis, L., & Siqueland, L. (2000). Alliance predicts patient's outcome beyond in-treatment change in symptoms. *Journal of Consulting and Clinical Psychology, 68,* 1027–1032.

Billingsley, B. (2004). Special education teacher retention and attrition: A critical analysis of the research literature. *Journal of Special Education, 38,* 39–55.

Brown, K., & Ryan, R. (2003). The benefits of being present: Mindfulness and its role in psychological well-being. *Journal of Personality and Social Psychology, 84,* 822–848.

Burns, B. J., Costello, E. J., Angold, A., Tweed, D., Stangl, D., Farmer, E. M., et al. (1995). Children's mental health service use across service sectors. *Health Affairs, 14,* 147–160.

Fiske, S. T., & Taylor, S. E. (1991). *Social cognition* (2nd ed.). New York: McGraw-Hill.

George, N. L., George, M. R., Gersten, R., & Groesnick, J. K. (1995). An exploratory study of teachers with students with emotional and behavioral disorders. *Remedial and Special Education, 16,* 227–236.

Gurland, S. T., & Grolnick, W. S. (2003). Children's expectancies and perceptions of adults: Effects on rapport. *Child Development, 74,* 1212–1224.

Harris, M. J., & Rosenthal, R. (1985). Mediation of interpersonal expectancy effects: 31 meta-analyses. *Psychological Bulletin, 97,,* 363–386.

Hayes, S. C. (2004). Acceptance and commitment therapy and the new behavior therapies: Mindfulness, acceptance, and relationship. In S. C. Hayes, V. M. Follette, & M. M. Linehan, (Eds.), *Mindfulness and acceptance: Expanding the cognitive-behavioral tradition* (pp. 1–29). New York: Guilford.

Horvath, A. O., & Symonds, B. D. (1991). Relation between working alliance and outcome in psychotherapy: A meta-analysis. *Journal of Counseling Psychology, 38,* 139–149.

Ingersoll, R. M. (2001). Teacher turnover and teacher shortages: An organizational analysis. *American Educational Research Journal, 38,* 499–534.

Kenrick, D. T., Neuberg, S. L., & Cialdini, R. B. (2005). *Social psychology: Unraveling the mystery* (3rd ed.). Boston: Pearson Education Group.

Lahey B. B., Flagg, E. W., Bird, H. R., Schwab-Stone, M. E., Canino, G., Dulcan, M. K., et al. (1996). The NIMH methods for the epidemiology of child and adolescent mental disorders (MECA) study: Background and methodology. *Journal of the American Academy of Child and Adolescent Psychiatry, 35,* 855–864.

Madon, S., Smith, A., Jussim, L., Russell, D. W., Eccles, J., Palumbo, P., et al. (2001). Am I as you see me or do you see me as I am? Self-fulfilling prophecies and self-verification. *Personality and Social Psychology Bulletin, 27,* 1214.

Martin, D. J., Garske, J. P., & Davis, M. K. (2000). Relation of the therapeutic alliance with outcome and other variables: A meta-analytic review. *Journal of Consulting and Clinical Psychology, 68*, 438–450.

Murrell, A. R. (2006, July). *It is what it is: Appreciating whole, complete, and perfect in ourselves, our clients, our work, and each other.* Address presented at the Second World Conference on Acceptance and Commitment Therapy, Relational Frame Theory, and Contextual Behavioral Science, London, England.

Raudenbush, S. W. (1984). Magnitude of teacher expectancy effects on pupil IQ as a function of the credibility of expectancy induction: A synthesis of findings from 18 experiments. *Journal of Educational Psychology, 76*, 85–97.

Rosenthal, R. (2002). Covert communications in classrooms, clinics, courtrooms, and cubicles. *American Psychologist, 57*, 839–849.

Skinner, B. F. (1976). *Walden two.* New York: MacMillian.

U.S. Public Health Service. (1999). *Report of the surgeon general's conference on children's mental health: A national section agenda.* Washington, DC: U.S. Department of Health and Human Services. Retrieved February 13, 2007, from www.surgeongeneral.gov/library/mentalhealth/toc.html.

Weinstein, R. S., Marshall, H. H., Sharp, L., & Botkin, M. (1987). Pygmalion and the student: Age and classroom differences in children's awareness of teacher expectations. *Child Development, 58*, 1079–1093.

찾아보기

옮긴이

손정락은 성균관대학교 심리학과를 졸업하고 동 대학원에서 임상심리학 전공으로 석사학위와 박사학위를 받았다. 현재는 전북대학교 심리학과에서 임상심리학, 건강심리학, 성격심리학 분야의 강의와 연구를 하고 있으며, 전북대학교 심리코칭연구소 소장이다. 그동안에 미국 Duke대학교 심리학과에 Visiting Professor 로도 다녀왔다.

전문분야에서 임상심리전문가, 정신보건임상심리사 1급(보건복지부), 건강심리전문가, 중독심리전문가, 명상심리전문가 등으로 활동하고 있다. 또한 한국건강심리학회 회장(2001~2005)과 한국건강심리학회의 명상심리연구회장(2008~2010), 한국심리학회 회장(2010~2011) 등을 역임하고, 현재 한국건강심리학회 고문, 한국임상심리학회의 행동의학연구회장 등으로 활동하고 있다. 주요 저서 및 역서로는 『인간의 마음과 행동』, 『현대임상심리학』, 『건강심리학』, 『성격심리학』, 『바이오피드백』, 『스트레스 과학의 이해』, 『자기에게로 가는 여행 : 성격심리이론에 따른 체험 워크북』, 『긴장이완과 스트레스 감소 워크북』, 『우울증 치유를 위한 마음챙김과 수용 워크북 : 우울증을 딛고 살 만한 가치 있는 인생을 창조하기 위해 수용 전념 치료(ACT)를 활용하기』, 『뇌기반 학습 : 새로운 패러다임의 교수법』, 『성격심리학 이론 워크북』 등이 있다.

E-mail : jrson@jbnu.ac.kr

이금단은 원래 불문학을 전공하며 작가의 길을 꿈꾸었으나 우연한 기회에 접한 심리학에 매료되어 임상심리학자의 길을 걷고 있다. 전북대학교 대학원에서 임상심리학 전공으로 석사 및 박사과정을 수료하였다. 원광대학병원에서 임상심리 수련을 마친 후 사회복귀시설인 희망을 나누는 집과 마음건강복지센터에서 일하면서 정신장애를 겪는 사람들의 강점과 애환을 현장에서 이해하는 경험을 하였다. 현재는 전라북도 마음사랑병원에서 정신보건임상심리사 1급으로 재직 중이며, 전북대학교와 전주대학교에 출강하고 있고, TBN 전주교통방송에 이어 전주MBC라디오 여성시대에서 부부상담 코너를 진행하고 있다. 관심 있는 분야는 마음챙김 명상과 수용전념치료(ACT)이며, 이를 심리적 고통을 겪고 있는 사람들에게 효과적으로 적용할 방법을 연구하고 있다.

E-mail : dawnyi@hanmail.net

이정화는 전북대학교 심리학과를 졸업하고, 동대학원에서 임상심리학 전공으로 석사학위를 받았으며, 박사과정을 수료하고, 현재 박사학위 논문을 준비하고 있다. 그리고 조선대학교 의과대학에서는 신경정신의학 전공으로 박사학위를 받았다. 2001년 이래로 현재까지 (주)한국학습클리닉센터에서 임상심리전문가로, 동대문경찰서 범죄심리전문가로, (사)한국학습치료협회 교육이사로, 서울사이버대학에서 외래교수로 활동하고 있다.

E-mail : root804@hanmail.net